イスラエルvs.ユダヤ人

増補新版〈ガザ以後〉

中東版「アパルトヘイト」とハイテク軍事産業

L'État d'Israël contre les Juifs - Après Gaza

SYLVAIN CYPEL
シルヴァン・シペル
林 昌宏＝訳
高橋和夫＝解説

明石書店

イスラエルの最近の動向がアメリカに害悪をもたらしているのは明白だ。多くのイスラエル人も暗黙のうちに認めるように、イスラエルの最近の動向はイスラエルにとっても害悪だ。ところで、今日の気の滅入る真実とは、イスラエルがユダヤ人にとって害悪になったということだ。

トニー・ジャット〈イギリスの歴史学者〉（一九四八年〜二〇一〇年）

リラ、ダン、マッティ、エマニュエル、スザーンヌ、レベッカに捧ぐ

イスラエル vs. ユダヤ人【増補新版〈ガザ以後〉】
——中東版「アパルトヘイト」とハイテク軍事産業

目次

増補新版への序文――ダヒヤ・ドクトリン：「われわれの世代の運命」 11
本書を読み解くための基礎知識　前編（高橋和夫） 47
イントロダクション――埋めることのできない溝 59
最後まで考えを変えなかった父
袋小路に陥った国
武力で解決できなければ、さらに武力を行使する
イスラエルに魅了された自民族中心主義者たち
第1章　恐怖を植えつける――軍事支配 81
世界で最も品行方正なイスラエル軍という嘘
倫理観の喪失
台頭するユダヤ版「クー・クラックス・クラン」
テロとの戦いを指導するイスラエル
第2章　プールの飛び込み台から小便する――イスラエルの変貌 109
事実を否定するのをやめる
アザリア事件が意味すること
無処罰によって粗暴となるイスラエル社会
ファシズムの香り

第3章　血筋がものを言う――ユダヤ人国民国家　135
「それはイスラエルとユダヤ人にとって悪法だ」
自民族中心主義の勝利
ユダヤ人にとっての「生存圏」

第4章　白人の国――純血主義の台頭　157
黒人「潜入者」に降りかかる災い
白人至上主義者とのつながり
「ユダヤ人遺伝子」を求めて

第5章　イスラエルの新たな武器――サイバー・セキュリティ　175
武器輸出という伝統
最先端のサイバー監視技術
制約なく活動する
イスラエルとカショギ殺害事件
パレスチナ人の次は、イスラエルの反体制派

第6章　公安国家――権威主義的な民主主義　197
パレスチナ人だけでなく反体制派ユダヤ人も対象
国内の敵「ベツェレム」
「ボイコット、投資撤収、制裁（ＢＤＳ）運動」という「張りぼて」
公安機能の滑稽なまでの強化

第7章 絶滅危惧種——イスラエル法制度の危機 225
最高裁判所は「最後の砦」でなくなったのか
反体制派の当惑

第8章 ヒトラーはユダヤ人を根絶したかったのではない——ネタニヤフの歴史捏造、反ユダヤ主義者たちとの親交 245
ホロコーストを扇動したのは、エルサレムのイスラム法官なのか
イスラム嫌悪という絆
アメリカの福音派とユダヤ人
東ヨーロッパに古くから存在する反ユダヤ主義者との絆
ソロスに対する非難：トランプは反ユダヤ主義者か

第9章 黙ってはいられない——反旗を翻すアメリカのユダヤ人 279
イスラエルに背を向けたアメリカのユダヤ人たち
なぜ今、この変化が生じたのか
民主党の危機
イスラエルを非難するアメリカ人たち

第10章 今のはオフレコだよ——臆病なフランスのユダヤ人 305
フランス革命から極右のシオニズムへ
CRIF（フランス・ユダヤ人団体代表評議会）の正体

臆病なフランスのユダヤ系知識人

第11章　イスラエルにはもううんざり——ユダヤ教は分裂するのか　335
あなたの将来のイスラエル像は？
虚構の上に成り立つ牙城
アメリカにおけるディアスポラの再生
ユダヤ教は分裂するのか

第12章　鍵を握るアメリカの外交政策——トランプ後の中東情勢　361
トランプの置き土産
バイデンの挑戦：アパルトヘイト国家への対応
イランとの核合意に賭ける

結論　イスラエルvs.ユダヤ人　377
トニー・ジャットを悼んで

謝辞　389
本書を読み解くための基礎知識　後編（高橋和夫）　393
訳者あとがき　401
原注　405

○本文内における〔　〕は、翻訳者における補足である。
○読みやすさ、理解のしやすさを考慮し、原文にはない改行を適宜加えた。

増補新版への序文[1]——ダヒヤ・ドクトリン：「われわれの世代の運命」

二〇二三年一〇月七日、ハマスはナハル・オズ（ガザ近郊のキブツ〔集団農場〕）を襲撃した。一九五六年四月、このキブツではロイ・ウーテンベルグという二一歳のイスラエル兵が二人の「侵入者」によって殺害された。「侵入者」とは何者か。当時のイスラエルでは、一九四八年に強制退去させられたパレスチナ人が自分たちの家や土地の様子を窺うためにイスラエルに戻ってくることがあり、彼らは「侵入者」と呼ばれていた。イスラエル兵ウーテンベルグの葬儀には、イスラエル国防軍参謀総長モーシェ・ダヤンも参列した。ダヤンは次のような弔辞を述べた。

「殺人者らを糾弾するのはやめよう。彼らがわれわれに強い憎しみを抱くのは当然だ。彼らは八年前からガザの難民キャンプで悲惨な生活を強いられる一方、われわれは彼らの眼前で、彼らや彼らの祖先が暮らしていた土地や村を収奪したのだから。ロイの殺害に責任があるのは、ガザで生活するアラブ人ではなく、われわれ自身だ。われわれは自分たちの運命、そして自分たちの世代の使命が過酷なものであることに目を背けた。（……）われわれは鋼鉄のヘルメットと銃がなければ木を植えることも家を建てることもできない土地を侵略する世代だ。（……）これこそがわれわれの世代の運命であり、われわれの人生の選択だ」[2]。

モーシェ・ダヤンはイスラエルで最も尊敬されていた軍人だ（一九一五年〜一九八一年）。そのおよそ七〇年後である二〇二三年のハマス襲撃の翌日、イスラエルの現国防大臣ヨアヴ・ガラントは、「イスラエルが相手にしているのは人間の顔をした野獣だ」と力説した。これはダヤンの弔辞の趣旨とは大きく異なる。

ダヤンが訴えた内容を簡潔にまとめると次の通りだ。

「われわれは侵略者であり、彼らは犠牲者だ。われわれは彼らの土地を収奪した。だが、われわれは自分たちの責務を全うし、勝利しなければならない。一九世紀末にこの地に入植して以来、シオニズムのマントラは「他に選択肢はない」である。そしてこのマントラによって犯罪と不幸が続発している」。

イスラエルの創始者ダヴィド・ベン゠グリオン（一八八六年〜一九七三年）は、ダヤンが一九五〇年代に行ったシオニズムを否定するこの弔辞を問題視し、イスラエル史を書き直すように命じた。こうしてイスラエル史では、「イスラエルは一人のアラブ人も追放していない」と書き換えられ、一九四七年から一九四九年にかけてのナクバ（大災厄）では、「パレスチナ人は自発的に退去した」と修正された。

今日、こうした解釈が根づいたイスラエル社会では、パレスチナ人に対する犯罪は容認されている。二〇二三年のガザでの蛮行は正当化され、パレスチナ人を「イスラエルの土地」から再び追放したいという願いは、臆面もなく語られるようになった。

戦争継続という政策

ここ七〇年間で、イスラエル社会は大きく変わった。今日、イスラエル社会の根底には、人種差別と植民地主義が染みついている。イスラエルがパレスチナ自治区を占領した一九六七年以降、イスラエルの若者たちは、検問所でのユダヤ人至上主義の実践を当然視するようになった。

だが、パレスチナ人に対する収奪と犯罪が横行するなかで、ごく一部の勇気あるイスラエル人は、モーシェ・ダヤンの弔辞からダヤンとは異なる結論を導き出している。それはこの恐ろしい殺戮の連鎖を断ち切るには犯罪をともなう政策を不可避なものとして正当化するのではなく、世界人権宣言に鑑み、パレスチナ人とユダヤ系イスラエル人の双方が「すべての人間は、生れながらにして自由であり、かつ、尊厳と権利とについて平等である」と認める必要があるという結論だ。だが、そこに至るまでの道のりは果てしなく遠い。

一方、ナクバを被った者たちの子孫たちによる二〇二三年一〇月七日のイスラエルに対する軍事作戦は、これまでになく衝撃的だった。たった一日でおよそ一一四〇人が犠牲になった。犠牲者の三分の二は民間人だった。この虐殺により、イスラエル人は憔悴し、唖然とし、激怒した。ハマスの民兵が人質に取った二五〇人の大半も民間人だった。人質の婦女に対する暴行も横行した。[3] さらには、この襲撃によってこの地域の地政学が変化した。

この襲撃の三週間前、イスラエル首相ベンヤミン・ネタニヤフは、ニューヨークでの国連総会に出席した。国連総会でジョー・バイデンやサウジアラビアの指導層と会談したネタニヤフは、自分はイスラエルの外交史において最大の成果を挙げたと自負し、次のように断言した。「パレスチナの国家樹立という望みは、アメリカ、イスラエル、サウジアラビアによる防衛同盟によって絶たれるだろう。「パレスチナ問題」は、アラブ世界におけるアメリカによる平和の障害ではなくなった。パレスチナとパレスチナ人は世界地図から消し去られた」。

ところが、二〇二三年一〇月七日、ハマスはきわめて残忍な方法によってパレスチナを世界地図に再び書き込んだ。しかし、その襲撃は、自分たちの同胞であるパレスチナ人に計り知れない代償をともなった。すなわち、生活基盤の破壊だ。それは一九九九年から二〇〇〇年にかけてのウラジーミル・プーチンによる第二次チェチェン紛争、二〇一二年から二〇一五年にかけてのシリアのバッシャール・アル＝アサドによるアレッポ東部での内戦、二〇二二年のプーチンによるマリウポリの戦いと同様の大惨事だ。

イスラエルは精神的ショックからすぐに立ち直り、大規模な爆撃を開始した。イスラエル国防軍はガザ攻撃開始から六日間で六〇〇〇発以上の爆弾を投下した。これはアメリカ主導の有志連合軍による過激派組織「イスラム国」に対する作戦において一ヵ月間に投下された爆弾の数よりも多かった[4]。この爆撃の規模は、ジュネーブ条約で定められている「均衡性の原則」〔軍事目標を攻撃する際、想定される文民の被害が軍事的な利益を大きく上回ってはならない〕を大幅に超えていた。イスラエルはガザ地区北部の住民（一四〇万人）をさらに狭い南部へと強制移住させる一方で、戦争が終わっても戻ることができないようにガザ地区北部のインフラと建物を破壊した。

ようするに、民族浄化だ。二〇一二年、二〇一四年、二〇二一年のガザ爆撃時では、イスラエル国防軍は一日当たり平均して一一〇から二〇〇の標的を爆撃したが、二〇二三年では、最初の三五日間だけで一日当たり四三〇発の爆弾を投下した。イスラエルによる民間人の大量虐殺と強制移住は、間違いなく戦争犯罪だ。

ジャーナリストのユヴァル・アブラハムは、二〇二三年一一月三〇日付のイスラエルのオンライン新聞『ローカル・コール』に掲載された「大量殺戮マシーン」において、イスラエル国防軍がガザで遂行した軍事作戦「鉄の剣」について詳述した。アブラハムが接触した現役および予備役の将校たち(彼らの大半は諜報機関のメンバー)は、イスラエル国防軍が意図的に民間人を殺害した数々の事例を語った。アブラハムの結論は次の通りだ。

「この軍事作戦では、軍事目標ではない対象への爆撃を著しく拡大させる過程において、爆撃の犠牲になるだろう民間人の数はすでに織り込み済みだった」[5]。

この軍事作戦では人工知能（ＡＩ）が大きな役割を果たしている。担当部隊である「標的管理部」には数百人の兵士がいる。二〇二三年一一月二日、イスラエル国防軍の報道官は「福音」という上品な名前を持つＡＩシステムについて言及した。このシステムにより「数万人の諜報員でも収集できなかった膨大なデータを処理し、標的を瞬時に割り出すことができるようになった」という。

「大量殺戮マシーン」と表現したのは、この部隊の元将校だった。なぜこのような表現を用いるのかという問いに対し、この将校は人間の標的の「質ではなく量を重視しているからだ」と返答した。

現役および予備役の将校たちはアブラハムに対して「イスラエル軍はどのくらいの民間人が犠牲になるのかをあらかじめ知っていた」「すべてが計算通り」と解説した。イスラエル国防軍の発表によると、ガザ地区のインフラ設備、公共の建物、住宅に四〇〇〇トンの爆弾を投下したという。これらほとんどの爆撃では、大勢の民間人が犠牲になった。このような爆撃は二〇一四年と二〇二一年のときと同様だが、今回の規模は桁違いに大きい。

こうした物質と人命に対するさまざまな破壊行為の根底にあるのが「ダヒヤ・ドクトリン」だ。二〇〇六年、イスラエル空軍はレバノンでのヒズボラとの戦闘の際、ベイルート南部のダヒヤ地区を徹底的に破壊した。これがこのドクトリン〔戦闘教義〕の名前の由来だ。イスラエル国防軍の参謀本部作戦局長ガディ・エイゼンコット（二〇一五年から二〇一九年までイスラエル国防軍の参謀総長を務めた）が策定した「ダヒヤ・ドクトリン」によると、イスラエル国防軍の場合のように「非対称な敵を相手にする際は、敵の戦闘集団に圧力をかけて攻撃をやめさせるために、民間人を標的にして不均衡かつ多方面にわたる武力を行使すべき」という。したがって、戦時国際法に反するこの教義では、軍人と民間人の区別は行われない。それどころか、民間人への攻撃には教育的な効果さえある。すなわち、「テロ行為は自分たちを不幸にするだけ」と敵に思い知らせるという効果だ。二〇〇八年にエイゼンコットは、「民間人への攻撃が唯一の方法」[6]と断言した。当時、これはヒズボラとの戦いに関する教義だった。ガザ地区での紛争も典型的な「非対称な戦争」であるため、イスラエル国防軍の戦略基盤は、エイゼンコットの「ダヒヤ・ドクトリン」になった。そしてネタニヤフはエイゼンコットを戦時内閣のメンバーに抜擢した。

ガザ地区への野放図な爆撃においても、ＡＩが大きな役割を担った。イスラエル国防軍は、「戦術目標」（軍事施設と兵士）と「地下目標」（隠された武器庫）に加えて「有力目標」を設定した。言い換えると、民間人だ。「有力目標」の根底にあるのは、「武力行使」こそが「抑止力」であり、これこそが軍事戦略の目標という考えだ。アブラハムによると、イスラエルが「有力目標」を公式に定義したのは、二〇一四年の「境界防衛作戦」〔二〇一四年のガザ侵攻〕の末期だったという。[7]

二〇二三年、「ダヒヤ・ドクトリン」は躊躇なく採用された。というのも、ガザ地区の住民に対して「ガザに安全な場所はどこにもない」ことを知らしめる必要があったからだ。イスラエル国防軍が「安全」と宣言した地域に位置したアル・モハデシーン・ビルも爆撃によって一五〇人の民間人が犠牲になった。こうした例は枚挙にいとまがない。

アルベール・メンミ〔チュニジアの小説家〕は、『脱植民地国家の現在―ムスリム・アラブ圏を中心に』〔白井成雄、菊地昌実訳、法政大学出版局、二〇〇七年〕においてイスラエルのそうした信念を見事に叙述している。メンミによると、「植民者は己の姿が見えなくなり、自分にとって都合のよい被植民者像をつくり上げる。だが、その被植民者像が当てはまるのは自分自身であることを無視する」という。「アラブ人が理解できるのは武力だけ」というイスラエルの信念こそが、メンミの指摘したことだ。事実、イスラエルは潜在的なものであっても脅威に直面すると、武力でしか対応しない。二〇〇八年、二〇一二年、二〇一四年、二〇二一年、イスラエル国防軍はガザ地区を爆撃した。停戦のたびに、イスラエルは「抑止力を再構築した」と宣言した。「抑止力の再構築」が繰り返されたが、問題は一向に解決しなかった。

ハマスは攻撃を激化させた。二〇〇八年にはイスラエルに向けて射程距離の短い手製爆弾を撃ち、二〇二一年にはテルアビブやエルサレムにまで届く高性能のミサイルを発射した。イスラエルの「抑止力」にもかかわらず、イスラエルが武力を振るうたびにハマスの軍事力は強化された……。イスラエルの近年の策略は、ガザ市民を永久に閉じ込めるという「絶対に越えることのできない壁」の建造だった。二〇二一年、イスラエルの国防大臣ベニー・ガンツはこの壁の建造を「技術的に卓越した革新的な計画」と評し、「国民はようやく安心して暮らすことができる」[8]と請け負った。その後の顛末はご存じの通りだ。

　二〇二三年一〇月七日から始まったイスラエルの戦闘行為を理解するには、イスラエルのそうした精神構造を理解する必要がある。すなわち、「これまでの武力では不充分だった。よって、さらなる武力を行使する」である。加えて、イスラエルはハマスの襲撃に衝撃を受けた国際世論を味方につけて、堂々と報復することができた。

　ところで、「イスラエルにとり、戦争の目的は何か」という疑問はかなり以前からあったが、イスラエルの指導層はこの問いに口をつぐんできた。というのも、カール・フォン・クラウゼヴィッツ〔プロイセン王国の軍事学者〕の箴言である「戦争とは異なる手段を持って継続される政治に他ならない」に反して、イスラエルの指導層は「戦争の継続こそ政治」と考えているからだ。

　イスラエルでは、植民地主義の極右勢力から左派の労働党にまで共通するいくつかの原則が存在し、これらの原則を遵守することが常に求められる。一つめは、パレスチナという国家は将来的にも存在しないという原則だ。二つめは、自国の軍事力は常に維持（あるいは拡大）しなければならないという原則だ。その他の原則は状況によって変化する。イスラエルの「思想家たち」の考える戦争の目的は、戦争を始める前から定まっているのではない。それは、圧倒的な勝利、ささやかな勝利、あるいは敗北など、戦争の成功度合いによって変化する。イスラエルの国境線と同様に、イスラエルの戦争目的は流動的だ（イスラエルは国境線が明確に定められたことのない世界で唯一の国かもしれない）。

イスラエルは常に出たとこ勝負で行動している。したがって、自国の政治目標は、直近の戦争結果に左右される。一九六七年、イスラエルがシナイ半島を占領したときに国防大臣だったモーシェ・ダヤンは、「シナイ半島のない平和よりも、エジプトとの平和のないシナイ半島を望む」と言い放った。その後の一九七三年、エジプト大統領アンワル・アル＝サーダートは、イスラエルとの戦争に踏み切った〔第四次中東戦争〕。この戦争では、エジプトは軍事的には負けたが、政治的には勝利した。一九七八年、イスラエルはエジプトと平和条約を締結し、シナイ半島をエジプトに返還した。このとき、ダヤンはこれを称賛した。つまり、すべては状況次第なのだ。

敵をナチスと罵ることで思考停止に陥るイスラエル

したがって、二〇二三年一〇月八日の時点では、イスラエルの最終目標は定まっていなかった。その一方でイスラエルは「ダヒヤ・ドクトリン」という戦略を採用した。次の一手は戦争の結果次第だ。イスラエルの指導層（そして国民）の基本的な考えは、「ガザ地区のすべての住民をエジプトへ追いやることができるのなら、大きな展望が開ける。住民の半分なら、状況は異なる。そして半分にも満たないのなら、戦略を練り直さなければならない。ようするに、行使する武力の強度により、次の一手が決まる」である。もちろん、すべてのイスラエル人が賛同することはないが、緊急事態においてはユダヤ系イスラエル人全員がこの考えに行き着く。唯一の疑問は武力をどう行使するかだけだ。われわれにとって、イスラエルのこうした世論はかなり驚きだ。というのも、「ダヒヤ・ドクトリン」に基づく戦略は、しばしば失敗してきたからだ。たとえば、二〇〇六年のヒズボラとの戦い〔レバノン侵攻〕は軍事的に失敗だった。だが、植民地主義が染みついたイスラエル人の考えには、何の変化も見られなかった。

こうした好戦的な哲学を持つイスラエルは、（すべての戦争時の国と同様に）敵を悪魔と見なす。二〇二三年一〇月三〇日、イスラエルの国連大使ギラード・エルダンは、ナチスがユダヤ人に対して着用を義務づけた「黄色い星」をつけて国連安全保障理事会の会合に出席した。エルダンの意図は明らかだった。すなわち、「ハマスはナチスの現代版であり、イスラエルがガザを攻撃しているのは、第二のショアを避けるためだ」である。エルダンよりも以前にイスラエル首相ベンヤミン・ネタニヤフも「ハマスは新たなナチスだ」[9]と言い立て、ガザ地区の最高幹部ヤヒヤ・シンワルを「小型ヒトラー」[10]と呼んだ。

ナチズムへの言及は、イスラエルだけに限ったことではない。パレスチナ人たちもユダヤ人国家が「ジェノサイド〔genocide：古代ギリシャ語で種を表すgenosと、ラテン語由来の殺害を意味するcideを組み合わせた造語〕」を行っていると糾弾している（近年、国際法の専門家は「ジェノサイド」という言葉を盛んに用いるようになった）。そうした非難は、ユダヤ人が不幸な民族であることを否定することにもなるだけに物議を醸す。だが、われわれはイスラエルとパレスチナが互いを「ナチス」と呼び合う非難の応酬を対等と見なすことはできないだろう。なぜなら、イスラエルは抑圧する強者であり、パレスチナは抑圧される弱者だからだ。また、これまでにイスラエルは自分たちの敵を常に「ナチス」と呼んできたことにも留意すべきだ。

イスラエルの敵をナチスと見なす非難こそ「ゴドウィン点」[11]に達した議論だろう〔相手を絶対悪であるナチスと類比し始めると、議論は理性的ではなくなる〕。イスラエルでは、エジプトの元大統領ガマール・アブドゥル＝ナーセル、パレスチナ解放機構（ＰＬＯ）執行委員会議長ヤセル・アラファト、次にイランのハメネイ師が「新たなヒトラー」と呼ばれてきた。そして今日ではハマスの指導者だ。イスラエルの指導層がそのときどきの敵を「ナチス」と呼んで蔑むのは、その人物の人格を貶め、その人物とは「交渉の余地がない」と国民を納得させ、武力行使によって敵国の民間人に犠牲が生じようが自分たちの軍事作戦は合法だと強弁するためだ。

ナチスが相手なら、交渉は不可能であり、手加減すべきではない。よって、二〇二三年一〇月七日の翌日、イスラエル政府関係者は敵を「ナチス」と思わせるためにＳＮＳを通じてフェイクニュースを拡散した。（パレスチナ人による犯罪があったのは事実だが）犯人たちを「人間の顔をした野獣」というイメージをつくり出す必要があったからだ。新聞『ハアレツ』の調査結果は次の通りだ。「ハマスが襲撃時に多くの罪を犯したのは明白な事実だが、イスラエルの指導層がパレスチナの襲撃者たちに「野獣」のイメージを植え付けようとして事実を歪めて紹介していることも確かだ[12]」。

とくに、殺害された子供の数はかなり誇張された。イスラエルの保険者組合である国民保険協会によると、殺害されたのは一人の乳幼児と五人の子供だけだったという（もちろん、きわめて残忍な所業であることには変わりがない）。では、イスラエルの捜査当局が「大勢の子供たちが誘拐されて殺害されたという証拠は見当たらない」[13]と結論づけていたのに、なぜベンヤミン・ネタニヤフはバイデン大統領に「ハマスのテロリストが数十人の子供を誘拐し、縛り上げ、焼き殺した」と訴えたのだろうか。

実に多くの犯罪がでっち上げられた。たとえば、イスラエル首相夫人サラ・ネタニヤフはアメリカ大統領夫人ジル・バイデンに宛てた手紙の中で、人質になったタイ人女性ヌッタワレー・ムンカンは妊娠九ヵ月のときにガザに連行され、そこで出産したと言及した。ところが、彼女は妊娠していなかった。この件に関してジャーナリストたちがイスラエル首相官邸に問い合わせたが、返答はなかった。イスラエル人ジャーナリストが調査したところ、ハマス襲撃直後に組織的な捏造が行われていたことがわかった。「四〇人の乳幼児が殺害され、彼らの数人は斬首された」「殺害された乳幼児が物干し竿に吊るされた」[14]「妊婦の腹を引き裂いて胎児を串刺しにした」などのおぞましい行為は、ハズバラ（イスラエル政府の広報機関）の責任者たちの捏造であり、メディアはしばしばこのプロパガンダを垂れ流した。すべては、パレスチナ人の犯行をさらに残虐に見せかけ、彼らを野獣扱いするためだった。

もちろん、これらの捏造行為により、「ハマスは無実」と主張する親パレスチナ派は勢いづいた。互いの捏造合戦によって生じる驚くべき現象については、本書の第8章（「ヒトラーはユダヤ人を根絶したかったのではない」）で詳述した。

ネタニヤフは、反ユダヤ主義者をはじめとする数多くの人種差別主義者を支持している。たとえば、ガザ侵攻の真っ最中である二〇二三年一一月末にイスラエルを訪れたX（旧ツイッター）の会長イーロン・マスクだ。イスラエルの指導層や入植者は、マスクを大歓迎した。ところが、アメリカではフェイクニュースの元凶と見なされているこの億万長者は、アメリカのユダヤ人社会では反ユダヤ主義者として非難されている人物だ……。『ハアレツ』には、「イスラエルがイーロン・マスクを歓迎するのは、（死者を含む）ユダヤ人に対するおぞましい裏切り行為[15]」というタイトルの記事が掲載された。なぜなら、ハマスの襲撃のあった一〇月七日より少し前に、この大物は「アメリカ史上最悪のユダヤ系アメリカ人虐殺事件の犯人ロバート・バワーズが唱えたユダヤ陰謀論を肯定した[16]」からだった。白人至上主義者の主張を肯定しながらも、敵を「ナチス」呼ばわりすることをためらわないのがネタニヤフだ。

本物の人種差別主義者には何の批判もしない一方で、自分の敵を「ナチス」呼ばわりするのは、アメリカのネオコンが素行の悪い同盟国には何の批判もしない一方で、「テロリスト」や「テロリズムに対する世界規模の戦い」を口にするのとそっくりだ。

一九七九年にネタニヤフがアメリカのネオコンの誕生に大いに寄与したシンクタンク「ジョナサン研究所」を設立したことは、あまり知られていない[17]。そのとき以来、ネオコンにとって「テロリズム」は「自由な社会」に対峙する普遍的な「悪の枢軸」になった。「自由のために闘う戦士」の対義語として定義された「テロリスト」は、「人類を先史時代へと逆行させる新たな人種」であり、「テロとの戦い」という言葉が錦の御旗になった。

ネタニヤフという男はまったく変わっていない。ハマスの襲撃があった二〇二三年一〇月七日から初めて公の場に現れたネタニヤフは、「ハマスはイスラム国だ」と宣言した。「テロリズムは純然たる恐怖だ。テロリズムに対しては、理解することも議論することもできない。オサマ・ビンラディン、サダム・フセイン、ハメイニ師はテロリストであり、ハマス、ヒトラー、イスラム国のメンバーも同様だ」。イスラエルのユダヤ人社会の八〇％が信奉するこうした善悪二元論には利点と欠点がある。（疑わしい）利点は、人類をテロリストとそれ以外の人々というように、単純に二分割できることだ。欠点は、こうした善悪二元論は複合的な視野が欠けているため、いずれ砕け散ることだ。

ハマス、抵抗、失敗

二〇二三年一〇月七日以降にガザ地区で起きたことにはハマスが深く関与している。オックスフォード大学の歴史学者アヴィ・シュライム（イスラエル系イギリス人）は、「ハマスを撲滅すべき」という主張に対し、次のように簡潔に答えている。

「イスラエルと西側のその同盟国が繰り返し述べていることとは異なり、ハマスは単なるテロ組織ではなく、民間人を対象にテロ行為を行う軍事部門を持つ政党だ。（……）ハマスは大衆社会運動であり、自由と独立を希求するパレスチナ社会の重要な側面だ。ハマスが影響力を拡大した背景には、「パレスチナ解放機構（ＰＬＯ）」が自由の獲得と国家の樹立を成し遂げられなかったことがある」[18]。

シュライムのこの指摘を頭に入れなければ、イスラエル人とパレスチナ人との間に生じていることはまったく理解できない。すなわち、それは植民地国家とその支配に異議を唱える人々との紛争だ。

イスラム系ナショナリズムを掲げる政党ハマスの教義は、イスラム教の実践とパレスチナ解放を目指す武力闘争だ。一九九七年、ハマスは和平ではなく「長期的な停戦（数十年間）」を申し出た。二〇〇六年にハマスがパレスチナ立法選挙で勝利を収めた翌日、イスラエルはハマスを「テロ組織」と糾弾してこの勝利を否定した。ところが、ベンヤミン・ネタニヤフは、ガザにおけるハマスの勢力を維持しようと画策した。イスラエルの歴史家アダム・ラズは、自分にとって都合のよい敵を飼うというネタニヤフの戦略を詳述している。二〇一九年三月の党大会で、ネタニヤフは次のように宣言した。

「パレスチナ国家の樹立を阻止したいのなら、ハマスを強化すべきだ。（……）われわれの戦略は、ガザ地区のパレスチナ人とユダヤ・サマリア地区（ヨルダン川西岸地区）のパレスチナ人を分断することだ[19]」。

ネタニヤフの顧問ゲルション・ハコヘンも、次のように証言している。

「真実を明かそう。ネタニヤフはパレスチナの国家樹立を阻止するためにハマスと親密な関係を結んだ。ハマスは表向きには敵だが、実は盟友だ[20]」。

前出のシュライムによると、ハマスの理念は一九八八年の結成時から一貫して「反ユダヤ主義」だったという。ハマスが施す学校教育は、ユダヤ教に対する無知と古臭い反ユダヤ主義が入り混じったものだ。こうしたお粗末な教育は、イスラム教徒に対する偏狭な人種差別を説くシオニストが運営するラビ学院のものとそっくりだった。つまり、ハマスの宗教観にも政治的に問題があったのだ。

ハマスの反植民地運動の原動力は「武力闘争」だ。一九五九年にアラファトが設立したパレスチナの政党「ファタハ」は、アルジェリア戦争での戦術を手本にした。だからこそ、パレスチナ民族主義者は長年にわたってテロ活動に従事したのだ。〔「ファタハ」を吸収した〕ＰＬＯは、イスラエルとの和平交渉に失敗すると姿を消したが、二〇〇〇年末に第二次インティファーダが勃発すると、ハマスがテロ活動による戦闘を引き継いだ。

ハマスの闘争は政治的に完全な失敗だった。イスラエル国防軍は、パレスチナの若者たちによる自爆テロを難なく抑え込んだ。二〇〇五年、蜂起は鎮圧された。二〇〇六年、イスラエルはガザ地区とヨルダン川西岸地区を完全に分離した。マハムード・アッバースのパレスチナ自治政府は和平交渉の再開を望んだが、ハマスは「武力闘争」を呼びかけた。ガザ地区では、ハマスとイスラエルが散発的に衝突した。一方、ヨルダン川西岸地区では、パレスチナ自治政府はイスラエル側の譲歩を少しも引き出せないままイスラエルに服従したため、パレスチナ人の信頼を失った。パレスチナ自治政府の存在感が失われたため、パレスチナ人はハマスを支持するようになった。

ハマスは武力闘争だけではなく平和的なデモも組織した。二〇一八年三月三〇日から二〇一九年三月までの毎週金曜日、非武装のガザの若者たちは「祖国への帰還」を訴えて「分離壁」に沿ってデモ行進した。デモのたびにイスラエル国防軍の狙撃兵は、一、二人のデモ参加者を射殺した。トランプ大統領がアメリカ大使館のエルサレムへの移転に祝辞を送った日には、五八人のガザの若者が射殺された。国連によると、一年間で死者の数は二七〇人、負傷者の数はおよそ二万九〇〇〇人に上ったという。ガザの住民の暮らしぶりは、平和的なデモによっても改善しなかった。よって、ハマスはそれまで馴染みのなかった平和的なデモによる活動を断念した。

ハマスはこれまで無差別テロに代表される「アルジェリア流」の戦闘による結果を精査してこなかった。ハマスの戦略が失敗した原因は、武力を崇拝し、情勢の分析を怠ったことにある。

第一に、「ファタハ」は一九五九年に設立されたが、パレスチナの民族運動は一九三六年から一九三八年にかけての「大動乱」の際にイギリス軍によって壊滅状態に陥り、一九六七年六月の戦争〔第三次中東戦争〕後になってようやく息を吹き返したところだったことだ。つまり、パレスチナの民族主義の興隆は、アラブ民族主義が大敗北を喫して衰退し始めた時期だったのだ。パレスチナの民族主義の宴は、アラブ諸国が退場するときに始まったのである。

第二に、「ファタハ」が提示したモデル（アルジェリア戦争の戦術コピー）には、致命的な欠陥があることが明らかになったことだ。つまり、パレスチナとアルジェリアの衝突では当事者間の戦力が異なるとともに、アルジェリア流の戦術には、普遍的な価値がなかったのだ。なぜなら、「ファタハ」においてもハマスにおいても、パレスチナの指導層は（たとえば、南アフリカの政党「アフリカ民族会議」と異なり）大衆動員という手段を用いなかったからだ。ところが、パレスチナが勝利を収めたのは第一次インティファーダ（一九八七年から一九九三年）だけであり、この闘いは、大衆の蜂起であってヤセル・アラファトの指揮下にあったのではなかった（この勝利のおかげで、「ナチス」呼ばわりされていたパレスチナ自治政府は、イスラエル政府から承認された）。

だが、第二次インティファーダが勃発すると、アラファトの「ファタハ」とハマスは武力のみの闘争へと回帰した。暴力に慣れ親しむイスラエル国防軍にとり、第二次インティファーダ〔二〇〇〇年から二〇〇五年）は鎮圧が容易だった。この蜂起では、パレスチナ人は粉砕された。

一九四五年五月から六月にかけてフランス植民地軍がアルジェリアのセティフとケラッタで行ったジェノサイド（犠牲者の数は、アルジェリア人が一万五〇〇〇人から三万人、ヨーロッパ人は一〇二人）がきっかけになり、一九五四年に「アルジェリア民族解放戦線」が設立されたと見なすなら、そのおよそ七〇年後にハマスがこれと似たような過程から利益を得る可能性はきわめて薄い。

ハマスは、テロリズムが民族解放の切り札ではなくなったことを理解していない。なぜなら、世界は変化したからだ。とくに、世界の二極化の時代が終わったことに気づいていない。二〇二三年一〇月七日のハマスの襲撃により、パレスチナは再び中東の争点になると同時に、パレスチナ人はナクバ以来の大災厄に見舞われ、イスラエルは狂った望みを実現する機会を得た。その望みとは、パレスチナ人を自分たちの領土から追い出すことであり、それができなければ長期にわたって抑圧することだ。

解体された社会、狂暴化した社会

今回の戦争において、ガザのパレスチナ社会は文字通り崩壊した一方で、イスラエル社会は狂気に陥った……。論説委員ギデオン・レヴィーは次のように述べている。

「ガザ地区、ヨルダン川西岸地区、離散したパレスチナ人たちが暮らす地域、アラブ諸国などでは、イスラエルに対する憎悪がこれまでになく高まった。国際社会はイスラエル人が見ようとしないこと、そして見たくないことを目の当たりにした[21]」。

『ハアレツ』の元ガザ特派員であるアミラ・ハスは、ガザの住民たちと毎日連絡をとり、おぞましい悲劇の実態を報道した。爆撃で破壊された建物の下敷きになった大勢の人々、飲料水の不足、苛酷な雑居生活、ごみの散乱、伝染病の恐れ、銃剣を携えて徒歩で逃げ惑う人々、電力不足、飢餓……。「ガザの住民は希少な食糧と飲料水に殺到する一方、警察は秩序を保とうと努力している」[22]。ガザの惨状は、レニングラード包囲戦、ビアフラ戦争、マリウポリと重なった。

一方、一〇月七日以降、ユダヤ人社会は再び恐怖に襲われた。ガザが廃墟と化しても、彼らの不安は消えなかった。それまでイスラエルの庶民にとって、ガザは遠い場所（陸路で七〇キロメートル……）であり、彼らはガザに無関心だった。パレスチナ人は幽閉されていた。ところが、「世界最強の軍隊の一つと呼ばれたイスラエル国防軍が、張子の虎にすぎないことが明らかになった[23]」のだ。

また、自国政府の無能ぶりを目の当たりにして、エリート層に対する恨みが募った。ガザ近郊の市町村で暮らすイスラエル人は、避難しても政府の支援を得られなかった。イスラエル兵たちは確たる目的もなく周囲をうろつくだけであり、何の手助けもしてくれなかった。イスラエルの公共サービスは、数十年間にわたる民営化の断行によって解体されていたため、手を差し伸べてくれるのは非政府組織だけだった。ジャーナリストのハガイ・マッタールは、こうした戦争開始から一ヵ月間までのイスラエル国内の状況を「国民は空っぽの貝殻に閉じ込められた[24]」と酷評した。

多くのイスラエル人は、そうした不安に加えて無力感を覚えた。「ハマスの連中はどうやって《通過不能》の隔離壁をすり抜け、世界最強の軍隊を出し抜いたのだろうか」。SNSでは、「ハマスの連中を手引きしたのは左派のユダヤ人将校ではないか」といった裏切者探しが始まった。同時に、パレスチナ問題に終止符を打ちたいという願いが、これまで以上に明白な植民地主義者的な憎悪として露呈した。イスラエルのユダヤ人の大多数は、自分たちと同じ領土で非人間的な扱いを受けながら暮らすパレスチナ人の数十年間にわたる苦悩にまったく無関心だった。一〇月七日以降、彼らのこの確固たる意志に基づく無関心は、最高潮に達した。

ごく一部の極端なナショナリズムを信奉する神秘主義者が実権を握りつつあるイスラエル社会では、ハマス襲撃をメシア的な視点から考察する者たちが現れた。すなわち、起こった出来事は、すべて「書かれていた」という解釈だ。彼らの言い分によると、聖書にはヘブライ人の約束の土地への入植は、彼らのエリコ大虐殺〔紀元前一三〇〇年ごろにイスラエルがパレスチナのエリコの民に対して行ったと伝えられる大量虐殺〕から始まったと記してあるという。

ハマスの襲撃以来、パレスチナ人を虐殺したいというイスラエルの欲望がむき出しになった。現在のところ、私はこれを欲望と呼ぶにとどめる。だが、エルサレム問題・遺産大臣のアミハイ・エリヤフは、「ガザに核爆弾を投下して皆殺しにすべきか」という質問に対し、「核爆弾の投下も選択肢の一つ」[25]と平然と返答した。さらには、「パレスチナの旗を振る者は死すべき」と言い放った〔エリヤフは人種差別を公言する政党「ユダヤの力」《旧「強いイスラエル」》の党員〕。エリヤフよりも穏健なエネルギー大臣のイスラエル・カッツ〔「リクード」〕は、「ガザ地区への人道支援に反対」と〔だけ〕表明した。退役少将のジオラ・エイランドは、ガザ地区に致死率の高いウィルスを拡散してガザの住民を抹殺することを提唱した。エイランドはイスラエル最大の発行部数を誇る日刊紙『イェディオト・アハロノト』に「ガザ地区南部に致死率の高い伝染病を蔓延させれば、われわれは勝利に近づき、犠牲になるわが兵士の数を減らすことができる」[26]と記した。

これらの発言には唖然とさせられるが、イスラエル社会では何の問題も生じない。これらのなかでも最もお馴染みの主張は、「パレスチナ人の大規模な追放を再び決行しよう」だ。ネタニヤフが党首を務める「リクード」や植民地主義の極右政党の指導層は、この主張を臆面もなく連呼する。「リクード」に属する国会議員アリエル・カルナーは、「唯一の目標はナクバだ。一九四八年のナクバの規模を上回るナクバの断行だ」[27]と気勢を上げた。ベザレル・スモトリッチは、二〇二四年一月二日にテレビのインタビュー番組に出演した際、「二〇〇万人のガザの住民は、将来的にユダヤ人を殺害する恐れがある。よって、われわれの唯一の選択肢は彼らを追放することだ。追放されたパレスチナ人の面倒を見るのはヨーロッパ人だろう」と説いた。財務大臣であり、パレスチナ自治区の「市民」課の責任者でもあるスモトリッチの主張は、「パレスチナ人を檻に入れてお払い箱にする」という究極の植民地主義的発想だ。

これらの主張にともない、イスラエル社会は残忍になった。警察の責任者コビ・シャブタイはパレスチナ系イスラエル国民に対し、ガザの住民を支援するのなら即刻ガザに送ると恫喝した。[28]女優のマイサ・アブドゥ・エルハディや神経科学者のダラル・アブ・アムネなど、パレスチナ系イスラエル人の芸術家や専門家は、SNSにコメントを載せただけで警察の事情聴取を受けた。ネタニア〔テルアビブ北部三〇キロメートル〕の大学のキャンパスでは、五〇人ほどのパレスチナ系イスラエル人の学生は、「アラブ人をぶっ殺せ」「ガザ壊滅」と叫びながら荒れ狂う暴徒から避難しなければならなかった。

作家でフェミニスト活動家であるサマー・サライメは、「パレスチナ人の村を荒らし回る極右勢力はイスラエル社会の病だ」と糾弾した。二〇二一年にイスラエルがハマスと交戦中、サライメは人種差別主義者たちから嫌がらせの電話を受けた。「お前のようなあばずれは、ぶっ殺してやる」という執拗な脅しを受けたと警察に相談すると、「それは戦時中に不用意な発言は控えろという教訓だ」とたしなめられたという。警察のそうした態度に驚いたサライメは、「本当に口を閉じようと思っている」と嘆いた。[29]

イスラエル社会では、イスラエルのガザ侵攻に批判的なユダヤ人に対しても風当たりが強くなった。彼らも「黙れ」という圧力を受けている。通信大臣シュロモ・カルイ（「リクード」）は、「国民の士気を下げる」者を罰する法律の制定を提唱した。この法律が制定されると、たとえば停戦を呼びかけるだけでも罰せられるかもしれない。

極右の植民地主義者たちの嫌がらせに悩まされているパレスチナ人を助けるためにヨルダン川西岸地区に赴くのも、かなりの勇気が必要になった。植民地主義者にとって、この戦争は自分たちのパレスチナ人追放計画を実行に移すための千載一遇の好機になった。二〇二三年一〇月七日から二〇二四年一月五日までの期間、ヨルダン川西岸地区では、およそ三〇〇人のパレスチナ人が殺害され、キッパ〔ユダヤ教徒の男性が被る円形の小さな帽子〕を被った武装した暴徒とイスラエル国防軍の兵士たちの共同襲撃により、一五のパレスチナ人の村が廃墟になった。

イスラエル社会の粗暴化が進むなかで、少数ではあるが事態を冷静に分析するユダヤ人が増えた。彼らはイスラエルを去るか、自分たちの子供に去るように諭す。「これらのイスラエル人は進歩的で教養があり、勤勉で非宗教的な人物であることが多い。彼らはイスラエルという国家計画に見切りをつけた」[30]。イスラエルという病んだ国から逃れる者や、平穏な暮らしを求めてイスラエルからひっそりと立ち去る者が現れた。

「ジェノサイド」や「人道に対する罪」という表現をめぐる論争

ジョー・バイデンがアメリカ大統領に就任した後に出版された本書の英語版には、第一二章を加筆した。「カギを握るアメリカの外交政策――トランプ後の中東情勢」と題するこの章の終わりに、私は次のように記した。

「バイデンは、イスラエルの何をしても罰せられないというこれまでの状態を正し、イスラエルに不利な国連安全保障理事会決議に対して拒否権を行使するのをやめ、EU、ロシア、中国と協力してパレスチナ問題の適切な解決策をイスラエルに認めさせ、パレスチナ占領をやめさせるべきだろう。バイデンがこれらすべてを成し遂げることができたのなら、イスラエルはパレスチナ人を支配できなくなる。イスラエルはこれを政治的な大失敗とみなすだろうが、これこそが平和な未来への道筋になる。今日、こうしたシナリオの可能性が低いのは確かだ。だが、可能性がまったくないとも言えないはずだ」。

今日、その答えは明らかだ。バイデンは腰抜けだった。バイデンがハマスの蛮行に対するイスラエルの反撃を容認することは予想できたが、イスラエルがこのような虐殺を平然と実行し、新たなナクバを断行しようとするのを黙認するとは思いもよらなかった。各国の外交官たちは即座にアメリカに抗議した。マリア・ファンタップルとヴァリ・ナスルは『フォーリン・アフェアーズ』誌において、「アメリカの中東情勢の見方は、一〇月七日以前から完全に間違っていたが、さらにひどくなった」[31]と断じた。アメリカのニュース・メディア『ポリティコ』は、「各国の外交官たちは、アメリカ大統領の取り組みに疑問を覚えるようになった」[32]と論じた。一一月上旬、これらの外交官グループはアメリカ国務省に嘆願書を提出した。イスラエルに完全な停戦を求めるように促したのだ。「イスラエルを無条件に支持し続けるのなら、中東の世論はアメリカを不誠実で偏った国とみなすようになる」[33]。

アメリカの各種世論調査によると、当初、アメリカ国民のイスラエルに対する支持率は高かったが、イスラエルが蛮行を重ねるにつれて低下しているという。

フランスのマクロン大統領もアメリカ大統領と同じ路線を選択した。二〇二三年一〇月末にイスラエルを訪問した際、驚いたことにマクロン大統領は、イラクや西アフリカの治安維持のときと同様に、ハマス撲滅を目的とする米仏同盟の結成を申し出た。ネタニヤフがマクロンのこの提案をイスラエル国防軍の司令官たちに得意顔で話している姿が目に浮かぶではないか。ネタニヤフは、「われわれのやりたいようにやらせてくれるのなら、マクロンには御託を並べさせておけばよい」と思ったに違いない。フランスでは、イスラエルのガザ侵攻に関する国民的な議論はほとんどなかった。その理由は、フランスの世論がハマスの蛮行から受けた精神的ショックを引きずっていたことだけではない。フランスでは、ほとんどの国民、そしてメディアは、その後のイスラエルのガザ爆撃に関心を示さなかった。イスラエルと「連帯」し続けることが重要だったのだ。パレスチナを擁護する意見を封じ込めようとする動きが顕著になった。当初、フランス政府はイスラエルを支援するデモを許可する一方で、ガザの住民を擁護するデモを禁止した。ハズバラ〔イスラエルのプロパガンダ〕は、「アラブ・イスラムの蛮行と最前線で戦っているのが文明国イスラエル」という見方を蘇らせた。フランスをはじめヨーロッパ全土の「能天気な右派」は、このプロパガンダに便乗した。

アメリカでも右派勢力の振興が確認できる。もっとも、アメリカには「文明の衝突」という理論に異議を述べる勢力がある。だが、フランスと同様、イスラエルのロビー団体は、活発な活動を通じてイスラエルに対する批判を非合法化することに成功している。イスラエルのガザ爆撃が始まると、彼らはイスラエルに対するいかなる批判であっても「反ユダヤ主義」と断罪するキャンペーンを展開した。

サタンを体現する言葉として「アパルトヘイト」と「ジェノサイド」がある。イスラエルとパレスチナとの関係を端的に言い表すのなら、「アパルトヘイト」は「植民地主義」とともに的確な言葉だろう。「ヨルダン川から地中海まで」の地域の現状は、国連のアパルトヘイトの定義[34]〔人種の隔離と差別〕が見事に当てはまる。しかし、「ジェノサイド」という言葉の用法は、その定義のおもな基準を満たしていない。なぜなら、ある集団の全体または一部を消し去る意図をもって行う大量殺害がジェノサイドだからだ。

一方、イスラエルのガザの住民に対するいくつかの手法は、ゲットーで用いられたものと酷似していた。たとえば、住民に対して飢餓という極度に不安定な状態に追いやるというやり口だ。つまり、イスラエルの主眼は、きわめて残忍な方法を用いて住民全体を恐怖に陥れ、彼らを追い払うことだ。ようするに、イスラエルの意図は「民族浄化」だ。ガザ地区からパレスチナ人を追い出すことができなかったからこそ、イスラエルは激怒したのだ。

私が「ジェノサイド」という言葉を用いるのを避けるのは、この言葉が持つ恐ろしさからではない。というのは、イスラエル人ジャーナリストのアンシェル・フェーファーが記しているように、イスラエルはジェノサイドを犯していないが、「イスラエル政府の上層部にはジェノサイダー〔虐殺者〕が存在する」[35]からだ。私が「ジェノサイド」という言葉を避ける理由は、ジェノサイドかどうかをめぐるこうした議論により、われわれは事実の検証ではなく、この言葉の用法に関する無意味な論争に引き込まれるからだ。「ジェノサイド」であるのなら「ショア」との比較が可能になると見なされる一方、ジェノサイドであることを完全に立証できないのなら、ネタニヤフが語ったように、イスラエルはガザでの戦争に「類まれな道徳心をもって臨んでいる」[36]というように解釈されてしまう。

実際に、「ジェノサイド」という言葉の使用は、イスラエルを利することになる。というのも、この言葉はショアとの関連を暗に想起させるからだ。したがって、「人道に対する罪」という言葉のほうが妥当だろう。なぜなら、たとえば二四〇万人のガザの住民を飢餓に陥れることを目的とする、確固たる意志と決然とした行動があったことはすでに立証されているからだ。一〇月九日、イスラエルの国防大臣は「ガザの完全包囲（電気、食糧、燃料などの完全な遮断）[37]」を命じ、空軍に大規模な無差別爆撃を実行させた。これらの行為は「人道に対する罪」以外の何ものでもない。「ジェノサイド」かどうかをめぐる議論はまったくもって無意味だ。そうした議論はネタニヤフとその一味を被害者に見立て、ガザの人々の住居の破壊を継続させるだけだ。イスラエルでは「ドミサイド〔住居の計画的な破壊〕」という新語が登場した。

とはいえ、親イスラエルのロビー活動家は、こうした言葉の微妙な区別など気にしない。彼らの主眼は「禁句」を口にした相手を「反ユダヤ主義者」と糾弾したり、それらの人々の雇用主に圧力をかけたりすることだ。

アメリカでは、ペンシルベニア大学の学長エリザベス・マギルや、ハーバード大学の学長クローディン・ゲイが、卑劣な論争の末に辞任を余儀なくされた。

ハーバード大学の元学長ラリー・サマーズ〔クリントン政権とオバマ政権では要職を務めた〔ユダヤ系アメリカ人経済学者〕〕は、「過去七五年間のパレスチナ史は、イスラエルの暴力によって描き出すことができる[38]（ハマスの犯罪の「責任」はイスラエルにある）」という趣旨の論文を書いた学生たちを処罰するように要求した。

ハーバード大学の学長ゲイは辞任前に公式に謝罪し、「学生たちと距離を置くが、表現の自由は尊重されるべき」と強調した。一部の超富裕層は、私立大学が学内の「反ユダヤ主義の拡大」に対処しないのなら、大学への寄付を取りやめると威圧し、大学の表現の自由を脅かした〔だが、そうした圧力に屈したのは一部の私立大学だけだった〕。とはいえ、イスラエルのガザ侵攻以降、アメリカの大学ではイスラエルの犯罪を糾弾する声は日増しに強まっている。アメリカの学生のこうした動きは、ついにフランスの学生にも飛び火した。

親イスラエル派とは反対に、今回のガザ侵攻が始まった当初から、ユダヤ人社会の改革派の活動には分裂が生じていた。イスラエルの対パレスチナ政策に批判的な人々の多くは「主流派のユダヤ教に集結した」[39]。

アメリカのユダヤ人社会の分裂は、二〇二三年一一月一四日にワシントンで開催された「イスラエルのための行進」（「人質の返還」や「反ユダヤ主義に対する抗議」を呼びかけるデモ）の際にも表面化した。

シオニズムを推進する組織は、イスラエルによる爆撃が始まった後も、イスラエルを一貫して支援している。たとえば、「平和」を掲げるユダヤ人ロビー団体「Jストリート」だ。

「トゥルーア：人権のためのラビの呼びかけ」の会長ジル・ジェイコブスは、パレスチナ人の扱いにきわめて批判的であり、「ユダヤ人団体の結束を強める必要がある」[40]と表明した。

「平和を求めるユダヤ人の声」や「ノット・イン・マイ・ネーム」は、ガザでの即時停戦とパレスチナに対する軍事占領の停止を要求した。

雑誌『ユダヤの潮流』は、イスラエルのガザでの犯罪に加担したとして「アメリカは共犯者」というタイトルの記事[41]を掲載した。

しかし、アメリカのユダヤ人社会の危機を最も顕著に示すのは、一一月一四日に行われた「イスラエルのための行進」には、およそ五万人しか集まらなかったことだ。これはイスラエルに対する不満を示している。

アメリカでは、イスラム系国民の人口はユダヤ系国民の半分にすぎないのにもかかわらず、その一〇日前にワシントンの同じ場所でアラブ・イスラム教徒の団体が主催したデモには三〇万人近くが集まった。ところが、この団体は脅迫と圧力にさらされた。アメリカのイスラム系市民団体「イスラム関係評議会（CAIR）」は、長年にわたってバージニア州にあるホテルで年次総会を開いてきたが、極右のシオニスト団体「アメリカ・シオニスト機構」はこのホテルに対して「CAIRの年次総会を受け入れるのはハマスを支援することに等しい[42]」と圧力をかけた。こうして、このホテルは二〇二三年のCAIRの年次総会の受け入れを直前になって拒否した。

しかし、イスラム系アメリカ国民の勢いはとどまらず、アラブ・イスラム教徒の団体は高い動員力を見せつけた。大統領選を控えたジョー・バイデンにとって、これはよいニュースとは言えなかった。なぜなら、アメリカの人口に占めるイスラム系の割合はきわめて低いとはいえ、それでもミシガン州では全有権者の二・五％を占めているからだ。二〇一六年の大統領選では、ドナルド・トランプはミシガン州において僅差で勝利した。二〇二〇年の大統領選では、この州のほとんどのイスラム系有権者はバイデンに投票した。しかし、各種調査によると、彼らはバイデンにはもう投票しないと回答したという。彼らの票を失うと、バイデンは再選の鍵であるミシガン州を失う恐れがある。さらには、若者はバイデンに失望している。アメリカのシンクタンク「クインシー研究所」の元所長トリタ・パルシは、「若年層の有権者がガザの問題をめぐってバイデンを嫌うようでは、バイデンはトランプに勝てないだろう[43]」と記した。その理由を次のように説明した。

「友人である駐イスラエルの元インド大使シブシャンカール・メノンは、「バイデン大統領はイスラエルによるガザ地区の破壊を支持することによって、法に基づく国際秩序という棺に最後の釘を打ち込んだ」と語っていた[44]」。

バイデン、マクロン、「西側諸国」の破綻

今から五〇年後、あるいは一〇〇年後の歴史家たちは、イスラエルのガザ侵攻をどう評価するのだろうか。イスラエルが法律ではなく武力に基づく新たな世界秩序を正当化することを象徴する出来事だったと見なすのだろうか。それとも逆に、植民地主義の最後のあがきを象徴する出来事だったと捉えるのだろうか。

二〇二三年一二月一二日、国連総会では、ガザでの即時停戦を求める決議が圧倒的多数で採択された。反対票を投じたのは、アメリカとアメリカに追随する九ヵ国〔イスラエル、オーストリア、チェコ、グアテマラ、リベリア、ミクロネシア、ナウル、パプアニューギニア、パラグアイ〕だけだった。国際社会におけるアメリカの孤立が鮮明になった。同日、バイデンは民主党大会において「イスラエルがガザ地区の住民に《無差別爆撃》を実施していることを遺憾に思う」と述べた。アメリカ国務省はイスラエルによる「無差別爆撃」の証拠を掴んでいたが、これらの証拠を即時に公表することを控えていた。アメリカ国務省の元弁護士ブライアン・フィヌケインの見立ては次の通りだ。「政府関係者が「証拠を即時に公表するのは困難あるいは不可能だ」と言い張るのは偽善でしかない。即時に公表するかしないかは選択であり、彼らは即時に公表しないことを選んだのだ」[45]。

『ポリティコ』誌によると、最初の二ヵ月間にイスラエル空軍がガザ地区に対して実行した二万八〇〇〇回の爆撃のうち、半数は「無誘導爆弾」によるものだったという。つまり、これらの爆

弾はガザの住民に対して無差別に投下されたのだ。

ジョー・バイデンとアントニー・ブリンケンは、イスラエルが二一世紀初頭における最大級の虐殺と移住を遂行するのを容認した人物として歴史に名を残すだろう。イスラエルによるパレスチナ人の虐殺は、シリアのアサドによる自国民の虐殺や、サウジアラビアのムハンマド・ビン・サルマン（MBS）によるイエメンでの虐殺に匹敵するが、異なるのは、シリアとサウジアラビアの犯罪は独裁政権によるものであるのに対し、イスラエルは自称「中東唯一の民主主義国家」という点だ……。

世界では外国人嫌いと人種差別の再燃にともなって「こわもての政治家」と「強い国家」に対する人気が高まっている。バイデン、そしてバイデンに続きマクロンも、人種差別と植民地主義を推進する政策を実施するイスラエルを支援することによって自身の政治基盤を強化しようとした。バイデンとマクロンは、息を吹き返した「文明の衝突」という理論に屈したのだ。

バイデン、マクロン、そして「西側諸国」は、この破綻劇の敗者になるだろう。なぜなら、彼らはネタニヤフの横暴を承認し、爆撃と二〇〇万人の移住をあっさりと容認したため、他者を指導する資格を失っただけでなく、自分たちの敵が蛮行におよぶ道筋もつけてしまったからだ。

イスラエルは第二次世界大戦後に建国されて〔一九四八年〕以降、国際秩序を混乱させてきた。今日の国際秩序は欠陥だらけであるため、しばしば踏みにじられてきた。だが、この秩序には、法の支配に基づく世界を推進すると同時に、越えてはいけない一線を引くという美徳があった。ところが、イスラエルは今回のガザ侵攻において、パラダイムをシフトさせ、ジュネーブ諸条約ならびに戦時国際法の修正、さらには廃止を目論んでいる。トランプ、プーチン、ネタニヤフにとって、この秩序は邪魔なのだ。それなのに、バイデン、マクロン、西側諸国のほとんどの指導者たちは、イスラエルのガザ侵攻を無条件で支持することによってイスラエルの「主権」を認めてしまった。今後、バイデンがロシアによるウクライナでの新たな戦争犯罪を糾弾したとしても、説得力を欠くことになるだろう。本稿の執筆時点では、ドナルド・トランプがアメリカ大統領に返り咲くのか、そしてマリーヌ・ル・ペン〔極右の政治家〕がフランス大統領に就任するのかはわからない。しかし、そうした事態になれば、その火付け役が誰であったのかが判明するだろう。

西側諸国の指導者は次のことを覚えておくべきだ。イスラエルの政策に反対することが反ユダヤ主義だとするなら、逆説的だが、シオニズムの失敗は不条理によって証明されるということだ。なぜなら、シオニズムは反ユダヤ主義を避けるための唯一の方法だったはずだからだ。ところが、イスラエルが武力を振るえば振るうほど、反ユダヤ主義は増殖する。もちろん、イスラエル人の間に反アラブや反イスラムなどの人種差別が宿っているのと同様に、パレスチナ人の間にも反ユダヤ主義が存在する。しかし、イスラエルが罪を犯すのを（増やすのではなく）止めれば、イスラエルは反ユダヤ主義を抑え込むことができるはずだ。ネタニヤフの過去二五年間の政策を如実に表す彼のスローガン「イスラエルの安全を守ることができるのは私だけ」が現代版シオニズムだとすれば、その結果は悲惨の一言に尽きる。なぜなら、ユダヤ人の日々の暮らしがこれほど脅かされている国は、イスラエルをおいてほかにないからだ。

今日、反ユダヤ主義の高まりは世界的な傾向のようだ。単純で過激な解決策を説き、「少数派」を弾圧するトランプ、プーチン、モディなどの「強い男」に人気が集まるのも、そうした傾向を物語る。

このような社会状況において、西側諸国で進行中の人種差別の対象（ヨーロッパではアラブ系住民やイスラム教徒、アメリカではアフリカ系やヒスパニック系の住民）にユダヤ系住民が加わることは想像に難くない。

ネタニヤフとシオニストの指導層は、アメリカを手始めに醜悪な人種差別主義者らと徒党を組むことによって、世界中のユダヤ人を奈落の底に引き込もうとしている（なぜなら、彼らは、「自分たちこそユダヤ人の代表」と自負しているからだ）。イスラム国やアルカイダの蛮行によってイスラム教徒に対する憎悪がかき立てられたように、イスラエルの犯罪を根拠にしてユダヤ人全員に対する憎悪をかき立てる無知で愚かで邪悪な者たちが現れる恐れがある。

二〇二三年一二月一五日、イスラエルの国防大臣ヨアヴ・ガラントは「ガザ地区を壊滅するには数ヵ月以上かかるだろう」と述べた。ガザ地区が壊滅するまでには、どれほどの人命が犠牲になるのか。イスラエルが殺戮に従事する目的が相変わらず曖昧であるため、イスラエルの蛮行を阻止するには言葉だけでは足りない。イスラエルが自分たちの目的であるガザ地区からパレスチナ人を追い出すまで攻撃の手を緩めないことも考えられる。そうなれば、イスラエルは国際社会からはじき出されるだろう。

イスラエルがガザ地区からパレスチナ人を追い出すことができず、ネタニヤフの望み通り、イスラエルがガザ地区を「無期限」に支配することになれば、アメリカのコラムニストで「親イスラエル」のトーマス・フリードマンは、「イスラエルにとり、ガザはいずれアメリカにとってのアフガニスタンやイラクのような存在になる。これは罠であり、大失敗に帰す」[46]と危惧している。「国際危機グループ」のアナリストであるヨースト・ヒルターマンは、イスラエルとアメリカの「パレスチナ問題の解決策」として挙げられているすべての選択肢は「非現実的」と切り捨てた。これらの選択肢には、アメリカ政府のアイデアである「（パレスチナ人にまったく信用されていない）パレスチナ自治政府にガザ地区の統治を任せる」も含まれている。ヒルターマンは、「ヨルダン川西岸地区の統治でさえ苦労しているパレスチナ自治政府が、ガザ地区を統治できるとは想像もできない」[47]と述べている。バイデンについては、「イスラエルを無条件に支持したことによって失墜したアメリカの信頼を回復させたいのなら、いかなる解決策であっても、イスラエルに対してこれまでにない強力な圧力をかける必要がある」と説く。「二国家解決」については、ネタニヤフが毛嫌いするだけでなく、イスラエルのユダヤ系議員の八〇％が反対している。ようするに、アメリカの諺にある通り、「自分が壊したのだから、自分で修理する」ということだ。

二〇二三年一二月、パレスチナ政策分析研究所は、パレスチナ人を対象にした初の世論調査の結果を発表した。この調査結果によると、ハマスを支持するパレスチナ人の割合は七二％であり、パレスチナ人の八〇％は、「ハマスの襲撃はイスラエルの占領に対する報復」と回答したという。一〇月七日以降のヨーロッパのどの国の対応にも満足できなかったと回答したパレスチナ人の割合は九〇％であり、アメリカに至っては九九％だった……[48]。

一〇月七日のハマスの襲撃では、イスラエル人の犠牲者（民間人および治安当局の関係者）の数はおよそ一一四〇人、負傷者の数はおよそ三四〇〇人、人質の数は二五〇人だった。

その後のガザ侵攻による二〇二四年四月七日時点でのイスラエルの被害状況は次の通りだ。イスラエル国防軍の公式発表によると、イスラエル兵の死者の数は六〇四人、負傷者の数は三一八八人だという。

一方、ガザ保険省の二〇二四年四月二九日の発表によると、パレスチナ人の犠牲者の数はガザ地区で三万四四八八人（ヨルダン川西岸地区では四九一人）に達したという。犠牲者の大半は民間人だ。また、負傷者の数は、ガザ地区で七万七六四三人、ヨルダン川西岸地区で四八〇〇人以上とのことだ。崩壊した建物の瓦礫の下敷きになった人の数はいまだに不明だ。国連の情報筋によると、これらの行方不明者の三分の二は女性と子供だという。国連の緊急援助調整官マーティン・グリフィスは、「居住不能になったガザ地区には死と絶望が渦巻く」[49]と嘆いた。

イスラエルは、レバノンのシーア派武装組織「ヒズボラ」に対しても大規模な爆撃を行う準備があると恫喝した。イスラエル首相ベンヤミン・ネタニヤフは、今回の軍事作戦「鉄の剣」に物理的および時間的な制限を設定することを拒否してきた。

二〇一四年一二月四日、ジャーナリストのアミラ・ハスは、友人であるバッサム・ナセル（アメリカの大学で中東史の修士号を取得したガザ出身のパレスチナ人）が彼の友人である精神科医と心理学者たちに送った手紙の抜粋を公開した。そこには次のように記してあった。

「私の精神状態を診断しないでください。私は、心的外傷後ストレス障害（ＰＴＳＤ）ではありませんが「正常」でもありません。哀れみや同情の目で私を見ないでください。（……）われわれのおもな問題は、自由を切望すること、そして自分たち自身で物事を決定したいということです。われわれは閉ざされた空間であろうと野外の牢獄であろうと、囚われの身で暮らすことを拒否します。屈辱には耐えられません。われわれを抑圧する者たちによるさらなる屈辱に耐えるつもりはなく、われわれのシャツを盗む者たちに、われわれの上着は与えません。彼らは獣だ……」[50]。

その一ヵ月後、イスラエルの国防大臣ヨアヴ・ガラントは、「戦後の計画」について語った。その計画は次のような枠組みだった。

「ガザ地区に関しては、併合も再植民地化も行わないが、管理体制はイスラエル国防軍による無期限の軍事支配と、パレスチナによる限定的な民事統制からなる。ガザの復興は、アメリカの管理下にある「多国籍軍」に委ねる。その際、アメリカはイスラエルと合意したヨーロッパ諸国やアラブ諸国からの支援を得る」。

ようするに、「壊したのはわれわれだが、君たちが払いなさい。われわれはガザ地区で起こることについて一切責任を負わないが、ここを支配し続けるのはわれわれだ。たとえば、パレスチナ人のうちの誰が、この地区からの人や物資（燃料や医薬品）の出入り、この地区での飲料水や電気の供給などに関する権限を持つのかを決めるのはわれわれだ」ということだ。言い換えると、イスラエルは「パレスチナ人は幽閉されたままだ。パレスチナ人を閉じ込めておけば、イスラエルの安全は確約される」である。「われわれを信じろ」と言われても、それは無理な話だろう。

本書を読み解くための基礎知識　前編

高橋和夫

はじめに、本書をより深く理解するために、パレスチナ問題とイスラエルについて、必要最小限のおさらいをしておこう。

地理について

パレスチナの定義

一般的に、パレスチナの定義は混乱しているため、しばしば議論が錯綜する。地理的な定義は、現在の国際的に認められた国境線内のイスラエルに加え、ヨルダン川西岸地区とガザ地区を合わせた地域を指す。ちなみに、国際的に認められた国境線はグリーン・ラインと呼ばれている。この国境線は一九四八年の第一次中東戦争の戦後処理で引かれた。

この地理的な定義の七八%がイスラエルであり、残りのヨルダン川西岸地区とガザ地区を合わせた部分が二二％ほどである。

日本と比較すると、イスラエルの面積は四国よりやや狭い。一方、ヨルダン川西岸地区は三重県と同じくらいであり、ガザ地区は福岡市より少し広い。

ところが、この地理的な定義に反し、ヨルダン川西岸地区とガザ地区を合わせた地域がパレスチナと呼ばれることがある。したがって、議論によってパレスチナの定義が異なる場合があるので注意が必要である。

よくある誤解

この混乱に拍車をかけるのは、イスラエルという国家は存在するが、パレスチナという国家は存在しないということだ。存在するのは国家未然の組織であるパレスチナ暫定自治政府だ。この自治政府は、エルサレムを除くヨルダン川西岸地区のパレスチナ人が暮らす人口密集地域を支配している。これらのパレスチナ人口密集地域は、イスラエル支配地域に浮かぶ小島のように点在している。その他の地域は基本的にイスラエルが支配している。

よく耳にするのは、「パレスチナ自治政府はヨルダン川西岸地区全体を支配している」という誤解だ。実際は先述のように、ヨルダン川西岸地区はスイス・チーズのように穴だらけであり、パレスチナ自治政府が支配しているのは穴の方だけである。チーズに占める穴の割合は一三％に過ぎない。これが本書で解説のあるA地区である〔一四九ページ〕。

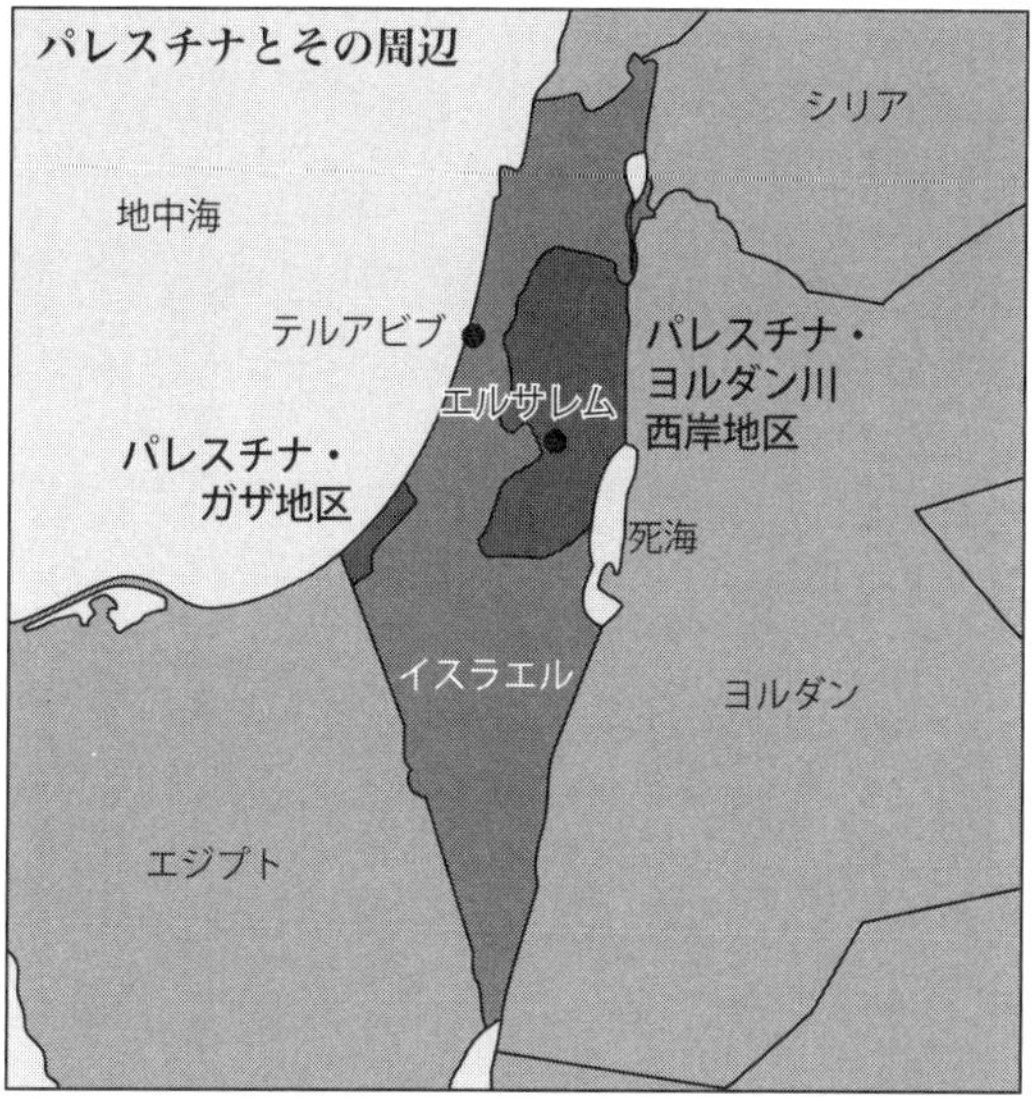

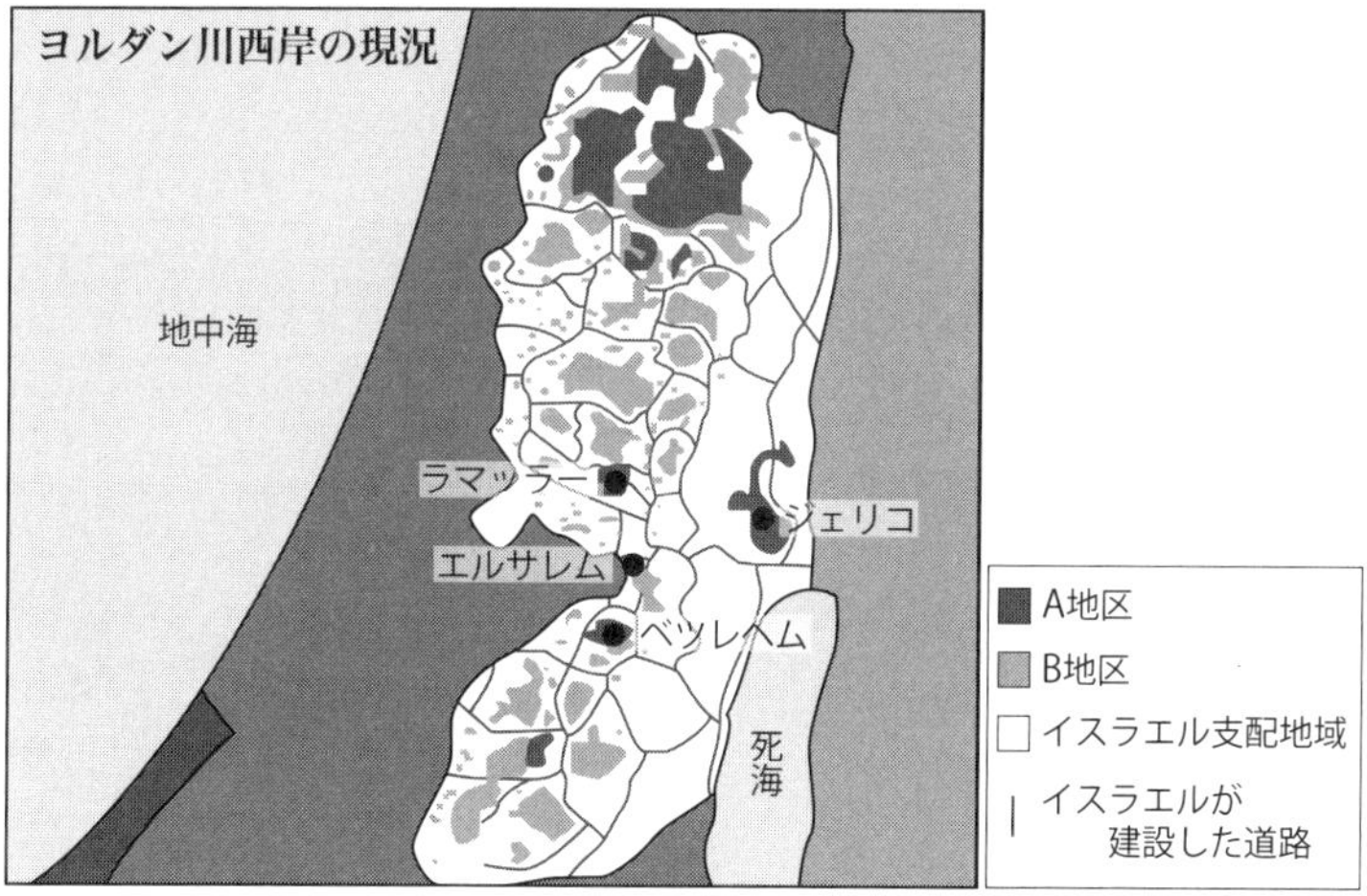

・B地区はイスラエルとパレスチナの共同管理、しかし治安権限はイスラエルが保持
・放送大学テレビ科目「パレスチナ問題（'16）」より

ガザ地区の現状

ガザ地区を統治しているのは、イスラム色の強いパレスチナ人の組織ハマスだ。ちなみに、ハマスはヨルダン川西岸地区のパレスチナ暫定自治政府とは対立している。

ハマスが支配するガザ地区は、陸地は壁で囲まれ、面する海もイスラエル海軍によって封鎖されている。ガザ地区への出入口はイスラエル側とエジプト側にあり、前者はイスラエル、後者はイスラエルに協力するエジプトが管理している。したがって、ガザ地区は周囲を包囲された巨大な監獄状態にある。

人口について

イスラエル国民

イスラエルの総人口は九三四万人である。そのうち、ユダヤ人は七四%を占め、実数で六九一万人(a)である。アラブ人が二一%、実数にすると一九六万人(b)である。残りがその他となる。

イスラエルの建国時、ユダヤ人の支配地域から七〇万人以上のアラブ人が追放され、彼らは難民になった。しかし、自らの土地に踏みとどまったアラブ人もいた。そうしたアラブ人たちとその子孫が、現在はイスラエル市民として人口の二一%を占めているわけだ。

パレスチナ全体

ヨルダン川西岸地区には二九八万人（c）、ガザ地区には一九九万人（d）のアラブ人が暮らしている。したがって、パレスチナで暮らすアラブ人の人口は、イスラエルのアラブ人と合わせると六九三万人となる（b＋c＋d）。

よって、パレスチナ全土の人口は、アラブ人の六九三万人とユダヤ人の六九一万人（a）を合わせた一三八四万人になる。都庁のホームページによれば、東京都民の人口が一四〇五万とある。つまり、パレスチナで生活する人々とほぼ同じである。

人口に関して、アラブ人（六九三万人）がユダヤ人（六九一万人）を上回っている点にも注目したい。現状では、アラブ人はわずかながらユダヤ人をすでに上回っているのだ。しかも、アラブ人の合計特殊出生率はユダヤ人よりも高いので、パレスチナ全体の人口において、ユダヤ人が少数派になりつつあることが確認できる。

少数派が多数派を支配する

ようするに、少数派のユダヤ人が多数派のアラブ人を支配する構図である。これは、かつて南アフリカで行われていた少数派の白人による多数派の有色人種の支配体制であったアパルトヘイトと呼ばれた人種隔離政策を想起させる。多数派の有色人種は、バンツースタンと呼ばれた狭い地区に押し込まれていた。ちょうどガザやヨルダン川西岸地区のA地区のようにである〔なお、本稿のパレスチナに関する数値は、すべて以下の日本の外務省のホームページに典拠した。https://www.mofa.go.jp/mofaj/area/israel/data.html#section1：二〇二一年一〇月五日アクセス〕。

歴史について

問題の起源

一九世紀末、ヨーロッパからパレスチナに移住し始めたユダヤ人たちが、先住のパレスチナ人（アラブ人）と争うようになった。これがパレスチナ問題の起源だ。

第二次世界大戦後の一九四八年、イスラエルが建国を宣言すると、イスラエルは周辺のアラブ諸国と戦火を交え、勝利を収めた。この戦争と前後して、すでに説明したように七〇万人以上のパレスチナ人が故郷を追われて難民となった。パレスチナ人はこれを「ナクバ（大災厄）」と呼ぶ。これがパレスチナ難民問題の起源になる。「ナクバ」により、一九世紀末以来のパレスチナ問題はより深刻化した。誤解が多いので確認しておきたい点は、パレスチナ問題の起源は第二次世界大戦以降ではないということだ。

史実の確認

これまで、イスラエルは「追放ではない。パレスチナ人が勝手に逃げ出したのだ」という説明を繰り返してきた。だが、本書でも言及があるように、これは史実に反する。

繰り返しになるが、もう一つ強調したい点は、逃げ出さなかったパレスチナ人もいたということだ。今日、彼らおよびその子孫は、イスラエル市民として生活している。すでに述べたように、彼らがイスラエル人口に占める割合は二一％だ。

略年表

19 世紀末	ユダヤ人のパレスチナへの移住の開始
1948 年	イスラエル建国とナクバ　※正確には、ナクバはこれ以前から始まっている
1967 年	第三次中東戦争
1993 年	オスロ合意

これもダメ押しのために再確認すると、一九四八年の戦争が終わった際の国境線により、イスラエルの領地が定められ、これが国際的に認められるようになった。この国境線は、すでに説明したようにグリーン・ラインと呼ばれる。しかし、イスラエルを認めない人々は、この領地を「一九四八年占領地」、略して「四八年占領地」と呼んでいる。

第三次中東戦争

一九六七年の第三次中東戦争で、イスラエルはエジプト、ヨルダン、シリアを打ち破り、エジプトが支配していたガザ地区を占領し、ヨルダンからはヨルダン川西岸地区を奪取した。ヨルダン川西岸地区には、エルサレムの歴史的な市街も含まれている。このガザ地区とヨルダン川西岸地区は、「六七年占領地」と呼ばれることがある。

ちなみに、イスラエルはシリアからはゴラン高原を奪った。しかし、付随した問題ではあるものの、ゴラン高原は歴史的なパレスチナではないので、これは狭い意味でのパレスチナ問題とは異なる。

いずれにせよ、この戦争により、イスラエルがパレスチナ全土を支配するようになった。

パレスチナ人とアラブ人

アラブ人とは誰か。定義の難しい問題だ。ここではアラビア語で生活している人々と簡潔に定義しておこう。エジプト、シリア、ヨルダン、レバノンなど、アラビア語を母語としている国は二〇以上もある。パレスチナ人も国こそ持たないが、アラビア語を母語とする集団だ。したがって、パレスチナ人ならアラブ人だが、アラブ人だからといってパレスチナ人とは限らない。彼らはヨルダン人やレバノン人かも知れない。

イスラエル社会の変貌

当初、東欧地域からパレスチナに移住したユダヤ人は農業に従事していた。しかし、イスラエル建国後、多くのユダヤ人がアラブ諸国などから流入してきた。また一九七〇年代になると、ロシアからも多くのユダヤ人が移民してきた。高度な教育を受けたロシア人の流入もあり、イスラエルは農業国からハイテク国家へと変貌した。

イスラエルがハイテク国家を目指したのは、周辺のアラブ諸国を技術力で圧倒したいという思いがあったからだろう。優秀な人材と野望に加えて、イスラエルはアメリカから多額の資金援助も受けた。さらには、占領地で暮らすパレスチナ人の携帯電話のハッキングによる監視やハイテク兵器による標的殺害などの経験を重ねて、イスラエルの技術には磨きがかかった。本書は、同国のハイテク産業が発展した要素として、イスラエル社会の法的制約の少なさを指摘している。

二国家解決案

パレスチナ問題の解決のために、どのような道筋が考えられるだろうか。これまで国際社会は、その道筋として「二国家解決案」を提唱してきた。その骨子は次の通りだ。

・パレスチナは一九四八年の国境線のイスラエルを承認する。
・イスラエルはガザ地区とヨルダン川西岸地区から撤退し、そこにパレスチナの国家樹立を容認する。
・両国間の軽微な国境線の変更は許容する。
・エルサレムを両国の共同の首都とする。

一九九三年にノルウェーの仲介で、イスラエルとPLO（パレスチナ解放機構）との間でオスロ合意が結ばれた。合意の前提となったのは二国家解決案だった。このオスロ合意によって、パレスチナにとってイスラエルは承認済となった。合意に基づき、ガザ地区とヨルダン川西岸地区の一部でパレスチナ人の自治が始まった。この自治がパレスチナ国家に発展すると期待されたが、やがて交渉は停止し、ユダヤ人によるヨルダン川西岸地区への入植が続いている。

こうした状況を受け、二国家解決案に対する支持が低下し、ユダヤ人とパレスチナ人が平等に暮らす一つの国家を求める声が次第に高まった。

しかし、この案が実現すると、イスラエルはユダヤ人国家ではなくなる。だが現状のままでは、イスラエルはアパルトヘイト国家という汚名を返上できない。イスラエルはディレンマに直面している。ユダヤ人が多数派でありながらも民主的な国家であるためには、イスラエルは二国家解決案によってガザ地区とヨルダン川西岸地区を切り離すしかない。これはアメリカのバイデン政権の立場でもある。

アメリカのユダヤ人社会

なぜ、イスラエルのパレスチナ人追放、さらには一九六七年以降の占領地支配が、国際的に容認されているのか。それは欧米、とくにアメリカがイスラエルを支持してきたからである。その理由は、六〇〇万人とも言われるアメリカのユダヤ系市民がイスラエルを強く支持してきたからである。また、キリスト教福音派の信徒たちがイスラエルの成立を聖書の予言の成就ととらえて支持しているからでもある。

ところが、アメリカのユダヤ人社会は、イスラエルに対して批判的になり始めた。占領の継続、アパルトヘイト的な傾向の深化、パレスチナ人に対する人権蹂躙などの状況が周知されるにつれ、アメリカ社会全体、とくにアメリカのユダヤ人たちはイスラエルへの批判を強めている。

その理由は多様だろう。一つには、ソーシャルメディアの発達により、現地の状況が広く世界に発信されるようになったからだろう。また、占領地の状況が酷くなっているからでもある。

さらには、第二次世界大戦中のホロコースト世代が世を去りつつあるからでもある。この世代の欧米の人々、とくにユダヤ人は、ヨーロッパのユダヤ人を見殺しにしたという罪悪感に苛まれてきた。その埋め合わせがイスラエルに対する無批判な支持になったと思われる。

アメリカのユダヤ人の多くは、そもそもリベラルで人権に敏感である。一九六〇年代の公民権運動、つまりアメリカの黒人に投票権を認める運動などで黒人たちとともに闘った白人の多くはユダヤ系だった。人権に対する意識の高い彼らは、イスラエルの現状に耐えられなくなったのだろう。

また、アメリカのユダヤ人の若年層の間では、イスラエルに関心がないという人々も増えている。そして、アメリカのユダヤ人社会とイスラエルとの間にはかなりの距離がある。その背景には、宗派の問題がある。アメリカのユダヤ人には、非宗教的であったり、ユダヤ教の伝統に必ずしも忠実でなかったりする層が多い。一方、イスラエルでは、正統派と呼ばれる保守的な人々が多いからである。

フランスのユダヤ人

本書によると、こうしたアメリカのユダヤ人社会のイスラエル観の変化に比べ、フランスのユダヤ人社会は依然としてイスラエル支持一辺倒だという。フランスのユダヤ人の人口は数十万人であり、米国の一割くらいの規模である。

イスラム諸国出身のユダヤ人はセファルディームと呼ばれる。そして、ヨーロッパ出身のユダヤ人はアシュケナジームと呼ばれている。

ユダヤ人に占めるセファルディームとアシュケナジームの割合をみると、フランスでは、北アフリカの旧植民地から移住したセファルディームが比較的多い。アメリカでは、アシュケナジームが圧倒的に多い。イスラエルでは半々である。

アメリカのユダヤ人社会のイスラエル観は変化しつつある。では、フランスのユダヤ人社会のイスラエルに対する認識も変化するのだろうか。この問いに対し、著者ははっきりとは答えていない。われわれはパレスチナ問題にどう向き合うべきなのか。著者がフランスのユダヤ人に、世界のユダヤ人に、そして日本人を含む世界の人々に突き付けた課題が本書である。

イントロダクション――埋めることのできない溝

一九九〇年の日曜日の朝のことだ。当時、八〇歳になろうとしていた父は、私の質問に辛抱強く答えていた。父と母はパリ近郊のシャラントンという街で暮らしていた。ここ数年来、私は父の人生について聞くために毎週日曜日の朝、両親宅を訪れていた。私と父が話している間、母は台所で昼食の支度をしていたと思う。というのは、私の妻と子供たちが昼を目当てにやってきて、皆で食事することになっていたからだ。

父は、しばしば自分の家族とユダヤ教、そしてユダヤ教と自身の複雑な関係について語った。父の父、つまり私の祖父は正統派のラビだったが、父は無神論者になった。それでも聖書を手放さなかったという（物事は必ずしもそう単純ではなかったようだ）。父は、ユダヤ教に背を向けた理由、ポーランドでの少年時代、イディッシュ文学への愛着、パレスチナに行く機会があったのに行かなかった訳などを語った。

この日曜日の朝、父は自分の故郷ウラディミールという街（現在のウクライナ西部、ポーランド国境付近〉について回想した。ウラディミールは、絶え間ない動乱に翻弄された典型的な東欧の街だった。この街の人口はおよそ四万人で、その内訳は、ウクライナ人が二万人、ユダヤ人が一万五〇〇〇人、ポーランド人が二〇〇〇〜三〇〇〇人だった。

一九一一年に父が生まれたとき、この街はロシア帝国に属していた。一九一九年、父が八歳だったとき、赤軍が進軍してきた。そのとき、父は周囲のユダヤ人たちが「これでようやくポグロム〔ユダヤ人迫害〕が終わる」と安堵していたことを覚えているという。ところが、ボリシェヴィキ〔ロシア社会民主労働党の左派〕はその二年後に敗れ、この街から撤退した。ポーランドのナショナリストが支配するようになるとユダヤ人迫害が相次ぎ、ユダヤ人の子供の就学に人数制限が課せられた。

一九三八年、二七歳だった父はフランスへと移住した。この判断によって父は救われた。というのは、この街は、その翌年にソ連、一九四一年にドイツによって占領され、一九四二年九月一日には、ナチスのアインザッツグルッペン〔移動虐殺部隊〕がこの街のほとんどのユダヤ人を殺害したからだ。父の両親、兄弟ならびに彼らの妻や子供たち、叔父、叔母、いとこなど、ユダヤ人は皆殺しにされたという……。一九四五年、この街ウラディミールは再びソ連領となり、一九九一年にはヴォロディームィルと呼ばれるようになった。

父によると、一九二〇年代、父のような若いユダヤ人は、ユダヤ人を排斥する抑圧的な雰囲気と、ラビが課すユダヤ人共同体の息苦しさの両方から抜け出したいと願っていたという。彼らには三つの選択肢しかなかったそうだ。

最も多くの若者が選んだ一つめの選択肢は、工業化が進むポーランドのサンディカリズム〔労働組合が政治の実権を握るべきだという考え〕の基盤である、労働者を中核に据えるブンディズムだった。この思想に共鳴する者たちは社会主義を提唱した。彼らは「社会主義では、ユダヤ「民族」は自分たちの言語であるイディッシュ語を用いて文化的な自治を享受できるようになる」と考えた。

二つめの選択肢は共産主義だった。万国の労働者、そして多くのユダヤ人の若者がこの思想に共鳴した。共産主義への道のりは、最も険しかったが最も輝いて見えた。彼らは「ユダヤ人を含め、あらゆる人々に対する搾取がなければ、社会には普遍的な兄弟愛が芽生えるだろう。そうなれば反ユダヤ主義に終止符が打たれるはずだ」と考えた。

三つめの選択肢はユダヤ・ナショナリズムだった。これは、民族的なナショナリズムと社会主義という大きな潮流と、東欧諸国に見られるようなウルトラ・ナショナリズムと排外主義という潮流の組み合わせだった。これらすべての潮流を混ぜ合わせたユダヤ人のナショナリズムはシオニズムと呼ばれた。シオニズムの目的は、当時、イギリスの植民地だったパレスチナの土地にユダヤ人国家を樹立することだった。一五歳だった父は、キッパー〔ユダヤ教徒の男性が被る帽子〕を捨て、社会主義シオニズムに賛同した。

一九九〇年のこの日、つまり、ベルリンの壁が崩壊してひと月ほどの日曜日の朝、父は思い出話の途中で次のように呟いた。「結局、われわれが勝利したんだ」。父の言う「われわれ」とは、シオニズムとシオニストだ。ブンディズムを選択したユダヤ人は、ナチスの大虐殺によって抹殺され、ヒトラーの毒牙から辛くも逃れた者たちの指導者も、スターリンによって強制収容所送りになるか銃殺された。ブンディズムとイディッシュ語の文化は結局のところ何も残さなかった。

東欧諸国を見ればわかるように、共産主義も失敗に帰したではないか。このとき父は、共産主義は東側でも西側でも何も残さないだろうと予測し、「だが、われわれシオニストはここにいる。イスラエルは明白な現実だ」と力説した。発展した経済、強い軍隊、活動的な社会を持つ強力な国家イスラエル。父は「われわれは勝利した」と繰り返した。自身の若いころの選択、つまり、その後の自分の人生と政治意識を形成することになった選択は正しかったという主張は、父が私との会話を続けるための昔からの語り口だった。

私は何も言い返さなかったことを覚えている。そして、物語はまだ終わっておらず、父は心の底ではそれをわかっていたはずだ。父とはとても親密な関係にあったが、父との間にはシオニズムという埋めることのできない溝があった。シオニズムは父の人生そのものだったが、私はもうそれを信じていなかった。

最後まで考えを変えなかった父

父は四半世紀にわたってフランスの労働シオニズムの指導者を務め、社会主義シオニスト系の日刊紙『われわれの言葉』が一九九六年に廃刊になるまでの二〇年間、この新聞の編集に携わった。私の家族は、私が一九四七年に生まれたときにはボルドーに住んでいた。そして私が九歳になったときにパリへと引っ越した。私がシオニストの青年労働運動に参加したのはちょうどそのころだ。私はフランス語だけでなくイディッシュ語も流暢に話すことができた。ところが、兵役、キブツ〔イスラエルの農業共同体〕での暮らし、大学での勉強など、イスラエルに何度か滞在した際に、この国ではイディッシュ語が嫌われていることを知った。

高校卒業後、私は青年運動の指導者になるためにイスラエルへと渡ったが、イスラエル軍に徴兵され、パラシュート部隊に配属されてしまった。兵役が終わったとき、身長は一メートル八〇センチ、体重は六四キログラムと、生涯で最良の体型だった。二〇歳の誕生日を迎える前にフランスに戻ったが、私はまだ熱心なシオニストだった。

しかし、変化の兆しはあった。

一九六九年、私はイスラエルに戻り、キブツに短期間滞在した後、エルサレムのヘブライ大学に入学した。このとき、私はイスラエル人の植民地主義的な態度に驚いた。アルジェリアが独立戦争に勝利してから、わずか七年後のことだった。イスラエルの学生たちは、アルジェリアのフランス人入植者がアラブ人に対するのとまったく同じ口調でパレスチナ人について語っていたのだ。

イスラエルの学生たちは、イスラエルが二年前の六日間戦争〔第三次中東戦争〕で、ヨルダン川西岸地区、ガザ地区、ゴラン高原を占領したことを自慢げに語り、パレスチナ人は自分たちにひれ伏すはずだと述べた。私はこうした見通しに異議を唱えて彼らと激論を交わした。

「彼らが自分たちの土地を手放すことなどあり得ない」

「手放すに決まってるさ。オリーブとピタパンを少し恵んでやればよいのさ」

「そんな風に考えるのは馬鹿げている」

「君はアラブ人を知らないからだ。奴らは嘘つきで臆病者だ。自分たちで国家を運営することなどできない輩だ。奴らが理解できるのは武力だけだ」

私の心は揺れ動き、疑念が湧いてきた。

世界各地で迫害されたユダヤ人の避難所としてイスラエルが建国されたとき、私はイスラエルに大義があると思っていた。もちろん、イスラエル建国までの道のりが麗しいことばかりではないとは思っていた。だが、パレスチナ人から土地を奪って彼らを追放するのは、明確な意図に基づく残虐行為であることが次第に明らかになり、イスラエルが人種差別と弱い者いじめをするという、理想主義者なら耐えられない小さな大国に成り下がろうとしていたのを目の当たりにしたのだ。

反シオニストとして活発に活動するようになると、私のイスラエルでの暮らしは難しくなった。私と妻はこうした信条のために排斥され、二人とも職を失った。しかしながら、私には多くのイスラエル人の友人がいた。彼らの中には私の意見に激しく反論する人もいた。当時は今日と違って、そうした議論はまだ可能だった。

一九六七年六月に六日間戦争が終わったとき、父は致命的な植民地支配が始まるのを恐れて「イスラエルは征服したパレスチナの領土を断念すべきだ」と語っていたではないか。私と父が議論している間に二三年の歳月が経ったが、イスラエルはまだパレスチナの領土を占領していた。だが、私はそのことには触れなかった。

イスラエル滞在中、シオニズムの建前と現実の乖離を目の当たりにし、私のシオニズムへの熱意は冷めた。私と父はシオニズムとイスラエルを巡ってたびたび衝突し、ついにこの話題を避けるようになった。もうこれ以上、議論しても意味がないではないか。互いに言いたいことはすべて言った。私は、イスラエルが父の理想からどれほど逸脱したのかを知っていたが、父は、二〇〇〇年に亡くなるまで自分の考えを変えなかった。だからこそあの日曜日の朝、私は父のアパートのソファに腰を下ろし、父の話を黙って聞いていたのである。

袋小路に陥った国

二〇〇五年、私は、シオニズム、そしてイスラエルとパレスチナ社会の変化に関する本を上梓した。この本は、その二年後に『壁に囲まれた国：袋小路に陥ったイスラエル社会』として英訳出版された。[1]二〇一四年に出版社から続編の執筆を打診されたが、長い間、気が進まなかった。イスラエルとパレスチナの紛争の大きなパラドックスとは、ニュース・メディアの欲求を満たすような出来事が毎日起こる一方で、根本的な変化は何もないことだ。

今日でも他民族の土地を占領するイスラエルは、自国の野望の実現に向けて無駄な努力を続けている。両陣営の死者（一方が一〇人なら他方が一人）、追放者（一方が一〇〇％で他方が〇％）、土地の没収、井戸の封鎖、治安維持のための壁の建設、パレスチナ住民を対象にした検問所の設置と煩雑な行政手続き、ガザ地区に対する度重なる爆撃などだ。パレスチナの子供たちはこれらの攻撃に直面して自暴自棄になり、ナイフや工具を手にして襲いかかってくる……。

これらのことはどれも繰り返し語られ、書かれ、見られ、批評されてきた。絶え間なく繰り返されるので、われわれはうんざりすると同時に途方に暮れてしまう。そこには揺るぎのない論理がある。

イスラエルとパレスチナの力関係はあまりにも不均衡であるがためにいつまで経っても進展しない。つまり、イスラエルは強すぎて負けることはないが、勝利することはできない。一方、パレスチナは勝つことはできないが、負けることもできない。パレスチナ人が存在するというだけで、イスラエルは最終的な勝利を宣言できず、またパレスチナ人が敗北することもない。

何がきっかけになったのかは覚えていないが、私は日曜日の朝の父との会話を思い返すようになった。自分は間違っていたと思うようになったのだ。イスラエルの状況は徐々に変化したのである。つい最近起こった変化もいくつかある。たとえば、一〇年前なら想像もできなかったような法律が制定されたことだ。また、イスラエル指導者の発言や、ユダヤ系イスラエル社会に拡散する政治的メッセージも、そうした変化に該当する。

それらの変化が生じた原因は、シオニズム初期から長年にわたって続く緊張が激化したからでもある。この典型例が、あらゆる手段を用いてのパレスチナ人からの土地の没収だ。しかし、イスラエルとアラブ・ペルシア湾岸君主国との和解のように、前例のない変化もあった。

今日、どこから見てもイスラエルが「勝利」したように思える。パレスチナの国民運動がこれほどまでに分裂して無力化したのは、一九三〇年代末以来のことだ。イスラエルはバラク・オバマでさえ阻止できなかった国際的な外交支援を享受し、パレスチナの領土を計画的かつ組織的に占領し続けている。さらには、パレスチナ人を追い立て、彼らを暴力的に抑圧する政策を実行している。国民を暗澹《あんたん》たる思いにさせるこうした改革は、イスラエルでは常態となり、何か特別なことが起きない限り、誰も話題にしなくなった。

この新たな陰鬱な日々を終わらせるための方法は誰にもわからないし、誰がそれを実行できるのかも不明だ。そしてイスラエルは、パレスチナ人を軍事的に支配し、毎日少しずつ蝕むと同時に、その影響は、政治、外交、経済、科学技術、学術、芸術など、あらゆる分野におよんでいる。

イスラエルがパレスチナ問題という「前提条件」を片付けることなく、ほとんどの東アラブ諸国との外交関係を正常化できると想像した者は、つい最近まで一人もいなかったはずだ。現状はまだ流動的だが、これはイスラエル史上最大の外交成果だ。パレスチナ問題が明日にも再燃する恐れがあるにしても、東アラブ諸国との国交正常化は根本的な変化だろう。また、イスラエルが最近になって、中国、インド、ブラジルなどの巨大新興国とこれまでになく親密な関係を築いたことも大きな変化だ。

注目すべき変化はまだある。たとえば、イスラエルがイデオロギーをむき出しにするようになったことだ。イスラエルのイデオロギーはテロとの戦いで主要な役割を担っている。イスラエルは、自国を批判する者に反ユダヤ主義者のレッテルを貼ることによって彼らを黙らせることに成功した。イスラエルが世界に向けて新たに提唱した定義によると、反ユダヤ主義にはシオニズムやイスラエルに対する批判も含まれるという。

ところが、こうした努力もむなしく、イスラエルのイメージはフランスやアメリカをはじめ、ほとんどの国において著しく悪化している。とくに、国際世論はパレスチナに対するイスラエルの政策をアパルトヘイトだとして、これまでになく厳しく非難している。

二〇一八年、正確にはその年の五月一四日、私は本書を書くことに決めた。今回はイスラエル社会に焦点を絞ることにした。その日、建国七〇周年を迎えて祝賀ムードだったイスラエルには、もう一つ前例のない祝い事があった。イスラエルのアメリカ大使館がエルサレムに移転し、トランプがその式典で〔ビデオ〕演説したのだ。イスラエルはアメリカ大使館に対しテルアビブからの移転を強く求めてきたが、実現には至っていなかった。なぜなら、国連はほぼ全会一致で、一九四八年の戦争〔第一次中東戦争〕後の平和協定が成立しない限り、エルサレムをイスラエルの首都と認めないと説いてきたからだ。しかし、トランプにとって国際法など関係なかった。こうしてイスラエルでは、派手やかな式典が催された。

同じ日、世界がエルサレムに注目しているとき、イスラエルがガザ地区の境界に建てた壁の前では、イスラエル国防軍（ＩＤＦ）の狙撃手たちが、一ヵ月半前から毎週金曜日に抗議運動に集まっていたパレスチナ人の若者たちに銃弾を浴びせていた。それまでの金曜日にも、イスラエル兵たちは実弾を放ち、パレスチナ人の若者を射殺していた〔犠牲者は、三人、五人、一〇人〕。ところで、五月一四日はイスラエルの建国記念日だ。この特別な日に、五八人が命を落とし、一三五〇人が負傷した。イスラエルの狙撃兵は、自分たちには危害のおよばない遠距離からパレスチナ人の若者を狙撃した。

国際世論は、この蛮行よりもアメリカ大使館のエルサレムへの移転に関心を抱いた。イギリス、フランス、ドイツ、ロシア、エジプト、サウジアラビアの政府がこの蛮行に抗議声明を出すことはなかった。主要メディアのこの日のトップ・ニュースはアメリカ大使館の移転だった。ようするに、ガザ地区ではいつも人殺しがあり、その日は単に死者の数が多かっただけということだ。

この日、トランプとネタニヤフは国際法を完全に無視する姿勢を露わにした。一九四五年以来、国際関係を決定付けてきたルールを変更しようというトランプの野望において、イスラエルは重要な役割を担うことになったのだ。

武力で解決できなければ、さらに武力を行使する

イスラエルの指導者層とドナルド・トランプ周辺の保守派とのつながりの要には、「武力こそが国家間の関係を決定する」という信念がある。アメリカのある研究によると、世界で最もトランプを支持したのは、ユダヤ系イスラエル人だったという。これは当然だろう。というのは、イスラエルでは、建国時から武力に対する信仰が国の中核をなしてきたからだ。

聖書のゼカリヤ書の四章六節によると、何を得られるかは「武力によらず、権力によらず、ただわが霊による」という。聖書が意味する「わが霊」は神の精神だが、現代ヘブライ語では、この一節は「武力で解決できないことは、知性で解決できる」を意味する。ところが、イスラエルは預言者のこの一節をお馴染みの過激なスローガンに変えてしまった。すなわち、「武力で解決できなければ、さらに武力を行使する」である。

このスローガンが意味するのは、「武力がすべて」だ。イスラエルは長年にわたって、このスローガンを唱えながら成功し、そして失敗してきた。ある種の条件反射のように、いかなる状況にあっても、まずは武力を頼りにする。失敗した際の唯一の結論は、「武力が足りなかった」である。

こうした態度の当然の帰結として、イスラエルには国際法を無視するという精神が根付いた。もち

ろん、これまでさまざまな場面において国際法の欠陥が露呈したのは事実だ。しかし、国際法が存在するからこそ、強者が自分たちに都合のよい決まりを弱者に押しつけることがないように、一定の制限を確約できるのだ。これは、仮に人権が蹂躙される場合であっても人権尊重という理念を強く訴えることができるのと同じだ。

アメリカ第一主義を唱える者たちが国連を嫌うのと同様に、イスラエルは建国時から国際法の正当性に異議を唱えてきた。なぜなら、国際法は武力行使に規制や制限を課すからだ。二〇〇四年、私がイスラエルの防諜機関である総保安庁《シン・ベト》[2]の元長官カルミ・ギリオンにインタビューした際、こうしたイスラエルの特徴が露わになった。

私はインタビューの冒頭に「テロ行為に訴える敵との戦いにおいて、国際人道法を遵守することは可能か？　それとも破る必要があるのか？」という質問を投げかけた。スパイの親分だったギリオンの返答は、「私は国際法の専門家ではない。私が語ることのできるのはイスラエルの法律だけだ」だった。

「国際法だって？　それは私の担当じゃない」という態度は、シオニストのパレスチナ開拓当初から存在し、その後何十年にもわたって維持、さらには強化されてきた。たとえば、国際法では「予防戦争」という概念が完全に否定されているのにもかかわらず、一九六〇年代初頭、イスラエル国防軍は基本戦略として予防戦争を採用した。これは、ジョージ・W・ブッシュ政権で国家安全保障問題の大統領補佐官を務めたコンドリーザ・ライスが国際的な合意を得ずにアメリカのイラク侵攻を正当化するためにこの戦略を採用した、四〇年ほど前の出来事だ。

イスラエルでは、武力の行使が国の政策として数十年間にわたってまかり通ってきたが、二〇〇九年にベンヤミン・ネタニヤフが首相に返り咲くと、武力の崇拝はかつてない水準に達した。

ネタニヤフの発言は、イスラエル社会の潮流を要約しているだけに聞き逃せない。ネタニヤフが平和を語る際に好んで使う表現は「抑止力のある平和」だ。言い換えると、強者が抑圧された弱者に押しつける平和である。二〇一八年八月、ネタニヤフは自国の外交官が集まる年次総会において「われわれは兵力による平和を信じる」とぶちまけ、「中東をはじめとする世界の多くの地域では、弱者の居場所はないという明快な真実がある。弱者は滅び、殺戮され、歴史から消し去られる。一方、強者は尊敬され、強者たちは同盟を結ぶ。最終的に、平和は強者たちの間で構築される」と力説した。[3]

こうした考え方こそがイスラエルの多数派の特徴だ。問題はネタニヤフだけではない。労働党（中道左派）が政権を握っていた一九四八年から一九七七年までの時期においても、こうした考え方が主流だった。そして現在までの四四年間のうちの三〇年間を、植民地主義を唱える右派ナショナリストがイスラエル社会を統治すると、こうした考え方はユダヤ系イスラエル人のドグマになった。彼らは自分たち以外の政治思想を受け入れないようになった。

二〇一九年四月のイスラエル議会総選挙戦では、ネタニヤフはライバルだった元国防軍参謀総長ベニー・ガンツを「左派の弱虫野郎」と罵った。罵倒されたガンツは、「自分は参謀総長だったとき、ガザ地区の空爆を命じ、一三六四人のテロリストを殺害した」と誇らしげに語った（国際メディアによると、この空爆により、一五〇〇人以上の民間人を含む二二〇〇人が死亡したという）。

ガンツの選挙スタッフは、爆撃後のガザ地区の写真をフェイスブックに掲載し、六二三一ヵ所のハマス〔イスラム主義を掲げるパレスチナの政党〕の拠点を破壊し、「ガザ地区の一部を石器時代に戻した」と自慢した。[4] ガンツ陣営は、アラブ人に対して弱腰だというレッテルを貼られてしまったら選挙に勝てないと心得ているのだ。

イスラエル国防軍の戦略家たちは、植民地主義的な支配という特徴を如実に示すこうした考え方に基づき、「ダヒヤ・ドクトリン」を採用した。「テロとの闘い」では民間人に対する攻撃を厭わないというこの理論は、二〇〇八年にガディ・エイゼンコットが提唱した（エイゼンコットは二〇一五年から二〇一九年にかけてイスラエル国防軍の参謀総長だった）。

この理論によると、「非対称戦争：戦力差のかけ離れている戦争」において劣勢側の敵が地上を支配している、あるいは地元民の支持を受けている場合では、優勢側は圧倒的な武力を用いて劣勢側のインフラや民間人の家屋を破壊しなければならないという。ちなみに、ダヒヤはレバノンのヒズボラ〔シーア派武装組織〕の本部があったベイルート近郊の地名だ。イスラエルは二〇〇六年のレバノン侵攻時、ダヒヤを爆撃して廃墟にした。[5]

ようするに、イスラエルは、ウラディミール・プーチンがチェチェン人、バッシャール・アル゠アサドが自国民に対したのと同じ戦略を採用したのだ。しかし、プーチンとアサドはイスラエルとは異なり、（イスラエルよりもはるかに積極的にこの戦略を適用したが）公には自分たちがそうした戦略に基づいて行動したことを認めず、戦争法を遵守しているふりをした。一方、イスラエルはすでに採用した予防戦争の場合と同様、インフラと民間人の家屋の破壊は自国の軍事戦略の一環だと断言した。

イスラエルは、自国の人種的、民族的、宗教的な純血が希釈される恐れがあるとして、国際法を適用する考えは毛頭ないと公言している。世界各地に出現する自民族中心主義の指導者たちは、こうしたイスラエルの独善的な態度に魅力を感じている。

国境という垣根が低い開放的な世界を信じる者たちがいる一方で、閉鎖的な部族主義、すなわち、同じ民族や国民だけで暮らしたい人々は大勢いる。この点においては、イスラエル国民も気づいているように、今日のイスラエルは普遍主義に反する政策を一貫して採用してきた末の産物だろう。

世界各地の極右の指導者は「偏狭な心の持ち主」と言えるが、彼らは強権的な排外主義者を標榜することによって大衆の支持を取りつけている。インドのモディ、ブラジルのボルソナロ、イタリアのサルヴィーニ、ハンガリーのオルバーン、そしてフィリピン、ポーランド、オーストリアの政治指導者たち、もちろん、ドナルド・トランプもだ。

近年、彼ら全員がエルサレムへの巡礼を行い、イスラエルとの関係を強化した。彼らにとって、自分たちと同じ思考回路を持つ小国イスラエルからは、さまざまな面において大きな学びがあるようだ。

イスラエルに魅了された自民族中心主義者たち

これらの指導者たちはイスラエルに魅力を感じている。パレスチナ人の基本的な権利を何十年にもわたって平然と否定してきた豪胆さ、「排斥主義」を振りかざす勇ましさ、そして支配側の民族が自分たちの法律を少数派に一方的に押しつける厚かましさに感嘆するのだ。

彼らは、イスラエルが国際法を徹底的に否定する姿勢にも憧れる。一九八一年、イスラエルは法律によって、一九六七年の六日間戦争でシリアから奪ったゴラン高原を自国の領土にしたが、国連はそれまでイスラエルのこの主張を認めてこなかった。ところが二〇一九年三月、トランプは突然、ゴラン高原をイスラエルの領土と認めるべきだと発言した。

後日、ネタニヤフはジャーナリストたちに次のように言い放った。「侵略戦争を仕掛けておきながら、失った領土を返してくれという理屈は通用しない。これは国際政治の重要な掟だ」。

ネタニヤフはワシントンから帰国する飛行機の機内で、この新たな解釈を再び持ち出した。「占領した領土を保有することはできないと言うが、アメリカの見解では可能だ。自衛のための戦争によって占領した領土なら、それはわれわれのものだ[6]」。

イスラエルによると、建国以来行ってきたすべての戦争は「自衛戦争」であり、自分たちが仕掛けた場合であっても、イスラエルは殲滅されないために絶えず攻撃する必要があったという。

今後、イスラエルは外国の領土を武力で占領する場合、この前例を持ち出すに違いない。だが、ここで指摘しておきたいことがある。一九六七年六月の六日間戦争でイスラエルがゴラン高原を占領したのは、戦争開始から四日めのことだ。イスラエルは初日の最初の一時間でシリア空軍を壊滅させた。その後、シリア軍はイスラエル軍に一発も発砲しなかった。

これらの指導者にとって、イスラエルのもう一つの魅力は、イスラエルは罪を犯しても罰せられることがないという特殊性だ。イスラエルは、自分たちの野望に異議を唱える者には「テロリスト」のレッテルを貼る。二〇一四年、パレスチナ大統領マフムード・アッバースがパレスチナ国家の独立宣言を承認するよう国連総会に訴えると、二〇〇一年から政府の要職についていたアヴィグドール・

リーベルマンは、アッバースの行動を「外交テロ」と呼んだ。[7] 一般的に、イスラエルは、テロとの闘い、国境の閉鎖、好ましくない外国人の追放などに関して、極右指導者の鑑になっている。

さらには、これらの指導者たちは、イスラエル社会に宿る政治思想にも魅了されている。トランプは世界中のどの国民よりもイスラエル人の間で人気があった。といっても、イスラエル人にとって、トランプの政治スタイルは取り立てて目新しいものではなかった。

二〇〇三年にジョージ・W・ブッシュがイラクに侵攻したとき、アメリカの決断を最も強く支持したのはイスラエルだった。そうはいっても、ブッシュは行動を起こす前に国際的なコンセンサスを得ようと努力した。だが、トランプは国際的なコンセンサスを求めようとせず、規範をぶち壊すために行動した。トランプの「勇気」に感嘆したイスラエル人は、「トランプは俺たちの仲間だ」と呟いたに違いない。

トランプが大統領だったころ、日刊紙『ハアレツ』〔中道左派系〕のワシントン特派員へミ・シャレヴは、トランプの人気を次のように自虐的に論じた。「イスラエル人がトランプの行動を見ると心が安らぐのには明白な理由がある。それは、難民に対する無関心、移民への残酷な対応、法の支配への敵対、外国人嫌悪、嘘で塗り固めた発言、下劣な誹謗中傷、人種差別主義者へのおべっか、女性蔑視である。攻撃的ですぐに吼える新参者トランプの態度は、イスラエル社会ではお馴染みだ。トランプこそイスラエル民族の名誉会員であり、イスラエル民族が理想とする夢のマッチョ・マンだ。トランプのことが気に入らない奴は「ここを出ていけ」である」。[8]

前出の元国防大臣リーベルマンは、イスラエル軍のガザ地区の民間居住地への空爆を正当化するために毒舌を振るった。「ガザ地区にいるのは悪党どもだけだ」[9]。

このような抑圧的なユダヤ人社会でも、理性的な思考、人間性、普遍的な権利の概念を取り戻そうと闘う人々がいる。彼らは、自国の行方を不安に思うと同時に、嫌悪感さえ覚えている。白人活動家が一九五〇年代と六〇年代にアメリカ南部の人種隔離政策に抗議し、一九七〇年代と八〇年代に南アフリカのアパルトヘイトを糾弾したのと同様、これらのイスラエル人（少数派だが確固たる信念を持っている）は、パレスチナ人の権利のために闘っている。

これらのイスラエル人の多くはユダヤの価値観を守るために闘っている。闘いの基盤は政治よりも道徳だ。イスラエルの過激なナショナリストや公然と人種差別発言をする者たちの中には、メシア思想を抱く信心深いユダヤ人が大勢いる。しかし、イスラエルの占領に反対する非政府組織の指導者の中にも、信仰心の篤いユダヤ人や信心深い家庭で育ったユダヤ人が数多くいる。

信仰心の有無にかかわらず、イスラエルが近代的ユダヤ教の世界観である人間と社会の進歩的な概念に背を向けたことに落胆するユダヤ人は多い。彼らは、イスラエルがパレスチナ人にこのような境遇を押し付けていることに嫌悪感を覚えるだけでなく、五〇年ほどにわたる占領が将来のイスラエルのユダヤ人におよぼす影響を憂慮している。人種差別的な自民族中心主義、付和雷同的な思考、移民排斥、普遍主義的なヴィジョンに対する蔑みが、イスラエルのユダヤ人の将来世代に根付くことを恐れているのだ。

本書のフランス語版を書き終えたのは二〇一九年一一月だった。アメリカ版が完成したのはその一四ヵ月後だ。その間、アメリカの中東政策は一変した。ドナルド・トランプの大統領選での敗北により、トランプ、ネタニヤフ、サウジアラビアのムハマド皇太子による「悪の枢軸」は終焉するかもしれない。

一方、ネタニヤフが首相であろうがなかろうが、イスラエル国民の考えに大きな変化はないだろう。世論調査によると、イスラエル国民のトランプ支持率は七七％（イスラエル国民に占めるユダヤ人の割合に近い）であり、ジョー・バイデンの支持率はわずか二二％だった。イスラエルでは、イランを軍事攻撃すべきという声がある。自国の存続を脅かすという理由から、アラブ諸国、そして現在ではイランに対する強烈な敵意が渦巻いている。

アメリカの新大統領バイデンは、二〇一五年にイランが六つの大国と締結しトランプが一方的に離脱した、「イラン核合意」への復帰が欠かせないと考えている。

バイデンの考えは次の通りだ。アメリカがこの核合意に復帰しなければ、この地域全体に核兵器が拡散してしまう。この合意がなければ、イランは核兵器を製造し、これに触発されてサウジアラビア、トルコ、エジプトなども核武装するだろう。バイデンは「この地域が核兵器開発の能力を持つようになれば、われわれの混迷は深まる」[10]と解説した。

ところで、バイデンがイランとの核合意を復活させ、他の懸案でも合意しようとするのなら、バイデンはイスラエルと衝突するだろう。というのも、イスラエルはアメリカがイランに対して強硬な姿勢で臨むことを強く望んでいるからだ。

バイデンにはどこまで踏み込む覚悟があるのか。バイデンはイスラエルを屈服させるような政策をとるのだろうか。その場合、イスラエルとパレスチナの紛争には、どのような影響が生じるのか。アメリカは再びパレスチナ問題に強い関心を抱くようになるのだろうか。それとも、アメリカは、イスラエルにイランとの合意を黙認してもらう代わりに、パレスチナ問題には触れないようにするのだろうか。

本書では今後の見通しについても語る。過去を振り返ればわかるように、予測が外れることは珍しくない。それでも本書の最後に、ドナルド・トランプ後の中東情勢について一章を設けた。トランプ退任後に生じた変化、そしてイスラエルとパレスチナの紛争に関して、アメリカの政権が交代しても変化しないと思われることが何かを探る。

今日、国際情勢はますます混迷を深めているように思える。反ユダヤ主義が吹き荒れる現在、ベンヤミン・ネタニヤフは、反ユダヤ主義を自認する者たちのご機嫌をとる一方で、シオニズムを批判する者たちを反ユダヤ主義者と糾弾する。人種差別に反対することが自由に対する新たな全体主義的な脅威だと見なされることもある現在、アメリカ、ミャンマー、アラブ諸国、さらにはヨーロッパの民主国家においても人種差別が横行し、そうした人種差別が新たな人種差別を生み出すという悪循環が始動している。

グローバリゼーションの加速によるヒト集団の混合が避けられない現在、一部の白人は、壁の内側に閉じこもる、有刺鉄線を張り巡らせる、不条理な移民政策を打ち出すなどして、こうした状況をやり過ごそうとしている。

こうした状況は、かつて第三世界と呼ばれた多くの国々が極端な排外的ナショナリズムを志向するようになったからでもある。たとえば、インドの首相ナレンドラ・モディだ。モディはイスラエルの新たな親友の一人だ。

イスラエル社会には、これらの現象が生み出す混乱が如実に表れている。これはディアスポラのユダヤ人社会、とくにフランスとアメリカで暮らす二大ユダヤ人社会に著しい影響をおよぼしている。イスラエル以外の土地で暮らすユダヤ人におよぼす影響を探る前に、イスラエル社会の変化を把握する必要がある。

イスラエル社会は矛盾に満ちている。きわめてリベラルで活力に満ちているが、民主的でない。建国以来、戦争状態だが経済発展を遂げ、偉大な文化を持つと同時に驚くほど自由な言論を謳歌している。

イスラエルの変化の本質を把握することはそれほど難しくない。イスラエルではあらゆることが、しばしば辛辣に語られ、書かれ、報道されるからだ。イスラエルの現状を知るのは比較的容易だ。したがって、私が本書を執筆するにあたって参考にしたのは、現地の新聞や出版物を通じた情報、そして現地で自分が行ったインタビューである。

第1章　恐怖を植えつける——軍事支配

国際世論は、イスラエルの占領によるパレスチナ人の苦悩をどう思っているのだろうか。パレスチナ問題の場合、深刻な出来事であっても延々と同じことが繰り返されるため、国際世論の危機感は薄れる。目と鼻の先にあるシリアや、もう少し離れたところにあるイエメンの状況と比べると、大した問題ではないと思う人もいるだろう。たしかに、パレスチナ人の苦悩は、シリアやイエメンの人々と比べれば小さいかもしれない。

ところで、パレスチナを苦しめるイスラエルの抑圧には三つの特徴がある。

一つめは抑圧の主要な原理だ（武力によってパレスチナ人を彼らの故郷から追い出す）。

二つめは抑圧の長期にわたる継続だ（パレスチナ人を追放し始めてから七〇年以上、軍事支配は五〇年以上）。

三つめは抑圧の形態だ（パレスチナ人を追い出すために、土地および生活資源をゆっくりと、だが確実に没収する政策により、彼らの日常生活を耐え難いものにする）。

これら三つの特徴が、イスラエルお馴染みの社会政治状況をつくり出している。こうした状況を目の当たりにしても、国際世論は「世界中、どこでも何らかの問題はある。すべての問題を解決することはできない」という受け身な態度で見て見ぬふりをする。だが、パレスチナ人が苦しみ続けているのは疑う余地のない現実である。

世界で最も品行方正なイスラエル軍という嘘

この章では、パレスチナ人がイスラエル国防軍の横暴のもとに暮らしていることを明らかにする。イスラエルで暮らすパレスチナ人の日常に何が起きているのかを知るには、現地の新聞を読めばよい。では、過去六ヵ月間にイスラエルの新聞に掲載された記事をざっと紹介しよう。これらの多くはイスラエル国防軍の動向を定期的に報道する日刊紙『ハアレツ』の記事だ。

「イスラエルの国境警備隊の女性兵士を逮捕。パレスチナ人男性を遊び半分で銃撃した疑い。男性は重体。判事によると、容疑者には異常な性癖が見られるという」(二〇一八年一〇月一五日)。

「イスラエル軍は当初、ヘブロン〔ヨルダン川西岸地区の南部の町〕の学校で炸裂した催涙ガスはイスラエル兵によるものではないと説明していた。だが、学校の防犯カメラによって全容が明らかになると、イスラエル軍はパレスチナ人の生徒たちが投石してきたので催涙弾で対抗したと説明を変化させた」(二〇一八年一二月六日)。

「政府当局は、イスラエル軍との衝突で一人のパレスチナ人男性が死亡したと発表。この男性は背後から撃たれた。軍の責任者は、ムハンマド・ホッサム・ハーバリーが暴力行為におよんだので発砲したと説明した。だが、路上の防犯カメラには、彼が友人たちと大通りを歩いているときに背後から射殺された様子が映っていた」（二〇一八年一二月九日）。

「立ち退きに抵抗するパレスチナ人家族の住居、イスラエル軍による三度めの破壊。「見せしめ効果」を狙ったか？」（二〇一八年一二月一六日）。

「イスラエル兵たちは、ゆっくりと立ち去る体の不自由なパレスチナ人の頭部を背後から撃った。防犯カメラの映像からは、両者は八〇メートルほど離れていたことがわかっている」（二〇一八年一二月一七日）。

「イスラエル兵たちはパレスチナ人の若者を撃った後、地面にうずくまるこの若者を引きずり回し、駆けつけた救急車を追い払った。イスラエル兵たちが救急処置を受けさせなかったため、パレスチナ難民キャンプのジャラゾンで暮らすこの若者は死亡した」（二〇一八年一二月二〇日）。

「農村部で暮らすパレスチナ人たちによると、白い服を着た入植者たちが彼らに向かって発砲した。このとき、イスラエル兵たちは傍観していただけだという」（二〇一九年一月二八日）。

「（五人のイスラエル兵たちは）拘束したパレスチナ人を彼の息子の眼前で殴った」（二〇一九年一月三一日）。

「深夜、パレスチナ人家族の家に突然侵入してきたイスラエル兵たちは、何の説明もなくベッドで寝ていた目の不自由なパレスチナ人を彼の妻と子供たちの前で殴った。殴られた男性は四七歳。重度の糖尿病のため人工透析と膝下切除の手術を受けていた。イスラエル兵たちは、この男性が自分たちの探している容疑者でないとわかると殴るのをやめた。この事件に対する法的な措置はとられていない」（二〇一九年二月二八日）。

「イスラエル政府当局は、あるパレスチナ人に対し彼の自宅および娘の家を取り壊すよう命じた。東エルサレムでは、パレスチナ住民に対し、「違法に建てた」のだから自分たちで住居を壊す、あるいは当局に法外な解体費用を支払うよう命じた」（二〇一九年三月七日）。

「イスラエル軍は難民キャンプでパレスチナ人の救護ボランティアを射殺した。救護ボランティアのサージド・ミズヘルは、撃たれて負傷した男性を助けようと歩み寄ったところを射殺された」（二〇一九年四月五日）。

イスラエルの現状は次の通りだ。現在、イスラエルとパレスチナが激しく対立する時代は終わった。第二次インティファーダ〔イスラエルとパレスチナ人との間での暴力事件〕は、一五年以上前にパレスチナ人が大敗して終結した。したがって、たったいま紹介した一連の事件が起きたのは「占領下の平常時」においてだ。だが、同じ過去六ヵ月間には、他にも似たような事件が毎週一〇件ほど起きている。イスラエル軍当局もこの見方を否定していない。

イスラエル特有の事情として、このような事件が起きてもメディアや人道支援団体の目に触れないことがある。たとえば、二〇一八年九月一八日、ムハンマド・アル＝ハティーブ・アル＝リマーウィー（二四歳）は、深夜に自宅に侵入してきたイスラエル兵たちに殴り殺された。イスラエルでは日常的に人殺しがあり、誰もこれを止めることができない。

イスラエル軍のこれらの行為からは、第二次インティファーダで勝利した後にイスラエル軍が戦術モードを変化させたことがわかる。パレスチナ自治区の占領以降、イスラエル軍による犯罪は増えたが、イスラエルの軍幹部や政治家はこれらを例外的な事件だと述べ、イスラエル軍を「世界で最も倫理的な軍隊」だと弁明している。

一九八七年から九三年までのパレスチナ人による第一次インティファーダは、パレスチナの政治的な勝利に終わった。このとき、イスラエルはPLO〔パレスチナ解放機構〕の存在を認めざるを得なくなった。だからこそ、二〇〇〇年九月下旬に第二次インティファーダが始まると、イスラエル軍はそれまでの反乱時とは比較にならないほど過激な措置をとったのだ。

パレスチナ人による最初のテロ事件が起こる一ヵ月前、イスラエル軍は攻撃ヘリコプターによってラマッラー〔パレスチナ自治区ヨルダン川西岸地区中部にある都市〕にある「テロリストの巣窟」にミサイルを撃ち込んだ。ところが、それはファタハ〔パレスチナの政党〕の青年組織の建物だった。

第二次インティファーダが始まったばかりの二〇〇〇年一〇月、パレスチナの暴徒たちがラマッラーで道に迷った二人のイスラエル兵を、パレスチナ自治区の警察署において殴り殺した。アメリカのABCニュースによると、イスラエル軍は報復として「この警察署だけでなく、二日前から両者の激しい衝突を報道していたパレスチナ自治区のテレビ局にもロケット弾を撃ち込んだ。警察署は瓦礫と化し、隣の建物からは大きな炎が上がった」[1]という。その後、イスラエル軍の攻撃ヘリコプターは、ファタハの青年組織の建物を含むラマッラーとガザ地区の五ヵ所にロケット弾を発射した。その翌日、ラマッラーに滞在していた私は、ロケット弾による破壊の跡をこの目で見た。

第一次インティファーダでは、イスラエルの戦車がパレスチナ自治区に入ったことはなかった。だが、第二次インティファーダではすぐに戦車が出動し、パレスチナ自治区を攻撃した。イスラエル軍は、二〇〇五年に第二次インティファーダが終わっても攻撃を激化させた。

勝利したイスラエルは、それまで以上に「武力で解決できなければ、さらに武力を行使する」ようになった。パレスチナ人が暴力の行使をやめても、イスラエルは話し合いをせず、パレスチナ人の日常生活をさらに締め上げて暴力を激化させた。イスラエル兵は、理不尽な暴力を振るっても罰せられることがなくなった。

ある調査によると、イスラエルの刑務所には、常時八〇〇人から一〇〇〇人のパレスチナ人の未成年者がいるという。彼らのほとんどが男性であり、『ハアレツ』の記者によると「彼らの中には一五歳未満の少年もいる」[2]という。刑務所で拘束される平均的な期間は三ヵ月半だ。「なぜ未成年者の逮捕はいつも夜なのか」という質問に対し、イスラエル国防軍の広報官は、「市民生活の秩序を維持するため」と回答した。

少年たちは手錠と目隠しをされて連行される。ほとんどの場合、少年たちの入所先は両親には知らされない。あらかじめ用意されている供述書に署名するよう少年たちが強要される実態も明らかになった（ヘブライ語で書かれているため、ほとんどの少年たちは読むことができない）。

一部の少年たちの証言によると、「自白しないと、お前の父親のイスラエルでの就労許可を取り上げるぞ。お前のせいで父親は失業する。そうなればお前の家族全員がひもじい思いをすることになる」、あるいは「お前の母親をここに連れてきて、お前の目の前でぶっ殺してやる」と恫喝されたという。

供述書に署名しようがしまいが、少年たちは軍法会議に出廷させられ、有罪判決を受ける。このとき初めて、両親は逮捕後のわが子の姿を見ることになる。

非政府組織「軍事法廷ウォッチ」によると、逮捕される子供の九七％は入植地に近い村の住民だ。軍関係者は、投石はおもに未成年者の仕業だとみなしている。「軍事法法廷ウォッチ」の顧問ジェラード・ホートンによると、イスラエル軍はこれらの未成年者の逮捕には、村全体に恐怖を植えつける効果と、見せしめの効果があるという。「すべての世代がイスラエル国防軍の武力を思い知らなければならない」[3]という理屈だ。

こうしたパレスチナ人に対する肉体的、精神的な暴力の激化は、イスラエルの現場の兵士、さらには軍の幹部の態度に深刻な影響をおよぼした。蛮行はすぐに隠蔽されるようになったため、彼らは気兼ねなくこれらの行為におよぶようになった。このようにして、蛮行はイスラエルの日常的な光景になったのである。

ヨルダン川西岸地区で暮らす一六歳の少女ヌーフ・イカーブ・エンフェートが検問所に近づいたとき、検問所の兵士は彼女に停止するように命じたのかもしれない。だが、現場の監視カメラの映像からは、兵士が停止を命じる様子はなく、彼女の手には何もなかったように見える。

突然、彼女が逃げ出し、二人のイスラエル兵が追う。その直後、銃声が聞こえる。少女が地面に倒れる。監視カメラに背を向けた兵士たちは、倒れた彼女を罵倒し始める。入植者と思われるサンダル履きの民間人も一緒になって罵る。倒れた少女がうめき声を上げる。兵士たちの叫び声が聞こえる。

「お前なんか、くたばってしまえ、この売女！」。

ジャーナリストのギデオン・レヴィーは次のように記す。「検問所の兵士たちが起訴されず、そして罰せられることがないのなら、イスラエル国防軍の倫理観は地に落ちたことになる」[4]。

この事件から三年後、私はイスラエル国防軍の広報室に対して少女が殺害される映像の存在を指摘し、この事件を捜査したのかと質問した。二〇二〇年四月二一日、広報室の担当者は、「このパレスチナの少女は、持っていたナイフでイスラエル兵の手と腹部を切りつけた。したがって、この事件に関与した者たちに対する措置は一切とらないことにした」と回答した。

こうした蛮行が社会に定着するには、軍の上層部から現場への明確な（あるいは、しばしば暗黙の）承認が必要だったに違いない。ヘブロン駐留のある中尉の証言によると、大隊長は、テロリストを殺害したりパレスチナ人の膝を撃ったりした（つまり、身体障碍者にした）兵士には、褒賞として「長期休暇」（木曜日から日曜日まで）を与えていたという[5]。

このような出来事は珍しいことではなくなり、しかも平然と行われるようになった。こうした事態を受け、二〇一六年に非政府組織「ベツェレム」（占領地区での人権侵害を監視するイスラエル人とパレスチナ人のボランティアからなる組織）は活動方針を変えた。

この非政府組織はイスラエル兵の逸脱行為に関する証拠を集め、これらをイスラエル国防軍の軍事法廷に提出していた。だが、二五年の経験を経て、そうした活動には意味がないと悟り、証拠の提出をやめた。というのも、確たる証拠を提出しても捜査が開始されることはほとんどなく、ましてや有罪判決に至ることなどなかったからだ。

「ベツェレム」の事務局長ハガイ・エル＝アドは、「証拠を提出しても、事件を精査していると主張するイスラエル軍の茶番劇に加担するだけだった」[6]と述べる。二〇一九年三月、イスラエル軍は一七人のパレスチナ市民を殺害したが、この事件に関する捜査は一切行われていない。イスラエルではこうした蛮行は日常的な光景でしかないのだ。

エルサレムのヘブライ大学で『イスラエル数学ジャーナル』の編集長を務めるダニエル・クロンベルクは、「タアーユシュ」（現地のアラビア語で共存を意味する）の長年のメンバーだ。「タアーユシュ：Ta'ayush」は、入植者の略奪行為に苦しむパレスチナ人を支援するユダヤ人とアラブ人からなる組織だ。ヘブロン南部の村人を支援するクロンベルクは、年配の予備兵と若い兵士との間には大きな違いがあることに気づいたという。「若い兵士はパレスチナ人を人間扱いしない。そしてパレスチナ人を支援するユダヤ人を裏切り者とみなす」。

クロンベルクは私に、入植者に鉄棒で腕を殴られた際にできた大きな茶色の傷跡を見せてくれた。彼はこれまでにこのような危険な目に何度も遭ったという。だが、もう通報する気はない。「最後に通報した際、警察は私の証言を聞くのではなく私を逮捕した。警察と軍隊は犯罪者と結託しているのだから、通報しても意味がない。入植者による蛮行は日常茶飯事だ。ほとんどの場合、パレスチナ人、そして彼らを支援するイスラエル人は訴えようとしなくなった。訴えたところで無駄だからだ。私は、「これは偶然でなく組織的な出来事なのだ」とようやく理解した。個人によってばらつきはあるが、イスラエル社会全体がパレスチナ人を人間扱いしなくなったということだ[7]」。

倫理観の喪失

イスラエルの非政府組織「沈黙を破る」の事務局長イェフダ・シャウルによると、イスラエル国防軍のパレスチナ政策には「思い知らせてやる」という意図があるという。二〇〇四年にイスラエル軍の予備兵たちが設立したこの「沈黙を破る」は、同僚の兵士や入植者による犯罪を公表している。[8]

二〇一九年一月、私はテルアビブ郊外にある「沈黙を破る」の本部でシャウルと会った。シャウルは三九歳。身長は一メートル八〇センチを超える恰幅のよい男性だ。友好的で皮肉を交えたユーモアを飛ばす彼の話しぶりからは内なる炎を感じる。彼は二〇〇四年三月に仲間の二人の兵士とともに「沈黙を破る」を設立し、この組織の事務局長に就任した。

最近、彼は生まれたときから被っていたキッパーを捨てたそうだ。父親はアメリカ人。エルサレムの正統派ユダヤ人の家庭で生まれた彼は、宗教色の強い環境で育った。彼の考えを変えたのは、歩兵隊の軍曹としてヘブロンで数ヵ月間過ごした体験だった。今日、彼はイスラエルのパレスチナ占領に断固反対している。

シャウルによると、「思い知らせてやる」とは、パレスチナ人に「その日の天気に関係なく、自分たちは常に支配下に置かれている」[9]という意識を植えつけることだという。この組織的な政策には、パレスチナ人を支配する効果と、イスラエルの新兵の良心を徐々に打ち砕く効果がある。一つの例として、シャウルはイスラエル軍の訓練である「逮捕をちらつかせる恫喝」を挙げる。

「家宅捜査する家を適当に選ぶ。その家に容疑者リストに載っている者がいないことを確認してから、深夜、全員でガサ入れする。家を破壊することもある。三〇分後、捜査を中止して立ち去る。逮捕者はゼロ。家の住人には一切説明なし。この騒ぎで近隣住民全員が目を覚ます。家宅捜査の理由は誰にもわからない」。

理由を知っているのは兵士たちだけだ。参加する新兵には「これはお前たちを鍛えるための訓練だ」という説明がある。新兵の教育に加え、パレスチナ人を威嚇する、そして「なぜ深夜に家宅捜査したのに誰も逮捕されなかったのか」という疑念と恐怖を近隣住民に植えつける。

こうした深夜の家宅捜査は、新兵だけでなく部隊全体の教育を図る手段でもある。シャウルは、「初めて家宅捜査を行う際、兵士はパレスチナ人の住居に踏み込んで彼らを脅すことに良心の呵責を覚える。二度目も同じだ。しかし、これが通常の職務になると、よほどの強い意志がない限り、兵士は自身の人間としての尊厳を失う」と説く。とくに命令に従うことが掟である軍隊において、自分だけ逆らうことはきわめて難しい。「しばらくすると新兵もこうした蛮行に慣れる」「狙撃兵にとって、初めて一二歳の子供を撃つことには心理的な抵抗がある。パレスチナの一般人家庭に乗り込んで家を破壊する兵士も同様だ。小便がしたくなったときは外に出て用を足す。だが、二〇回めにもなると、パレスチナ人の絨毯の上に小便するようになる。慣れは恐ろしい。兵役から無傷で逃れられる者はいない」。蛮行に「慣れない」ためには、シャウルのような並外れた精神力が必要だ。

こうした訓練に慣れると、新兵は実際の家宅捜査や逮捕に参加する。そして深夜の家宅捜査で就寝中の目の不自由な糖尿病患者を殴る。家宅捜査を深夜に行う目的は、パレスチナ人を服従させ、不安に陥らせることだ。シャウルは「パレスチナの子供は、こうした恐怖による心的外傷後ストレス障害を負って成長する」とため息をつく。一方、イスラエルの若者は、イスラエル国防軍から非人間的な役割を与えられても感覚が麻痺しているため何とも思わない。「イスラエル社会では、予測できないこと、思いがけないこと、支離滅裂に思えることが見事に計画されている」とシャウルは言う。

エルサレムのヘブライ大学のある留学生の体験を紹介する『ハアレッツ』の記事[10]は、シャウルのそうした発言を裏付ける。

この学生は、エルサレムから一〇キロメートルほど離れたヨルダン川西岸地区のベツレヘムで友人たちと一夜を過ごした。翌朝、エルサレムに出入りする際に通過しなければならない「検問所三〇〇（ベツレヘムにある大きな検問所）」へと向かった。

到着したときは、まだ六時になったばかりだった。四つあるゲートはすべて閉まっていた。しかし、すでに多くのパレスチナ人が列をなしていた。彼らの中には、仕事に遅刻しないように午前三時ごろから並んでいる者もいた。

突然、一つのゲートの緑色のランプが点灯した。大勢がそのゲートをめがけて殺到した。数人が通過したところで緑色のランプは消えた。しばらくして、別のゲートの緑色のランプが点灯した。人々はそのゲートへと向かったが、先ほどと同じように数人が通過したところで緑色のランプは消えた。

この学生は困惑すると同時に、学校の授業に遅刻するのではないかと不安になってきた。一方、パレスチナ人たちは、その日の仕事を逃してしまうのではないかと心配しだした。検問所前に長蛇の列ができると若い女性兵士が現れ、現地のアラビア語で「一人《ワハド》ずつ、一人《ワハド》ずつ」と叫ぶ。彼女は困惑している人々を眺めて楽しんでいる様子だった。

この学生はまもなく状況を理解した。あるゲートの緑色のランプが点灯したかと思うとしばらくすると消え、そして別のゲートで同じことが繰り返される。四つあるゲートのうち、どのゲートが何分くらい開いているのか。そして次にゲートが開くのはいつか。これは実に残酷なゲームだった。

ようやくこの学生の番が回ってきた。検問所の兵士は彼が手渡した書類を無表情で一瞥しただけ。すべては順調なのだった。「私がその朝に体験したことは、パレスチナ人にとっては日常的な出来事だった」。それは今に始まったことではない。「なぜ検問所の通過がこのように複雑で支離滅裂なのか。無意味で気の滅入るような虐待の理由は何なのか」。検問所の運営は恣意的で、兵士は利用者に無関心かつ冷酷無比。ようするに、意地悪だった。これがイスラエルの治安維持とどう関係するのか。この学生は理解に苦しんだという。「私の体験はちょっとした出来事に過ぎません。しかし、これはイスラエルで起きていることを象徴しているように思います」。

実際、この体験談は占領地区での日常生活を如実に表している。占領政策の観点から見ると、この学生が指摘した「無意味で気の滅入るような虐待」は支離滅裂でも無意味でもない。イスラエル国軍の兵士の無関心と嫌がらせも同様だ。シャウルが指摘したように、イスラエルでは「支離滅裂に思えることが見事に計画されている」。検問所の兵士の態度は熟考の末の産物だ。ようするに、日常生活に制約と支離滅裂な仕打ちを課してパレスチナ人を精神的に追い詰めることが目的なのだ。

検問所という倫理観の喪失した現場に配属させられた新兵は、戦闘ではなく無防備な民間人の取り調べ方を学ぶ。彼らは現場の同僚と同じく、パレスチナ人に対して次第に無関心になり、残酷な対応を当たり前と思うようになる。パレスチナ人に無意味な待ち時間を強いるのは、彼らをうんざりさせるための意図的な政策なのだ。

行政で働く若いユダヤ人世代は、このような組織的な嫌がらせがまかり通るのは「自分たちが支配すべきパレスチナ人は蔑むべき存在だからだ」と学ぶ。暗黙裡の植民地主義的な人種差別とパレスチナ人を見下す態度を持たなければ自身の尊厳を保てない。なぜなら、パレスチナ人を自分たちと同じ権利と尊厳を持つ人間とみなしたなら、毎晩のように民間人の住居にガサ入れして住民を怯えさせたり、出勤時の貧しいパレスチナ労働者をいじめて楽しんだりする行為は、耐え難いものになるだろうからだ。

支離滅裂な行動の背後にある非常に首尾一貫したこの意図的な残酷さは、心理学者たちの研究対象になってきた。とくに、ペンシルベニア大学のマーティン・セリグマンの研究は有名だ。「ポジティブ心理学」の創設者であるセリグマンは、「学習性無力感」の権威だ。

セリグマンの研究によると、論理的に理解できない状況に直面し続け、その際に自分ではそうした状況を制御することも逃れることもできないと、人間であれ動物であれ、不安と絶望に苛まれるため、陰鬱な無気力状態に陥るという。これが「学習性無力感」だ。

セリグマンはアメリカ心理学会の元会長だ。アメリカ精神医学会とは異なり、アメリカ心理学会はアルカイダとの戦いの際に、アメリカがグアンタナモ湾収容キャンプなど世界各地に設立した収容施設での拘留者の拷問に関し、CIA（中央情報局）に協力した（二〇一四年と二〇一五年、セリグマンのCIAへの協力が盛んに報道されたが、彼はこれを否定した。結局、真相は解明されなかった）。

しかしながら、さまざまな諜報機関が「学習性無力感」に関する彼の理論を研究したことは間違いないだろう。深夜の家宅捜査、逮捕をちらつかせる恫喝、検問所での虐待などから判断すると、「恐怖を植えつける」イスラエル軍幹部もセグリマン理論の学習者に違いない。

ヨルダン川西岸地区とガザ地区の『ハアレツ』の特派員アミラ・ハスは次のように報告している。ガザ地区で暮らすパレスチナ人女性が、癌《がん》に罹った父親を専門医に診せるためにイスラエルの病院に連れていこうとした際の顛末だ。

毎回、彼女はイスラエル総保安庁《シン・ベト》から二人分の出国許可を取得するために、イスラエルの専門医の受診予約を、余裕を持って数ヵ月前から取った。ところが毎回、イスラエル総保安庁からの出国許可証は受診日までに発行されなかった。そのたびに彼女は必死で懇願したという。この特派員は次のように説く。「なぜ病気で苦しんでいる者を虐待するのか？　その答えはすでにお馴染みだ。虐待は支配の手段だからだ」。これがパレスチナ自治区の日常なのである。[11]

台頭するユダヤ版「クー・クラックス・クラン」

ヨルダン川西岸地区の占領の管理者は、イスラエル軍、そしてそこに住むユダヤ人入植者だ（当然ながらイスラエル軍は入植者を支援している）。入植者の中でも過激派（多くは宗教原理主義のシオニスト）は、最も組織化された活動家だ。

彼らは、神がユダヤ人だけに与えたイスラエルの土地というメシア思想を持つ一方で、自分たちが奪いつつある土地に住む人々の暮らしには驚くほど無関心だ。これらの入植者はパレスチナ自治区に住むイスラエル人口の四分の一強を占める。

　イスラエル政府の統計では、二〇一七年末の時点でヨルダン川西岸地区にはおよそ四二万七〇〇〇人の入植者がいるという（この数字には、一九六七年にイスラエルが征服した東エルサレム地区に入植した二二万人のイスラエルのユダヤ人は含まれていない）。一九九三年（イスラエルとＰＬＯが相互に承認したオスロ合意が成立した年）、エルサレムを除くヨルダン川西岸地区の入植者人口は一一万六三〇〇人に過ぎなかった。つまり、ヨルダン川西岸地区の入植者人口が急増したのはオスロ合意以降だ。エルサレム地区では、この傾向がさらに鮮明だ。

　これまで右派ならびに左派のイスラエル政府は、無利子ローン、家賃補助、固定資産税の免除など、入植者を優遇する政策を打ち出してきた。ユダヤ思想に共鳴する者でなくても、これらの優遇措置を享受し「約束の地を征服する」ために武器を携えて入植した。時間が経つにつれ、これらの入植者たちは法の力が自分たちにはおよばないことをいいことに、途方もなく傲慢になった。イスラエル軍の逸脱と同様、入植者の無法ぶりは二〇一九年四月の『ハアレツ』の記事の見出しからも窺える。

「覆面姿のユダヤ人入植者がパレスチナ人家族を襲う。犯行の映像は残っているが、逮捕者はなし」（四月一六日）。

「二人の入植者が車に投石したパレスチナ人を射殺。イスラエル軍は証拠となる監視カメラの映像を削除」（四月一九日）。

「イスラエル軍は、立ち入り禁止区域にした場所で過越祭《ペサハ》を過ごすことを入植者には認めたが、パレスチナ人の土地所有者には禁じた」（四月二八日）。

たしかに、入植者の犯罪に関する報道の数は、イスラエル軍のものほど多くはない。だが、確実に増えている。とくに、パレスチナ人の農地を荒らす行為は、これまでになく横行している。パレスチナのマアーン通信によると、ヨルダン川西岸地区の入植者は、毎月およそ一〇〇〇本のオリーブの木を無断で伐採しているという。

二〇一八年一〇月、パレスチナ自治区の村では大量のオリーブの木が入植者によって無断で伐採された。たとえば、アル＝ムガイル村近くの農地では九〇本、トゥムルス・アヤ村では七〇本（さらに六〇本が被害を受けた）、ブルキン村では四〇本、タル村では三〇本、デイル・ニッドハム村では一八本、ファラータ村では二二本だ。そしてデイル・アル＝ハタブ村とブリン村では、パレスチナ人農民が襲われた。

イスラエル当局の対応は常に同じだ。入植者とパレスチナ農民の衝突を避けるために、イスラエル軍はパレスチナ人が農作業に出かけるのを妨げる。その結果、入植者はやりたい放題だ。パレスチナ人が警察に被害届を提出しても意味がない。前出のアミラ・ハスは「パレスチナ農民の訴えが刑事告発や有罪判決に至ったためしがない。これでは被害は止まらない」[12]と嘆く。

イスラエルの非政府組織「イェッシュ・ディーン」（人権保護）は、ヨルダン川西岸地区の二六平方キロメートル（この地区のおよそ〇・四％）を占める六つの村を調査した。二〇〇八年から二〇一八年で、入植者による暴力事件の報告数は二七五だった（毎月二件以上の割合）。パレスチナ農民が提出した一五二件の被害届のうち、起訴されたのは五件で、判決は一つも下されていない。

「イェッシュ・ディーン」で活動するイスラエル人弁護士ミハエル・スファルドが警察に「なぜ調

査しても何も出てこないのだ?」と問いただすと、「世間の関心が薄いからだ」という回答だった。ようするに、「誰も気にしていないのだから、わざわざ捜査する必要はない」ということだ。

二〇一九年一月から五月までの間、国連人道問題調整事務所(OCHA)は、八九件の入植者による暴力事件、そしてこれらの事件の被害者である四五人のパレスチナ人に関して調査した。重大な身体的危害をともなう犯罪も増加している。

二〇一五年七月末、四人の入植者がドューマ村にあるサアド・ダワブシェの住居に放火した。ダワブシェ、妻、そして生後一八ヵ月の幼児が焼死した。その八ヵ月後、別の入植者がこの放火事件の主要な目撃者だった被害者のいとこの住居に放火した(二〇二〇年五月一九日付の『ニューヨーク・タイムズ』によると、アミラム・ベン=ウリエルという入植者が一件めの放火事件に関して殺人罪に問われたという)。

前出の「イェッシュ・ディーン」の弁護士スファルドは、「われわれはユダヤ版「KKK(クー・クラックス・クラン)」の台頭を目の当たりにしている。イスラエル検事総長アヴィハイ・マンデルブリットは、ムーサー(アラビア語の「モーセ」)の土地をモーシェ(ヘブライ語の「モーセ」)に与えることを容認している」と解説する。本家アメリカのKKKとの違いは、イスラエルでは迫害するのは白人でなくユダヤ人ということだ。

弁護士スファルドは、ある週の出来事を語った。入植者たちが五つの村の路上でパレスチナ人の乗用車を燃やし、壁に「殺すぞ」という脅し文句を書いた。「いつものようにユダヤ人暴徒は誰も逮捕されなかった」。

「イェッシュ・ディーン」によると、別の週、ヨルダン川西岸地区では二四時間に二五件の暴行事件があったという。これらの事件では、負傷したパレスチナの民間人は入院し、彼らの乗用車は破壊され、民家への発砲があった。そして樹木が切り倒された。これは入植者が「アラブの樹木はユダヤの土地では育たない」という意味を込めた嫌がらせだ。

弁護士スファルドは、「本家アメリカのＫＫＫと同様、新たに登場したユダヤ版の暴徒も、狂信的な宗教と人種隔離主義に汚染された泉の水を飲んでいる」と訴える。アメリカ南部の場合と同様、最高裁判所は見て見ぬふりをしている[13]。

過去五〇年間にイスラエルの大物政治家や一般市民がユダヤ版ＫＫＫを容認するようになったことを示す恐るべき殺人事件があった。二〇一九年一月、ヨルダン川西岸地区北部のイスラエル入植地レヘリムにあるイェシーヴァー（タルムードを学ぶ学校）の五人の若い学生が、七児の母である四七歳のパレスチナ人アーイシャ・アル＝ラビを投石で殺害したのだ（入植者による殺人事件はこれが初めてではなかった）。

こうした蛮行は、一九七〇年代の「不法な」入植活動であるグッシュ・エムニーム運動[14]の直後から始まり、現在も続いている。実行犯は、往々にして宗教指導者の原理主義的な説教に感化された少人数からなる狂信的な集団だ。

よく知られている蛮行を二つ紹介する。一つめは、一九九四年のニューヨーク市ブルックリン出身のイスラエル人入植者バールーフ・ゴールドシュテインによるマクペラの洞窟（ヨルダン川西岸地区の都市ヘブロンにある宗教史跡）での乱射事件だ。二つめは、一九九五年の宗教原理主義者でナショナリストのイガール・アミルによるイスラエル首相イツハク・ラビンの暗殺事件だ。

一九八〇年代、グッシュ・エムニーム運動の入植者をメンバーとする大テロ組織が登場した。「ユダヤ人地下組織」とも呼ばれたこの組織は、パレスチナ自治区の大都市の三人の市長を襲うなど（ラマッラーの市長は片足、ナブルスの市長は両足を失った）、数々のテロ事件を起こした。一九八四年、彼らテロリストたちはパレスチナのバスに爆弾を仕掛けようとして逮捕された。

彼らは社会的な落伍者ではない。メンバーには、ラビ、軍人、大学教授なども含まれていた。逮捕された者のうちの二五人は出廷させられ、終身刑を受けた者もいた。ところが、全員が六年半もしないうちに釈放された。彼らの中には入植者集団の指導者になった者もいた。

過去五〇年、宗教系シオニズム運動の指導者たちは、こうした蛮行を暗黙裡に支持してきた。マクペラの洞窟の乱射事件を起こしたゴールドシュテインの墓には、今でも大勢の支持者が詣でている。狂信的な人物が殺人を犯すたびに、宗教系シオニスト運動を支持するラビたちは、殺人事件からは少しだけ距離を置きながらも殺人犯の心情に理解を示す。彼らがそうした態度を示すのは当然だろう。なぜなら、メシア思想に基づく彼らの国家的な展望には明確な理念などないからだ。

一方、宗教原理主義的なシオニストである入植者たちは、ユダヤ教の神学校において、ユダヤ教の教義（イスラエルの土地は神聖だという主張）は国の法律よりも上位にあると教えている。そしてパレスチナ人はこの地で生まれたよそ者に過ぎず、さらには、十全たる権利を持つ人間ではないとまで言ってのける。[15]

だからこそ、宗教系シオニズム運動を展開する者たちは、明確な良心を抱いて「違法な入植地」をつくり、パレスチナ人に対する違法行為を繰り返すのだ。神の思し召しにかなうことがすべてなのだ。

ところで、イスラエル政府は何をしているのか。政府はあまりにも露骨な「しくじり」なら非難しても、宗教系シオニズムの信奉者を保護する。違法な入植地にも、上下水道、電話線、ガス、電気などの生活インフラを提供し、入植地の住民を「新たな開拓者」と持ち上げている。

時間が経つにつれて社会全体が偽善に慣れ、やがてそれが当然になり、最も過激な入植者の蛮行が正当化されていく。

「入植者だった私は、入植者がいかにして殺人犯になるのか知っている」[16]というタイトルの記事は、先ほど紹介した七児の母である四七歳のパレスチナ人を投石で殺害したイェシーヴァーの学生たちがどのような教育を受けたのかを説明している。この記事の執筆者は元入植者シャブタイ・ベンデットだ。ベンデットは一九九六年から二〇〇九年までイスラエル人入植地（レヘリム）に住んでいた。彼の子供の何人かはそこで生まれた。入植地でのラビや彼らの説教はよく知っているという。

このパレスチナ人女性殺人事件について、なぜ入植地の宗教指導者たちは口をつぐむどころか擁護しようとさえするのか。その理由は、「極端なナショナリズムに基づく宗教的イデオロギーが頭に刷り込まれているため、彼らは自制心と人間の尊厳という感覚を失った」からだと説く。

イスラエルで最も影響力を持つラビの一人であるツファット〔イスラエル北部〕のシュムエル・エリヤフは、このパレスチナ人女性の殺人事件の後、説教の中で殺人犯たちを擁護した。さらには、『伝道の書』の一節「牢獄から出て支配する」（第四章一四の一節）を引用し、彼らに栄光を約束した。つまり、「罪を犯して投獄されても心配するな。すぐに権力を手にすることができる」とエールを送ったのだ。

ベンデットによると、これは当然の帰結だという。そこには入植者を保護しようとするイスラエル当局の確固たる意志がある。かつてシオニストたちの間では右派の人々も含め、入植者が一般のパレスチナ人に危害を加えたり、彼らの財産を侵害したりすることは悪とされてきた。

「しかし今日、そのような声は耳にしない」。罰せられない犯罪があまりにも多く、感覚が麻痺し、人々は見て見ぬふりをするようになった。「長年にわたって法律と道徳を踏みにじってきたため、イスラエルの地域住民は入植者および右翼団体と一体化した。一体化したこの集団が卑劣なテロ行為を糾弾することはなく、彼らは自分たち以外の人々への関心を失った」[17]。

テロとの戦いを指導するイスラエル

イスラエルがパレスチナ人に課す制約には「テロとの戦い」という大義名分がある。よって、パレスチナ人全員が「テロリスト」なのだ。パレスチナの少年が石を投げつけた、あるいはパレスチナの少女がイスラエル兵を叩いただけでもテロ行為だ。現在では、ちょっとした抵抗や平和的なデモ行進でもテロ行為と見なされる。

イスラエルは、テロとの戦いに関する自国のノウハウを外国に宣伝し、対外的なイメージを向上させている。

フランスを例に見てみよう。二〇一六年七月一四日にフランス南部のニースで発生したムスリムによる攻撃では八六人が死亡し、二〇〇人ほどの負傷者が出た。フランスではイスラエル型のテロとの戦いを称賛する声が上がった。

この事件の翌日、フランスのラジオ局ＲＴＬは、駐仏イスラエル大使のロング・インタビューを放送した。

週刊誌『レクスプレス』は、「なぜイスラエルはテロとの戦いのモデルなのか[18]」というタイトルの記事を掲載した。

フランスの元国防大臣エルヴェ・モランは「自国の治安のイスラエル化」について語った。

七月二二日、パリのイスラエル大使館は「テロに直面するイスラエルの例」と題するパンフレットを発行した。イスラエル大使館は、フランスのメディアがついにイスラエルのテロに関するノウハウに興味を持つようになったと小躍りした。

このとき以降、フランスでこの種の犯罪が発生するたびに（その後、規模は小さくてもいくつかあった）、フランスのメディアではテロとの戦いに関する「イスラエルの知恵」が大きく取り上げられた。

「イスラエルの知恵」とは何か。イスラエル型テロ対策は一九二〇年代から、最初はアラブ、次にパレスチナと呼ばれるようになったテロ行為を対象にしてきた。だが、イスラエルのテロ対策の専門家と称する人物であっても、テロを根絶する方法はわからない。テロ行為を抑制するのが関の山だ。

よって、イスラエル型テロ対策から得られる一つめの教訓は、テロリズムという特殊な現象はマラリアのようなものだということだ。つまり、繰り返し発生する病気であり、その流行を抑制することはできるが、根絶はできないということだ。

イスラエル型テロ対策では、どこで発生しようがどのような状況下であっても、テロリズムはすべて同じである。イスラム国、パレスチナのハマスとファタハ、アルカイダ、シーア派のヒズボラなど、すべて同じテロリズムだ。

フランスの元首相ヴァルス〔移民やテロに対して強硬な姿勢を示した人物〕が語ったように、それぞれの違いを理解しようとすることには意味がない。なぜなら、「説明することは言い訳すること」だからだ。テロリズムとの戦いは技術や兵站《へいたん》の問題でしかないのだ。

したがって、イスラエル型テロ対策では、正しい方法を選択して適切な手段を確保すれば、テロリズムを減らすことができる（撲滅できなくても大幅に減らすことはできる）と考える。

イスラエルの「専門家」は、この戦争で用いる手段の合法性など気にしない。イラクのアブグレイブ刑務所でアメリカ兵が捕虜を虐待したことや、ウラディミール・プーチンの軍隊がチェチェン人「テロリスト」を肥溜めで拷問したことなど聞いたこともないのだ。

一九四八年以降、イスラエルは緊急防衛規則によって「地中海のグアンタナモ基地」と化した。すなわち、何千人ものパレスチナ人が裁判手続き一切なしで無期限に投獄されているという非の打ちどころのない体制だ。

イスラエルによると、テロに悩む社会が実行すべきノウハウは、「人々の人権を無視し、テロを抑制する技術的な要因だけに注視すればよい」である。

前出の『レクスプレス』の記事は、「イスラエル型テロ対策は、守りの戦略（安全地帯の確保、壁の建設、検問所の設置）と攻めの戦略（アジトへの潜入、予防的逮捕、大物の暗殺）に基づく」と指摘する。ある「イスラエル専門家」によると、「イスラエル国民の意識の高さとレジリエンスが大きく寄与している」という。この専門家はイスラエル国民の「責任を重んじる文化」を称賛する。しかし、ユダヤ・イスラエル社会が卑屈な行為を黙認していることを、どう説明するのか。

およそ五〇年間の占領により、ごく少数のイスラエル人を除き、ほとんどのユダヤ人がパレスチナ人を人間扱いしなくなった。イスラエルの若者は兵役中にパレスチナ人を虐待することに順応する。これは『ニューヨーク・レビュー・オブ・ブックス』の寄稿者ダヴィッド・シュルマンが語るところの「何世代にもわたって罪のない人々に対して組織的に行う残虐行為（さらには、パレスチナ人の土地を盗み続ける）[19]」であり、互いの人間関係に致命的な傷跡を残す。イスラエル社会の責任を重んじる文化の正体は、組織的な残虐行為に慣れることなのだ。

イスラエル社会がパレスチナ自治区を占領してから半世紀が経過した。その間、イスラエル社会はどう変化したのか。占領当初から、パレスチナ人を抑圧して彼らの生活資源を強奪するために大量の資金と人材が投入されてきた。イスラエル世論がこの政策を支持したことは間違いない。それだけでなく時の経過とともに、ヘーゲルが語るように「量が質に変化をおよぼした」。パレスチナ人に対する蛮行は、五〇年前はもちろん二〇年前では想像もできなかったほど増加した。量が質に変化をおよぼしたのである。

前出の特派員アミラ・ハスは、ガザ地区で暮らす非武装の若者（いわゆる「手ぶらのテロリスト」）を組織的に射殺することにより、「イスラエルはガザ地区で大規模な心理学実験を行っている」と怒りと絶望を露わにする。この実験の被験者は、ガザ地区に住むパレスチナ人ではなくイスラエル人だという。ハスは、「イスラエル社会はこの蛮行をどこまで黙認できるのだろうか」と問う。「これは服従と残酷さに関する実験だ。どこまで残酷になれるのかということの実験は、アメリカの心理学者スタンレー・ミルグラムの悪名高い「服従実験」よりも、はるかに成功した[20]」とため息をつく。

ハスが引用したミルグラムの実験を紹介する。一九六〇年代初頭にイェール大学で行われたこの実験からは、閉鎖的な状況において権威者の指示に従う人間の心理状況が明らかになった。

「教師」と「生徒」は別の部屋に分けられ、インターフォンを通じて互いの声だけが聞こえる状況下に置かれる。「教師」役になる被験者は、「生徒」が間違った回答をするたびに「生徒」に電気ショックを与えるスイッチを押すよう指示される。「生徒」はサクラであり、実際に電気は流れず、電気ショックに苦しむ演技をする。

実験では、「生徒」が間違えるたびに電気ショックの電圧を上げてスイッチを押すように指示される。被験者がためらうと、実験責任者が「続行してください」、さらには「続行しなければなりません」と促す。すると、ほとんどの被験者は最後まで指示に従った。

ミルグラムはこの実験から、道徳心よりも服従の精神のほうが優るという結論を導き出した。サクラの「生徒」の悲鳴にもかかわらず、ほとんどの被験者は、実際に電気を流したのなら「生徒」の生命を脅かしただろう電圧レベルまでスイッチを押し続けた。

前出のハスは、「イスラエル軍はガザ地区において、イスラエルのユダヤ人がどこまで虐待を受け入れるのかを実験している」と訴える。人権保護団体の活動家を除き、イスラエル社会にはパレスチナ人に対する残酷な扱いに異議を唱える者はいない。

ガザ地区における虐待はエスカレートしている。たとえば、イスラエルは自国の水道網からガザ地区を切り離した。この仕打ちにより、一九四七年の時点では八万人の住民に水を供給していた沿岸部の帯水層に、現在では二〇〇万人以上が依存している。発動機を作動させるためのディーゼル燃料のガザ地区への持ち込みをイスラエルが制限しているため、浄水処理は行われていない。土壌汚染は深刻であり、電気は一日数時間しか利用できない。病人が治療のためにガザ地区から出ることは禁じられている。毎週、武器を持たないデモ参加者が銃撃されている。この「残酷な狂気」はエスカレートしている。ハスは、「われわれはスイッチを押し続けている」と訴える。

アミラ・ハスを憤慨させる部分こそ、トランプ、ボルソナロ〔ブラジル〕、モディ〔インド〕、ヴァルス〔フランス〕などの外国の指導者が魅力を感じるイスラエル型テロ対策の実態だ。

イスラエル国民は、移民などの「よそ者」、そして宗教や民族の面で望ましくない少数派の人権が蹂躙され、それらの人々の権利が意図的に無視されることに全面的に賛成している。他方、これまでこうした「テロとの戦い」を指揮してきたイスラエルの指導者たちが国際社会において糾弾されることはなかった。

イスラエルの世論は残虐な植民地主義を支持するようになった。イスラエル国民にしてみれば、「自分たちには何の影響もないのに、どうしてスイッチを押すのをやめる必要があるのか」と思っているのだろう。

第2章　プールの飛び込み台から小便する——イスラエルの変貌

二〇一七年の春、イスラエルの映画監督アナット・エヴェンは、ヤーファー〔ヘブライ語名：ヤッフォ〕とテルアビブの間に位置するマンシーヤ地区を舞台とするドキュメンタリー映画『消失』[1]を発表した。この映画には、自治体の都市計画局の担当者が、生徒たちにこの地区の歴史を説明する場面がある。

担当者が「一九五〇年代、この地区にはおもにモロッコ出身のユダヤ人が暮らしていました。しかし一九六〇年から一九七〇年にかけて、彼らは商業施設の建設のために立ち退きを余儀なくされました」と解説する。

生徒たちを引率してきた先生は、「一九四八年に、そこで暮らしていたパレスチナ人も立ち退きになったことを説明すべきではないですか」と担当者に疑問を投げかける。

すると担当者は、「なぜ、私がそんなことに触れる必要があるのですか」と口を尖らせる。

先生は「それは史実だからですよ」と憤る。

担当者は笑いながら「歴史なんて糞食らえだ。歴史とは勝者が書くものです」と平然と述べる。

この場面は、占領政策を実施してきたユダヤ・イスラエル社会が半世紀間に経験した最も重要な変化を物語る。

事実を否定するのをやめる

イスラエル建国の数週間前、ヤーファーのパレスチナ住民の九五%は、ユダヤ人の軍事攻撃によって強制退去させられるか自主避難していた。都市計画局の担当者はこの一九四八年の史実を否定しないどころか、あっさりと認めた。

こうした態度は象徴的だ。というのも、それまでの行政とは正反対の態度だったからだ。イスラエルの建国時、シオニストたちは「パレスチナ人を追放した事実はない」と断言した。ダヴィド・ベン＝グリオン〔初代イスラエル首相〕は、「イスラエルは一人のアラブ人も追放していない」と繰り返し主張した。イスラエルの学校の教科書に載っている国民的叙事詩には、「パレスチナ人は皆、自らの意思で立ち去った」と記してある。

多くの国民が「国の物語には嘘があるのではないか。この国の成り立ちには何かしらやましいところがあるのではないか」と疑問に思っていたのは確かだ。だが、国の物語が完全に否定されることはなかった。イスラエルになる領土で暮らしていたパレスチナ人の八五%を追放した事実を否定することによって、イスラエルという国のイメージは肯定的に保たれてきた。

アラブ人を追放した事実を否定してきたのは、そうした行為がシオニズムの掲げる倫理観に合致しなかったからだ。イスラエル建国の一一年前である一九三七年にチューリッヒで開かれた第二〇回シオニスト会議では、将来のユダヤ人国家からパレスチナ人を「移送する」ことが熟議された。だが、この議論が明るみに出たのは一九九〇年代になってからだった。

シオニストの指導者にとって、一九四七年から一九五〇年にかけての民族浄化はあまりにも不名誉な行為だった。だからこそ、事実は否定され、パレスチナ人の不幸を彼らの自主判断の結果だと片付けてきたのだ。

ところが、イスラエルでは史実の否定にともなう罪悪感は次第に消え去った。現在、前出の都市計画局の担当者の「歴史なんか糞食らえ」という態度は、過激なナショナリストだけでなく一般のイスラエル国民の間にも浸透している。彼らは、「パレスチナ人の追放は当時としては正当な行為だった。誤りは、全員を追放しなかったことだ」と思っている。

アラブ人を追放し、イスラエルの領土を独占し、自分たちだけで暮らすというのがユダヤ人の切実な願いだった。もちろん、それが道徳的に許されないことはわかっていた。だからこそ否定したのだ。ところが五〇年間の占領を経て、他者を犠牲にしたという罪悪感は徐々に薄れていった。

イスラエルでは、いまだに建国時にパレスチナ人が追放された事実はないという主張を耳にするものの、パレスチナ人を追放しようという声は確実に強まっている。というのも、ほとんどの国民は、パレスチナ人を追放することこそが解決策だと考えているからだ。

過去二〇年間、イスラエルでは「移送」（「追放」のポリティカル・コレクトネスな表現）に関する世論調査が定期的に行われてきた。「移送」に賛成は「アラブ人を追い出せ」を意味する。たとえば、フランスやアメリカで「アラブ人、イスラム教徒、黒人、ユダヤ人、ホモセクシュアル、身体障碍者を追放することについてどう思うか」という世論調査を実施したら、フランスやアメリカの国民はどう答えるだろうか。今日、イスラエルでは、こうした質問が不適切だと考える国民はほとんどいない。なぜなら、イスラエルのユダヤ人は他民族を五〇年間支配する間に、植民地的な発想を持つようになったからだ。つまり、敵対者に対する人権蹂躙《じゅうりん》を当たり前と思うようになったのである。

一九八〇年代から九〇年代にかけて、多くのイスラエルの歴史学者がイスラエル国家誕生時の真実を解明し始めた。「新しい歴史家」と呼ばれた彼らの研究が進めば進むほど、パレスチナ人の歴史観の正しさが確認された。「パレスチナ人は皆、自らの意思で立ち去った」は作り話だったのだ。

シャブタイ・テヴェスやアニータ・シャピラなど、イスラエルの著名な歴史家は、シオニストが語る「国の物語」を維持するために尽力した。また、「近代の戦争において犠牲になるのは常に民間人だ。パレスチナ人の大量脱出劇もこうした事例に当てはまる」と説明する学者もいた。しかし、この説明はパレスチナ人の追放がイスラエルの独立戦争〔第一次中東戦争〕の一年前から始まっていたという事実を無視している。

一九九三年に同意したオスロ合意により「新しい歴史家《ニュー・ヒストリアン》」の評判は一時的に高まったが、和平交渉の失敗と、二〇〇〇年に始まった第二次インティファーダにより、イスラエルの起源に関する議論は立ち消えになった。「テロリズムが国家の存続を脅かしているのに、過去のことなんてどうでもよいではないか」という声にかき消されたのである。

今日、イスラエル建国時のパレスチナ人の境遇に関心を持つ人はほとんどいない。新たな情報がときどき出てくるが、それらはパレスチナ人の主張を裏付けるものばかりだ。

たとえば、二〇一九年五月二七日付の『ハアレツ』に掲載された記事だ。この記事によると、公開された機密文書には、イスラエル当局は一九四七年から一九五〇年までの期間に追放したパレスチナ人の住居を破壊し、「アラブ人が村に戻れないようにするために住居の跡地に植林した」[2]ことが記されていたという。

しかし、こうした昔話を気にする人はもう誰もいない。宗教心のあるなしに関係なく、多くの人々は、一九四八年の大きな過ちはイギリス委任統治領パレスチナの全領土を征服しなかったこと、そしてすべてのパレスチナ人を追放しなかったことだと思っている。だからこそ複雑な問題になった、という理屈だ。

今日、イスラエル国民の間では「アラブ人がいなくなれば、パレスチナ問題は解決する」という考えが浸透している。こうした考えは、イスラエルの創始者たちの理念と大きく異なる。国民の考えが大きく変化したからこそ、犯罪は正当化されるようになり、また国民は罪悪感を覚えることがなくなったのだ。

アザリア事件が意味すること

前出のイスラエルの非政府組織「ベツェレム」の事務局長ハガイ・エル＝アドは、イスラエルから「罪悪感と羞恥心が消えた」と語る。[3] 非道な行いであっても、罪を問われないだけでなく自慢する。政治的、道義的にも問題にされない。その典型例がイスラエル兵エロール・アザリア事件だ。

二〇一六年三月二七日、アブデル・ファッターフ・アッ＝シャリーフという一六歳のパレスチナ人の少年は、ナイフを振り回したため（実害はなし）、イスラエルの警備隊に撃たれた。当時、キッチンナイフや工具を手にしたパレスチナの若者たちがイスラエル兵や入植者を襲う事件が多発していた。しかし、ほとんどの場合、パレスチナの若者たちの襲撃は未遂に終わっていた。

アッ＝シャリーフの場合も同様だ。アッ＝シャリーフは警備隊に撃たれて血だらけで地面にうずくまっていた。そこに、アザリアがやってきて無抵抗の彼を撃ち殺した。このような行動をとった兵士はアザリアが初めてではなかったが、このとき現場にいたパレスチナ人が録画したその驚くべき光景が流出したため、イスラエル軍はアザリアを逮捕せざるを得なくなった。

右翼集団はすぐに、「テロリスト」を抹殺した「英雄」の勇敢な行動を称えた。ネタニヤフは、当時の閣僚たちを引き連れてアザリアの家族を訪問した。軍事裁判ではアザリアに禁錮一八ヵ月の刑が言い渡されたが、厳しすぎるという声が強まり、一四ヵ月に短縮された。結局、アザリアは八ヵ月後に釈放された。

ところでそれ以前に、自宅に侵入してきたイスラエル将校を平手打ちしたパレスチナ人の少女アヘド・タミミに下った刑も禁錮八ヵ月だった。タミミが平手打ちを食らわせたのは、その数日前にイスラエル国防軍が彼女の従兄（一五歳）を至近距離から撃ち殺したからだった。

一方は殺人、他方は平手打ち。しかし、両者とも禁錮八ヵ月。このような司法は、アパルトヘイト時の南アフリカ、一九二〇年代のミシシッピ州、イギリス統治下のケニア、フランス統治下のアルジェリアと同様だ。

アザリアの釈放時、刑務所の前には「おかえりなさい、アザリア。君は英雄だ」という文句の横断幕があった。釈放から三ヵ月後のインタビューでは、「自分は良心に従い正しいことをした」と述べ、アザリアに反省の様子はまったくなかった。さらには、「仮にまた同じ状況に遭遇しても、まったく同じ行動をとるだろう。なぜなら、それが兵士の務めだからだ」と説いた。成人になったばかりのアザリアは、「職務を遂行しただけ」と確信していた。[4]

イスラエルの非政府組織「沈黙を破る」の事務局長イェフダ・シャウルは、「アザリア事件は占領地区の日常を象徴している。アザリアは腐ったリンゴではない。リンゴの箱全体が腐っているのだ」[5]と説く。毎週、多くのパレスチナ人がカメラのないところで射殺されている。だが、イスラエル兵が起訴されることはない。事実関係が明らかなときでさえ、イスラエル国防軍が軍事裁判を開くことは稀だ。

しかし二〇一九年三月一二日、渋々ながら軍事裁判が開かれた。武器を手にした五人のイスラエル兵が、上官が見守る中、手錠をかけられて目隠しされたパレスチナ人親子（四七歳の男性とその息子）を殴っている様子を撮ったビデオが流出したからだ。兵士たちは、宗教系ウルトラ・ナショナリストの若者から構成される「永遠なるユダ」という部隊の隊員だった。彼らは、その一ヵ月前に起きた二人の隊員が殺害された事件に関する情報をパレスチナ人親子が持っているのではないかと疑っていた（その後、親子はこの事件とは何の関係もないことが判明した）。

このビデオを見たジャーナリストのギデオン・レヴィーは次のように記す。「吐き気と嫌悪感に襲われた後、怒りと恥ずかしさがこみ上げてきた。頭部を殴り続ける音、パレスチナ人親子のうめき声、加害者たちの笑い声、一人の兵士が写真を撮っている。自分たちの仲間に見せるためだろうか」[6]。

悪を計測する物差しを当てれば、この犯罪はエロール・アザリアのものよりさらに邪悪だ。アザリアは、パレスチナ人の少年を自分と同じ人間とみなさず、反射的に殺害した。一方、これらの隊員たちは、無抵抗の親子に苦痛を与え、親子が苦しむ姿を見て楽しんだ。どちらの事件においても、イスラエル政府の閣僚と著名なラビは、イスラエル兵たちを擁護するために声を上げた。

ところが、このビデオを見たテレビ討論会の女性司会者が大胆にも「占領政策により、わが国の兵士は獣になってしまった」と発言すると、ネタニヤフは即座に「イスラエル兵たちを誇りに思う」とツイートした。

この部隊の隊員たちは起訴されたが、大した罪には問われなかった。そしてこの事件に判決が下ってから一〇日後、同じ部隊の別の隊員たちが同様の罪を犯した。彼らは深夜にパレスチナ人の羊飼いの住居に侵入し、驚愕する家族が見守る中、父親と息子を問答無用で殴ったのだ。そして父親と息子を外に引きずり出してから、さらに殴った。

「永遠なるユダ」の若い兵士たちが宗教系ウルトラ・ナショナリストである点には注意が必要だ。五〇年間の占領政策を経て、パレスチナ人の抑圧に深く関与するこうした部隊の隊員には神秘主義者が増えた。また、イスラエル軍の上層部に「イェシヴォット・ヘスデル」（教育と軍事の両方を教えるタルムード〔ユダヤ教の典範〕学校）の卒業生が増えたことも指摘しておきたい。神秘主義を信奉するウルトラ・ナショナリストであるこの学校の卒業生たちは、イスラエル軍全体の性格を大きく変化させた。

二〇一八年一〇月、人権保護団体「人権のためのラビ」で活動する弁護士ヤイール・ネホライは、ヨルダン川西岸地区のイスラエル入植地エリにある軍事学校「ブネイ・ダビデ」の活動を制限するようにイスラエル最高裁判所に訴えた。イスラエル政府は一九八八年に設立されたこの学校に多額の補助金を支給している。イスラエル軍のエリート養成校「ブネイ・ダビデ」の卒業生の多くは、イスラエル軍の幹部になっている。

その一人が、二〇一八年に国防省の軍事長官に就任したオフェル・ウィンターだ。二〇〇九年、ウィンターはガザ地区での軍事作戦の際、攻撃部隊に「神のご意思を遂行せよ」と命じて物議を醸した。兵士たちの前で「神よ、イスラエルの主よ、われわれの任務を成功にお導き下さい。われわれはあなたの民のために戦うのです。あなたの名を呪う敵に立ち向かうのです」[7]と祈りを捧げたという。

軍事学校「ブネイ・ダビデ」は、教育省と国防省から多額の補助金を受給しているだけでなく民間の支援も受けている。「ダビデの子供たち」を意味するこの軍事学校の名前は、メシア〔救世主〕はダビデ王の血筋から生まれるという信仰を表している。この学校のカリキュラムはきわめて宗教色が強い。イスラエル軍の従軍ラビのポストはこの学校のメンバーが押さえている。

弁護士ネホライはイスラエル最高裁判所に対し、この軍事学校の壁には従軍ラビであるエイタン・クーペルマンが語った次のような文句が掲げてあると苦言を呈した。「イスラエル国防軍は神のご加護を世界に届ける」。同じく従軍ラビであるヨセフ・カルネルは、「宗教心のないユダヤ人は裏切り者だ。国はそんな輩の頭を銃弾で打ち抜いてしまえばよいのだ[8]」と語った。この従軍ラビがこのような暴言を吐いても、イスラエル軍からは何の反応もなかった。こうして若者は罪悪感を失い、躊躇せずに暴力を振るうようになったのだ。

ところで、現代ヘブライ語には面白い表現がある。たとえば、「プールの飛び込み台から小便する」という言い回しだ。プールの中で用を足したことのある人はいるだろう。しかし、皆が見ている前で、飛び込み台に立って堂々とプールにおしっこをしたことがある人は稀だろう。「近年、イスラエルは世界中の人々が見ている前で堂々とプールに小便をしている。プールの中でこっそりとおしっこをするのと結果は同じでも、およぼす心理的な影響はまったく異なる[9]」とイスラエルの非政府組織「ベツェレム」の事務局長ハガイ・エル＝アドは語る。

エル＝アドは次のように解説する。

「イスラエル人は自分たちがずっと隠してきた過ちを誇示するようになった。なぜ、過去にパレスチナ人を追放したことを認めるようになったのか。なぜ、軍の行動規範を著しく違反した兵士を英雄視するのか。五〇年間にわたって何のお咎めもなくパレスチナ人の土地を奪い続けてきたのに、なぜ今になってヨルダン川西岸地区の一部ないし全部の併合を公然と主張する必要があるのか。そんなことをしてもイスラエルの得にならないではないか。しかし、彼らは確信犯なのだ」。

エル＝アドによると、イスラエルの指導層は今こそ政治的なダメージを最小限にしながら国益を最大限に得るチャンスだと考えているという。

「少数の慎重派は、「用心すべきだ」と警鐘を鳴らすが、多数の強硬派は、「今がチャンスだ。何のお咎めもなくプールに小便できる。どうして我慢しなければならないのか。国際社会からの苦情はないではないか」と慎重派の意見を鼻にもかけない」。

トランプ政権のアメリカがエルサレムをイスラエルの首都と認めると発言しても、国際世論は反論しなかった。アメリカの提示する「和平案」はネタニヤフの要求をすべて反映していた。トランプ政権のイラン核合意からの離脱はネタニヤフを小躍りさせた。二〇一九年一一月、アメリカ政府は、パレスチナ自治区内のイスラエル入植地について「国際法に違反しない」と述べ、事実上、容認する考えを示した。ヨーロッパ諸国もそうした流れに消極的ながら追随した。イスラエルにとって、国益を追求するチャンスが訪れたのだ。

エル＝アドの見方はおそらく正しい。ほとんどのイスラエルの国民と指導者は、「プールの飛び込み台から小便をする。毎回、飛び込み台の高さを少しずつ高くしていく。「やめろ！」と怒鳴る者は誰もいないはずだ」と考えている。しかしながら、このような行動は代償をともなう。長期的には致命的な結果をもたらすかもしれない。

外国、とくにアメリカのユダヤ人社会のイスラエルの支援者たちは、イスラエルのこのような行動を容認しないどころか危険と見なすようになるだろう。そしてこの危険はイスラエル国民自身にも降りかかってくる。

自分たちの国は中東地域の巨大勢力であり、国際社会からのお咎めなどないという意識に押され、イスラエル社会は、「自分たちは好き勝手に行動しても構わない」と思うようになった。とくに国際社会からの圧力がないため、イスラエル社会に宿る支配者意識は極度に強まった。

二〇一八年七月、イスラエルがヨルダン川西岸地区の村ハーン・アル＝アフマルからアラブ系遊牧民ジャハリン族の追放を計画した際、アミラ・ハスによると「一九四八年から四九年にかけての追放と異なり、今回の追放は公然と実施された」[10]という。多くのジャーナリストがその様子を収めたビデオをＳＮＳで公開した。東エルサレムとラマッラーに駐在する各国の外交官は、アラブ系遊牧民の村々の運命をよく知っている。彼らは追放されるのがハーン・アル＝アフマルの村人だけではないことも承知している。「イスラエル民生局（ヨルダン川西岸地区の住民を取り締まるイスラエルの軍事機関）は、スーシャやザヌータなどのヤッタ地区〔ヘブロン近郊〕とヨルダン渓谷の村々、そしてヨルダン川西岸地区のアラブ系遊牧民の集落も過疎地へと強制的に移住させる予定だ。とくに遊牧民の場合、移住すれば彼らの生活は破壊されてしまう[11]」。

これまでこれらの村人を支援してきたヨーロッパ諸国は、イスラエルが建物の建設を禁じ、水道と電気の供給を止め、彼らの「自発的な立ち退き」を促すのを見て、どう思うのだろうか。ヨーロッパ諸国は一枚岩なのだろうか。

無処罰によって粗暴となるイスラエル社会

処罰されないという意識が国民の間に広まると、社会に悪影響をおよぼすことは想像に難くない。社会学者の研究やメディアでは、イスラエル人の粗暴な性格が頻繁に取り上げられている。イスラエル人の粗暴な性格を表すのが、厚かましさを意味する「フツパー」という言葉だ。次のような冗談がある。両親を殺害した男の弁護士が、「私の依頼人は孤児になった」と主張して裁判官に情状酌量を求める。これが「フツパー」だ。

こうした傾向は、言葉による暴力や肉体的な暴力がエスカレートするにつれて如実に表れる。イスラエルのインターネットには、こうした傾向を裏付ける怒り、暴力、無処罰で溢れている。街頭や店舗で撮影されたちょっとした動画でよく耳にする文句は、「俺は好き勝手にやる。お前のことなど知るか」である。

二〇一六年四月、イスラエル総保安庁《シン・ベト》の元長官カルミ・ギリオンは、占領による社会の腐敗が今日の無礼で下品な「醜いイスラエル人」の増加につながっていると指摘した。

二〇〇四年に私がギリオンと会ったとき、彼はエルサレム近郊の街メヴァセレット・ツィオンの市長だった〔二〇〇三年から二〇〇七年まで〕。在デンマークのイスラエル大使を務めたこともある〔二〇〇一年から二〇〇三年〕ギリオンは、一九九四年から一九九六年にかけてイスラエル総保安庁の長官だった。一九九五年にイスラエル首相イツハク・ラビンが狂信的なユダヤ人によって暗殺されたとき、ギリオンは首相の身を守れなかったことを悔やみ、しばらくして辞任した。南アフリカのシオニストの大家族の出身である（きょうだいは著名な判事）柔和なギリオンは、二〇一二年に公開されたドロール・モレ監督のドキュメンタリー映画『ゲートキーパー』でインタビューを受けたイスラエル総保安庁の元長官の六人のうちの一人だ。今日、ギリオンはネタニヤフの政策に公然と異議を唱えている。

ギリオンは次のように語る。「占領は暴力であり、これが「醜いイスラエル人」の原因だ。占領は国民を腐敗させる。ナイトクラブで頻繁に起こる暴力事件や、インターネットでお馴染みの醜いイスラエル人がその例証だ。イスラエル社会はきわめて暴力的だ。占領がわれわれを破壊している」[12]。

二〇一五年、醜いイスラエル人を映すビデオがインターネットで話題になった。飛行機の機内での光景だ。ある女性が客室乗務員にヘブライ語で「私が頼んだチョコレートをすぐに持ってきなさい」と命令する。客室乗務員が彼女の要求にすぐに対応しないと、「客である私がチョコレートを欲しいと言ってるのがわからないの?」と叫び続ける。彼女の近くに座っていた乗客がたまりかねて、「このクズにチョコレートを持ってきてやれよ。こいつ、アラブ人みたいな奴だな」[13]。これは先述の「フツパー」に加えて人種差別の要素が加わった場面だ。

エルサレムのヘブライ大学の元教授ダヴィッド・シュルマンは、イスラエルはパレスチナを占領し続けることによって「道徳的な退廃」への道を突き進んでいると説く。もちろん、「一九六七年以前にもアラブ人に対する恐怖や憎しみはあった。しかし、ラジオやテレビであからさまな人種差別的な発言を聞くことはなかった。当時の国民には羞恥心があった」[14]。

シャイ・シュテルンはきわどい内容の喜劇の台本を書く脚本家だ。二〇一四年七月一四日にシュテルンがエルサレムの旧市街の商店街を散策する様子がユーチューブで閲覧できる。ビデオには、シュテルンがパレスチナ人の店員たちとヘブライ語で会話する様子が収められている。

最初に登場する年配の店員との会話。

「われわれイスラエル人は平和と静寂を望んでいる。ハマスを変えることはできないのか。君たちの代表に誰か別の人を選んでくれないか」

「あなたこそ、なぜイスラエルを変えようとしないのか」

「どうして僕たちが変わらなければいけないの。だって、ここは僕たちの国だ。君たちは国のつくり方だって知らないじゃないか。僕は、君たちがここに居座り続けるのが嫌なんだよ。さっさと出てってくれないか」

次に登場する若い店員との会話。

「君は難民になったほうがいいんじゃないか。イスラエルは難民キャンプの人々を手厚くもてなしている。何でも揃ってるし、補助金だって支給されている。君も難民キャンプで暮らせよ」

今度は、靴を販売する露天商との会話。

「アラブ人用の靴を探しているのだけど」

「靴にアラブ人用もユダヤ人用もないよ」

「いや、あるんだよ。アラブ人用は品質が悪いんだ。ところで、君の名前は何て言うんだ？」

「アフマドだ」

「どうして君の名前はアラブ風なんだ。この国でそんな名前はよくないよ」

シュテルンのビデオはこのようなブラックな笑いを誘うきわどい会話で構成されている。[15]

ほとんどのイスラエル国民がこのくだらない会話に興味を持たず、顔をしかめるようであれば問題ない。ところが、こうした会話はイスラエル社会全体の空気を表している。

二〇一九年二月、ヨルダン川西岸地区にあるユダヤ人入植地カルネイ・ショムロンの学校では、親たちのグループが校長に圧力をかけ、学校で掃除を担当するパレスチナ人女性全員を解雇させた。ある親は次のような声明文を書いた。「わが子が第一。人種差別主義者と呼ばれようが構わない。われわれはユダヤ人であることを誇りに思っている」[16]。

マカビット・アブラムソンとアヴネル・ファイングレントによる二〇〇九年のドキュメンタリー映画『戦士』には、イスラエル空軍によるガザ地区への空爆（「鋳造された鉛」作戦）を見物しながら、近くの丘でピクニックを楽しむ複数の家族が登場する[17]。彼らは飲み食いしながら、パレスチナの建物が崩壊する光景を眺めて歓声を上げる。「おお〜、われわれの空軍は素晴らしい」。

彼らは、日曜日の礼拝後に白人女性に手を出したりリンゴを盗んだりした黒人が絞首刑になるのを眺めていた、ミシシッピ州やジョージア州の白人たちと変わらない。彼らにしてみれば、「社会の上層部が人種差別を正当化しているのに、なんで自分たちが恥ずかしく思う必要があるのか」と考えているのだろう。

二〇一五年一〇月、ベエルシェバ〔イスラエル南部の都市〕でエリトリア〔アフリカ大陸北東部の国〕から来た庇護申請者ハフトム・ザルフムが、四人の男に襲われて死亡した。犯人の一人は「アラブ系テロリストだと思った」と供述した（実際に、市内の主要バスターミナル付近でテロ事件が発生していた）。

二〇一八年七月に行われた被告人ダヴィッド・モヤールの裁判では、一〇〇日間の社会奉仕命令と、犠牲者の家族への二〇〇〇シェケル（当時のレートでおよそ五五〇ドル）の慰謝料の支払いが言い渡された。つまり、肌の色の濃い人物をテロリストと勘違いして襲っても、一日も刑務所に入ることなく数百ドルの罰金で済んだのだ。もう一人の被告人エヤタール・ダミリも罪を認め、禁錮四ヵ月が言い渡された。残り二人の被告ヤアコブ・シャンバとロネン・コーエンは罪を認めず、二〇二〇年の裁判で無罪になった。

検死の結果、犠牲者は八発の銃弾を受けていたことが明らかになった。裁判官は、犠牲者の死因は加害者たちの暴行よりもこれらの銃弾（発砲者は不明）である可能性が高いと結論付けた。裁判官は判決を次のように正当化した。「一連のテロ事件が社会に恐怖とパニックを呼び起こした[18]」。

このようにして、行政機関を含むイスラエル社会全体が人種差別に埋没する。

人種差別という点では、ミリ・レゲブの言動は際立っている。二〇一四年七月一七日、リクード党〔右派連合〕のクネセット〔イスラエルの一院制議会〕議員で、後に文化スポーツ大臣になるレゲブが国内治安問題の委員会に出席したときのことだ。警視総監ヨハナン・ダニーノの報告書に目を通したレゲブは、「警察が「神殿の丘」に介入した際、警察はなぜユダヤ人のデモ隊だけを止め、イスラム教徒のデモ隊は止めなかったのか」と質問した。ところで、イスラム教徒が「岩のドーム」と呼ぶ「神殿の丘」は、「ワクフ」というヨルダンの組織が管理することでイスラエル側も合意していた。ユダヤ人の「神殿の丘」への立ち入りは限定的にしか認められていなかったのだ。

そうした背景から、アラブ系イスラエルの小さな政党「バラド」のジャマール・ザハールカ党首はレゲブに対し、「「岩のドーム」はパレスチナ人の領土であり、イスラエル警察にはそこへ介入する権限はない」と主張し、「警視総監ダニーノの手は血に染まっている（イスラエル警察により複数のパレスチナ人の死傷者が発生していた）」と苦言を呈した。

この発言に怒ったレゲブはザハールカに詰め寄り、暴言に対する謝罪を求めた。さらには、警備員にザハールカを委員会からつまみ出すよう命じた。レゲブはザハールカを繰り返し罵った。困惑した表情の二人の警備員は、渋々ザハールカのもとに歩み寄り、彼の脇の下を掴んで退出させようとした。レゲブは、「そのゴミをここから叩き出せ。国会でイスラエルを敵視する奴は、トロイの馬、裏切り者、テロリストだけだ！」[19]と叫んだ。

レゲブが激高している間、居合わせた国会議員や委員の中でレゲブを止める者は誰もいなかった。結局、警備員がザハールカを退出させ、事態は収拾した。この残念な顛末からはイスラエル社会の主従関係が垣間見える。これは決して特殊なケースではなく、民主国家と呼ばれるイスラエルにおいて公然と人種差別が行われていることを示す逸話だ。

イスラエル政治の極右化は進行している。二〇一九年の総選挙のとき、ネタニヤフの政党（リクード党）は、「ユダヤ人の力」という政党と連立協定を結んだ。この政党の候補者リストには、二人のカハネ主義者が含まれていた。かつてイスラエルに存在した極右政党「カハ」の名前は、アメリカ人のラビであるメイル・カハネに由来する。[20]ユダヤ人至上主義者で暴力的なウルトラ・ナショナリストであるカハネは、極右組織「ユダヤ防衛同盟」（イツハク・ラビン首相の暗殺者イガール・アミルが所属していた）の設立者だ。

一九九四年の総選挙では、極右政党「カハ」は人種差別的な政策を理由に締め出された。ところが二〇一九年の総選挙では、この政党は「ユダヤ人の力」という名前に衣替えして自分たちの候補者を送り出した。

『ルモンド』のイスラエル特派員ピオトル・スモラーは、イスラエル社会における人種差別の再燃を次のように説明する。

「道徳的な規範が変化し、タブーの境界線が移動した。少数派のアラブ人に汚名を着せる選挙演説は珍しくなくなった。「ユダヤ人の力」という名前の小細工は、ネタニヤフ個人の軌道修正やイスラエル右派の変化ではなく、イスラエルの政治が自民族中心主義的な方向へと漂流した結果だ[21]」。

ファシズムの香り

二〇一九年四月のイスラエル総選挙が近づくと、テレビでは植民地推進派の急先鋒アイェレット・シャケドが出演する風変わりな政党コマーシャルが流れた[22]。

シャケドは、茶色の長い髪を優雅になびかせる。彼女の横には「ファシズム」というラベルの香水の瓶が置いてある。彼女は、「ファシズムは司法改革。活動家を抑え込み、政府が裁判官を任命する」とヘブライ語で訴える。当時、法務大臣だったシャケドは、少数派に対する非寛容な司法、政府の言うことを聞く司法、そして政治が司法の意向に反しても法律を制定できることを目指す「司法改革」を推進していた。

次の場面では、「二国家解決案は機能しない。支配、バランスのとれた権力、最高裁判所の持つ権力の抑制」というスローガンが流れる。最後の場面では、シャケドがその香水の瓶を手に取り、自分に吹きかける。「私には民主主義の香りがする」と囁く。

このコマーシャルを初めて見た人は悪い冗談だと思うだろうが、そうではない。二〇一五年から二〇一九年までネタニヤフ内閣の法務大臣を務めたシャケドは、「ファシズムの香りが漂うイスラエル型民主主義」を推進してきたのだ。

ところで、シャケドの提案は今日のイスラエルではそれほど奇異ではない。政府関係者、国会議員、政治指導者の側近は、スティーブン・バノンやデイヴィッド・デューク（ともにアメリカの極右思想の持ち主）などと意気投合するだろう自民族中心主義者ばかりだ。

彼らの中でも、二〇二一年一月一一日に死去した富豪シェルドン・アデルソンは有名だ。アデルソンは公的な役職には就いていなかったが、絶大なる影響力を持っていた。ラスベガスに複数のカジノ・リゾートを所有していたが、財を成したのは中国人相手のギャンブル天国マカオにおいてだった。アメリカで最も裕福な人物の一人だったこともあるが、二〇一九年一〇月の「フォーブス４００」では順位を二四位にまで落としていた（ＩＴ長者の躍進のため）。

アデルソンは、ネタニヤフやトランプの選挙戦に多額な寄付をするだけでなく、ヨルダン川西岸地区のユダヤ人入植地にあるアリエル大学や過激な入植者も支援してきた。また、ワシントンにあるイスラエル支援団体ＡＩＰＡＣ（アメリカ・イスラエル公共問題委員会）や非営利組織「生得権イスラエル」も応援してきた。後者の組織は、一八歳から二六歳までの六八ヵ国にわたるユダヤ系の若者七五万人にイスラエル旅行を無償で提供してきたことで有名だ。「イスラエルを支持するキリスト教徒連合」の会長ジョン・ハギーなどのアメリカの福音主義者も富豪アデルソンの支援を享受した。二〇〇七年、アデルソンは日刊紙『イスラエル・ハヨム』を買収し、これをネタニヤフに自由に使わせた。

二〇一四年、ワシントンで開かれたある会議において「イスラエルがパレスチナの領土と人々を支配し続けるのなら、イスラエルの民主主義は死に絶えるのではないか」という質問を受けたアデルソンは、「聖書には民主主義に関する記述はない。神はイスラエルが民主的な国家であり続けるとは語っていない……。イスラエルが民主国家でなくなっても、まったく構わない」[23]と平然と答えた。

富豪アデルソンは思ったことを口にできた。彼が何を言おうが、気前のよい支援を受けている者たちが彼を批判することはなかったからだ。二〇一四年にこの暴言を吐いた時点では、彼はイスラエルが本当に非民主国家になるとは思っていなかっただろう。だがその三年後、イスラエルは民族分離を基本法とするという決定を下した。

そして次に登場するのは、パレスチナ人の国会議員に「そのゴミをここから叩き出せ」と叫んだミリ・レゲブだ。文化的な素養などまったくないレゲブは、二〇一五年から二〇二〇年まで文化スポーツ大臣を務めた。彼女は、イスラエル人を魅了したトランプの無知、下品、厚かましさを体現する人物だ。語彙力は乏しいが大声でがなる彼女は、イスラエル南部の半砂漠地帯にある「発展途上都市」（一九五〇年代から六〇年代にかけて、アラブ諸国出身の貧しいユダヤ人を収容する施設）の出身者だ。イスラエル国防軍では二〇〇五年から二〇〇八年にかけて広報官を務めた。その後、リクード党に入り、二〇〇九年に国会議員になった。

レゲブは、「アラブ人」と「イスラム教徒」に対して見下した発言をすることで有名だ。彼女によると、品性下劣な野蛮人である彼らは、犯罪者であり反ユダヤ主義者だという。また、イスラエルの左派も彼女の敵だ。パレスチナ人を支援する「麗しき心の持ち主」である彼らは、シオニスト失格だという。彼女は、「彼らのイスラエル国籍など剥奪してしまえ」と主張する。

レゲブはかつて国会で、シオニスト左派に次のように語りかけた。「スピーチの冒頭を引用文で始めると、教養豊かな人物という印象を与えることができるそうです。ですので本日は引用文で始めます」。そして突然、英語で「建前にはうんざりだ[24]」と繰り返し叫んだのである。レゲブはインテリ、つまり「口先だけの人物」を軽蔑するという凡庸なポピュリストでありファシストだ。トランプと同様、彼女は自分の敵を「フェイクニュース」を流布する嘘つきと蔑む。

レゲブは、国会ではアラブ系議員ハニーン・ゾービに対して「あんたが理解できるようにアラビア語で言ってやる。あんたのような裏切り者はガザ地区に行っちまえ」と罵った。

彼女の批判の矛先は、アラブ人だけでなくイスラエルの文化人にも向かう。文化スポーツ大臣だった彼女は自国の文化人を支援する立場だっただけに、これはきわめて皮肉だ。彼女はパレスチナ人を擁護する一部の「けしからん文化人」を黙らせるために、彼らの「国家への忠誠」を求める法案を提出した。文化人からの批判に対し、彼女は、「表現の自由にも限度がある。芸術は尊重するが、彼らに国民を扇動する自由はない。これは検閲ではなく、健全な社会を保つためだ」と開き直った。

国防大臣など何度も政府の要職に就いたことのある前出のアヴィグドール・リーベルマンについて

も言及しなければならない。彼は世俗的な利益を守る猛者であり、「不誠実なアラブ市民」を処刑したいと思っている。一九九八年には、ＰＬＯ（パレスチナ解放機構）を支援していたエジプトを罰するためにアスワン・ダムへの空爆を提案した。

根っからの政治家であるリーベルマンは、政界の底辺から這い上がってきた人物だ。ソ連だったころのモルドバで生まれた彼は、二〇歳のときにイスラエルに移住した（今でも彼のヘブライ語には強い訛りがある）。ナイトクラブの用心棒などの風変わりな職業を経て、リクード党の前身であるヘルート（自由）党に入党した。

頭の回転が速く決断力のある政治屋リーベルマンは、ロシアの新興財閥と太いパイプを持つという。多くの省庁で経験を積み、ネタニヤフの側近になり、一九九六年から九七年にかけて首相補佐官を務めた。

ところが、野心家のリーベルマンは、一九九九年に世俗派ナショナリストのための政党「イスラエルわが家」を設立し、旧ソ連からの移民を集めた。「イスラエルわが家」は小政党ながら、連立政権が行き詰まる際には大きな影響力を持つ。

二〇〇二年、私は『ルモンド』のインタビュアーとして、パレスチナ人の居住区を細分化することによってパレスチナ問題を解決しようとする彼の計画について尋ねた。インタビュー後、彼は私に「君はユダヤ人か」と尋ねた。私が「そうだ」と答えると、「フランスで何が起きているのか、君も知ってるだろう。イスラム教徒がフランスを占領しようとしている。まもなく君の居場所はなくなるぞ」と忠告した。

シャス党（セファルディーム〔第10章の「フランス革命から極右のシオニズムへ」を参照のこと〕系の超正統派の政党）の党員で、元内務大臣のエリ・イシャイについても言及する必要があるだろう。

二〇一二年にイスラエル軍が軍事作戦を遂行している際、イシャイはイスラエル軍に「ガザ地区の道路や水道設備を含むすべてのインフラを破壊しろ[25]」と焚きつけた。また別の機会には、彼は次のように語った。「私のことを人種差別主義者で無知な排外主義者だと思う人がいるかもしれません。しかし、すべては私の祖国愛なのです[26]」。

二〇一二年、アリエル・シャロン〔イスラエル元首相〕の息子ギルアド・シャロンも同様の趣旨を述べた。「ガザ地区全体を破壊する必要がある。アメリカが広島に原爆を落としても、日本はすぐに降伏しなかった。だからアメリカは長崎にも原爆を落とした……。ガザ地区から、電気、ガソリン、自動車など、すべてをなくすべきだ[27]」。

そして、パレスチナ人など存在しないとうそぶくオレン・ハザンのような輩もいる。彼は、ブルガリアでカジノと「犯罪者のたまり場」のようなホテルの経営で財を成し、リクード党の国会議員になった。動画制作が趣味のハザンは、自身の動画でアラブ人に襲われる若いユダヤ人女性を助ける役を自ら演じている。この動画には、パレスチナ人に暴力を振るう「若き丘の上」という宗教系ナショナリスト集団とともに、ラビのベン＝ツィオン・ゴプシュタインも登場する。動画はフィクションだが、そこで繰り広げられる会話はＫＫＫの集会と変わらない。

イスラエルを過激な自民族中心国家へと導いた指導者は他にもたくさんいるが、最後にベツァレル・シュモトリッチの名前を挙げておく。なぜなら、彼はこれまで紹介した人物よりも徹底しているからだ。極右の新星である四一歳のシュモトリッチは、ヨルダン川西岸地区のベイト・エルという入植地で育ち、ケドゥミームという別の入植地で妻と六人の子供と暮らしている。人種差別的で非民主的な発言を繰り返し、「同性愛を嫌悪する」と公言する。二〇〇六年には、ゲイを蔑む「野獣のパレード」を企画し、彼は参加者とともに同性愛者をヤギやロバに見立てたプラカードを掲げて街を練り歩いた[28]。

シュモトリッチの野望は、個別に活動しているウルトラ・ナショナリストや宗教原理主義者をまとめ上げ、植民地的な思想に基づく宗教右派の指導者になることだ。大半の指導者と異なり、彼は自身の考えを明瞭に語る。その明瞭さが彼の暴論にある種の説得力を与えている。

たとえば、病院の産婦人科ではユダヤ人とアラブ人の母親の病室を分けるべきだと提唱する。また、「アラブ人の犯罪者」は死刑に処すべきだと主張する。その際、自分が死刑執行人になるという（イスラエルでは、大量殺戮の犯人を除き、死刑は行われていない）[29]。ドゥーマというパレスチナの村で入植者がパレスチナ人の住居に放火したときでさえ、彼はイスラエルではユダヤ人に対して「テロリスト」という言葉を用いるべきではないと説いた。というのも、ユダヤ人のアラブ人に対する暴力は正当防衛だからだという。当然ながら、彼はヨルダン川西岸地区の即時併合を唱えている。

二〇一六年、入植者や兵士に石を投げつけるパレスチナ人の少年にどう対応すべきかと問われたシュモトリッチは、「われわれが厳格に支配すれば、石を投げる者は、子供を含めて誰もいなくなる」と答えた。それは具体的にどういう意味かと問われると、「撃ち殺すか、牢屋に入れるか、追い出すかだ」と平然と答えた[30]。

最悪なのは、シュモトリッチが人種差別的な毒を吐いているのが密室ではないということだ。イスラエルの政界およびインテリたちの間では、国会の副議長を務めたこともある彼のこうした主張は、（これまでに紹介した人々のものと同様に）まったく問題がないと見なされている。イスラエルの政治指導者は、人種差別的な意見を堂々と表明しても大衆を落胆させるどころか、さらなる支持を得ることができるのだ。

あまり知られていないが、ユダヤ人だけに完全な権利を付すことを明示する「ユダヤ人国民国家」法案の採決前に行われた国会では、この法案の精神を反映する出来事があった。アラブリスト連合と呼ばれる政党に属するメンバーと、ユダヤ人を含むパレスチナ人の権利を擁護する団体は、ユダヤ人やアラブ人にかかわらず「すべての国民に対等の権利を付す原則」に基づく代替案を提出した。ところが、代替案は否決どころか採決さえ行われなかった。その理由は、代替案の内容が「ユダヤ人国家としてのイスラエルの存在を否定するような声明を禁じる」という国会の規則に反するからだった。

これは明らかな矛盾だ。国会は民主的な投票の産物である以上、国会の規則は民主主義の表れでなければならない。国会が非民主的な規則を定めるのなら、民主主義を維持しようという思いは裏切られる。

国会が発したメッセージは単純だ。「この国ではアラブ人に発言権はない」ということだ。イスラエルは、「ユダヤ人国民国家」法案が可決される以前から自民族中心主義の国家だったのだ。

ネタニヤフはこの法律の意義を次のように明快に論じた。「イスラエルはすべての国民の国家ではなく、ユダヤ人だけの国家である」[1]。

このような法案が初めて登場したのは二〇一一年だった。そして七年後の二〇一八年七月一九日、国会は賛成多数で「ユダヤ人国民国家」法案を可決した。すなわち、「ユダヤ人という多数派と、(イスラエルの非ユダヤ系国民の九五%を占める)パレスチナ系アラブ人という少数派では、社会的な権利が異なる」と法律によって定められたのだ。

この法案が可決されるまで、国際世論は、イスラエルが占領地区の住民に課す「アパルトヘイト」に注目していた。しかし、今日ではイスラエル国民であるパレスチナ人(イスラエル人口のおよそ二〇%)でさえ、十全たる市民権を持たないのだ。多数派にとって最も重要な法案が可決し、彼らはプールの飛び込み台に駆け上って堂々と小便することになったのである。

「それはイスラエルとユダヤ人にとって悪法だ」

この法律は一体何を意味するのか。イスラエルの一九四八年の独立宣言は、「イスラエルは、人種、信仰、性別の区別なく、すべての国民に社会的、政治的な平等を確約する」と謳っているが、この法律は、「「自決権」はユダヤ人にしかない」と定める。つまり、ユダヤ人でない者に「自決権」はないのだ。さらには、この法律には「国民間の平等」という言葉がない。

そして、独立宣言は「イスラエルはすべての住民の利益のために国を発展させる」と確約したのに対し、この法律は「国が推進および強化するユダヤ人居住地区の発展」だけを「国の価値」とする。

この法律の原案には、きわめて差別的な条項が含まれていた。それは第七項ｂだ。「国は、共同体の持つ固有の特徴を維持するために、同じ信仰と国籍を持つ人々で構成される共同体に権限を与えることができる」（二〇一八年五月に行われた最初の審議会では、この条項はまだ法案に記載されていた）。

わかりやすく言うと、ユダヤ人の自治体はアラブ人の居住を拒否できるということだ。最高裁判所が法案全体に異議を述べるのを恐れ（二〇〇〇年に最高裁判所は、民族的、宗教的な理由からアパートの賃貸や販売を拒否するのは違法という判決を下していた）[2]、この条項は採決直前の段階で削除された。

第七項ｂが削除されたこの法案は、六二対五五の僅差で可決された。しかし、この法律に流れる精神に変わりはない。

当時の法務大臣アイェレット・シャケド〔第２章で紹介した「ファシズムの香り」の政党コマーシャルに登場した女性〕は、採決前にこの法律の意義を次にように明快に論じた。

「イスラエルはユダヤ人の国だ。イスラエルで暮らす人々は平等だが、ユダヤ人だけが国の権利を持つ。われわれはユダヤ人国家としてのイスラエルという特徴を維持する必要がある。平等を犠牲にしなければならない場合もある」[3]。

シャケドの発言の真意を理解するには、イスラエルの特殊事情を理解する必要がある。イスラエルは建国以来、ナショナリティ〔国籍、民族〕とシチズンシップ〔市民権〕を区別してきた。ユダヤ人のナショナリティは「ユダヤ人」であり、市民権はイスラエル人だ。一方、パレスチナ人のナショナリティは「アラブ人」や「ドゥルーズ派」などであり、市民権はイスラエル人だ（一九九〇年まで、イスラエルが国民に発行する身分証明書にはナショナリティの記載があった）。

この枠組みでは、ナショナリティは民族アイデンティティであり、市民権は法的アイデンティティに相当する。したがって、「ユダヤ人国家」は、「正しい」民族あるいはナショナリティのもとに生まれた人（ユダヤ人）のものであって、市民権を持つすべての人のものではないのだ。

この法律が体現する精神はシオニズムに源泉を持ち、東欧諸国の自民族中心的なナショナリズムから強い影響を受けている。もちろん「ユダヤ人の特徴」にもこの精神を見出すことができる。

この精神を反映するイスラエル創成期の法律があったからこそ、世界中のユダヤ人はイスラエルへと移住したのだ。しかし、これはイスラエルの基本法でも謳われているすべての国民を平等に扱うという理念に反した。だが、イスラエルはこの両義性を逆手にとり、差別的な政策を実行しながらも「民主的」さらには「進歩的」なイメージを打ち出してきた。これまでイスラエルの指導者は、七〇年以上にわたってこの曖昧さをうまく利用してきた。ところが、リクード党の大半の議員ならびに連立政権を組む極右の議員は、この曖昧さと決別しようとした。

この法案の採決前に、法務大臣シャケドは次のように詳述した。非ユダヤ人の国民の「権利が侵害されるという代償を払ってでも、イスラエルではユダヤ人が多数派でなければならない」。そして誤解を避けるために次のように付け足した。「シオニズムは、全員を平等に扱うべきという法制度に従うべきではなく、従うこともないだろう」[4]。

ユダヤ人国家の推進者たちは、普遍的で不可侵な個人の権利という原則に真っ向から対峙した。

読者は、「『ユダヤ人国民国家』法は、イスラエルとユダヤ人にとってよくない」[5]という意見を述べたのは誰だと思うか。アラブリスト連合〔イスラエル国籍のアラブ人の政党〕のアイマン・オーデ、あるいは作家のダヴィッド・グロスマンや歴史家の故ゼエヴ・シュテルンヘルのような左派の知識人だと想像するのではないか。この法案の可決に抗議の声を上げたのは左派だけではなかった。なんと、イスラエル大統領でリクード党の創設者ルーベン・リブリンだ。

最も辛辣な意見を述べたのは『ハアレツ』の所有者アモス・ショッケンだろう。この法律に反対するテルアビブでの大規模なデモ集会では、普段は寡黙なショッケンも熱弁を振るった。演説者たちは、この法律は「イスラエルの汚点」だと糾弾した。

ジャーナリストのギデオン・レヴィーは、『ハアレツ』に皮肉たっぷりに次のように記した。

「ついに真実を伝える法律が制定され、ユダヤ型民主主義という茶番に終止符が打たれた。偽善がまかり通った時代は気楽だった。アパルトヘイトは南アフリカだけのことだ、と片付けておけばよかった……。ヘブロンやヨルダン渓谷にアパルトヘイトはなく、占領はイスラエルの本意ではないと回答しておけばよかった。ユダヤ民族基金が所有する土地（ほとんどの国有地を含む）はユダヤ人しか利用できないという批判は無視すればよかった。今後、イスラエルはユダヤ人の国だと法律によって定められた……。イスラエルの新たな友人たちはこの法律を称賛してくれるだろう」[6]。

レヴィーの指摘は二つの点で正しい。一つめは、イスラエルではアパルトヘイトのような人種差別は昔から存在することだ。二つめは、この新しい法律は世界各地の自民族中心主義者を喜ばせたことだ。今日においてもイスラエルは、非民主主義な範を示す先駆的な存在だ。

しかし、レヴィーは根本的な部分で間違っている。「ユダヤ人国民国家」法の可決は、現在進行中の出来事の確認ではなく自民族中心主義者の勝利を意味する。イスラエル創成期の基本法は現実を覆い隠す役割を果たしてきた。たしかに、イスラエルで暮らす非ユダヤ人は、四年に一度の投票権以外の権利を持たない下級国民だった。だが、このような現実を法律や憲法の条文に書き込むのは異常だ。「ユダヤ人国民国家」法が施行されてもイスラエル社会に大きな変化はなかった。だが、これは大きな転換点だ。それまでは人種差別に対し、たとえ効果がないとしても法に訴えることができた。これまでイスラエルは、民主国家としての体裁に配慮しながらユダヤ人国家という自民族中心主義を追求してきた。ところが今後は、イスラエルは正式に人種分離主義の国となった。自国のポジティブなイメージを保つためにシオニズムの影の部分を隠してきたが、「ユダヤ人国民国家」法が施行され、人種差別を隠す必要がなくなったのだ。「イスラエルが民主国家でなくなっても、まったく構わない」と豪語した富豪シェルドン・アデルソンが語った通りになったのだ。

エルサレムのヘブライ大学の元教授ダヴィッド・シュルマンによると、「ユダヤ教は普遍的な人権の概念と密接なつながりを持つ」[7]という。一七世紀後半の啓蒙時代から第二次世界大戦まで、数多くのユダヤ人がこの密接なつながりを実践してきた。彼らはさまざまな政治状況において、社会正義、人間の尊厳、そして「進歩」を具現する価値観を追求してきた。このつながりを断ち切ったのが「ユダヤ人国民国家」法だった。

フィリップ・サンズは『ニュルンベルク合流：「ジェノサイド」と「人道に対する罪」の起源』において、ハーシュ・ローターパクトとラファエル・レムキンという二人のユダヤ系法学者（二人ともウクライナ西部のレンベルク「現在のリヴィヴ」の出身）が、「ジェノサイド」と「人道に対する罪」という概念をつくり出した経緯について語っている。[8] イスラエルの独立宣言の起草にも携わったローターパクトが生きていたら、「ユダヤ人国民国家」法の可決に激怒したに違いない。

自民族中心主義の勝利

「ユダヤ人国民国家」法が可決してから一ヵ月も経たないうちに、次のような出来事があった（『ハアレツ』の報道によって明らかになった）。[9]

二〇一八年八月一一日、ナディーム・サローは、妻のヴェヌス・アイユーブと彼女のパレスチナ人家族とともに、バカンス先のヨルダンからイスラエルへ再入国しようとした。サローはコンピュータ・サイエンスの博士号取得者であり、アイユーブはイスラエル工科大学の建築学科卒だ。アラバ谷のイスラエルの国境警備隊は、サローに「あなたの妻は妊娠しているか」と尋ねた。「妊娠していない」と答えると、「では、あなたの妻たちは外で待ってもらう」と言い渡した。その日は摂氏四五℃の猛暑だった。

取調室に連行されたサローは、女性警官とイスラエル総保安庁《シン・ベト》の女性捜査官の尋問を受けた。彼女たちは、「今日はどこから来たのか」「そこで何をしていたのか」「あなたの父親の名前を教えてくれ」などの質問を矢継ぎ早に放った。

一九四〇年にイスラエルのハイファで生まれたサローの父親は、一九四八年にレバノンへと追放された後、一九六八年にドイツに留学し、そして定住した。サローは一九八四年、父親の定住先のドイツで誕生した。今回、ドイツのパスポートでイスラエルに戻ったサローは、パレスチナ人の親類との再会を果たした。

イスラエル総保安庁の女性捜査官が「ところで、あなたは一体どこから来たのですか」と尋ねた。サローが「ドイツです。私はドイツ国民です」と答えると、この捜査官は「そうですか。しかし、あなたの体には、どの血が流れているのですか。ドイツですかパレスチナですか」という実に奇妙な質問をした。サローは「ご質問の意味をよく理解できませんが、私にはポーランドの血も流れています」と答えた（サローの母親はポーランド系ドイツ人だった）。

このような尋問が長々と続く中、女性警官は「ガザ地区の状況についてどう思うか」と尋ねた。当惑したサローが「あなたには、この場でそのような質問をする権利はないと思う」と答えると、苛立った捜査官は「われわれは何だってできる。ここはドイツじゃない。イスラエルはメルケル首相のように難民を無条件で受け入れるようなことはしない」と気色ばみ、窓の外に見える旗を指さし、「あの旗が見えるか。あなたはイスラエルにいる。ここはあなたの国ではない。気に入らないのなら今すぐパスポートを持ってヨルダンに戻れ！」と激怒した。

別のイスラエル総保安庁の女性捜査官が取調室に入ってきた。この捜査官は、「妻と再会したいのなら嘘をつくな」と繰り返し恫喝した。この捜査官はサローにアラビア語で話しかけてきたが、サローが「アラビア語はわからない」と答えると、「自分がアラブ人だということを忘れるな」と罵倒した。

またしても「血」が問題になった。「エルサレムについてどう思うか」という質問に対して「特別な思いは抱いていない」と答えると、この捜査官は「そんなことがあるわけがない。あなたの血がそうさせない」と食い下がった。そして「最後にイスラエル人に石を投げたのはいつか」という思いもよらぬ質問に、サローはついに大笑いしてしまった。

長時間にわたる取り調べは終了し、サローは外で待つ家族と再会を果たした。

後日、この件についてコメントを求められたイスラエル総保安庁は、捜査官の尋問は正当であり、サローの態度に問題があったと述べた。いずれにせよ、この尋問のやり取りは示唆に富んでいる。

第一に、イスラエル行政官の教育程度の低さだ。彼らにとっては、パレスチナ人、アラブ人、イスラム国の住民、イラン人など、全員がテロリストなのだ。

第二に、彼らの人種差別的な意識だ。アラブ人女性だから暑さなど平気だろうと言って、炎天下で長時間待たせる。とくに、「あなたはドイツ生まれかもしれないが、あなたの血はアラブ人だ」という意識だ。

なぜ、パレスチナ人として生まれたのなら、生涯、パレスチナ人なのか。その理由は、イスラエルではナショナリティ〔国籍、民族〕（生まれたときの民族や部族、つまり「血」）はシチズンシップ〔市民権〕とは逆に、死ぬまで変わらない「本質的なアイデンティティ」だからだ。

私が言いたいのは、ユダヤ人にとって体内に流れる血に優劣をつけるこうしたイデオロギーは恐ろしい記憶を呼び覚ますということだ。ところが、イスラエルの若者は何代にもわたってこうした教育を受けている。とくに、リクード党ならびにその同盟者たちが四〇年以上にわたってほぼ継続的に政権を握っている現在のイスラエルでは、「自分たち以外の民族を軽蔑する教育」が確立している。二〇一五年の総選挙の当日、ベンヤミン・ネタニヤフは、「左派が連れてきたアラブ人の大群が投票所に向かっている。私の再選を阻止しようとしている」と訴えた。もちろん、アラブ人の大群はイスラエル国民だが、彼らは「正しい」民族集団ではなく、彼らの血にユダヤ人と同じ価値はないのだ。

　自民族中心主義が強まるイスラエル社会では、次のような出来事があった。「イスラエルの病院は、産婦人科の病室をユダヤ人女性とアラブ人女性で分離することにした[10]」。イスラエルの社会保険庁の責任者はこの方針を否定せず、ユダヤ人とアラブ人の分離は母親が快適に過ごすために必要であり、「人工的な「人種の坩堝《るつぼ》」をつくらないための措置だ」と理解を示した。エルサレムのハダサ病院の広報係は、「ヒト集団の違いという観点から、自分と同じコミュニティの女性と一緒の部屋を希望する女性が多い[11]」と説明した。ところが、三人のアラブ人女性は、自分たちはユダヤ人の母親と別の部屋にしてくれと頼んだ覚えはないとして、この病院を訴えた。

　こうした自民族中心主義が露骨に表れるのが住宅政策だ。「ユダヤ人国民国家」法案の審議中の二〇一八年六月中旬、イスラエル北部のアフラ市では、数百人のユダヤ人がアラブ人家族へのアパート売却決定の取消しを求めてデモを行った[12]。このデモを先導したのは、アフラ市の市長アヴィ・エルカベッツと副市長シュロモ・マリヒだった。「アフラ市民は、アラブ人のいないユダヤ人だけの街を望んでいる。これはアフラ市民の権利だ[13]」。アフラ市では、四三組のアラブ系イスラエル人世帯が新興住宅地に建ったアパートを落札していた。裁判所は、入札資格に問題があったとして、彼らの落札を無効とする判決を下した。

イスラエル市民権協会のラガッド・ジャライシーは次のように解説する。

「アラブ人に対するこうした差別は今に始まったことではない。この国では、アラブ人に対する差別は常に存在した。だが、これまでとの違いは、こうした人種差別が公然と行われるようになったことだ……。以前は密室で囁かれていたことが、現在では公衆の面前で堂々と語られるようになった[14]。

たしかに、こうした差別はこれまでにもあった。たとえば二〇一〇年、イスラエル北部のツファット市の首席ラビであるシュムエル・エリヤフは説教中に、アラブ人にアパートを賃貸しないようにと呼び掛けた。

しかし、人権擁護団体「人種差別危機センター」の代表ツァヒ・メズマンは、「それは人種差別的な言動で有名な人物の私見だ。ところがアフラ市の場合、選挙で選ばれた人物が関与している」と質の違いを説く。

アフラ市でのデモの二ヵ月前、イスラエル北部のクファール・ヴラディム市の市長シヴァン・イェヒエリは、複数のアラブ人が分譲地を購入したことを知って分譲地の販売を中止させた。その理由は「世俗的なユダヤ人シオニストの特徴を維持するため」だった。

この市長はすでに市民にアンケート調査を行っていた。市民の五〇％以上が「アラブ人のいない街に住みたい」と回答したという。今日、このような出来事はイスラエル各地で頻繁に起きている。

イスラエル北部のナザレ・イリット市のアラブ系住民が自分たちの地域に学校を建ててほしいと嘆願した際、市長は、「自分が市長である限り、この街の「ユダヤ的な特徴」を損なう学校を建てるつもりは毛頭ない[15]」と言い放った。

イスラエルではこのような態度はお馴染みだが、現在では倫理的な制約なくあからさまに表明されるようになった。世論調査によると、イスラエル人の大半はアラブ人のいない地域での暮らしを望んでいるという。イスラエル工科大学の教授ユースフ・ジャバリーンによると、アラブ人世帯の受け入れを拒否する自治体の数は九〇〇以上に達するという。将来的には、アラブ人はユダヤ人が経営する店舗への立ち入りも禁止されるのだろうか。

アフラ市でデモが行われていたのと同じ日、イスラエル南部の小さな町では、市営プールに行ったアラブ系遊牧民の家族が追い返された[16]。

二〇一八年六月上旬、元住宅および建設大臣のヨアヴ・ガラントは、「イスラエル南部の脅威はガザ地区だけではない。近年、ネゲヴやベエルシェバ近郊でのアラブ系遊牧民の違法で敵対的な建設行為が野放しになっている[17]」と述べた。

二〇一八年五月、イスラエル人種差別反対同盟は、近年、イスラエルの政治家やラビの間で人種差別的な言動が広がっていることを、数多くの具体例を挙げて紹介した。「社会の模範となるべき政治家やラビが人種差別的な考えを表明すると、これらの言動や行為が正当化されてしまう[18]」と危惧する。

今日、イスラエルにおけるアラブ人に対する人種差別は、植民地主義に基づく凡庸な優越感だけでなく、さらに邪悪な思想にも基づく。人種差別は社会の深部にまで達しているのだ。

ユダヤ人にとっての「生存圏」

国民国家は、民族性を規定する基本法だけでなく領土を必要とする。二〇〇二年、私は右派の政治感覚に触れるために、当時、国家宗教党（極右政党）の党首だった元軍人エフィ・エイタムの話を聞いた。エイタムは軍隊を辞めたとき、神と出会ったという。世間では、彼は気が狂ったと噂された（私が会ったときは、精神異常者という印象は受けなかった）。白髪交じりの坊主頭のエイタムは、少し足を引きずりながら私を中庭へと案内し、イスラエルはヨルダンと地中海に挟まれた土地を所有すべきだと説明し始めた。このような主張は目新しくない。

エイタムは、「「エレツ・イスラエル（聖書に登場するイスラエルの地）」の西部（ヨルダンから地中海まで）はユダヤ人の生存圏だ[19]」と説いた。教養に乏しいエイタムは、ナチス思想の中核に「生存圏」という概念があったことを知らない様子だった。さもなければ別の言葉を用いたはずだ。いずれにせよ、彼の頭にはこのアイデアが思い浮かんだのだ。「この生存圏において支配することが許されるのはユダヤ人だけであり、「人権」や「平和」を唱えるのは精神病患者だけだ」と言い放った。

エイタムは大臣としても政党の党首としても長続きしなかった。だが、彼の思想はイスラエル社会に深く根付いた。とくに、彼の提唱するパレスチナ自治区の併合は二〇年前と比較すると、宗教的ナショナリストだけでなく多くの国民が支持している。

二〇一九年四月の総選挙の三週間前、『ハアレツ』はパレスチナ自治区の併合に関する世論調査を実施した[20]。その結果を紹介する。

ヨルダン川西岸地区の一部、あるいは全域の併合に賛成は四二％だった（面積は圧倒的に広いがパレスチナ人が最も少ないＣ地区だけの併合に賛成は一五％、全域の併合に賛成は二七％[21]）。「併合に反対」は二八%、「わからない」は三〇%だった。「わからない」を除外すると、併合に賛成は六〇%という計算になる〔四二÷七〇×一〇〇〕。

回答者全体に占めるアラブ人〔彼ら全員は「併合に反対」と考えられる〕の割合は二〇%だったので、彼らを除くと、イスラエルのユダヤ人の八四%は、占領地の全域または一部の併合に賛成という計算になる。併合賛成派の五分の三は、ヨルダン川西岸地区のパレスチナ住民に一切の市民権を認めないと回答した。

植民地主義という言葉が過去のものになったとしても、これこそが植民地主義と言えるのではないだろうか。

二〇一九年二月、イスラエルでは「ナハラ」という運動の声明文が拡散した。

「私はイスラエルの地に忠誠を誓い、われわれの祖先から受け継いだ遺産を死守します。ユダヤとサマリアの土地〔ヨルダン川西岸地区に対するイスラエル側の呼称〕に二〇〇万人のユダヤ人を定住させると同時に、これらすべての土地を取り戻します。二つの民族のための二つの国家という計画を断固阻止し、「イスラエルの土地：一つの民族のための一つの国」を宣言します[22]」。

この声明文には、法務、教育、運輸、観光、環境、エルサレム問題、治安、文化、通信、社会格差などを担当する大臣たち、そして極右、リクード党、宗教政党の国会議員たちの署名があった。これは絵空事でなく現実的な取り組みだ。パレスチナ自治区の併合は、研究会、一日がかりの会議、セミナー、イェシーヴァー〔タルムードを学ぶ場〕において盛んに議論されている。

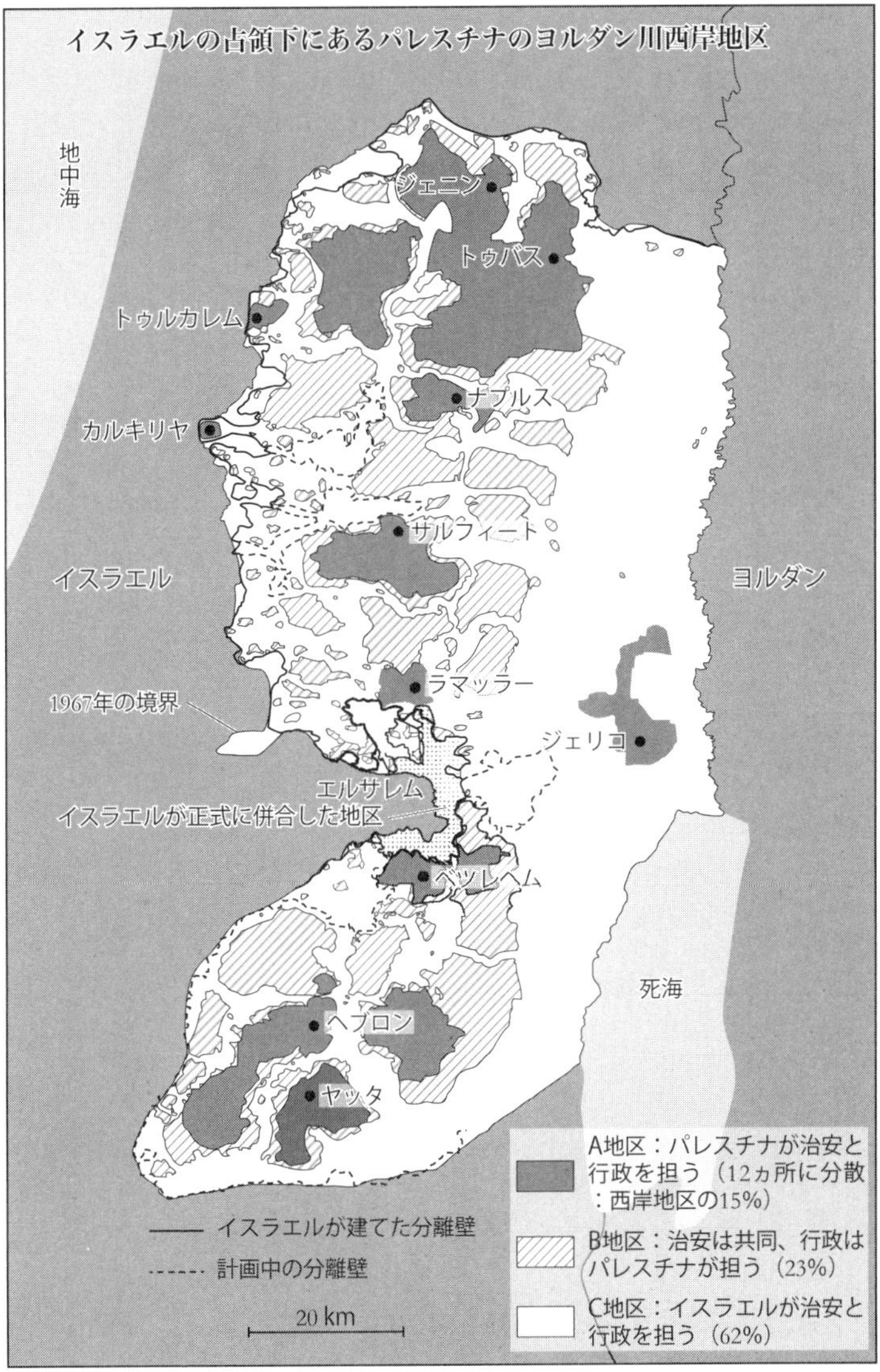
イスラエルの占領下にあるパレスチナのヨルダン川西岸地区
地中海
ジェニン
トゥバス
トゥルカレム
ナブルス
カルキリヤ
サルフィート
イスラエル
ヨルダン
ラマッラー
1967年の境界
ジェリコ
エルサレム
イスラエルが正式に併合した地区
ベツレヘム
死海
ヘブロン
ヤッタ
A地区：パレスチナが治安と行政を担う（12ヵ所に分散：西岸地区の15%）
B地区：治安は共同、行政はパレスチナが担う（23%）
C地区：イスラエルが治安と行政を担う（62%）
イスラエルが建てた分離壁
計画中の分離壁
20 km

二〇一八年八月、『ハアレツ』はヨルダン川西岸地区の併合に関する見通しをナショナリストに尋ねた。今日、多くの国民が彼らの見通しに賛同している。これらはパレスチナに対する見方を如実に示している。[23] 以下、彼らの見通しを順に紹介する。

宗教系ナショナリストの政党「ユダヤ人の家」の党首だったナフタリ・ベネット〔現首相〕の見通しは次の通りだ。

即座にC地区を併合し、七万五〇〇〇人のパレスチナ人には、イスラエル国家への忠誠を誓うことを条件にイスラエルの市民権を付与する。三〇ヵ所以上に散らばって暮らしている残りの二八〇万人のパレスチナ人には自治権を与える。治安維持はイスラエルが行い、国外にいるパレスチナ難民がやってきてこれらの小型の「バンツースタン」〔アパルトヘイト時代の南アフリカ政府が黒人に割り当てた指定居住地域〕に居住することはできない。この状態を無期限で続行する。ベネットは、「国家ではないが、彼らにとっては最良の選択肢だろう」と述べる。第二段階では、ヨルダン川西岸地区全域をイスラエルの領土にする。隣国のヨルダンが受け入れるのなら、パレスチナ人はヨルダンの国民になることもできる。

リクード党の党員でエルサレム問題担当大臣のゼエヴ・エルキンは、大きな入植地から順に行う「段階的な併合」を提唱する。「国際社会は顔をしかめるだろうが、最終的にはこれまでと同様に容認するはずだ」。エルキンが提唱するのは、領土を一度にではなくスライスするように併合する「サラミ方式」だ。しかし、この「サラミ方式」には一つの問題があるという。「パレスチナ人に公民権ならびに同等の権利を付与することは危険である」一方、「何の権利も付与せずに領土を正式に併合することはできない」からだ。エルキンは、実際の解決策を決めかねている様子だった。

イスラエル戦略研究所の創設者でありＣＥＯのマルティン・シェルマンは、ヨルダン川西岸地区とガザ地区の双方をできる限り早期に併合すべきと主張する。その理由は単純だ。イスラエルからパレスチナ人を排除するためだ。そのための手段は戦争だ。戦争という心躍るイベントを待つ間、「彼らがイスラエルから出ていくためのインセンティブが必要になる」。そこで、ポジティブなインセンティブ（出ていく者には現金を支給）とネガティブなインセンティブ（パレスチナ人を敵と見なすと宣言し、モノとサービスの供給を徐々に減らす）を準備する。「少し過激すぎるのではないか」という疑問の声には、「イスラエルには、敵を国内に抱えておく道義的な義務はない」とうそぶく。シェルマンによると、現実的な選択肢は「移送」だという。これは一九三〇年代から用いられてきた言葉であり、アラブ人の追放を意味する。「たとえば、インドネシアやインドに移ってもらう。移送は悪い言葉ではない」と語る。

論説委員キャロライン・グリック（『エルサレム・ポスト』『ブライトバート・ニュース』）も、ヨルダン川西岸地区全域の即時併合を提唱する。「パレスチナ人はイスラエル人になりたくないはずだ」。そうだとすれば、なぜ彼らのことを心配しなければならないのか。彼らはこれまで通り、イスラエル政府のもとで市民権を持たないで暮らし続けることを望むだろう。そこで「彼らに「居住者」という社会的な地位を付与するのはどうか」と提案する。一方、「ガザ地区の併合は論外だ。あの狂った住民が暮らす一角を統治したいとは誰も思わないだろう。ガザ地区は独立した国家だ」と述べる。

最後に、ベギン＝サーダート戦略研究センターの研究員モルデハイ・ケダルの独創的な解決策を紹介する。

ケダルによると、「アラブ民族」は植民地主義者が発明した概念であり、アラブ人とは自分が属する大家族のアイデンティティに過ぎないという。この部族は国家という概念を持たない。だからこそ、パレスチナ人は無数の単位に分裂しているのだ。たとえば、ガザ地区であり、イスラエルの都市（ヘブロン、ジェリコ、ナブルス、ラマッラーなど）を取り巻く多くの小さな首長国だ。当然ながら、これらの首長国は統治能力を持たず、イスラエルに完全に支配される（アラブ人は統治の意味さえ知らないので「統治能力がない」と指摘しても、彼らが文句を述べることはないだろう）。農村地帯（ヨルダン川西岸地区の面積の八〇％）とそこで暮らす人口一〇％を併合し、イスラエルの市民権を付与する。

以上が、植民地主義的な思想を持つ者たちの考えだ。彼らは自分たちの願いを叶えることに熱心であり、良心の呵責をまったく感じていない。これらの愚案がどうなるのかは誰もわからないが、彼らは自分たちの案を本気で実行に移そうと思っている。そして全員が腹の中では、隙あれば先住民を一掃したいと切望している。

イスラエルは、一九四八年のときに中途半端に終わらせた仕事を戦争などによって片付け、彼ら全員に共通する夢を実現する。すなわち、パレスチナ自治区からパレスチナ人を一人残らず追い出した「生存圏」に、「一つの民族のための一つの国家」を建設することだ。

第2章で紹介した極右の新星ベツァレル・シュモトリッチは、大規模な追放を準備せよと公言する。シュモトリッチは「アラブリスト連合」の党首であるアラブ系のアイマン・オーデに対し、ツイッターを通じて次のように言い放った。「われわれ（ユダヤ人）はアブラハムの時代から世界で最もホスピタリティに溢れる民族だった。だからあなたたち（パレスチナ人）はまだここにいる。少なくとも現在までは」[24]。

その間になすべきことがある。狭小なガザ地区への定期的な空爆だ。しかしながら、ハマスを叩き潰すことはしない。なぜなら、ハマスはまともな外交ができないので、パレスチナを国際社会から孤立させるのに好都合だからだ。

一方、パレスチナ人の大部分が住むヨルダン川西岸地区では別のアプローチが必要だ。イスラエルが実行中のおもな戦略は、二つの要素からなる。

一つめは、パレスチナ人の日常生活をさらに耐え難いものにしながら、入植地を拡大し続けることだ。ユダヤ人の違法な入植の合法化はこれまでにも密かに行われてきた。だが、二〇一七年二月六日、国会はパレスチナ人の土地への「善意による入植」を合法化する「正規化法」を可決した。非政府組織「ベツェレム」の事務局長ハガイ・エル＝アドは、「この法律は窃盗を合法化する悪法以外の何物でもない」[25]と切り捨てる。

こうして、イスラエルは入植者による土地の強奪を合法化した。エル＝アドは、「国際法の観点からすると、これは完全な植民地政策だ。しかし、国際社会から非難の声は上がっていない」と嘆く。「正規化法」は近年可決された法律の氷山の一角に過ぎない。これらの法律の目的はイスラエルの植民地支配を強化することだ。

「正規化法」が施行されてからおよそ四年後、イスラエルの最高裁判所はこの法律を違憲と判断した。裁判長エステル・ハユットは、「この法律は、地域の特定の集団が犯した違法行為を遡及的に合法化しようとすると同時に、他者の権利を侵害している。また、地域の違法建築の規制に関して、イスラエル人とパレスチナ人との間に差別を生み出している」[26]と述べた。

ネタニヤフは直ちに、「入植地とその将来にとって重要な法律を無効と判断したのは、最高裁判所の逸脱」だと糾弾し、パレスチナ人の土地を併合すれば「規制に関するほとんどの問題は解決可能」[27]だと請け合った。

二つめは、パレスチナ人を農村部からA地区やB地区にある人口の密集した貧しい都市周辺部へと追いやることだ（これらの地区は、部分的あるいは全面的にパレスチナ自治政府の統治下にある。ちなみに、C地区の入植者の人口は、すでにパレスチナ人を上回っている）。

そのためには、収入を奪う（畑での作業を禁じる）、あるいは先述のように「恐怖を植えつける」ことによってパレスチナ人を村から追い出す戦略が有効になる。

一例を紹介する。ヘブロンから南に一〇キロメートルほど離れたヤッタという町の人口の変化だ。一九八〇年では数千人、ところが、二〇〇七年では四万八〇〇〇人、今日では七万人になった。というのも、連日のように「軍事用地」「公有地」さらには「自然公園」という名目で土地を没収されたパレスチナ人が、この街に流れ込んでくるからだ。

エルサレムのヘブライ大学で『イスラエル数学ジャーナル』の編集長を務めるダニエル・クロンベルクは、「入植地ができるとすぐに、その周辺地域の住民がいなくなる」[28]と語る。一方、パレスチナ人には建築許可は下りない。

パレスチナ人を追い出す常軌を逸した方法はまだたくさんある。たとえば、パレスチナ人の数万世帯が「家族統合」を拒否されている。たとえば、ヨルダン川西岸地区で暮らすパレスチナ人がこの地区以外に居住する人物と結婚しようと思っても、その人物とともにこの地区で暮らすことはできない。一緒に暮らしたいのなら出ていくしかない。これは実に効果的な追い出し方だ。

こうした政策は、二〇〇四年にアヴィグドール・リーベルマンが提唱した「パレスチナ人の細分化」戦略を強化する。イスラエルは、パレスチナ人を都市部やその郊外に追いやることにより、C地区のほとんど、あるいは全域を併合する準備を整えている（入植に反対する人々はこれを「徹底した民族浄化」と呼ぶ）。

トランプが大統領のとき、イスラエルはアメリカ政府の全面的な支持を取り付けた。バイデン政権になり、風向きは変わるのだろうか。

第4章　白人の国――純血主義の台頭

二〇一二年七月三日、その数ヵ月前から難民に対する暴行事件が多発していた。おもな犠牲者はスーダン（原因はおもにダルフール紛争）とエリトリア（原因は抑圧的な政治体制）の出身者だった。

イスラエルでは、不法滞在の外国人に対する非難の声が高まっていた。彼らは「潜入者」と蔑称された。「潜入者」は、一九五〇年代、一九四七年から一九五〇年にかけて追放されたパレスチナ人が、自分たちの村や所有物がどうなったのかを確かめるために戻ってきた際に登場した蔑称だ。この国では「潜入者」はテロリストに相当する。

二〇一二年同日、ネタニヤフ政権の内務大臣エリ・イシャイ（セファルディーム系の超正統派の政党「シャス」党員）は、日刊紙『マアリヴ』のインタビューに次のように答えた。「わが国にやってくるイスラム教徒たちは、イスラエルが白人の国だと思っていない。私は任期を全うするまで妥協なく闘う覚悟だ。あらゆる手段を駆使して潜入者を一掃する[1]」。

黒人「潜入者」に降りかかる災い

イシャイの発言に注目したい理由が三つある。

第一に、これは民主国家であるはずの内務大臣の発言だという点だ（それまでにもイシャイは人種差別を唱える暴徒に味方してきた）。

第二に、イシャイの教養のなさが明らかになった点だ。エリトリア人（イスラエルに不法滞在するアフリカ人の七二％）は、イスラム教徒よりもキリスト教徒のほうが多く、また、スーダン人（二〇％）の多くはアニミズム信奉者だ。

最後に、イシャイが追放したいと願う不法滞在者が黒人だった点だ。当時のイスラエルの移民人口は一八万人から二〇万人であり、そのうち黒人はおよそ四万人だった。残りはアジア系や東ヨーロッパからの移民であり、彼らもほとんどが不法滞在者だった。[2] 彼らは建設現場や農場での低賃金の仕事に就くことが多く、社会的な権利を持ってない。よって、人道支援団体は彼らの過酷な待遇に抗議している。しかし、彼らはアフリカ人とは異なり、これまで一度も集団追放の対象になったことがない。

イスラエルではこれまでにない現象が起きている。過去には黒人を対象とする差別はほとんどなかった。イスラエルが「白人至上主義」を唱えるのはシオニズムの理念と歴史に反している。西洋の価値観を守るという考えはあったが、シオニズムの創始者たちの文書やイスラエルでのこれまでの議論において白人至上主義は語られたことがない。これはまったく新しい現象だ。

たしかに、一九七〇年代にニューヨークから来た黒人のユダヤ教徒は、イスラエル社会になかなか統合できなかった。彼らはおもにネゲヴ砂漠の「発展途上都市」（貧しい僻地）に定住した。

また、かつて「ファラシャ」と呼ばれ、イスラエルのラビたちの会議でユダヤ人と認められた、エチオピアのユダヤ人も同様だ。彼らは一九八四年と一九九四年の二回に分けてイスラエルに集団移住した。今日、彼らの人口は一〇万人以上になった。ユダヤ人でありながらも、とくに住宅に関して差別されている。彼らは往々にして失業率の高い地区で暮らしている。一部の都市では、彼らの子供たちに入学許可を与えない市長もいる。しかし、一部のエチオピア系ユダヤ人は、スポーツやショービジネスの世界で大きな成功を収めている。また、国会議員になった者も何人かいる。ようするに、彼らはイスラエル社会に適合するのに苦労したが、今日の東アフリカの難民のように徹底的な弾圧を受けることはなかった。

最初のアフリカ難民は二〇〇〇年代後半にやってきた。この移民流入は、二〇一一年と二〇一二年に加速した。彼らはすぐに、シャピラ、ハティクヴァ、ネヴェ・シャアナンなど、テルアビブ南部の地区に固まって暮らすようになった。

イスラエル政府は警察に移民担当部署を設立し、アフリカ系移民の流入を防ぎ、彼らを管理しようとした。二〇一〇年には、エジプトとの国境に壁をつくる計画に着手した。さらには、これらの移民を雇用する場合、雇用主は彼らの賃金の二〇％を天引きして政府に納めるという制度が施行された。これは将来的に追放する際に必要となる費用を担保するためだ。

難民申請に関しては、二〇一三年から二〇一八年にかけて内務省に申請された一万五二〇五件のうち、認定されたのはたったの一一件だった（およそ〇・〇七％）。ちなみに、同時期のＥＵは、スーダン人の五七％、エリトリア人の九二％の難民申請を認定した。

すぐにアフリカ系移民に対する排斥運動が始まった。ヘブロンの入植者たちは、自分たちの身近にいるこれらの移民たちに対し、敵意をむき出しにした。人種的な迫害が続発した。キリヤット・シャロームなどの自治体では、アフリカ系移民には家族用アパートはもちろん単身者用ワンルームの部屋でさえ賃貸を禁じるという条例が定められた。エイラット市（イスラエル最南端の港町）の市役所は、黒人の子供を学校に入れない方針を表明した。テルアビブでは黒人専用の幼稚園がつくられた。

『ワシントン・ポスト』には、エリトリア難民アマヌエル・ヤマニの苦難を記すゲルショム・ゴレンベルク（ジャーナリスト）の記事が掲載された。

イスラエルのある警察官は、ヤマニに次のように話しかけた。「イスラエルはまもなくお前ら全員を強制送還する。それまで木の下に座り、猿のように口を開けてバナナが落ちてくるのを待ってろ」。ヤマニが「僕は猿じゃない」と言い返すと、この警察官は薄ら笑いを浮かべて「鏡で自分の姿を見たことがないのか。お前は猿とそっくりだ」と言い放った。ゴレンベルクはこのやり取りについてイスラエル内務省移民局に問い合わせたが、反応はなかったという[3]。行政機関の黙認のもと、イスラエル社会には人種差別が蔓延している。

二〇一二年、アフリカ系移民の存在に危機感を覚えたネタニヤフは、次のように警鐘を鳴らした。「この問題（難民申請者の増加）にきちんと対処しなければ、潜入者の数は六万人からすぐに六〇万人になる。そうなれば、民主的なユダヤ人国家イスラエルは脅威にさらされる」[4]。ネタニヤフの警告をきっかけに、同様の意見が続出した。

二〇一二年五月、難民の子供たちを診る診療所への放火など、アフリカ人が集まる施設への襲撃事件が相次いだ。後に文化スポーツ大臣になるミリ・レゲブは、アフリカ系移民の強制送還を訴えた。レゲブは、「左派」（複数の労働党員がアフリカ系難民の保護を訴えていた）を激しく非難し、「スーダンからの潜入者は「国家の癌《がん》」だ」[5]とぶちまけた。左派がレゲブの発言に怒りを露わにすると、レゲブはスーダン人でなく「癌《がん》患者に対して申し訳ないことを言った」と謝罪した。これ以降、メディアや街角において外国人蔑視や人種差別的な発言が急増した。

リクード党の国会議員ダニー・ダノンは、「われわれは潜入者をイスラエルから追放しなければならない。「今すぐ追放！」という選択肢を恐れてはいけない」[6]と説いた。その後、ダノンは、科学技術大臣、そして国連大使を歴任した。また、国会議員ユリア・シャマロフ＝ベルコビッチは、「難民申請者を支援する弁護士は、難民申請者と一緒に難民キャンプに放り込むべきだ」と述べた。

二〇一三年一二月、イスラエル政府は、少額の手当と引き換えにこれらの移民の「自主退去」を促す政策を開始した。

一方、非政府組織は、放浪するユダヤ人の歴史やヒレル（紀元前後のユダヤ教の律法学者）の「自分にとって嫌なことを隣人に対してするな。これが律法のすべてだ」という教えに基づき、彼らの保護を訴えた。

しかし、ネタニヤフは大衆の支持を取り付け、「自主退去」政策に固執した。ネゲヴ砂漠に移民収容所が建設され、収容される移民は身分証明書を没収された。

エリトリア人のサイモン・フィサハは、イスラエルで六年間にわたって就労した後、ネゲヴ砂漠にあるホロト収容所に送られた。収容所では、三五〇〇ドルとルワンダへの片道切符を渡され、「ルワンダに到着したら、難民申請を行って仕事を探せばよい」という説明を受けた。三日後、フィサハは自分と同じ境遇の一〇人の難民とともに飛行機に搭乗した。

その後の展開は、ブライアン・ゴールドストーンが『ニュー・リパブリック』に記している。[7]ルワンダの首都キガリに到着すると、フィサハは身分証明書の提出を求められた。難民申請の手続きを行いたいと申し出ると、係員は「それは不可能だ」と述べ、「ルワンダからの出国に同意し、五〇〇ドルの「手数料」を支払わない限り、受け取った身分証明書は返却できない」と開き直った。

その後、フィサハと彼の仲間たちは、人身売買の世界に足を踏み入れた。スーダンとリビアを経由して地中海にまで行き着いた。その間、「暴力、監禁、窃盗、恐喝、極度の空腹、脱水症状を味わい、(死が待っている) エリトリアへ送り返すぞと脅された」。

たとえば、おぞましい環境で監禁されたリビアでは、奴隷になった男女、強姦、拷問を目の当たりにした。そしてついにフィサハは、自分と似たような境遇の三〇〇人の難民を乗せた水漏れする舟でヨーロッパの海岸に辿り着いた。

二〇一八年一月三日、ネタニヤフはアフリカ系の難民申請者の問題「解決」を目指す大規模な政策を打ち出した。

「本日、政府は次の計画を承認した。潜入者には二つの選択肢を与える。飛行機で出ていくか、刑務所に入るかだ[8]」。

難民は、三五〇〇ドルの現金、さらには就労していた者には賃金から差し引いていた預り金（賃金の二〇％から四〇％に相当する金額）を受取ることができる。これを拒否する場合、砂漠にある警備の厳重なサハロニム収容所行きだ（アフリカ人のカップルがイスラエルで出産したおよそ五〇〇〇人の子供も、この措置の対象になる）。

イスラエルは自国の強制退去者を受け入れる協定を、ウガンダとルワンダの両国と締結していると主張したが、両国はこの協定の存在を否定した。ルワンダに移送された多くの難民の体験談は、フィサハとほぼ同様だった。人権保護団体アムネスティ・インターナショナルの報告書によると、これらの国に到着した人々は難民としての地位を得ることができず、また滞在ビザもないため就労できなかったという。

ネゲヴ砂漠にあるホロト収容所では、七五〇〇人の難民がハンガーストライキを起こした。二〇一八年二月下旬、ネヴェ・シャアナン（テルアビブ南部の地区）では二万人の市民が難民支援のデモを行った。

しかし世論調査によると、イスラエル国民の三分の二は依然としてアフリカ系難民の集団追放を支持していることが明らかになった。アフリカ系移民への憎悪は、彼らを擁護する「麗しき心の持ち主」（知識人、芸術家、非政府組織の活動家）に対する憎悪を引き起こした。これは、トランプの支持者が黒人や移民を支援する人々を憎むのと似た構図だ。

二〇一八年三月、さらに数百人の難民がネゲヴ砂漠の収容所に入れられた。ところが、四月二日にネタニヤフは突然、「イスラエルはＵＮＨＣＲ（国連難民高等弁務官事務所）と最善の合意に達した」

と発表した。イスラエルに滞在する難民の半数は、国連がドイツやカナダなどの国に移住できるように取り計らい、残りの半数にはイスラエルの滞在許可を付与するという枠組みだった。だが、イスラエル国民は政府を厳しく非難した。

教育大臣で宗教系極右政党の党首ナフタリ・ベネット〔現首相〕が国連との合意を「潜入者にとってのパラダイス」だと糾弾すると、ネタニヤフは三時間後に「合意を再検討する」と述べ、アフリカ系移民の扱いは振出しに戻った。

地中海に漂流する難民問題が深刻化していた時期、アメリカのシンクタンク「ピュー研究所」は、OECD〔経済協力開発機構〕に加盟する三八ヵ国のうち一八ヵ国で実施された調査結果を公表した。「自国の暴力や戦争から逃れるためにやってくる難民を受け入れようと思いますか」という質問に対し、「ノー」の回答が最も多かったのはイスラエルの国民（五七％）、二番目がハンガリーの国民（五四％）だった。ちなみに、一八ヵ国中の一三ヵ国の国民の過半数は「イエス」と回答した。

『出エジプト記』の第二二章の二一「寄留の他国人を苦しめたり、虐げたりしてはならない。あなたがたも、かつてエジプトの国で、寄留の他国人だったからだ」という戒めが世界中で最も浸透していないのは、ユダヤ人の国民国家なのだろうか。

白人至上主義者とのつながり

「アフリカの潜入者がわが国のアイデンティティに脅威をもたらす」という非難の声がメディアだ

けでなく教育機関からも上がる一方、イスラエルの民間企業は、フィリピンやタイなどの国から労働力を受け入れてきた。たとえば、イスラエルにはすでにおよそ一万六五〇〇人の外国人労働者がいたが、二〇一八年にイスラエル政府は、さらに六〇〇〇〇人の外国人労働者を建設作業員として募集する計画を打ち出した。[9]

イスラエルの労働者保護団体「カヴ・ラオヴェッド」によると、イスラエルにやってくるフィリピン人やタイ人の労働者は、手数料として一万ドルを仲介業者に返済しなければならない。よって、この手数料は分割払いのため、労働者の毎月の賃金から天引きされるという（賃金は雇用主との間であらかじめ決まっており、通常はイスラエルの最低賃金を下回る）。

就労ビザを得た移民であっても、雇用主がその移民を解雇するとその就労ビザは自動的に失効するという点も、イスラエル特有の規則だ。さらには、移民の就労ビザは雇用主が預かっている場合が多いため、被用者である移民は、いったん締結した雇用関係から抜け出すことができない。イスラエルではこれらすべては合法だ。

なぜイスラエルは、国民の人口のわずか〇・五％しかいないアフリカ人の集団に対してヒステリーを起こしたのだろうか。弁護士ミハエル・スファルドは、「彼らの肌の色が濃かったからとしか説明のしようがない」[10]と嘆く。

イスラエルはこれまで何十年にもわたって外国人労働者を受け入れてきた。彼らはおもに東ヨーロッパやアジアからの移民だったが、イスラエル国民が彼らに今回のような敵意を露わにすることはなかった。テルアビブの高級住宅街に住む女性なら、フィリピン人の家政婦を雇っていた。イスラエル国民のアフリカ人に対する拒絶反応の原因は、あくまで肌の色によるものだった。

先ほど述べたように、これはイスラエルにおける新たな現象であり、イスラエルの極右がアメリカの福音主義者、そして白人至上主義者と親密になったことと関係しているのではないか。

その証拠に、多くのイスラエル人は、福音主義者、極右、ナショナリスト、白人至上主義者からアドバイザーを選んだドナルド・トランプを称賛した〔副大統領マイク・ペンスと国務長官マイク・ポンペオは、二人ともキリスト教保守の福音派。秘密を暴露してトランプを裏切った大統領補佐官ジョン・ボルトンは、過激なウルトラ・ナショナリスト〕。極右オンライン・メディア『ブライトバート・ニュース』の元エグゼクティブのスティーブン・バノンもイスラエルでは人気者だ。さらには、トランプ政権に協力したスティーブン・ミラー〔大統領上級顧問〕、ジュリア・ハーン〔大統領特別補佐官〕、セバスチャン・ゴルカ〔大統領副補佐官〕などだ。ちなみに、熱烈なシオニストでもあるミラーは、移民を毛嫌いする排外主義者だ[11]。

過去二〇年来の植民地主義のイスラエル右派と、トランプおよび彼のアドバイザーたちとの共通点は、白人至上主義を信奉する点だ。

たとえば、アメリカの狂信的な反移民メディアのスターであるアン・コールターだ。彼女はイスラエルの移民政策を絶賛する。また、白人至上主義の急先鋒リチャード・B・スペンサーは、「自分の言動がユダヤ人国家で十分に評価されていない」と驚く。ユダヤ人に対して「私は自分たち白人のことを慮る、いわば白人シオニストだ。あなたたちユダヤ人がイスラエルの地に安全な祖国を求めるように、私は白人のための安全な祖国を手に入れたい[12]」と言ってのけた。

こうした発言は、右派だけでなく国民の大半が人種差別的な主張をすんなりと受け入れる今日のイスラエルでは、大きな説得力を持つようになった。

イスラエルの白人至上主義はサッカー中継にも表れた。二〇一八年のワールドカップでフランスが優勝した際、イスラエルの多くの解説者が「アフリカ・チーム初優勝」という冗談を飛ばした。冗談だけでなく、イスラエルのアメリカの白人至上主義との接近は、しばしば恐ろしい展開を見せている。二〇一九年四月下旬、ヨルダン川西岸地区のイスラエル入植地エリにある軍事学校「ブネイ・ダビデ」のラビであるギオラ・レドラーは、「ヒトラーのイデオロギーは一〇〇％正しかった。ただし、彼はそのイデオロギーを実践する対象を間違えた[13]」と発言した。この驚愕の発言の真意は、「ヒトラーは、アラブ人やイスラム教徒といった本当の悪魔を始末する代わりにユダヤ人を狙った」ということだ。

イェシーヴァー（タルムードを学ぶ学校）の責任者であるラビのエリエゼル・カシュティエルも、イスラエルのテレビ番組において、「人種差別はよいと思う。アラブ人は遺伝的に問題がある。彼らは、国家はもちろん、何も管理できない」と論じた。

白人至上主義が野放しになっている社会において、そうした発言は驚きではない。よって、イスラエルを訪問したアメリカの国会議員の代表団が肌の色によって無礼な扱いを受けたとしても、さほど驚きではない。

二〇〇九年、メリーランド州初のアフリカ系下院議員ドナ・エドワーズが、二人の民主党議員とともにガザ地区を訪問した際の出来事だ。[14] 彼らがガザ地区からイスラエルに戻る際、イスラエル当局はエドワーズだけを一時間半にわたって拘束した。その後、エドワーズ一行はイスラエル外務省に向かったが、ここでもエドワーズだけがおよそ二時間にわたってガザ地区訪問の目的に関して尋問を受けた。衆人環視の中、イスラエルの行政機関の頂点でさえ黒人議員だけを当然のごとく別扱いするのも、イスラエル国民の日常感覚に人種差別が深く根付いていることを示す兆候と言えよう。

イスラエルの人種差別の拡大の一因については、一部のユダヤ系アメリカ人が果たした役割も指摘しておきたい。パレスチナ人に対する人種差別的な弾圧が激しいヘブロンには、「マクペラの洞窟〔アブラハム＝イブラーヒームの墓廟〕」の近くに住むことを望む狂信的な入植者が暮らしている。彼らの中にはアメリカ人がかなりいる。

二〇一七年に出版されたノースウェスタン大学の客員教授サラ・ヤエル・ヒルシュホルンの『丘の上の街』[15]によると、イスラエルに移住したアメリカ人の多くは狂信的な原理主義者であり、アメリカの「多様性」、とくに黒人との「混血」を嫌ってイスラエルに移住したという。ヒルシュホルンがインタビューした一人のアメリカ人女性は、隣人のアラブ人を評して「黒ん坊よりも質が悪い」と言い捨てたという。

「ユダヤ人遺伝子」を求めて

イスラエルにおける白人至上主義の台頭（今のところ過激な植民地主義者たちの間だけ）の背後では、

人種の純血性を保つという考えが急速に拡大している。当然ながら、この考えの持ち主が理想とするのは、自分たちだけで固まって暮らすことだ。

二〇一六年一一月九日、ネタニヤフは、「イスラエルを防壁で囲む複数年計画」を発表した。ネタニヤフは、国民がこのアイデアを熱烈に支持すると確信し、「最終的に、イスラエルは防壁に覆われる。ジャングルの別荘には塀が必要だ。われわれは野獣から身を守らなければならない」[16]と熱弁した。ちなみに、ネタニヤフが用いた「ジャングルの中の別荘」、つまり、野獣に囲まれた唯一の文明国という比喩は、二〇〇〇年夏に行われたキャンプ・デービッド会議が不調に終わった際、当時のイスラエル首相エフード・バラック（労働党）がすでに使っていた。

安全を確保するために孤立して暮らしたいという欲求は、人種差別につながる恐れがある。そうした欲求の背後には、往々にして神秘主義とナショナリズムが交錯する宗教的な思想がある。

イスラエルのユダヤ教では、伝統的なラビたちが日常生活を支配している（出産、結婚、離婚、死亡）。届出結婚は法的に認められていない。ユダヤ人と非ユダヤ人の「混血結婚」も認められていない。当初は神学的な規律だったこうした禁止事項は、今日、あからさまな人種差別となって再強化されている。

二〇一四年、ネタニヤフの息子ヤイール・ネタニヤフがサンドラ・ライカンゲルというノルウェーの女子大生と交際中であることが明らかになると、ユダヤ純血主義者たちは怒りを爆発させた。

シャス党（超正統派）の議員ニッシム・ゼエヴは、『エルサレム・ポスト』に「自分たちのルーツを守りたいと願うユダヤ人なら、自分の息子はユダヤ人女性と結婚させるはずだ。イスラエル首相おおよびユダヤ人として、ベンヤミン・ネタニヤフは自身の家庭の価値観を守ることによって国民としての責任を果たすべきだ[17]」と説いた。

首相の息子の非ユダヤ人女性との交際は、リクード党〔党首はネタニヤフ〕内でも波紋を呼んだ。多くの党員は、「首相の息子とノルウェー人女性との間に子供が生まれたら、その子供はユダヤ人ではない。それは人種に対する裏切りであり、究極の悲劇だ」と苦言を呈した〔生物学的、文化的にまったく意味のない論理だが、「ユダヤ人であるためには母親がユダヤ人でなければならない」といまだに多くの人が信じている〕。

だが、これとは逆の場合、つまり、キリスト教のノルウェー当局が「首相の息子がユダヤ人女性と交際していることを不快に思う」と述べたのなら、ユダヤ人である彼らはどう思うだろうか。人種差別だと騒ぎ立てるのではないか。

当然ながら、ユダヤ人がアラブ人と結婚しようとすると、話はさらに厄介になる。たとえば、二〇一八年にイスラエルの俳優で歌手のツァヒ・ハレヴィが、ジャーナリストでテレビ・キャスターのルーシー・アハリシュ〔ムスリムのパレスチナ系イスラエル人〕と四年間にわたる同棲生活の末「疑似の結婚式」〔なぜなら法律で禁止されているため〕を挙げた際、世間は大騒ぎになった。

当時の内務大臣アリエ・デリは、ラジオ番組で「この結婚は正しくない。生まれる子供は身分の問題で困るだろう」と述べ、アハリシュにユダヤ教への改宗を示唆した。

リクード党の議員オレン・ハザンは、イスラエル政府は異なるコミュニティに属する者同士の結婚を認めない方針を打ち出すべきだと提唱し、「ルーシー、あなたを個人的に糾弾するつもりはないが、ツァヒは私の兄弟であり、ユダヤ人はわれわれの民族だ。同化なんか糞食らえ」とツイートし、ツァヒ・ハレヴィの「イスラム化」を非難した。

世俗派の議員ヤイール・ラピード〔現首相代理兼外務大臣〕と宗教系の大臣ナフタリ・ベネット〔現首相〕も、この結婚に不快感を表明した。

パレスチナ人の国会議員サルマン・マサールハは、これらのコメントに宿る人種差別を鋭く批判する。イスラム諸国では、女性の場合、非イスラム教徒の男性との結婚は禁止されており、男性の場合、法律上は非イスラム教徒の女性との結婚は可能だが、事実上は禁止されている。マサールハは「デリ、ラピード、ベネットらの主張は、イスラム諸国の純血主義者の主張とまったく変わらない[18]」と指摘する。

ところで、イスラエルではユダヤの純血性を保つための「科学」に注目が集まっている。科学を装う主張によって自分たちのイデオロギーを正当化しようとしているのだ。「ユダヤ人の遺伝子」を持ち出して、祖先の土地に戻るというユダヤ人の「歴史的な権利」やユダヤ人国家の特異性〔選民思想〕、つまり、シオニズムは正しいと論じているのだ。

二〇一四年一月、テルアビブで開催された「ユダヤ人と人種：遺伝学、歴史、文化」という学会では、研究者たちが白熱した議論を交わした。ユダヤ人という「人種」は存在するという主張があった一方で、これを激しく否定する意見もあった。学会のタイトルからして実に奇妙だ。「人種に歴史はあるのか」「ユダヤ人という人種は一つか、あるいは複数あるのか」「ユダヤ人であるかどうかは遺伝学によって決まるのか」など、不可解な疑問が続出した。

アングロ・サクソンの影響が強いイスラエルの学会では、「人種」という言葉には二重の意味がある。「人種」という言葉は、人類は単一種であるかどうかという文脈ではなく、とくに肌の色に応じてヒト集団を区別する際に用いられる（必ずしも人種差別的な意味があるとは限らない）。とはいえ、多くの登壇者が「ユダヤ人の人種的アイデンティティ」という表現を用いたため、一部の参加者は不快な表情を浮かべていた。

この流行の尖兵は、生物学、人口学、地理学の合流点に立つ集団遺伝学の研究者だ。イスラエルでは、集団遺伝学の研究がきわめて活発だ。イスラエルとアメリカには、「ユダヤ人の遺伝子（ユダヤ人にしかない遺伝子構造）」を探す研究所がある。

たとえば、ニューヨークのイェシーヴァー大学付属モンテフィオーレ医療センターで遺伝学教室を持つアメリカの研究者ヘンリー・オストラーの著書『遺産：ユダヤ人の遺伝史』[19]（二〇一二年）は、大きな話題を呼んだ。

ユダヤ人であることの根拠を遺伝学から解説するこの本は、「風貌」「創始者」「系図」「部族」「特徴」「アイデンティティ」の六章からなる。

ハーバード大学の著名な遺伝学者リチャード・レウォンティンは、この本を『ニューヨーク・レビュー・オブ・ブックス』の書評で取り上げ、オストラーの論証を完全に否定した[20]。そうはいっても、イスラエル（とくに、ハイファのランバン教育病院）には、オストラーと同様の研究を行う者が大勢いる。

二〇一四年に私がこの問題を取材した際、イスラエルの遺伝学者ギル・アツモンは、歴史だけでは証明不十分だと考えているのか、次のように断言した。「ユダヤ人であることは遺伝子解析によって証明できる。よって、ユダヤ人という概念には説得力がある」。アッモンは「ユダヤ人特有の遺伝子」があるという見方は否定したが、「科学が発展すれば、見つかるかもしれない」[21]と含みを持たせた。

反対に、「遺伝子と表現型（ユダヤ民族に共通する生理的な形態）を分析すれば、ユダヤ民族の歴史の流れをより明確に再現できる」と請け合った。

だが、ユダヤ民族は二五〇〇年間にわたって遺伝的に均質な集団だったのか。アッモンは、「とくに一世紀から四世紀にかけて、地中海周辺地域で大勢の人々がユダヤ教へ改宗したのは確かだが、これらの改宗者の人数は、この遺伝学的な傾向に影響を与えるほど多くはなかった。数々の迫害を受けたユダヤ人は、身を守るために閉鎖的に暮らしてきたからこそ自分たちの遺伝的なアイデンティティを維持できたのではないか」と解説する。

指摘するまでもなく、このような学説には、遺伝学者はもちろん歴史学者からも反論が続出している。歴史学者の場合、ウルトラ・ナショナリストであろうが進歩主義者であろうが、ほぼ全員がアッモンの説を「作り話」として片付けている。

『四つの側面から見た進化』[22]の共著者であり、社会科学における遺伝学の利用に関する専門家でもあるイスラエルの遺伝学者エヴァ・ヤブロンカは、「ユダヤ人遺伝子」を探す研究者を「隠された意図を持つナショナリスト」と切り捨てる。「「ユダヤ人の遺伝的な特徴は三〇〇〇年前から不変なのだからユダヤ人は特異な存在だ」と主張することは実に馬鹿げている」[23]と説く。

ところが、イスラエルではとくに宗教系のウルトラ・ナショナリストたちの間で、この馬鹿げた説を信じる人々が増えている。イスラエルのラビたちは、「疑わしい」と感じた人物のユダヤ人としての資質を遺伝学によって検証しようと目論んでいる。イスラエルの政治評論家ノア・スレプコフは、「イスラエルのラビたちは、遺伝子検査を推進することによって一九世紀の優生学という罠にかかった」[24]と評する。

「ヒトラーは一〇〇％正しい」という主張、そして「ユダヤ人遺伝子」や「ユダヤ人という人種」といった表現などの憂慮すべき傾向は、イスラエルではまだ大きな勢力になっていない。だが、今後拡大する恐れは十分にある。

一九六七年にイスラエルが「嘆きの壁」を占領したとき、イスラエル軍のラビの長だったシュロモ・ゴレンは原理主義者たちの熱狂に押されて、イスラム教徒の聖地である「岩のドーム」を爆破し、その跡地に第三神殿を建てることを提案した。そのとき、イスラエルの政治指導層はゴレンを危険な精神異常者だと見なした。国防大臣だったモーシェ・ダヤンは、「ユダヤ教のヴァチカンをつくる必要はない」と語ったという。

その五〇年後の現在、第三神殿の建設を唱える者は嘲笑の対象ではなくなった。たとえば、国会議員、資金力のある団体、影響力のある識者たちだ。イスラエル政府は第三神殿の建設を視野に入れ、この運動を支援するある組織に「神殿の丘」付近の考古学調査を依頼した。

イスラエルの動向に関し、世俗派であろうが宗教派であろうが、極右勢力を過小評価するのは誤りだ。国民の間で着実に広がる極右思想は、過激な人種差別的な思考の源泉であり、すでにかなりの影響力を持っている。イスラエルにおいて極右が権力を握れば、中東全体が大混乱に陥る恐れがある。

第5章　イスラエルの新たな武器——サイバー・セキュリティ

イスラエルは自国を「スタート・アップ国家」と紹介することを好む。その理由は、ハイテク産業が自国ＧＤＰの一〇％、そして輸出の半分近くを占めるからだ。この割合はアメリカや中国を凌駕している。

イスラエルのような小さな国で、医療用ロボット、軍用ドローン、船舶、農業機械、レーザー技術、コンピュータ・ソフトウェアなどの先端技術に関してこれほど高度な研究開発部門（自国ＧＤＰの四％以上）を持つ国はない。

ハイテク産業の発展において、軍と軍需産業がイスラエルほど深く関わっている国も他にない（正確な情報は非公開）。こうした傾向はとくにサイバー・セキュリティに確認できる。イスラエルの国防省や諜報機関などの政府当局は、この分野に強い関心を抱いている。

武器輸出という伝統

『ハアレツ』によると「これまでイスラエルは、ラテンアメリカ、バルカン、アフリカ、アジアの暗黒政権に武器を供給してきた」[1]という。その最たる例は、南アフリカのアパルトヘイト政権を支援したことだろう。

そして、この怪しげなビジネスは現在も続いている。たとえば、インドだ。インドは二〇一七年にイスラエル製の兵器（防空システム、地対空ミサイル、レーダーなど）の最大の購入国になった。独裁的なヒンドゥー・ナショナリストのナレンドラ・モディ政権のインドは、イスラム教徒を徹底的に嫌う。狂信的な人種差別主義者の集団である民族義勇団はモディ政権の熱心な支持者であり、キリスト教徒も彼らの攻撃対象だ。インド空軍は、パイロットの訓練をイスラエルで行い、二〇一九年冬にカシミール地方で起きたパキスタンとの紛争ではイスラエルのラファエル社製の「スパイス２０００」（誘導爆弾）を使用した。

また、イスラエルは二〇一六年から二〇一七年にかけての「ロヒンギャ」（イスラム教徒少数派）に対する弾圧で国連の制裁対象になっているミャンマーに、ミサイルや戦艦を供給したため国際的な批判を浴びた。ミャンマーの国軍総司令官ミン・アウン・フラインは、兵器購入の交渉のためにイスラエルを訪れた際、ヤド・ヴァシェム（ホロコースト記念館）を表敬訪問した。その後、フラインは国連に「人道に対する罪」で告発された……。

イスラエルでは、兵器ビジネスはこっそりと行われる。国防省は、ほとんどの政治家の支援と愛国心の強い国民の暗黙の了解を得ているため、秘密裡に活動できる。ほとんどの国民は、「国家の安全保障をむやみに詮索してはいけない」と考えている。西側諸国にイスラエルほど国家の防衛機密が厳重に保護されている国は存在しないことも、新たに登場した強権型民主国家（例：アメリカ、インド、ブラジル）の指導者たちがイスラエルに魅力を感じる一因になっている。

二〇一八年七月、四〇人の人権活動家は、ウクライナへの兵器供給をやめるよう国防省を指導してほしいと最高裁判所に嘆願書を提出した。というのも、ウクライナに供給する兵器の一部がウクライナ軍に統合されたネオナチ組織「アゾフ連隊」に流出しているからだった。アゾフ連隊の創設者アンドリー・ビレツキーは、「セム族が率いる人間の屑《くず》どもから白人を保護する最後の戦い」[2]を提唱する「ウクライナの愛国者」という組織を設立した人物だ。ちなみに、イスラエル企業「エルビット・システムズ」は、ウクライナに軍事用の情報伝達システムを納入した。

もちろん、アメリカ、ロシア、フランス、ドイツなどの大国と比較すると、イスラエルの武器輸出額は小さい。しかし、これらの国と比較すると、イスラエルの輸出額全体に占める武器の割合は突出している。二〇一四年から一八年にかけてのイスラエルの武器の輸出額が世界全体に占める割合は三・一％に過ぎない（世界第八位）[3]。しかし、イスラエルはＧＤＰで第三二位、人口で第九八位の国だ。武器の輸出額が自国のＧＤＰに占める割合で比較すると、イスラエルはアメリカの四倍だ。世界の武器市場では、イスラエル企業は大手ライバル企業に比べて国内の法的制約や行政指導が少ないことで有名だ。

繰り返し述べるが、フランスやアメリカなどと同様に、イスラエルは以前から残虐かつ腐敗した政権に武器を供給してきた。イスラエル労働党政権が南アフリカに武器を供給していた時代から、武器の輸出はずっと続いている。イスラエルはニカラグアの独裁政権ソモサにも武器と軍事顧問を提供し、その後、ウガンダの残忍なイディ・アミン政権にも同様のサービスを提供していた。

ところが、これまでイスラエルがファシストや軍事独裁政権（かつて第三世界と呼ばれていた地域）と維持してきた関係は、今日のイスラエルが培う関係と大きく異なる。歴代のイスラエル政権は、前者の関係を国益追求という現実政治から生じる産物だと割り切り、あからさまになることを嫌った。たとえば、アパルトヘイト下の南アフリカに対する核開発に必要な物資と知識の提供や、アフリカや南米の有力者のための警護官の養成などにより、イスラエルは、外交的、経済的な利益を得ていた。もっとも、イスラエルはそうした関係で「火傷」したこともあった。たとえば、ウガンダのイディ・アミンはイスラエルの諜報員の力を借りて権力を手中に収めたが、数年後にイスラエルに反旗を翻した。

イスラエルの武器輸出のこうした側面は今も変わっていないが、そこに政治的なつながりという新たな特徴が加わった。インド、ブラジル、ハンガリーなど、独裁的、自民族中心的、また宗教色の強い政権が、イスラエル政府と急接近している。国際法を無視しても自国民の圧倒的な支持を得るイスラエルの政治スタイルは、これらの国の指導者のお手本になっている。

最先端のサイバー監視技術

一九六七年以降、イスラエルはヨルダン川西岸地区とガザ地区を従来の植民地的な手法で占領してきた。過去二〇年間、イスラエルはこうした経験を活かし、テロ対策のノウハウ（例：集団監視技術）を輸出してきた。

イスラエルは、半世紀以上にわたってヨルダン川西岸地区（極端な例ではガザ地区）でのパレスチナ人の都市、地区、村、難民キャンプの管理ノウハウを、大型商業イベントやデモ鎮圧などに関するノウハウとして外国の治安部隊に有償で提供してきた。トランプ政権でさえメキシコ国境沿いに壁を建設する際に、イスラエルに支援を求めた。イスラエル企業「マグナＢＳＰ」は、ガザ地区の監視システム構築の際に培った技術とノウハウを武器に、アメリカ政府から高収益の仕事を受注した。

二〇一三年、映画監督ヨタム・フェルドマンは、こうした事情を『実験室』というドキュメンタリー映画にまとめた。ガザ地区に焦点を当てたこの映画は、ガザ地区がイスラエル軍の「新製品の実験室」になっている実態を、大物たちへのインタビューを通じて赤裸々に描いた。たとえば、ドローン、ミサイル、あらゆる種類の爆弾（戦争法で民間地区での使用が禁止されているものも含む）、「標的を絞った」暗殺技術などだ。

イスラエル軍のこれらの「実験」によって、イスラエルの防衛業界（ラファエル、イスラエル・エアロスペース・インダストリーズ、エルビット・システムズなど）は、新たな顧客を獲得して売上を急増させた。

二〇一四年夏、イスラエル国防軍はガザ地区に侵攻した（空爆後に地上部隊が侵攻した）。「境界防衛作戦」と呼ばれるこの侵攻の際、イスラエルは莫大な成果を得た。たとえば、無人航空機《ドローン》「ヘルメス９００」の試験運用だ。都市部で初めて運用されたこの航空機は、最大積載重量が三〇〇キログラムであり、悪天候でも利用可能だ。また、コンクリートを貫通した後に爆発する「ハツァヴ戦車弾」、高性能爆弾「ＭＰＲ-５００」、小型情報収集車両などの性能も評価することができた。

イスラエルはパレスチナを占領している間、「テロとの戦い」に関する技術も開発した（この戦いでは大衆の管理が鍵になる）。イスラエルが最先端を走るのがこの分野だ。イスラエルを称賛する独裁型民主国家の指導者たちは、大衆の管理技術ならびに公共の自由の制限を受け入れるユダヤ系イスラエル社会の従順さに魅了されている。

実際はテロ対策とは名ばかりの、パレスチナ社会を崩壊させて服従させることが目的の「違法な手段」は数多く存在する。たとえば、「集団処罰」（例：イスラエル兵、入植者、民間人を襲撃して「テロリスト」とみなされた人物の住居の破壊）と「勾留措置」（「緊急事態宣言」を発令すれば、最長六ヵ月間の勾留を何度でも延長できる）である。イスラエルは一九四八年年の建国時に、これら二つの弾圧手段をイギリスから継承した。

ヨルダン川西岸地区とガザ地区の占領から半世紀が経過し、これらの地区で暮らすパレスチナ人の人口は、一九六七年の一〇〇万人から五〇〇〇万人弱へと増加した[4]。彼らのうち逮捕歴を持つ人口はおよそ八〇万人だ。

二〇一二年一二月一一日、パレスチナ自治政府の首相サラーム・ファイヤードの推定によると、およそ一〇万人のパレスチナ人が「イスラエル政府の行政上の理由」からグアンタナモ湾収容キャンプのような収容所で、一ヵ月から数年間過ごした経験を持つという。収容所滞在日数の最長記録保持者は、ハマスのメンバーであるハーティム・カフィシャだ。彼は一九九六年から二〇一三年にかけて、裁判を受けることなく六つの異なる収容所で一一年七ヵ月を過ごした。

今日、イスラエル当局が拷問を実施したという話はあまり耳にしないが、これはイスラエルに拷問が存在しないという意味ではない。拷問は今でも行われている。しかしながら、政府の拷問禁止委員会が述べるように、拷問はかつてほど頻繁には行われていない。なぜなら、この二〇年間にイスラエル治安当局の捜査手法が大きく変化したからだ。その最たる変化はサイバー監視技術の高度な利用だ。イスラエルがこの二〇年間で世界的な評価を得たのは、おもにサイバー空間における国民の管理の分野においてだ。この分野においてイスラエルは、経済、政治、外交の面で著しい成果を上げた。

世界的なベストセラー作家であるイスラエルの歴史家ユヴァル・ノア・ハラリによると、イスラエルが占領するヨルダン川西岸地区は、「サイバー独裁者を生み出す実験室」だという。[5]「人工知能（AI）、ビッグデータ、ドローン、監視カメラを駆使して二五〇万人のパレスチナ人を効率よく監視する。最先端のサイバー監視技術を持つイスラエルは、自国で実験した成果を世界中に輸出している……。ヨルダン川西岸地区で何の痕跡も残さずに、電話をかける、友人に会う、ヘブロンからラマッラーに移動することは不可能だ[6]」。

世界中のさまざまな政権がこれらの技術を利用してきた。二〇一八年末、『ハアレツ』はイスラエルから監視技術システムや訓練サービスを購入した国に関する調査結果を発表した。[7]イスラエルの民間企業は情報収集システムを一〇〇ヵ国以上に販売していたことが判明した（例：インドネシア、フィリピン、タイ、マレーシア、バングラデシュ、ベトナム、アンゴラ、モザンビーク、ザンビア、ボツワナ、スワジランド、エチオピア、南スーダン、ナイジェリア、ウガンダ、メキシコ、エクアドル、エルサルバドル、パナマ、トリニダード・トバゴ、ニカラグア、ドミニカ共和国、ホンジュラス、ペルー、アゼルバイジャン、ウズベキスタン、カザフスタン、アラブ首長国連邦、バーレーン）。

イスラエル国防省は（許認可事業のため）自国企業の販売先をすべて把握しているが、これらの資料を一切公開していない。さらには、イスラエルは数十ヵ国の諜報機関、警察、治安部隊に訓練サービス（現在では大掛かりなサイバー監視技術も含む）も提供している。

治安維持のプロを養成するアメリカのＧＩＬＥＥ（ジョージア国際法執行交流機関：一九九二年設立）は、イスラエルの治安維持の専門家集団と密接な関係を持つ。ＧＩＬＥＥはジョージア州立大学などと共同して、この四半世紀の間に二万四〇〇〇人の法執行および治安維持を担当するアメリカ人にイスラエルで研修を受けさせた。

ネタニヤフは、ジャイール・ボルソナロのブラジル大統領就任式に参列した機会を利用して、ブラジルが大使館をテルアビブからエルサレムに移転させるのなら、イスラエルはブラジルにサイバー監視システムと人材教育サービスを提供すると持ちかけた。

二〇一七年七月、インド首相モディがイスラエルを訪問した際にも、イスラエルは同様の商談を成立させた。

その一年前には、トランプの熱帯雨林版とも言えるフィリピン大統領ロドリゴ・ドゥテルテとも同様の契約を交わした。

ネタニヤフと交流のある東欧の強権型民主国家の指導者たちも、国内の反逆者を弾圧するためのノウハウをイスラエルから享受した。

最先端のサイバー監視技術を提供するイスラエル企業を紹介する。筆頭格は、ＮＳＯグループだ（二〇一〇年設立）。社名のＮＳＯは、三人の創業者の名前の頭文字の組み合わせだ（ニヴ〔Ｎ〕・カルミ、シャレヴ〔Ｓ〕・フリオ、オムリ〔Ｏ〕・ラヴィエ）。

ＮＳＯは通常のサイバー・セキュリティ企業とは異なり、データ保護を扱わない代わりに攻撃的なサイバー・ツールを提供する。その旗艦製品が「ペガサス」だ。二〇一六年、『フォーブス』は個人の携帯端末に忍び込むこのスパイウェアを「世界で最も危険」と評価した[8]。ペガサスは携帯端末を完全に監視する能力を持つ。たとえば、位置情報、盗聴、周囲の音声の録音や写真の撮影、メッセージや電子メールの読み書き、アプリケーションのダウンロード、すでに保存されているアプリケーション、写真、ビデオ、スケジュール表、アドレス帳へのアクセスなどだ。ペガサスはこれらすべてを携帯端末の持ち主が気づくことなく実行する。ＮＳＯのラヴィエはかつて「われわれは幽霊……。痕跡を一切残さない[9]」と豪語した。

ペガサスの犠牲者の一人がアラブ首長国連邦の人権活動家アフマド・マンスールだ。二〇一六年八月、彼のiPhoneに自国の拷問に関する情報を提供するというメッセージが届いた。以前にもスパイウェアの攻撃を受けたことがあった彼は、このメールを不審に思い、専門家を経由してアップルに転送した。スパイウェアであることを確認したアップルは、自社製品のソフトウェアの脆弱性を修正した。その後、拷問に関する重要な情報をSNSで公開したマンスールは、懲役一〇年の刑に処せられた。

NSOは、二〇一八年から二〇二〇年にかけてイスラエルが湾岸諸国と築いた関係から最も大きな恩恵を受けた企業の一つであり、サウジアラビア、オマーン、バーレーン、そしてアラブ首長国連邦のいくつかの首長国と商談をまとめた（そのうちの一つは二億五〇〇〇万ドル相当。ただし、イスラエル政府が禁止しているため、カタールとの取引はない）[10]。

NSOの他にも、ナイジェリアの諜報機関にシステムを提供するエルビット・システムズや、「位置情報、追跡、情報操作」が宣伝文句のベリント・システムズなどがある。

ベリント・システムズは、ペルーに秘密のデータ収集センターを設立したが、当時のペルー首相アナ・ハラ・ベラスケスが、議員、ジャーナリスト、ビジネスマンを監視するためにこのセンターを利用したことが発覚し、センターの閉鎖を余儀なくされた。

ベリント・システムズは、バーレーンにもSNS用の盗聴および追跡ソフトウェアを販売した。ペルシア湾に浮かぶ首長国バーレーンでは、スンニ派のエリートがシーア派の大衆を支配する。二〇一八年二月にはバーレーンの著名な人権活動家ナビール・ラジャブに禁錮五年の判決が下るなど、バーレーン政府は反体制派を徹底的に弾圧している。

さらには、セレブリット、チェック・ポイント、シンギュラー、ギラット、リードスペースなどの会社が挙げられる。合計すると七〇〇社ほどのイスラエルのスタート・アップ企業が、サイバー監視システムの分野で活動している。

『ハアレツ』の調査によると、これらの企業の経営陣は国際世論の注目を引くのを避けるのと同時に、取引先がイスラエル企業との取引に消極的になるのを防ぐために、キプロスやブルガリアなどの国に子会社を設立する傾向があるという。これらの国を拠点にすれば、ＥＵ製品として販売できるという利点もある。

イスラエル企業「レイゾーン・グループ」のガイ・ミズラヒは、「湾岸諸国は当然のこと、ヨーロッパで商売するにはイスラエル製では都合が悪い[11]」と解説する。元経済大臣ナフタリ・ベネット〔現首相〕が設立した「スィオタ」の元副社長で「ＧＭＩｏＴセキュリティ」のアヴィ・ローゼンも、「湾岸諸国では当然ながら各国政府の認可が必要になる。よって、ブルガリア製のほうが商売しやすい[12]」と同意する。

これらの企業の一部は買収された。先ほど紹介したＮＳＯの登記上の国籍も目まぐるしく変化している。ＮＳＯはアメリカの投資会社「フランシスコ・パートナーズ」に買収された後にルクセンブルク国籍になり、登記上の本社は租税回避地であるヴァージン諸島になった後にケイマン諸島へと移った。ところが、このような変化があってもＮＳＯの役員や従業員は、テルアビブの北一五キロメートルのヘルツェリーヤという街から一歩も出ていない。

これらすべての企業の設立者の数はおよそ二三〇〇人であり、彼らの八〇％はイスラエル国防軍の諜報局に属する「８２００部隊」の出身者だ。一九五四年に設立されたこの部隊はイスラエル国防軍の諜報局に統合された後、二〇〇〇年代初頭にはパレスチナ人をサイバー監視下に置くために再編成された。

今日、イスラエルの若者にとって、この部隊への入隊は狭き門だ。というのは、最先端の訓練が受けられるからだけでなく、この部隊の出身者（「8-200」と呼ばれる）はイスラエル経済の稼ぎ頭であるハイテク企業での就職が約束されているからだ。これらの企業は輸出企業に付与される税法上の優遇措置を利用できるため、税負担がほとんどない。給与は高水準であり、CEOになれば数年で富裕層の仲間入りができる。これだけの大金を手にできるのだから、イスラエルのハイテク企業の経営陣が自社のシステムを悪用されても目をつぶるのは驚きではない。

およそ一〇〇ヵ国の一五の情報源からまとめた『ハアレツ』の調査結果は次の通りだ。「イスラエルのサイバー監視技術システムは、人権活動家の居場所の割り出しと拘束、LGBTの迫害、反体制派の国民に対する弾圧、さらにはイスラエルと国交のないイスラム諸国でのイスラム教冒涜事件の捏造などに利用されてきた。イスラエル企業は、購入者が自分たちのシステムを悪意ある目的で利用していることが明らかになった場合でも、スパイ行為を可能にするシステムを販売し続けた[13]」。

制約なく活動する

二〇一八年六月中旬、当時の公安・戦略問題・情報大臣ギルアド・エルダンの掛け声により、「テロとの戦いにおけるビッグデータの役割」というテーマの国際会議がテルアビブで開催された。エルダンは世界中から集まった参加者に向かって、「イスラエルのこれまでの経験を活かせば、われわれは皆さんのサイバーテロとの戦いを支援できる[14]」と力説した。

エルダンの言うテロ行為とは、おもに邪悪な思想を拡散する者たちを指す。エルダンは演説の一部を割いてイスラエルに対する「ボイコット・投資撤収・制裁（ＢＤＳ）運動」[15]を糾弾した。

壇上のエルダンは、自国のビッグデータの活用について自慢する一方で、ＳＮＳの効果的な活用や、狙いを定めた組織や個人を「追跡」するにはアルゴリズムだけでなく優秀な専門家、心理学者、法律家が必要だと強調し、イスラエルの人材と技術は他国の追随を許さないと豪語した。

サイバー監視サービスにおいてイスラエルが最も卓越している理由の一つは、こっそりと活動できることだ。たとえば、「カンディル」という企業だ。二〇一九年にアミタイ・ズィヴが『ハアレツ』でこの会社を取り上げるまで[16]、この会社の名前を聞いたことのある人は、動物学者以外いなかったはずだ（カンディルはアマゾン川に生息するナマズの仲間で、性質はきわめて獰猛であり、ヒトの尿道にも侵入することがあるという）。

この会社を設立したイツハク・ザック[17]は「８２００部隊」の出身で、一二〇名の社員のほとんどがこの特殊部隊の出身者だった。サイバー攻撃を得意とするこの会社は、利用者がパソコンや携帯端末のアプリケーションを起動させていなくてもそれらの機器に侵入できるスパイウェアを開発した。ＮＳＯ製が携帯端末専用だったのに対し、カンディル製はパソコンとサーバー用だった。

攻撃型スパイウェアの開発は非常に儲かるビジネスであり、これらのイスラエル企業の推定年間利益は、一〇億ドルから三四億ドルだという。

私は、これらのビジネスの実態を白日のもとにさらすイスラエルの弁護士エイタイ・マックという人物に会った。キッパーを被り、笑顔を絶やさず、少し太めの三〇歳代のマック。彼の狭い弁護士事務所はエルサレム中心部の何の変哲もないビルに入居している。マックのそうした風貌とは異なり、サイバー監視システムを開発するイスラエル企業の経営陣にとって、彼は実にうるさい相手だった。マックは、イスラエルがサイバー監視技術システムの分野を席捲しているという見方に異議を唱える。「アメリカ、ロシア、フランスなどの国の企業もイスラエルと同等の能力を持つ。だが、イスラエルが優位にあるのは、制約なく活動できるからだ」と説く。

他国と比べて、イスラエルには二つの大きな利点があるという。すなわち、常態化した軍事行動とパレスチナ人の支配だ。これらはかけがえのない実験場だ。また、これらの利点以上に、イスラエルには制約というものがない。イスラエルは買い手の素性など無視し、最高値を提示する者（ならず者国家、いかがわしい聖職者、怪しい集団）に無条件で製品を販売する。[18]

こうした無節操が可能なのは、イスラエルの国防省とサイバー監視技術システムの開発会社が、実質的に何の制約も受けずに活動できるからだ。これこそが成功の鍵だ。「イスラエル国防省の監督業務には、武器輸出当初からの無節操が染みついている」とマックは解説する。

イスラエルがほとんどの国と異なるのは、この分野における行政当局と企業が、国家の安全保障という枠組みを利用できるだけでなく、法制度によっても保護されている点だ。「アメリカ議会では、独裁者や軍事政権に対する武器供与について議論する。だが、イスラエルでは、そのようなことは行われない。慎重を要するケースでさえ国会に諮ることなく首相だけで判断する」。

イスラエルでは、経済問題に関しても秘密主義がはびこる。『ハアレツ』の記者が経済産業省にこれらの企業の輸出額について尋ねたところ、経済産業省の統計局から次のような回答があったという。

「国家の安全保障に関わる企業の情報は提供できない。一般的に、国家の安全保障に関わる輸出なのか、民生用の輸出なのかは区別できない[19]」。

イスラエルにはさらなる特殊性がある。マックは、「サイバー監視技術システムの開発会社は社会的な批判を受けると、自分たちの企業活動は国防省の管理下にあると弁明する。そこで国防省を訴えると、国防省は国家機密を守る権利を振りかざす。裁判官は必ずこの権利を認める」と説明する。

マックは以前、イスラエルが南スーダンにサイバー監視システムを販売するのを中止させるための訴訟を起こした（南スーダン政権は人道に対する罪で国際的に非難されている）。判決は下ったが、彼はその内容について語ることができない。なぜなら、審理前に国防省は、裁判で争う争点ならびに最終的な判決は非公開にすることを要求したからだ。この要求に対し、「裁判官はいつものように承服した」とマックは苦笑いする。

マックは判決とその理由を公表しない裁判も経験した。これはイスラエル企業がカメルーン政権にサイバー監視システムを販売した事件だった。また、「イスラエルは国連の対ミャンマー制裁を尊重すべき」と最高裁判所に申し立てたときも、国防省が「最高裁判所には軍事問題を裁く権利はない」と異議を述べたため、最高裁判所はマックの申し立てを却下した。

イスラエルの優位性はまだある。イスラエルにも市民運動はあるが、その影響力はかなり限定的だ。というのも、イスラエル社会では国が安全保障に関する問題で企業を問い詰めることはほとんどないからだ。

すべての民主国家の国民は、政府に異議を述べることは当然の権利だと考える。なぜなら、政府には情報開示義務から逃れようとする傾向があるからだ。とくに武力行使に関する場合、こうした傾向は顕著であり、政府は「防衛秘密」だとして押し切ろうとする。

しかしながら、政府のこうした主張がすんなりと受け入れられる民主国家こそイスラエルなのだ。政府が「テロリズム」「アラブ」「イスラム」というキーワードを語ると、国民はあっさりと政府の主張を受け入れる。この時点で政府の情報開示義務の不履行は、即座に不問に付される[20]。

明日のトランプを夢見る、モディ、オルバーン、ボルソナロのような「こわもて」が自国の行政官をイスラエルに派遣するのも無理はない。彼らはイスラエルに羨望、さらには憧れを抱いているからだ。レジェップ・タイイップ・エルドアン〔トルコ大統領〕も密かに嫉妬しているに違いない……。

イスラエルとカショギ殺害事件

二〇一八年一〇月二日、アメリカに亡命したサウジアラビアの反体制活動家ジャマル・カショギが、イスタンブールのサウジアラビア領事館内で殺害された。

イスラエルのメディアでは、暗殺の黒幕と疑われたサウジアラビアの皇太子であり権力者のムハンマド・ビン・サルマーン（MBS）と、イスラエルのサイバー監視技術システム企業とのつながりが大きな話題になった。その過程でいくつかの興味深い事実が明らかになった。たとえば、イスラエル労働党員で元首相のエフード・バラックは、MBSの密使からイスラエルのスパイウェア企業への仲介を依頼されたことを暴露した（バラックはこの申し出を拒否したという）[21]。

カショギが殺害された七週間後、『ハアレッツ』の調査班はイスラエル企業がＭＢＳに提供したサービスの詳細を発表した。同紙によると、二〇一七年にＮＳＯが携帯電話のスパイウェアをサウジアラビアに提供した数週間後、ＭＢＳは自身の権力基盤を固めるために政敵を粛清したという。以下、その経緯を追う。

サウジアラビアとイスラエル企業の商談は二〇一七年二月のウィーンで始まり、その後、キプロスのレメソスでも商談したようだ。サウジアラビア当局は以前から「わが国は、自国内だけでなく世界中にいる反乱分子の携帯電話を監視できる体制を構築する必要がある」[22]と主張していたので、スパイウェアを密かに購入しようとする考えは持っていなかったと思われる。

二〇一七年六月、商談はウィーンのホテルで山場を迎えた。サウジアラビアの諜報機関の元局長トゥルキ・ビン・ファイサルの側近アブドゥッラー・アル＝マリヒと、当時、諜報機関で二番目の実力者だったサウード・アル＝カフターニーもこの商談に同席した。商談の焦点はＮＳＯのスパイウェアの最新版「ペガサス３」だった。

七月一八日、ＮＳＯの共同設立者で最高経営責任者のシャレヴ・フリオは、サウジアラビアへの三日間の出張の際、五五〇〇万ドルの注文を取り付け、ＮＳＯはその年の夏の終わりに商品を納入した[23]。

一一月、ＭＢＳは王室の上層部を対象とする大規模な逮捕作戦を実施した。また、『フォーブス』とカナダの調査団体「シチズン・ラボ」によると、ＭＢＳの側近は、政治風刺家ガネム・アル・ドサリ、人権活動家ヤヒヤ・アスィーリー、ブロガーのオマール・アブドゥルアズィーズなど、亡命した反体制派サウジアラビア人の監視を開始したという。これらの三人はカショギと密接な関係にあった。

ブロガーのアブドゥルアズィーズは、NSOとイスラエル国防省を――カショギとの会話を傍受するためのソフトウェアをサウジアラビアに提供してカショギ暗殺計画に協力したとして――イスラエルの裁判所に訴えた。

二〇一八年一一月六日、著名な内部告発者エドワード・スノーデンが参加するオンライン会議がイスラエルで開かれた。NSOについて意見を求められたスノーデンは、「NSOは人権を侵害する政権を常に支援する最悪の企業。サイバー・セキュリティでなくサイバー・インセキュリティ企業だ[24]」と切り捨てた。

『ハアレツ』がNSOの経営陣に対して、一連の疑惑についてコメントを求めたところ、彼らは二〇〇八年のリーマン・ショック時にアメリカの銀行家がアメリカ議会の特別委員会で語ったのとまったく同じセリフを口にした。「われわれは行政当局の管理下にあり、われわれの活動に違法性はまったくない……」。

パレスチナ人の次は、イスラエルの反体制派

二〇一九年の『ニューヨーカー』に掲載されたアダム・エンタスとローナン・ファローの記事「モサド（イスラエル諜報特務庁）出身のスパイを雇う[25]」によると、イスラエルの諜報機関に勤めていた優秀なベテラン技術者の一部は、組織を辞めた後に、スパイ活動や情報操作の会社を設立しているという。それらの会社が提供するサービスは、顧客のライバルを政治や経済の面で弱体化させる目的で

歪めた情報やフェイクニュースを拡散することだ。ようするに、それは二〇一六年のアメリカ大統領選でドナルド・トランプを支援して非難されたロシアと同様のやり口であり、その小型版だ。

『ニューヨーカー』のこの記事は、テロジェンスというサイバー・セキュリティ企業のアメリカでの活動を大きく扱っている。この会社の設立者は、イスラエル国防軍諜報局の研究部長だったガディ・アヴィランだ。彼は、ブラック・キューブ（この会社の資料によると、設立者たちはモサドと8200部隊の出身者だという）とサイ・グループにも在籍していた。

サイ（Psy）・グループは、狙いを定めた人々や集団の行動に影響をおよぼす心理操作を専門にする民間企業であり、ロンドン、香港、キプロスに事務所があった。この会社が提供するサービスは選挙や商業活動において、SNSを活用して誰にも悟られることなく顧客の敵対者のイメージを貶めることだった[26]（二〇一八年、ロシアゲート疑惑でアメリカ当局の捜査対象になったため、活動を停止した）。

イスラエル警察は、ブラック・キューブがルーマニア政府高官の依頼を受けて二〇一六年にルーマニアの国家汚職撲滅委員会の元委員長ラウラ・コドルツァ・コヴェシの誹謗中傷作戦に関与した疑いがあるとして捜査を開始した。この事件が発覚した際、ブラック・キューブのCEOダン・ゾレラは、「反省している。今後、政府へのサービス提供や、政治への関与は一切行わない[27]」と宣言した。しかし、ゾレラの反省の弁を真に受けるイスラエル人はほとんどいない。

前出の『ニューヨーカー』の記事で注目したいのは、ブラック・キューブの具体的な工作よりもイスラエルの情報操作の専門家たちのSNSに対する考えだ。イスラエル国防軍諜報局の元幹部ウージー・シャヤは、「SNSを利用すれば、基本的に誰とでも連絡がとれ、彼らの心を弄ぶことができる。SNSでは何でもできるし、誰にだってなりすますことができる。戦争を起こすことも、選挙で勝つことも、テロを増殖させることもできる。ようするに、SNSは完全な無法地帯だ」と説く。

二〇一一年から二〇一五年までモサドの長官を務めたタミル・パルドは、サイバー空間の暴走に懸念を抱いている。個人の行動に影響をおよぼしたり、大衆を管理したりする際に、サイバー空間の利用は「武器になる」と説く。「だが、われわれはサイバー空間の管理手法を見出す必要がある。なぜなら、これは時限爆弾だからだ。さもないと、民主主義は吹き飛んでしまう」[28]と憂慮する。秩序を重んじるパルドは、「規制がないのが一番の問題だ。やりたい放題だ」と訴える。スパイの親分だった人物も民間人に戻ると、多くの元同僚たちと同様、「サイバー空間という無法地帯での工作は民主主義を危機に陥れる」と心配になるようだ。

一方、ネタニヤフ政権で二〇一五年五月から二〇二〇年五月まで戦略大臣を務めたギルアド・エルダンは楽観的だ。彼の任務は、イスラエルに対する「ボイコット・投資撤収・制裁（BDS）運動」の抑え込みと、パレスチナ占領に反対するイスラエルに対するイスラエル人の追跡だった。二〇一七年、エルダンは、これらの活動家および、彼が逸脱していると判断した意見を述べる一般人の名簿を密かに作成した[29]。エルダンは国家反逆罪を犯す恐れのある人物の名簿を、SNSを検索して作成したことを認めた。戦略省の幹部は匿名を条件に次のように弁明した。「名簿作成は必要だ。多くのイスラエル人がイスラエルに対するボイコットを支援し、外国の活動家と協働している。戦略省が対策を講じるのは当然だ[30]」。

実際には、イスラエルに対するボイコット運動を支援するイスラエル人はごく少数だ。この匿名の幹部（エルダン本人かもしれない）は、「「逸脱したイスラエル人」のサイバー空間での行動を政府の監視下に置くべきだ」と述べた。モサドや総保安庁《シン・ベト》は、エルダンを無能な男と馬鹿にしていたが、ネタニヤフは、国内の敵や「イスラエルを弱体化させる」運動を弾圧するために、サイバー空間でのスパイ行為やＳＮＳ上での汚れ仕事の調整をエルダンに任せた。

イスラエル国防軍の元検閲責任者で戦略省長官のスィーマ・ヴァクニン＝ギルは、「「イスラエルを弱体化させる」とは、具体的に何を意味するのか」という質問を受けた際、次のように答えた。「この戦いに勝つには、非常に曖昧な状態を保ちながら戦いを遂行する必要がある……」[31]。つまり、標的を明確にしないことによって、柔軟に対応するということだ。

戦略省は曖昧さなど気にしない。「イスラエルのパレスチナ人に対する政策は人種差別であり、民族隔離だ」と叫ぶ者には、即座に「イスラエルを弱体化させる人物」という烙印を押すまでだ。ヴァクニン＝ギルは、「入植地の製品をボイコットするのが、イスラエルを弱体化させようとする第一歩だ」と説く。ようするに、パレスチナ人に対する植民地支配に異議を唱える者は、「イスラエルを弱体化させる人物」と見なされるということだ。

イスラエル弱体化阻止運動の旗振り役ツァヒ・ガヴリエリは、「イスラエルはユダヤ人だけの国」という理念を否定する者も「イスラエルを弱体化させる人物」と見なす[32]」と説く。この定義に従うのなら、リクード党の設立者でイスラエル大統領のルーベン・リブリンは、イスラエルを弱体化させる危険人物だ。というのも、リブリンは「「ユダヤ人国民国家」法は人種分離主義に基づく」と公に批判したからだ。

軍事占領下のパレスチナ人の管理手段として始まったサイバー監視システムの対象は、国内の反体制派にまで拡大した。イスラエルの植民地政策に反対する者は、熱心なシオニストであってもこの名簿に記載される恐れがある。したがって、戦略省が「イスラエルを弱体化させる」と見なす危険人物の名簿は膨張し続ける。イスラエル当局に「将来的にイスラエルを弱体化させる危険人物」と見なされた者は、携帯電話やパソコンを勝手に覗かれる恐れがある。

イスラエルは、国民を密かに管理し、人権を抑圧するために最先端のサイバー技術を活用する先駆者だ。自分たちの存在を脅かす民族（パレスチナ人）および国内の反体制派をサイバー監視する分野においてイスラエルが先頭を切るのには理由がある。世界中を見渡しても、政府が国民の統治や権力維持のために最先端のテクノロジーを何の制約もなく利用できる国は、イスラエルをおいて他にないからだ。

制約がない理由は、イスラエルの政治指導層と国民の大部分が「力は正義なり」という考えを受け入れ、道徳心を徐々に失ってしまったからだ。よって、イスラエルのサイバー監視システムという特殊な分野での商業的な成功と、世界中で民族的、宗教的なアイデンティティを重視しながら民主主義の根幹を蔑ろにする政権の増加との間には、深いつながりがあると言える。

イスラエル系アメリカ人の人類学者ジェフ・ハルパーは、「われわれの政府、軍隊、治安部隊をイスラエル化すれば、われわれはパレスチナ人のように暮らすことになる」[33]と警鐘を鳴らす。つまり、イスラエルの真似をすれば、法治国家は（自発的あるいは強制的に）監視国家になってしまうのだ。

第6章　公安国家——権威主義的な民主主義

世界のどこかでテロ事件が発生すると、イスラエルの「専門家」が続々と現れて、他国の対応のまずさを解説する。こうした光景はヨーロッパではお馴染みだ。

二〇一六年の三四人が犠牲になったブリュッセル連続テロ事件の直後、イスラエル諜報大臣イスラエル・カッツは、「ベルギー人は、チョコレートを食べながら楽しく暮らして民主主義を尊ぶ寛大な進歩主義者を気取っているが、イスラム教徒の一部が自国領土でテロの準備を進めていることに気づかなければ、テロと戦うことはできないだろう」[1]と言ってのけた。

今日、イスラエルはテロとの戦いの王者を自称している。前出の人類学者ジェフ・ハルパーによると、イスラエルは「テロに満ちた世界では、民主主義の尊重、適正な法手続き、人権擁護などは進歩主義者の思い付き」[2]だと考えているという。

イスラエルは、将来のモデルとして公安国家を諸外国に売り込んでいる。イスラエルほど公安国家という理想のために、知的、人的、金銭的な資源を投じている国はない。

パレスチナ人だけでなく反体制派ユダヤ人も対象

イスラエルは用意周到な国だ。というのも、イスラエルは戦争で征服する土地にどのような法制度を施行すべきかを、一九六七年の第三次中東戦争〔六日戦争〕でヨルダン川西岸地区、ガザ地区、ゴラン高原を占領する四年前の一九六三年の時点で検討していたからだ。

一九六三年、イスラエル国防軍の幹部は、軍の法務官メイル・シャムガール（一九八三年から一九九五年まで最高裁判所長官を務めた）に対し、イスラエルが新たに征服する領土に適用する法制度を作成するよう依頼した。

イスラエルの歴史家ガイ・ラロンの著書『六日戦争：中東分断』[3]によると、一九六三年の夏から、将校、士官候補生、予備役将校は、占領地における軍法の適用に関する講義を受けていたという。

同年一二月、イスラエル国防軍は参謀本部諜報局の元局長ハイム・ヘルツォーグを、ヨルダン川西岸部の征服に備える特別部隊の最高責任者に任命した（一九六七年、ヘルツォーグは初代軍事総督になった）。

このとき以来、イスラエル国防大学の学生は、占領地で暮らす人々の管理法を学ぶことになった。また、管理者育成のための冊子が作成された。ラロンの著書には「占領が始まって以降、すべての裁判官と検察官の手元にはこの小冊子が置いてある」と記してある。

このような計画的な占領の結果、占領地で暮らす先住民は、はるか昔に考案されて定期的に「改善」される特別な軍事司法制度のもとに置かれている。

こうして、イスラエルの民主主義は三つの顔を持つことになった。一つめは、完全な権利を確約するユダヤ系国民のための民主主義だ。二つめは、基本的な市民権しか付与されていないアラブ系国民のための（さまざまな差別的な制限がある）民主主義だ。三つめは、臨時軍事政権下の占領地で暮らす非国民のための民主主義だ。このような体制がこれほど長く続いた挙句もたらされるものは、組織的な差別制度以外の何物でもない。

ところが、ここ一〇年間の右派と極右の連立政権によって、この三つの民主主義が急変した。すなわち、支配的な民族に属する国民に対しても、法の支配が弱まったのだ。植民地支配に反対したり政府に批判的な意見を述べたりする「逸脱したユダヤ人」に対する弾圧が強まったのである。

イスラエルの知識人であり哲学者のイェシャヤフ・レイボヴィッツ（一九〇三年～九四年）は敬虔で保守的なシオニストだったが、厳格な道徳心の持ち主だった。レイボヴィッツは、占領当初からイスラエルの右傾化を危惧していた。狂信的なユダヤ人ナショナリストと宗教原理主義の若者の融合という恐るべき展開を予想していたのだ。彼はこれを「ユダヤ版ナチス」と形容した。

レイボヴィッツは、パレスチナ人の支配に深く関与するイスラエルの防諜機関「総保安庁《シン・ベト》」も痛烈に批判した。「敵対する民族を支配する国家は、いずれ公安国家《シン・ベト》になる。その影響は、教育、言論と思想の自由、民主主義におよぶ。植民地政権は必ず腐敗する。イスラエルもこの運命から逃れられない」[4]。これは占領が始まった当初のレイボヴィッツの発言だ。

そのおよそ半世紀後の二〇一八年八月、『ハアレツ』はレイボヴィッツの発言を引用して次のような社説を掲載した。「公安国家《シン・ベト》、ここにあり：多くのイスラエル人は、弾圧や口封じは占領地区に住むパレスチナ人だけが対象であって、非アラブ系である自分たちは対象外だと楽観していた。だが、それは幻想だった。事態は進行中だ」[5]。

実際に、多くの国民の承認や無関心のもとに、国民の自由を制限する法律、政令、法案、規制が続出している。ユダヤ系国民に対する抑圧は急増している。

その目的は本格的な思想警察の設立、すなわち、イスラエルの国体と歴史、そしてシオニズムの歴史などに関して異論を述べる者の処罰や、人権団体の活動制限だ。

次に具体例をいくつか紹介する。

二〇一一年、ナクバ（一九四七年から一九五〇年にかけてイスラエルがパレスチナ人を組織的に追放したことを示す言葉）の記念行事を行う学校（幼稚園から高校まで）と自治体には、公的補助金を支給しないという法律が制定された。

二〇一一年七月一一日、イスラエルに対するボイコットを罰する「反ボイコット法」が制定された。この法律により、イスラエルおよび「イスラエルの支配下にある地域」の製品のボイコットを呼びかける運動は禁止になった。

これらの法律を実際に適用することは難しいが、たとえば、ナクバの歴史を教えるアラブ系施設や、ヨルダン川西岸地区で公演したイスラエルの劇団に対し、補助金を打ち切ることが可能になった。

二〇一六年に制定された法律により、活動資金の半分以上を外国の機関から得ている非政府組織は、「外国のエージェント」であることをパンフレットに明記しなければならなくなった。人権団体のような非政府組織の場合、アメリカ、ＥＵ、スイス、スカンジナビア諸国などからかなりの寄付を受けているので、この法律の対象になる。ところが、この法律は外国のユダヤ人組織や福音派から多額の支援を受けている極右の入植者団体には適用されない。

二〇一六年に制定された別の法律により、パレスチナ系国会議員と彼らに味方するユダヤ系議員の活動に制限が設けられた。国会議員の四分の三が承認すれば、イスラエルでのパレスチナ人の闘いに支持を表明した国会議員は、「武力闘争の扇動」を理由に議員資格を剥奪されることになった。

二〇一七年には、イスラエル（占領地のみ、さらには国内）でつくられた製品に対するボイコットを訴える団体の支持者の入国を拒否する法律が制定された。戦略省は、この法律の適用を強化するために「出入り禁止」とする二〇の組織をリストアップした名簿を公表した。この名簿には、アメリカ、フランス、イタリア、チリ、南アフリカの「ボイコット、投資撤収、制裁（ＢＤＳ）運動」の組織、コード・ピンク（女性による世界的な反戦団体）、「平和を求めるユダヤ人の声」（パレスチナ支配に反対するアメリカのユダヤ人団体）、「アメリカ・フレンズ奉仕団」の名前があった。

ちなみに、クエーカー教徒を中心とする「アメリカ・フレンズ奉仕団」は、第二次世界大戦中に民間人、とくにヨーロッパのユダヤ人を支援したことにより、一九四七年にノーベル平和賞を受賞した人道支援団体だ……。

イスラエルが強権国家へと突き進む兆候は、国会に提出される法案にも見て取れる。これらの法案の一部は第一読会で可決された。

たとえば、ナフタリ・ベネット率いる「ユダヤ人の家」は、イスラエル兵の行為を批判する団体の学校施設への立ち入りを禁止する法案を提出した。この法案の狙いは、第1章で紹介したイスラエル国防軍の権力濫用を糾弾する予備兵たちによる非政府組織「沈黙を破る」を黙らせることだ。この法案はまだ可決していない。だが、当時の教育大臣ナフタリ・ベネットは、二〇一八年に制定された教育法の修正条項の一七「イスラエルに損害を与える外交的措置を推進する外国の機関を支援する者は、高校への出入りを禁止する」を持ち出して、この法案を事実上適用した。この修正条項は、「ベツェレム」の事務局長ハガイ・エル＝アドの国連安全保障理事会での演説直後に制定された。[6]

現在、狂信的な宗教関係者や入植地の活動家は学校で演説できるが、エル＝アドは学校に立ち入ることができない。

さらに過激なのは、いわゆる「文化的な忠誠」法案だ。この法案には多くのイスラエル文化人が激怒した。当時の文化スポーツ大臣ミリ・レゲブが推進したこの法案が可決されれば、政府は「国とその価値観に忠誠を示さない」文化機関に対し、補助金を打ち切ることができる（二〇一八年一一月の第一読会での採決は否決され、現在、凍結状態）。

「忠誠を示さない」という言葉の定義を尋ねられたレゲブは、「たとえば、イスラエルは民主国家でないと論じる文化人の態度」と回答した。[7] レゲブの法案は、政府が容認した考えを国民に植え付けることを目的とする一連の措置だ。

教育大臣はすでに「不誠実な作品」を追放している。たとえば、ドリット・ラビニヤンの小説『すべての川』だ。イスラエルのユダヤ人女性とパレスチナ系アラブ人の恋愛を描くこの小説は、高校の推薦図書のリストから外された。[8]

他にもこのような例は枚挙にいとまがない。たとえば、元経済大臣モーシェ・カハロンは、アムネスティ・インターナショナルのイスラエル支部など、国の方針に批判的な非政府組織の税法上の優遇措置を取り消そうとした。

また、教育大臣は、哲学と言語学の教授アサ・カシェルに大学の「倫理規定」を策定するよう依頼した。依頼には、逸脱した考えの持ち主の排除など、大学構内での政治活動の規制も含まれていた。しかし、これらの法案は、イスラエル国防軍のパレスチナ人に対する犯罪を隠蔽したり犯罪者を擁護したりするための法案と比べれば無邪気なものとさえ言える。

二〇一八年一一月、閣僚委員会は、当時、連立政権にいた二人の国会議員シュリ・モアレム（植民地政策を推進する宗教系政党「ユダヤ人の家」、現「新右翼」）とロベルト・イラトーヴ（ウルトラ・ナショナリズムの世俗系政党「イスラエルわが家」）が提出した法案を審議した。彼らは、公務執行中の兵士、警察、諜報員にかけられた嫌疑を不問にする法案を提出したのだ。この法案が可決されると、第2章で紹介した怪我をして動けない無抵抗のパレスチナ人の若者を無慈悲にも射殺したイスラエル兵エロール・アザリアは、公務執行中のため不起訴になる。

法案の成立を訴えるこの二人の国会議員は、アザリア事件に言及した。第一読会での彼らの説明は次の通りだ。

「公務執行中の治安部隊員の行為や発した命令は、刑事責任の対象にならない。彼らを容疑者として事情聴取するのは不適切だ。彼らの行為や命令は法的措置の対象にすべきではない」[9]。

ようするに、公務中の蛮行なら免責になるということだ。しかしながら、イスラエルの軍事行動規範には、「兵士は明らかに違法な命令であれば拒否できる」という文言がある。この法案が可決されると、意図的な殺人であっても違法ではなくなる。

これらの法案の中で最も滑稽なのは、前出のロベルト・イラトーヴが提案した公務中のイスラエル兵の撮影を禁じる法案だろう。法案の骨子は次の通りだ。

「イスラエル兵およびイスラエルの住民に対する悪意を抱いて公務中の兵士を撮影したり記録をとったりする者は、禁錮五年の刑に処す。国家の治安を乱そうとする者は禁錮一〇年の刑に処す」。

二〇一八年六月、違憲の恐れがあるにもかかわらず、国会の立法委員会は、文言を少し修正した後にこの法案を承認した。

イラトーヴは提案した「軍隊の士気を保つための法案」の効力を高めるために、イスラエルで猛威を振るう「親パレスチナ団体」を処罰すべきだと熱弁を振るった。

彼のいう親パレスチナ団体とは、兵士の行動を違法行為だと糾弾する「ベツェレム」「沈黙を破る」「チェックポイント・ウォッチ」「人権のための医師団」「人権のためのラビ」などだ。[10]

「ベツェレム」の事務局長ハガイ・エル＝アドは、この法案の意図を「現実を隠蔽し、世論の非難を浴びることなくヨルダン川西岸地区を恒久的に占領すること」[11]だと説く。エル＝アドによると、きわめて稀なケースとして兵士の罪が問われたことがあるとすれば、それは兵士の行動が撮影されていたからだという。「写真や動画は動かぬ証拠になる。とはいえ、すぐに釈放されたり、驚くほど軽い処罰で片付けられたりするのだが」と付け加えた。

スターリン政権下のソ連では、政府は写真を自分たちの理想やプロパガンダに近づけるために加工した。一方、「民主国家」イスラエルのやり方は、ソ連よりも単純明快だ。自分たちにとって不快な写真や動画は、修正するのではなく単に公表しないのである。

シオニストの理想のもとに誕生したイスラエルは、民主的かつ進歩的という自国イメージを維持しなければならないという国家のイデオロギー装置が作動するため、「自国の軍隊は世界で最も品行方正な軍隊」だと宣言する一方で、「中東地域で唯一の民主国家」という虚構を維持するために、法体系に「脱線防止柵」を置かなければならなかった。だが今日、この脱線防止柵は倒れた。

イスラエルでは、国民が「パレスチナ人全員が追放される日が待ち遠しい」とあからさまに語る一方で、そうした精神から生じるものを明らかにすることは禁止されている。ようするに、前出のイェシャヤフ・レイボヴィッツの予言通り、植民地化による他民族の支配の影響が、教育、言論と思想の自由、民主主義など、イスラエル社会のあらゆる側面に染み込んだのだ。

病状の進行具合を考えると、イスラエルの民主主義者たちの力だけでは、日増しに強まる公安国家という病から祖国を救い出すことはきわめて困難だろう。

国内の敵「ベツェレム」

「ベツェレム」は、イスラエルの人権団体の中でも先駆的な存在であると同時に、公権力から最も忌み嫌われている団体だ。第一次インティファーダの勃発を背景に一九八九年に設立された「ベツェレム」は、今日においてもヨルダン川西岸地区とガザ地区でのイスラエル人占領者による違法行為を知るための主要な情報源だ。イスラエルの政府と大物政治家が目の敵にする組織は、「ベツェレム」以外にも「沈黙を破る」と「ボイコット、投資撤収、制裁（BDS）運動」がある。

イスラエル国防軍の予備兵たちが設立した非政府組織「沈黙を破る」の活動目的は、パレスチナ人に対する弾圧を、それを実践した者たち（現場の兵士）の証言によって明らかにすることだ。「沈黙を破る」の設立者は、ヨルダン川西岸地区のヘブロンで従軍していた将校と下士官だ。ちなみに、イスラエルによる支配が最も残虐かつ特異なのがヘブロンだ。ヘブロンでは一九九七年以降、およそ一〇〇〇人のイスラエル兵に守られた六〇〇人ほどの過激なナショナリズムを信奉する入植者が、H2（ユダヤ・ゾーン）と呼ばれる地区で暮らす数万人のパレスチナ人を恐怖に陥れている。

この地区には、ユダヤ教徒とイスラム教徒の双方が神聖視する「マクペラの洞窟」、そして旧市街がある。旧市街の一角には、入植者たちの執拗な嫌がらせにもかかわらず、パレスチナ人が生活している。彼らは、入植者が設置した鉄格子の背後で、檻の中の動物のように暮らしている。アパートの上層階に住む入植者は、パレスチナ人の住居のテラスや中庭にごみを投げ入れ、入植者の子供はそれだけでなくアラブ人やイスラム教徒を侮辱する文句を彼らの建物の玄関口に落書きする。

二〇〇四年、「沈黙を破る」はイスラエル史上初の試みとして、ヘブロンでのアラブ人の日常生活に関する証言を集めた展示会を開催した。イスラエル政府は、イスラエル兵による処罰されていない蛮行を集めたこの展示会に興味を持った。国会の国防委員会は展示会の企画者を招聘して証言を求めた。この時点では、イスラエル政府はイスラエルが理想的な民主国家であることを体現する存在として「沈黙を破る」を紹介した。

しかし、二〇〇五年に「沈黙を破る」がガザ地区に関する報告書を発表すると、イスラエル政府の態度は一変した。「沈黙を破る」は多くの国会議員が言うところの「イスラエルの敵」になったのだ。

二〇一二年、「沈黙を破る」は、一四五人の兵士の占領地での体験を綴った『われわれの過酷な論理』[12]という本を出版した。この本は、一八歳から二〇歳の若いイスラエル兵がパレスチナ人を人間扱いしない任務を受け入れていく過程を赤裸々に描いている。こうした任務に異議を唱えた者は並外れた性格の持ち主だったという。

「沈黙を破る」に対する最初の攻撃として、イスラエルの学校での講演を禁止する法律が制定された。

二〇一五年、「沈黙を破る」が報告書——二〇一四年夏にガザ地区で実施された五〇日間の軍事作戦の実態に関する一一一人のイスラエル兵の証言をまとめた——を発表すると、イスラエル当局や極右団体は、「沈黙を破る」に対する憎悪をむき出しにした。

国連によると、この軍事作戦によるパレスチナ人側の被害は、死亡者の数は二二五一人、その大部分は五五一人の子供を含む民間人であり、負傷者の数は数万人だった。一方、イスラエル側の被害は、死亡者の数は七三人で、そのうち民間人の数は六人だった。

二〇一六年三月一七日、イスラエルのテレビ局「チャンネル2」は、「「沈黙を破る」は国家安全保障上の脅威だ」という内容の番組を放映した。国防大臣モーシェ・ヤアロンは、「沈黙を破る」が国家の機密文書を漏洩した恐れがあるとして捜査を要求した。

これを受け、「沈黙を破る」は名誉毀損で政府を訴えた。捜査後、法務長官は「沈黙を破る」の主張を認め、この組織を起訴する理由はないと結論付けた。しかし、この法廷闘争での大勝利にもかかわらず、「沈黙を破る」への嫌がらせは続いた。

「沈黙を破る」は二〇〇三年の設立以来、一二〇〇件の証言を発表してきた。これは年平均にするとおよそ八〇件であり、年間四万人の新兵の〇・二%が証言した計算になる。すべての新兵がパレスチナ人の管理任務に就いているわけではないので、実際の割合はこの倍くらいだろうか。それでも低いと言える。

「沈黙を破る」の事務局長イェフダ・シャウルは、「この国の雰囲気は変わってしまった」と嘆く。「人々は「占領」や「入植」という言葉を自分たちのボキャブラリーから締め出した。われわれが闘っているのはまさに「占領」と「入植」なので、当初、人々がわれわれに抱いていた共感は敵意に変わり、われわれに対する敵意は急速に高まった[13]」と説く。

ネタニヤフと非常に親しいドレ・ゴールドが運営する「エルサレム公共問題センター」や、ZSC（シオニスト戦略センター）などのシンクタンクは、パレスチナ人を擁護する組織や活動を弱体化させることを目的とする「NGOモニター」などのインターネット・サイトを立ち上げた。ZSCは占領に反対する団体を潰しにかかる極右組織「イム・ティルツ」を応援している。ちなみに、ZSCの所長ヨアズ・ヘンデルは、ネタニヤフの元広報部長だ。

「沈黙を破る」の事務局長シャウルは、これらのシンクタンクやインターネット・サイトの最大の功績を次のように説く。

「イスラエルの政治用語から「占領」という言葉をほぼ消し去ったことだ。「占領」という言葉を使えば、即座に「左派」「外国の回し者」、さらには「テロリストの手先」というレッテルを貼られる。市民集会を開くために会場を確保しようと思っても、市長、大臣、議員が出てきて邪魔をする。そしてほとんどの場合、公共の会場を借りることができない。よって、われわれの集会はキャンセルの連続だ。学校や役所の講堂はまず無理。左派志向のキブツ〔農業共同体〕でさえ貸してくれない。民間の会場であっても借りられるのは奇跡に近い」[14]。

二〇一七年二月、「沈黙を破る」はエルサレムの公共の展示場で写真展を企画した。だが、文化大臣ミリ・レゲブがエルサレム市長に圧力をかけたため、「沈黙を破る」はこの展示場を利用できなくなった。ところが、二人の元総保安庁《シン・ベト》長官であるアミ・アヤロンとカルミ・ギリオン、そしてイスラエル民主主義研究所の副所長である法学者モルデハイ・クレムニツェルは、この写真展を実現させるために民間の展示場の確保に協力した。アヤロンは、「民主的な社会で暮らしていると思っても暴政が跋扈《ばっこ》する。ある日、気がつくと、民主主義は失われている」[15]と述べた。

「ボイコット、投資撤収、制裁（ＢＤＳ）運動」という「張りぼて」

二〇〇五年に始まったＢＤＳ運動は、「イスラエルがパレスチナ人を在外自国民として扱う体制は、国際刑事裁判所も認める国連のアパルトヘイトの定義に合致する」と訴える。すなわち、「ある人種グループが自分たちの体制を維持するために、他の人種グループを組織的に弾圧および支配する体制[16]」だ。アパルトヘイトにおける具体的な犯罪行為は、殺人、強姦、拷問などの暴力や、被支配人種グループが国の政治、社会、経済、文化に参加することを妨げ彼らの人権と自由を奪うことを目的とする、法的、行政的な措置だ。

BDS運動の広報官オマール・バルグーティーは、アメリカのコロンビア大学で工学を専攻したパレスチナ人だ。バルグーティーによると、BDS運動には三つの目標があるという。

一つめは、ヨルダン川西岸地区とガザ地区の軍事支配を終わらせること。二つめは、「パレスチナ難民は故郷に帰還する権利を持つ」という国連総会決議の第一九四号をイスラエルに認めさせること。三つめは、パレスチナ人にイスラエル国民としての十全たる権利を付与することだ。

BDS運動は、この地域の将来の政治に関する議論には関与しない。バルグーティー個人はユダヤ人とアラブ人が共存する脱宗教の単一国家を支持するが、BDS運動のほとんどの活動家は二国家解決を望んでいるという。同様に、BDS運動はボイコットの標的を絞ることもしない。つまり、ボイコットの対象にするモノとサービスをイスラエルの入植地からとするかイスラエル全土とするかは、BDS運動支持者の選択に任せる。

こうした活動方針により、運動基盤は拡大する。ボイコットの対象が曖昧だからこそ、さまざまな思いを抱く人々が軍事支配を終わらせるという目標のために集結する。フランスでは考えられないことだが、アメリカでは進歩的なシオニストもこの運動を支持する。

活動開始当初、BDS運動はパレスチナでも世界でも目立たない存在だった。しかし、二〇一〇年代になってメディアがBDS運動を取り上げるようになると、ネタニヤフはこの運動を敵視するようになった。そうはいっても、この運動は具体的な成果を上げていない。

ボイコット運動は、アメリカの大学の構内などでは、ちょっとした成功を収めたが、南アフリカのアパルトヘイト時の規模には遠くおよばない。

投資撤収に関しては、イスラエル、さらには入植地でさえ、投資撤収額は新規投資額を大幅に下回る。

制裁に関しては、制裁で被害を受けているのはイスラエル人でなくパレスチナ人だ。というのは、トランプ政権が国連パレスチナ難民救済事業機関（ＵＮＲＷＡ）に対する負担金を減額するなどの圧力をかけたからだ。

それでも、ＢＤＳ運動はいくつかの象徴的な勝利を収めた。二〇一八年一一月、アイルランド議会は、「占領地にある違法な入植地からのモノとサービスの輸入および販売を禁じる法案」を第一読会で可決した（これはパレスチナ自治区を想定している）。同日、チリ議会も、政府がパレスチナ自治区からのイスラエル製品を購入しないことを明記した法案を第一読会で圧倒的多数で可決した。ところがその一年後、イスラエルの圧力団体がチリ政府を説得してこの決定を翻させ、イスラエルへのボイコットを中止させた。

地域レベルでもいくつかの成功を収めた。たとえば、「ＪＶＰ（平和を求めるユダヤ人の声）」という団体の声に押され、バーモント州とマサチューセッツ州のノーサンプトン市は、「名誉毀損防止同盟（アメリカの反ユダヤ主義と闘う組織）」が主催するイスラエルでのテロ対策研修会への参加を取りやめた（二〇〇四年以降、この同盟は四〇〇人以上のアメリカの警察の高官をイスラエルに派遣していた）。ＪＶＰはこの研修会に反対した理由を、「この研修会は「人種プロファイリング」を推奨しており、アメリカの警官がこれを実践するようになる恐れがあるため」と説明している。

文化人の間では、ＢＤＳ運動は大きな支持を得ている。数多くの著名人がこの運動を応援している。たとえば、文筆家〔アルンダティ・ロイ〔インド〕〕、エドゥアルド・ガレアーノ〔ウルグアイ〕〕、思想家〔スラヴォイ・ジジェク〔スロベニア〕〕、ノーム・チョムスキー〔アメリカ〕〕、ジュディス・バトラー〔アメリカ〕〕、音楽家〔ロジャー・ウォーターズ〔イギリス〕〕、ブライアン・イーノ〔イギリス〕〕、ロード〔ニュージーランド〕〕、映画監督〔ケン・ローチ〔イギリス〕〕、マイク・リー〔イギリス〕〕、アキ・カウリスマキ〔フィンランド〕〕、女優〔ヴァネッサ・レッドグレイヴ〔イギリス〕〕、ジュリー・クリスティ〔イギリス〕〕、ファッションデザイナー〔ヴィヴィアン・ウエストウッド〔イギリス〕〕などだ。

しかしながら過去二〇年間において、政治と経済の領域でのＢＤＳ運動の成功はほぼ皆無だ。アラブ諸国でさえＢＤＳ運動の掛け声に反応しない。イスラエルはフランスやアメリカを含む多くの国に対し、ＢＤＳ運動を罰するように働きかけている。

ＥＵの貿易制裁も機能していない。二〇〇五年にイスラエルは、イスラエルの製品にはＥＵの特恵関税率を適用するが入植地の製品には適用しないことを条件に、ＥＵと貿易協定を締結した。イスラエルはこの条件を無視しているが、ＥＵは傍観している。

アメリカの保守派のある上院議員は、イスラエル入植地の製品を無制限に支援すべきだと訴えた。アメリカの国務長官マイク・ポンペオは、トランプが大統領選に敗れた後にイスラエル入植地を訪れ、入植地で生産された製品は「イスラエル製」と表示すべきだと熱弁した[17]。

ようするに、ボイコットを唱えるＢＤＳ運動は拡大しない一方で、イスラエルは世界中で反ボイコット外交を成功させたということだ。

たとえば、アメリカの合同メソジスト教会の数十億ドル規模の年金基金は、二〇一六年に植民地政策に加担するイスラエルの銀行（つまり、すべてのイスラエルの銀行）への投資を控えるという決定を下したが、すぐにこの決定を撤回した。外国の製造業、金融業、サービス業の企業が、イスラエルはパレスチナを占領しているとして制裁を科す決定を下したとしても、ほとんどの場合、イスラエルの巧みな圧力団体はこれらの企業の決定を覆してしまう。

ＢＤＳ運動が一時的に華々しい成功を収めたのは観光だ（最終的には失敗に終わった）。二〇一八年一一月に「エアビーアンドビー」（宿泊施設を手配するアメリカのオンライン・サービス）は、イスラエルの入植地にある民泊物件は扱わないと発表した。その理由として、この会社はアイン・ヤブルード〔ヨルダン川西岸地区にある村〕の住人だったパレスチナ人アウニ・シュアイブのケースを引き合いに出した。その経緯は次の通りだ。

一九七五年、シュアイブをはじめとするこの村の農民は土地を没収され、オフラという入植地に強制移住させられた。イスラエルの非政府組織「ナヴォットのブドウ畑」によると、二〇〇六年にある入植者がシュアイブの土地に建物を建て、「エアビーアンドビー」の民泊リストに掲載したという。年老いたシュアイブは、「他人の土地を奪うこと自体、すでに違法。それどころか、そこに建てたアパートを賃貸して利益を得るのは悪魔の仕業だ」と怒りを爆発させた。

だが、ＢＤＳ運動の支持者が勝利に酔いしれたのもつかの間だった。その半年後に「エアビーアンドビー」は、イスラエルとその仲介者（とくに、アメリカの団体）に反ユダヤ主義者と激しく糾弾されて屈服した。

二〇一九年四月、「エアビーアンドビー」はイスラエルの入植地にある民泊物件を再び掲載した。ただし、この物件から生じる同社の利益は人道支援団体に寄付するとした[18]。

これまでのところ、BDS運動はあまり効果的な成果を上げていない。ではなぜイスラエル政府は、入植に反対する者たちを弾圧する政策の中でもBDS運動を狙い撃ちにするのだろうか。イスラエル政府は、BDS運動の活動家を追跡するために戦略省に莫大な予算（推定一億シェケル「およそ二九〇〇万ドル」）をつけることまでした。

イスラエル人を含む多くの人々は、こうしたイスラエル政府の対応を「自国のイメージに自信が持てないパニック反応」と揶揄し、「これではBDS運動を叩き潰すというよりも、この運動のメディア露出度を高めるだけ」だと呆れている。一方、BDS運動の広報官バルグーティーは、「イスラエル政府はわれわれの運動を脅威と見なすことによって逆に支援してくれている」と冷笑する。

ところで、イスラエルはこの運動の指導者を告発するために、シカゴの巨大弁護士事務所「シドリー・オースティン」（世界各地に二〇の事務所を持ち、二〇〇〇人の弁護士を擁する）と契約した。はたしてイスラエルにとり、BDS運動はそれほどの脅威なのだろうか。

なぜ、この契約は公にされなかったのだろうか。イスラエルのメディアは、「イスラエルは、外国の内政に干渉しているという印象を避けたかったからではないか[19]」と論じた。

なぜ、イスラエル政府は「カナリアの使命」のような怪しげな極右団体と提携したのか。この団体のウェブサイトには、イスラエルに敵意を抱いていると思われる大学の教員や学生の名前がさらされている（この団体の目的は、彼らの社会的地位を奪うことだ）。BDS運動がアメリカの大学構内で拡大していることを考慮すると、イスラエル政府のこうした対応は逆効果ではないのか。

BDS運動を潰しにかかる国際的な活動には、AMCHA（ヘブライ語で「あなたの民族」）もある。AMCHAは、イスラエルによるパレスチナ人の継続的な支配を敵視するアメリカの大学関係者と学生をリストアップし、彼らを反ユダヤ主義者と紹介する。当然ながら、これらのリストには多くのユダヤ系アメリカ人が含まれている。

『ハアレツ』の論説委員アンシェル・プフェッファーは、これらの対応は完全に逆効果だと嘲笑う。戦略省を「痴呆省」と呼ぶプフェッファーは、戦略省の大臣ギルアド・エルダンについて「彼が退任する前に、BDS運動の指導者はこの運動の最大の功労者として彼を表彰すべきではないか」と皮肉を述べる[20]（『フー・イズ・アメリカ』〔アメリカの政治風刺ドラマ〕で、サシャ・バロン・コーエン〔イギリスのコメディアン〕が演じる元モサドの頭のいかれた大佐「エラン・モラド」は、戦略大臣ギルアド・エルダンがモデルだという〔例：学校内のテロ対策として、幼稚園児にもマシンガンで武装させる〕）。

イスラエルの政治に異議を述べるBDS運動の活動家を追い詰めるやり口に対し、とくにユダヤ系アメリカ人の団体は不快感を募らせている。そうはいっても、イスラエル政府のBDS運動への対応は、必ずしも戦略ミスとは言えない。というのも、イスラエル政府の対応には「機会」と「緊急」という二つの側面があるからだ。

まず、「機会」だ。小規模な組織を自国の「戦略的な敵」に仕立て上げる機会を利用して、パレスチナの政治指導層をさらに骨抜きにする方法を学ぶことができる。つまり、この機会にイスラエルは、ヨルダン川西岸地区の統治権を持つが実際には何の権限もない幽霊のようなパレスチナ自治政府や、監獄状態のガザ地区を支配するハマスへの対応を事前学習できるのだ。

次に「緊急」だ。イスラエルにとって、パレスチナ人口の増加やイランよりもはるかに深刻な「イスラエルの弱体化」という脅威を打ち砕くことは、緊急の課題なのだ。

非政府組織「国際危機グループ」のイスラエル・パレスチナ問題担当の上級研究員ネイサン・スロールは、ＢＤＳ運動の潜在能力を高く評価する。スロールによると、ＢＤＳ運動は現状の閉塞状態を打開できる唯一の運動だという。[21]

一九九三年のオスロ合意後の和平への歩みは失敗に終わり、第二次インティファーダ（二〇〇〇年から二〇〇五年）は、第一次インティファーダ（一九八七年から一九九三年）と異なり、パレスチナ人を解放するどころか、彼らの生活環境を著しく悪化させた。

一九九三年のオスロ合意の骨子は「平和のための土地」だった。ＰＬＯ（パレスチナ解放機構）がイスラエルと「公正、包括的かつ永続的な和平」に合意していれば、パレスチナ人は自分たちの土地、つまり、国を持つことができた。ようするに、「平和があってこそ土地がある」だ。

しかし、ＢＤＳ運動のアプローチはオスロ合意と正反対だ。すなわち、「土地のための平和」というように、この地域の将来像とは関係なく占領の終了を第一義に掲げる。イスラエルが占領地から撤退して占領が終われば、平和はすぐには無理でもいずれ訪れる、と考える。ようするに、「土地があってこそ平和がある」だ。

スロールは次のように記す。「ＢＤＳ運動は代替案を提示した。二国家であれ一国家であれ、非現実的な解決策を否定した。彼らが考える最も重要な争点は、現行の制度に変えてどのような取り決めをするかではなく、イスラエルに対して現行の制度の根本的な変革を迫ることだ」[22]。なぜなら、イスラエルの政策は違法だからだ。つまり、ＢＤＳ運動は「違法行為を組織的に行う国は、はたして健全な国と言えるだろうか」という疑問を提起したのだ。

この疑問を広く投げかけるために、ＢＤＳ運動は、イスラエルを占領地から撤退させるためにパレスチナ人の努力だけに頼るのではなく国際的な活動を展開した。第二次インティファーダでパレスチナが敗北したのにもかかわらずイスラエルの国際的イメージが著しく悪化したことにヒントを得たのが、ＢＤＳ運動だ。

元外交官でモサドの副長官だったダヴィッド・キムヒは、かつて私に次のように漏らした。「三〇年前と比べ、現在のイスラエルは広報活動に三〇倍の資金と人材を投入しているが、三〇分の一の効果しか得られていない」[23]。キムヒは、イスラエルが道を誤った原因を「占領の継続」と結論付けた。

建国以来、民族隔離政策を実施してきたイスラエルの民主主義に疑問を投げかける市民活動には、国際的な注目が集まっている。ＢＤＳ運動は、イスラエルを「間違いを犯す民主国家」ではなく「意図的に人権を侵害する国」だと主張している。これはパレスチナ系イスラエル人で元国会議員のハニーン・ゾービが看破したことでもある。

世界中に拡散するイスラエルのこうしたイメージに対し、イスラエルの外交筋はお手上げ状態だ。そこで、「武力で解決できなければ、さらに武力を行使する」というイスラエルの悪癖が頭をもたげる。すなわち、ＢＤＳ運動など自分たちの気に入らない組織を標的にする法律を次々と制定するのだ。

とはいっても、これらの法律は現在までほとんど適用されていない。

ジャーナリストのギデオン・レヴィーはＢＤＳ運動を堂々と支持して『ハアレツ』に「『エアビーアンドビー』万歳！」[24]という記事を書いたが、彼を含め、この新聞の編集者や所有者が起訴されることはなかった。

つまり今日まで、これらの法律はイスラエルのイデオロギーを明示するためだけの手段だったのだ。だが、これらの法律の推進者にとって、これらの法律は実際の適用を目指した「地ならし」だったのだろう。

公安機能の滑稽なまでの強化

公安国家としての機能を強化し続けるイスラエルには、新たな傾向が確認できる。たとえば、これまで出入国の際に取り調べを受けるのは極左集団の活動家だけだった。

今日、戦略省は尋問すべき人物のリストを作成し、これを関係当局（内務省、国境警備および移民管理当局、総保安庁）と共有している。リストのうち外国人なら入国を拒否され、イスラエル人なら厳しい尋問を受ける。このリストに記載されているイスラエル人および外国人の数は明らかにされていない。だが近年、リストに掲載される人数は急増しているため、イスラエルへの旅行者は、念のために現地の弁護士の連絡先を知っておいたほうがよいという。

二〇一六年一二月、ＢＤＳ運動の活動家だとしてイスラエルへの入国を拒否された最初の人物が登場した。マラウイ〔アフリカ南東部の国〕の大学教授イザベル・ピリだ。ところが、ＢＤＳ運動を取り締まる法律が施行されたのは、二〇一七年三月になってからのことだった。後日、イスラエル最高裁判所は、この法律を遡って適用することはできないとし、ピリの入国拒否を撤回する判決を下した。

二〇一八年五月、ＨＲＷ（ヒューマン・ライツ・ウォッチ）のイスラエル事務局長オマール・シャキールは、ＢＤＳ運動を支援していることを理由に、イスラエルから二週間以内に出国するよう命じられた。ＨＲＷは次のように抗議した。「これはシャキールに問題があるからではなく、ＨＲＷを黙らせ、イスラエルの人権侵害に対する批判を抑え込むためだ。人権活動家のリストを作成して彼らを強制退去させるのは、ロシアやエジプトの公安当局と同じだ[25]」。

二〇一九年一一月、イスラエル最高裁判所はこの強制退去を正当な判断と認めた。ＨＲＷは「イスラエルは、北朝鮮、ベネズエラ、キューバ、スーダン、イランと並び、ＨＲＷの代表者を正式に追放した国となった」という声明を発表した。

パレスチナ系アメリカ人作家スーザン・アブルハワは、二〇一五年から二〇一八年にかけて占領地で開催される文学祭に参加する際、ベングリオン国際空港〔イスラエル最大の空港〕で入国を二度拒否された。

父親がパレスチナ人のアメリカ人学生ララ・アルカーシムは、ロサンゼルスのイスラエル領事館で発行されたビザと、エルサレムのヘブライ大学の入学許可書を提示したのにもかかわらず、空港で二日間も足止めを食らった。彼女の弁護士は、「留学が目的なのに、イスラエルをボイコットする人物だとして非難するとは驚きだ」と呆れた。

二〇一八年七月下旬、イラン系アメリカ人作家レザー・アスランは、国境で拘束されて政治的意見を問いただされた。回答を拒否すると、「われわれは、あなたが子供にずっと会えないようにすることもできる」[26]と恫喝された。

第1章で紹介した数学者であり「タアーユシュ」（パレスチナ人支援団体）の活動家でもあるダニエル・クロンベルクは、旅行から帰国した際、BDS運動の「影の調整役」だとして糾弾された。平和運動活動家タニヤ・ルービンシュテインも外国の会議から帰国した際、クロンベルクと似たような体験をした。彼女はガザ地区を支援する小型船隊に関する映画の制作に協力していたが、空港の職員はこの映画の制作準備について彼女に質問を浴びせかけた[27]。

写真家イェフディット・イラニは、ルービンシュタインと同じ理由により、空港で二度拘束された[28]。イスラエルの学校や病院に多額の寄付をしたアメリカの富豪マイヤー・コプロウは、手荷物にアラビア語で書かれたパンフレットが入っていたという理由だけで、税関で厳しい尋問を受けた。

ジュリー・ワインバーグ・コナーズは、アメリカのユダヤ人平和団体のメンバーであり、少し前にイスラエルに移住し、エルサレムにあるユダヤ教神学校の学生になった。アメリカへの一時帰国からイスラエルに戻る際、空港の職員に「ヨルダン川西岸地区で何をしていたのか」と尋ねられたので「ハーン・アル＝アフマル村から追放されそうなアラブ系遊牧民を支援していた」[29]と答えると、「そのような活動をしていたのなら入国させない」と脅された（結局、二人の国会議員の介入により、この学生はイスラエル滞在を許可され、最終的には市民権を得ることができた[30]）。

アメリカ人活動家のシモーヌ・ジマーマンとアビゲイル・カーシュバウムは、「ベンヤミン・ネタニヤフをどう思うか」としつこく聞かれた。

イスラエル系アメリカ人の作家モリエル・ロスマン＝ゼカーは、非政府組織「沈黙を破る」との関係を聞かれた。彼は空港の職員に「難解な用語」で厳しく叱責され、イスラエル滞在中に「ネガティブ」な活動はするなと脅された。

ローラ・マンデルはサンフランシスコ在住のユダヤ系アメリカ人だ。若い彼女は、ユダヤ人とイスラム教徒との間で寛容の精神を育むことを目的とする非営利団体「アブラハム・イニシアティヴ」のメンバーだ。イスラエルで行われたこの団体の設立三〇周年記念式典に参加し、イスラエル出国の際、彼女は空港の職員から質問を浴びせかけられた。「イスラエル滞在中に何をしていたのか。誰に会ったのか」、「アメリカでも似たような活動に関わっているのか」。そしてこの職員は驚きの表情を浮かべ、「アメリカのユダヤ人がなぜイスラエルのユダヤ人とアラブ人の関係について興味を持つのか[31]」と質問してきた。飛行機への搭乗は許されたが、手荷物は取り上げられた。

この団体はイスラエル当局の対応を厳しく非難して次のような声明を発表した。「イスラエル当局は、イスラエル人であろうとなかろうと、公平と共生に強い関心を持つ者、そしてアラブ人と接触を持つ者を潜在的な危険人物とみなすのか。平和のために活動する者だけでなく、イスラエル国民同士の共生を推進する者も捜査対象にするとは、一体どういうことだ[32]」。

イスラエル当局にとって最も厄介なケースは、ニューヨーク市立大学教授ピーター・ベイナートの尋問事件だったに違いない。伝統ある月刊誌『アトランティック』やユダヤ系アメリカ人向けの日刊紙『フォワード』の寄稿者でもあるベイナートは、熱心な親イスラエル派だった。

二〇一八年八月、彼は妻子をともない数日間のイスラエル旅行に出かけた。イスラエルの空港に到着すると、空港の職員は彼を別室へと連行した。彼はその後の奇怪な顛末を『フォワード』に寄稿した[33]。

「別室に連れていかれると、政治に関する質問が始まった。「イスラエルで暴力を誘発する組織やイスラエルの民主主義を脅かす組織に関与したことはあるか」と聞かれたので、「ノー」と答えた。このような質問がとめどもなく続いた。尋問者は、私が「問題ある組織」に関わったことがあるのではないかとしつこく聞いてきた。だが、尋問者の言う「問題ある組織」は、暴力を誘発する組織、イスラエルの民主主義を脅かす組織、無政府主義を推進する組織というように、目まぐるしく変化した。私を拘束するに際し、尋問者は客観的な確固たる基準を持っていなかったようだ。ようするに、彼の基準は、私が「騒動」を起こそうとしているかどうかだった。だが、この「騒動」の意味は尋問官と上司のそのときの思いつきに過ぎず、明確な定義などなかった」。

イスラエル政府にとって都合の悪いことに、ベイナートはそこそこの有名人であり、彼のイスラエルでの拘束はすぐに話題になった。謝罪を余儀なくされたネタニヤフは、原因を「行政上のミス」と言い訳した。ところが、この「ミス」は起こるべくして起こったのだ。

二〇一七年三月、ボイコット運動の支持者をイスラエルから締め出す法律が可決されたとき、この法案を全面的に支持した中道と右派の国会議員は歓喜の声を上げた。

議会の副議長で自他ともに認める人種差別主義者ベツァレル・シュモトリッチは、「この法案の可決はきわめて当然。健全な人物なら、自分を愛する者を愛し、自分を嫌う者を嫌う。反対の頬を打たせることなどしない」[34]とうそぶいた。

中道の「みんなの党」だったロイ・フォークマンは、「愛国心と人権の尊重は両立可能だ。この法律は、国家に誇りを感じ、人権擁護を重視するわが党の精神を表している」[35]と語った。

アミ・アヤロンが、自身が長官を務めたイスラエル総保安庁《シン・ベト》に反体制派の人物に対する追放、勾留、恫喝を行う理由を尋ねたところ、次のような回答があったという。「総保安庁が行ったすべての尋問は、違法で暴力的な活動、あるいは国の治安を損なう恐れのあるテロリズムとの関連が疑われる際に実施した」[36]。当然ながら、拘束された人々は、自分たちがなぜ尋問を受ける羽目になったのかは知る由もない。

二〇一九年八月中旬、ドナルド・トランプの要請を受け、イスラエル政府はアメリカの二人の下院議員ラシダ・タリーブとイルハン・オマルの入国を拒否した（入国目的はパレスチナ情勢の調査だった）。イスラエル政府がこのような前例のない決定を下すと、ＢＤＳ運動との関与が疑われる人物に対する弾圧はさらに強まった。

追放と尋問を執拗に繰り返すイスラエル当局は錯乱状態に陥っている。イスラエル当局の嫌疑（最も多いのはＢＤＳ運動支持）は、先ほど紹介した「カナリアの使命」のような右翼団体の調査に基づくが、これらの調査は杜撰だ（たとえば、先述のピーター・ベイナートは、イスラエルはアパルトヘイト政策を実施しているとは述べたが、ＢＤＳ運動には反対していた）。

しかし、問題の核心は、イスラエル当局の態度がこれまで以上に不寛容かつ理解不能になっていることだ。パレスチナ人を支援するためにイスラエルにやってくる親パレスチナの非政府組織の活動家の人数は、ひと月に四〇人程度でしかない（イスラエル当局は彼ら全員をＢＤＳ運動支持者だと見なすが、必ずしもそうではない）。政治、外交、軍事の面でパレスチナよりも圧倒的に優位なイスラエルは、なぜ彼らをそれほど恐れるのだろうか。

イスラエルの指導層および彼らの支持者は、国際世論に非難されても沈黙を決め込んでいるが、「武力が掟をつくる」という信念は限界に近づいている。というのも、イスラエルがこのような振舞いをすればするほど、国際世論は「イスラエルは違法国家だ」と確信するようになるからだ。

これまでどんな問題に対しても、イスラエルの回答は武力行使だった。イスラエルの知性と道徳は、その第二の天性である武力と罵詈雑言に追いやられてしまったのだろうか。

第7章　絶滅危惧種――イスラエル法制度の危機

ジャーナリストのヘミ・シャレヴは、二〇一八年の『ハアレツ』の記事で「イスラエルのＢＤＳ運動支持者を拘束する政策は愚かなのか、邪悪なのか、あるいはその両方なのか」と問いかけた。シャレヴの結論は、「この政策はイスラエルの指導層に恐怖政治のための確実な手段を与えた」である。「空港で足止めを食らう人々の数が増えれば増えるほど国際的な非難は高まり、ＢＤＳ運動は危険視され、イスラエル国民はこの運動を嫌う。さらには、イスラエル政府は国民の擁護者として振る舞うことができ、ネタニヤフは支持基盤を拡大できる。ネタニヤフと彼の協力者たちにとっては、国民が安心して暮らせると感じるよりも、脅威と孤立にさらされ不当に悪者扱いされていると感じてくれるほうがありがたいのだ。これこそがネタニヤフらの策略だ」[1]。

最高裁判所は「最後の砦」でなくなったのか

国民の公安国家への支持が強まることによって、最大の被害を蒙るのは最高裁判所だ。イスラエルには明文化された憲法がない。[2] 破棄院と憲法裁判所の役割を同時に担うイスラエルの最高裁判所は、民主主義を守る主要な防波堤の役割を担ってきた。これまでイスラエルで民主主義を尊ぶ人たちは、最高裁判所に敬意を表してきた。

ところが、一九九六年以降、極右勢力が政府の要職に就くようになると、政府は最高裁判所を明白な人種差別的な法律を施行する際の障害とみなすようになった。元法務大臣アイェレット・シャケド(右派の植民地推進論者〔第2章で紹介した「ファシズムの香り」の政党コマーシャルに登場した女性〕)は、最高裁判所判事の任命方法の変更を自身の政策課題に据えた。現状の任命方法は、弁護士を含む多様な利害関係者を代表する委員会が候補者を選出し、イスラエル大統領が承認するというものだ。だが、シャケドは候補者を政府だけで選出する形式への変更を試みた。彼女の言い分は、「自民族中心主義の公安国家に、見せかけだけの役に立たない民主主義は必要ない」である。

イスラエル最高裁判所は設立以来、国の主要な規範(ユダヤ民族の優位性)と民主主義の体裁の維持(ただし、パレスチナ人絡みの問題になるとあっさりと捨て去る)との間で揺れ動いてきた。端的に言うと、イスラエル最高裁判所が民主主義を擁護するのは、イスラエルのユダヤ人社会においてだけだ。

この七〇年間、イスラエル最高裁判所は、イギリスの植民政府から引き継がれた悪名高い「国防勅令」を有効とみなしてきた。その典型例は、イスラエルでは総保安庁が必要と判断するだけで、理由も期限も明示せずに行政勾留（パレスチナ人にのみ適用）が可能であることだ。[3]

同様に、最高裁判所は、長年にわたって治安当局による拷問の使用を「適度な身体的圧迫」として容認してきた。

二〇一八年一一月二二日、最高裁判所はエルサレム近郊のシャイフ・ジャッラーフというアラブ人居住区の住民たちの「退去命令は不当」という訴えを却下した。

その二日前の二〇日、最高裁判所はアラブ系遊牧民の首長サイェク・アブ・マディアムの「暮らしていた場所に戻りたい」という訴えを退けた。マディアムは、追放されたネゲヴ砂漠に戻ろうとしたために一〇ヵ月間刑務所に入っていた。

そして一日戻って二一日、最高裁判所はパレスチナ住民の訴え——エルサレムの「ユダヤ化」（つまり、エルサレムで暮らすパレスチナ人の追放）を目指すメシア思想の入植者団体「アテレット・コハニーム」の計画に異議を唱える——を却下した。

この団体は、旧市街に隣接するスィルワーン地区で暮らす一〇四人の住民を追放する計画を立てた。その理由は、これらの住民は第一次中東戦争（一九四八年）以前にユダヤ人が所有していた住居を「不当に」占有しているからだという。行政当局はすでにこの計画を承認していた。

最高裁判所は、パレスチナ住民の訴えを却下した理由を次のように説明した。「その土地が他人のものであると知らずに数十年にわたって暮らしてきた人々を立ち退かせることは、補償や代替地の提供などの手段がない場合、著しい困難をともなう。しかしながら、最高裁判所にはこの問題について判決を下す権限はない[4]」。こうして、この団体が計画していたパレスチナ住民の追放は実行に移された。

この三日間でのユダヤ人とアラブ人の争いを巡る三つの訴訟において、最高裁判所は「選ばれし者たち」を選んだ。

こうした傾向はお馴染みだが、入植者団体「アテレット・コハニーム」のケースは、イスラエルで進行中の根源的な変化を象徴している。それは、法務大臣がメシア思想の入植者団体を公然と支持したからでも、敗訴したパレスチナ人が勝訴者の訴訟費用に加え、（自分たちの住居であるのにもかかわらず）「不当な占拠」に対する多額の賠償金を支払わされたからでもない。すなわち、この訴訟の判決により隔離政策が法的に承認されたことが、イスラエル社会の根源的な変化なのだ。

第一次中東戦争中にパレスチナ人が手放した数多くのアパートには現在、ユダヤ人が住んでいる。裕福なパレスチナ人が住んでいた高級住宅街の豪邸は、イスラエル国防軍の将校にあてがわれた。では、逆の場合を想像できるだろうか。どこからともなくパレスチナ人が現れて「ここは俺のアパートだった」と主張してユダヤ人を追い出す場合だ。そのパレスチナ人が本来の持ち主だったかどうかもわからないのに、イスラエル最高裁判所はこの訴えを認めるだろうか。

土地と不動産を巡る所有権の争いは、当事者がユダヤ人やアラブ人かで法律の適用が大きく異なる。これが二〇一八年一一月に制定された隔離政策の根幹だ。『ハアレツ』は、「東エルサレムからのパレスチナ人追放の容認は、最高裁判所の劇的な変化を物語る」[5]と報じた。つまり、最高裁判所は自民族中心主義が法体系の根幹になったことを承認したのだ[6]。

二〇一八年に出版されたイスラエルの弁護士ミハエル・スファルドの著書『壁と門』[7]によると、裁判の対象がパレスチナ人の場合、その人物が占領地の住民であろうがイスラエル国民であろうが、高等裁判所の判事は常に人権の制限を容認してきたという。とくに、治安に関する法廷闘争では、倫理は隅に追いやられてしまう。

スファルドは、イスラエルの法体系および裁判制度は占領開始当初から占領地の植民地化に大きく寄与してきたと力説する。「イスラエルはユダヤ教の戒律に従うかのように、司法の最高レベルにおいてパレスチナ人の土地没収を合法的に行ってきた」[8]。

一九六七年以降、最高裁判所はパレスチナ人の住居取り壊しと強制収用を一貫して認めてきた。二〇〇七年のビルイーン村の勝訴というきわめて稀なケースは除き[9]、最高裁判所はヨルダン川西岸地区の分離壁の設置を認めてきた（国際司法裁判所は違法と認定）。分離壁ができたため、多くのパレスチナ人は自分たちの土地に行くことがきわめて困難になった（不可能になった場合もある）[10]。

二〇一九年、イスラエルの人権団体「ベツェレム」は、『見せかけの正義』という報告書を出版した[11]。この報告書は、最高裁判所はイスラエルの植民地政策に加担していると厳しく批判する。「最高裁判所は倫理の番人を自称しながら、外国の領土を軍事的に占領するという、国際法に反する国の政策を覆い隠す小さな布切れのような役割を果たしている」。

過去五〇年間、最高裁判所はほとんどの場合、イスラエル国防軍と入植者に有利な判決を下し、イスラエル以外の国の裁判所はどこも認めないだろう判決（例：入植地を「合法」と「違法」に区分）をしばしば平気で追認し、さらには入植者とパレスチナ人を同等に扱ってこなかった。

同様に過去五〇年間、住居取り壊しに異議を唱えるパレスチナ人の最高裁判所への上告は一度も成功していない。

反対に最高裁判所は、イスラエルによるヨルダン川西岸地区の半分の占領を合法化するために手練手管を弄してきた。たとえば、入植地周辺の国有地、安全地帯、イスラエル国防軍の訓練区域は、必ずと言っていいほど入植者の所有地になった。

この報告書によると、半世紀にわたって最高裁判所は、パレスチナ人から身ぐるみはがす試みに対し、「驚くほど弾力的」に法的根拠を与えてきたという。「ベツェレム」は、「最高裁判所の民主主義の遵守は、ポチョムキン村〔見せかけだけの施設〕を想起させる。この村で撮影されるイスラエルのプロパガンダ映画では、パレスチナ人は端役に過ぎない」[12]とため息をつく。

非政府組織の訴えに耳を貸すことなく、最高裁判所は公安国家を支持してきた。たとえば、第二次インティファーダの開始時〔二〇〇〇年〕、イスラエル政府は「公共の秩序を乱すナショナリスト〔つまり、パレスチナ人〕」を押さえ込むための規制を設けた。最高裁判所はこの規制を容認した。その際、規制の対象を「集団や個人が邪悪なイデオロギーで治安を乱すための行為」と定義した[13]。

この定義に従うと、違法行為や暴力でなくても、反体制的な意見を述べただけで投獄される恐れがある。法学者モルデハイ・クレムニツェルは、「最高裁判所が承認したこうした規制は、暗黒政権のやり口そのものだ」と苦言を呈した[14]。

しかしながら、最高裁判所の「見せかけの正義」を最も象徴するのは、二〇一五年四月の判決だろう。というのも、最高裁判所はこの判決により、イスラエルによるパレスチナ自治区への入植を事実上認めたからだ。

最高裁判所は、イスラエルへのボイコット運動は損害賠償をともなう民事上の不法行為だと判決を下した（五対四）。判決では、ボイコットは「イスラエルおよびその関係機関、またはイスラエルの管理下にある地域と結びつきがあるという理由だけで、イスラエルに損害を与えるために、経済、文化、学術の面でイスラエルとのつながりを断固拒否する行為[15]」と定義された。

最高裁判所は、「表現の自由は、ボイコット運動支持を罰する目的のためだけに制限されることになるが、そうした制限が「適宜」行われるのなら問題はない」と判断した。判決文を書いた判事ハナン・メルツェルは、ボイコット運動の呼びかけは「政治テロ」に等しい場合もあると論じた。

しかし、肝心な点は判決文の「イスラエルの管理下にある地域」という文言だ。これはパレスチナ自治区の婉曲的な表現だ。最高裁判所はこの文言によって、パレスチナ自治区の製品をボイコットするのはイスラエルをボイコットすることに等しいという政府の見解を認めた。

逆説的だが、これは「イスラエルは植民地政策を実施するのだからボイコットの対象になって当然」というＢＤＳ運動の主張を裏付けることになった。

ようするに、最高裁判所はイスラエルとイスラエルが支配するパレスチナ自治区を同一に扱ったのだ。市民団体「アメリカンズ・フォー・ピース・ナウ」のララ・フリードマンは、「この判決は、イスラエルの入植者とＢＤＳ運動にとって画期的な勝利だ[16]」と述べた。

この判決を下した翌日、最高裁判所は、政府が「不在者財産管理法」を東エルサレムのアラブ人の所有物にも適用することを認めた。これは入植者たちの長年の要求だった。

一九五〇年に制定されたこの法律に従い、国は「不在者」の土地や建物を没収することができた。「不在者」とは、イスラエルが帰還を禁じたために難民となったパレスチナ人のことだ。

この法律では、イスラエルに居住していないのに土地や不動産を持つ人物は不在者と見なされ、国は彼らの資産を没収することができた。この法律は「自発的に移住した」パレスチナ人の土地と建物に大々的に適用された。

一九六七年六月、イスラエルはヨルダン川西岸地区とガザ地区を征服すると、すぐに東エルサレムとその周辺地区を併合した。このとき以来、入植者たちは東エルサレムの「ユダヤ化」を推進するために「不在者財産管理法」の適用を求めてきた。

二〇一三年、この法律の適用にはさまざまな障害があったが、検事総長はこの法律の適用を正式に支持した[17]。

二〇一五年、最高裁判所はこの法律を承認した。土地と建物の略奪が是認されたのだ。

たとえば、次のような事態が想定できる。エルサレムから三キロメートルほど離れたところに暮らすパレスチナ人が東エルサレムに土地と建物を所有している場合、この人物の東エルサレムの資産は没収されるかもしれない。そして没収された土地と建物は、イスラエルに来たこともないアメリカ人が正式に取得する。このアメリカ人はこの資産を、アラブ人居住地区への入居を希望するユダヤ系イスラエル人を支援するために利用する……。

イスラエルの下級裁判所も同じ道のりを歩んでいる（最高裁判所よりも過激な判決を下す傾向がある）。三〇歳代後半のパレスチナ系イスラエル人の詩人ダリーン・タトゥールのケースは、教訓に満ちている。二〇一五年、ナザレ〔イスラエル北部の都市〕出身のほぼ無名の詩人だった彼女は、ユーチューブに「抵抗せよ、わが民族、彼らに抵抗するのだ」という詩を投稿した。「私は彼らの平和的解決に屈しない／私は最後まで闘う／私の土地から彼らを追放するまで」。この詩を投稿したため、タトゥールは携帯電話とインターネットを利用できない自宅軟禁を二年以上も強いられた挙句、「テロ組織を支援した」という理由で五ヵ月の禁錮刑に処せられた。

二〇一九年五月、ユーチューブの詩に対する有罪判決は覆されたが、他のＳＮＳへの投稿に対する有罪判決は維持された。

前出の法学者クレムニツェルによると、入植者組織が「英雄崇拝」を行っても、彼らにタトゥールと同等の罰が下されたことはないという。たとえば、一九九四年に「マクペラの洞窟」で乱射事件を起こした入植者バールーフ・ゴールドシュテインは、現在も狂信的な入植者たちの間で英雄視されている。

ゴールドシュテインと同様、『王のトーラ』の著者でラビのイツハク・シャピラも処罰されていない。シャピラはこの著書の中で、ユダヤ人の暮らしを脅かす非ユダヤ人、とくにアラブ人を殺害することを是認している。乳幼児も例外ではない。なぜなら、乳幼児も成長すると邪悪な性質を持つようになってユダヤ人に危害を加えるからだという。

法学者クレムニツェルは、「これらのラビは多くの弟子を持っている。よって、彼らは、裁判があるまでほとんど無名だったアラブの詩人とは比較にならないほど大きな影響力を持っている。そして、彼らは唖然とするような教義を説き続けている」[18]と警告する。しかし、アラブの詩人に判決を下した判事は、「この詩がたとえ一人にでも影響を与えたのなら、この詩人が投獄されるのは当然だ」と述べた。

パレスチナ自治区の軍事法廷も、五〇年以上にわたって偽りの正義の象徴であり続けている。軍事法廷の法律および適用は、特例ばかりで成り立っている。

『ハアレツ』の特派員アミラ・ハスによると、「軍事法では、占領に反対する闘争は犯罪と明記してある」という。どのような形態であれ、占領に反対するのは犯罪なのだ。ハスは、「水や土地の無断使用を監視する軍用車両に投石する行為を正当防衛だと主張する判事は一人もいない」[19]と嘆く。

弁護士ミハエル・スファルドは自身の経験から、「エルサレム北部にあるオフェル刑務所の法廷に連行されたパレスチナ人が正義の裁きを受けられる見込みは、まったくない」[20]と力説する。「下級法廷でのパレスチナ人の有罪率は九九%超だ。審理はヘブライ語で行われるため、多くの場合、被告人は理解できない。また、諜報機関の職員が秘密裡に証言する場合が多いため、被告人と弁護人は、どんな証言があったのかを知る由もない」と呆れる。

『ハアレツ』によると、五〇年近くパレスチナ人を弁護しているイスラエルの有名な弁護士レア・ツェメルにイスラエルの司法制度の変化について質問したところ、次のような回答があったという。「検察側と判事側の双方に変化を感じる。われわれはもう同じ土俵に立っていない。かつては互いを理解し合うことができたが、今日では意思の疎通がとれない。そして、誰もこうした状態を異常だと思わない。このような変化は判決文だけでなく、裁判時の「雑音」に確認できる」[21]。

警察も同様だ。弁護士ミハエル・スファルドの人権団体「イェッシュ・ディーン」の調査によると、二〇〇五年から二〇一七年までの期間で、パレスチナ人が入植者に暴力を振るわれたと警察に届け出た一一六三件のうち、警察が受理したのは二二件に過ぎず、そのうちの二〇件は免訴になった。ようするに、一一六三件の届け出のうち、裁判に至ったのはわずか二件だったという。

反体制派の当惑

最高裁判所が自民族中心国家の利益になる判決を下しているのに、極右と右派はそれでも不満な様子だ。彼らは民主主義の体裁を保つ「偽善」にうんざりしているのだ。堂々と「プールの飛び込み台から小便」がしたいのだ。つまり、民族分離国家を法的に確立したイスラエルを、世界中の人々に受け入れてもらいたいのだ。

右派のこうした苛立ちを示す例を紹介する。最高裁判所は数十年来、何百もの自治体がアラブ系住民の入居を禁止する判断を行政上の屁理屈を並べて認めてきたが、そうした措置を国民国家の法律に書き込むことは拒否してきた。ところが、「民族分離に法的根拠を付す」ことこそがイスラエル右派の望みなのだ。

イスラエル政府が、「最高裁判所は国会で決まったことを覆すことができない」という法案を提出したとき、エルサレムのヘブライ大学の元教授ダヴィッド・シュルマンは、「この法案が可決されるようなことがあれば、多数派の専制政治が確立し、譲ることのできない権利の概念が蝕まれるだろう[22]」と警鐘を鳴らした。

今日のイスラエルでは、何か対立があると、政府、軍隊、司法、警察はこぞって「正しい民族」の味方をする。パレスチナ人に対する一〇〇〇件の暴行のうち、裁判に至るのはわずか一、二件だ（民主主義という虚構を維持するため）。したがって、多くのパレスチナ人は警察に届け出を出すのをあきらめている（警察は届け出を受理しないか、受理しても捜査しないため）。

こうした事情を物語るのは、二〇一八年に『ハアレツ』に載った次のような記事の見出しだ。「エルサレムでユダヤ教ハシッド派（超正統派）の集団がパレスチナ人の若者たちを襲う。警察は助けを求めに来たアラブ人を逮捕[23]」。

イスラエル国民が公安国家への進行を阻止しようとしても、望みはほとんどない。

パレスチナの占領に反対する非政府組織の活動家たちは、「自分たちが行動するのは他に選択の余地がないからであり、傍観するのは良心の呵責を覚えるからだ」と述べる。ようするに、彼らにとってこれは「凡庸な悪には凡庸な善で」という道徳の問題なのだ（凡庸な悪：ハンナ・アーレントがナチスの悪を形容した言葉。根源的でなく凡庸な悪だからこそ社会全体に蔓延する）。

ところが、彼ら反体制派の活動家は、これまでにない統制と意見の封殺に直面している。もちろん、パレスチナ人のほうが公安国家イスラエルの厳しい監視下に置かれているのは確かだ。しかし、最近になって彼ら「国内の敵」は、急速に強まる政府の締めつけだけでなく社会的な圧力にもさらされるようになった。社会的な圧力が強まったのは、社会の多数派が公安国家に賛同するようになったからだ。

心理学者キム・ユーヴァルは次のように述懐する。「これまで、私は「ガザ地区に自由を！」という文字の入ったTシャツを着て、テルアビブの街を闊歩していた。そのような私の姿を見て顔をしかめる人はいたが、それ以上のことは起きなかった。だが今、そのTシャツを着て街を歩いたら、群衆にリンチされるだろう[24]」。

ユーヴァルは、以前はパレスチナ人擁護の活動をしていたが、現在はアフリカ移民の支援に従事している。「一五年前、パレスチナ人がデモ行進を行う際、ユダヤ系イスラエル人が彼らに交じって練り歩くと「防御」になった。というのは、イスラエル軍は発砲に躊躇したからだ。今日、イスラエル軍はそんなことなどまったく気にしない」。

数学者ダニエル・クロンベルクによると、イスラエルの生活で最も息苦しいのは、ユダヤ系イスラエル人の多数派がつくり出す「閉鎖的な精神性」だという。「シオニズムという言葉は、どんな状況であってもイスラエルの政策を支持することを意味するようになった。「お前はシオニストでない」と言われた時点で敵扱いされ、意見を聞いてもらえなくなる」と嘆く。イスラエルではこうした傾向は昔からあったが、一五年ほど前からさらに強まった。最悪なのは、「「あなたは人種差別主義者だ」と非難すると、相手は「そうだよ。それがどうした？」と言い返してくることだ[25]」と嘆く。

クロンベルクは、周囲から孤立するのではないかという個人的な恐怖に加え、蔓延する人種差別と恐怖政治が社会全体を奈落の底に突き落とすのではないかという社会的な恐怖を覚えるという。

サピル大学の映画学科長で映画監督のエレズ・ペリーは、「占領に異議を唱える者たちが形成する反対勢力の現実離れが強くなり、彼らは「自己検閲」に陥る」[26]と語る。これまでのところ、文化スポーツ省、教育省、防衛省が気に入らない教員を解雇したり、反体制的と判断した教育プログラムへの資金提供を取りやめたりする試みは、まだ成功していない。

「しかし、教授たちは「逸脱した意見」を述べることに躊躇し始めた。いつでも解雇可能な教員ならなおさらだ。自由に討論できる場であるはずの大学が、支配的なイデオロギーに迎合している。「文化的な忠誠」に関する法律がどのように運用されるのかを注視する必要があるが、自己検閲はすでに進行している」とペリーは解説する。ペリー自身も発言に注意するようになったという。「たったの一言で極右の憎悪に満ちた運動の標的になる恐れがある」のだ。

極右組織「イム・ティルツ」のような団体は、「裏切り者リスト」をつくることを専門にする。ペリーは「左派の人物を攻撃する際は、裏切り者という言葉を使うのが常套手段になった。フェイスブックはもっぱら糾弾の場になった」[27]と嘆く。

ハイファ大学で教鞭をとる詩人、シーガル・ナオール・ペレルマンの見方もペリーと同じだ。「自分の発言には注意している。イスラエル人は孤立した存在だ。大学の授業でイツハク・ラオール（占領政策に真っ向から反対した詩人）の詩を読むのはやめた」[28]。

中学や高校などの教育機関には、反体制派に対する敵意が根付いている。二〇一五年、テルアビブの高校教師ヘルツェル・シューベルトは、植民地化に反対するデモに参加したため解雇された。彼の高校の校長は教育省のこの決定に抗議したが、受け入れられなかった。

極右団体「強いイスラエルのための教師」の会長ロネン・ショヴァールは、「その教師は解雇でなく牢屋に放り込め[29]」と言い放った。

イスラエル北部の街ティヴォンでユダヤ史を教える教師アダム・ヴェレテは、「反シオニズム」のデモに参加したと生徒に告げ口された後、解雇された。しかし、学校側はヴェレテがデモに参加していなかったことを確認したため、ヴェレテは復職した。ところが、再び解雇された。なぜなら、「ヴェレテを雇用し続けると混乱を招くから[30]」だった。

数学者コビ・スニッツは、「今日のイスラエルでは、気に入らない人物を追い払うには濡れ衣を着せればよい。密告の時代の到来だ[31]」と悲憤する。さらには「数十年前、イスラエルのアラブ人学校の教壇に立つには、総保安庁《シン・ベト》の審査を受ける必要があった。だが、労働党のラビン政権時（一九九二年から九五年）、教育省はこの審査制度を廃止した。ところが今日、審査制度は復活しただけでなく、ユダヤ人学校の教師も適性検査を受けなければならなくなった」とため息をつく。

二〇年ほど前まで、イスラエルは自国を「ユダヤ的で民主的[32]」と定義していた。だが現実は、パレスチナ人国会議員アフマド・ティビが揶揄したように「ユダヤ人には民主的、アラブ人にはユダヤ的」だった。

ところが今日、イスラエルの民主主義は、ユダヤ人に対しても萎れ始めている。イスラエル総保安庁の元長官アミ・アヤロンは、公安国家の台頭に警鐘を鳴らす。「われわれは滑りやすい坂道でなく急斜面にいる。イスラエル国内の公安機関は民主主義の脅威になっている[33]」。

現在のイスラエルの特徴は、民主的な価値を徐々に捨て去っていることだ。だが、多くのユダヤ系国民はこれを支持している。パレスチナ人の扱いではすでにお馴染みの治安維持を金科玉条とする対応は、一部のユダヤ人社会にも拡大した。つまり、同胞から「裏切り者」と非難されながらも、自身の良心を守るために闘う一部のユダヤ人たちに対する締め付けだ。

二〇一九年、イスラエルの歌手で俳優のドゥドゥ・エルハラール（極右思想の持主）は、イスラエル当局に次のように呼びかけた。「今日、イスラエルのシンガーソングライターをはじめとする芸術家が、世界中でイスラエルの顔に泥を塗っている。彼らの表現の自由を制限する必要がある」[34]。エルハラールがこのように発言したのは、イスラエルがパリで企画したイスラエル映画祭をボイコットしようと呼びかけたイスラエルの映画関係者や芸術家に怒りを覚えたからだ（エルハラールは、表現の自由をどこまで制限するかまでは語らなかった）。

二〇一八年四月の『ハアレツ』に掲載された寄稿者ギデオン・レヴィーの記事「原因はネタニヤフでなく国にある」には、「悪と人種差別は、ガザ地区の国境からテルアビブにまではびこる」[35]という一節がある。レヴィーは「問題なのは、多くのイスラエル人がパレスチナ人や黒人を人間扱いしないことだ。もちろん、こうした悪に抗うイスラエル人もいる。彼らは人間的な人物であり、他者への思いやりがあり、道徳心の持ち主だ。彼らは決して少数派でないが、多数派と政府の弾圧によって身動きできなくなった……。ようするに、彼らは敗北したのだ。今日のイスラエルにおいて彼らは絶滅危惧種だ[36]」と説く。

三〇年から四〇年ほど前、ジャーナリストのウリ・アヴネリー、歴史家のゼエヴ・シュテルンヘル、エルサレム副市長のメロン・ベンヴェニスティ、そして一部のシオニストは、イスラエル社会が危機な方向に向かっていると警鐘を鳴らしていた。

人数だけを比較すれば、今日、同じような恐怖を感じている人の数は当時よりも多い。だが、当時の人々はイスラエル社会に溶け込んでいた。彼らの意見は一理あるとみなされ、社会の隅々にまで届いていた。ところが今日、占領と闘う非政府組織の活動家は、社会ののけ者にされ、疎外感を覚えている。

「沈黙を破る」の事務局長イェフダ・シャウルは、こうした変化を次のように説明する。
「私は、人々が自由で民主的な社会で暮らしたいと願う社会的な雰囲気の中で育ったが、そうした願いはイスラエル社会から消えてしまった。今日、八〇％以上のイスラエル人が他民族を支配するのは当然だと思っている。彼らはイスラエルの今とは別の姿を想像できないのだ。一方、入植者は少数派だが、彼らは国を計画的、組織的に掌握した。法律は徐々に遵守されなくなった。二〇一五年、イスラエル政府は入植顧問という役職まで設けて、彼らの代表を国会に迎え入れた。最高裁判所は機能しなくなった。法律はもはや重要ではなくなった[37]」。

法律は、重要でなくなったというよりも、強者だけに資するようになったということか。

当然ながら、イスラエルの芸術家、知識人、科学者は、自分たちの社会の逸脱に息苦しさと孤立感を覚えている。

数学者コビ・スニッツは、「まもなくアモス・オズ（二〇一八年没）やダヴィッド・グロスマンなどの穏健派シオニスト〔ともに作家〕の作品さえ読まれなくなり、さらには発禁になるかもしれない[38]」と憂う。

教育者ヤニヴ・サギーは左派の熱心なシオニストであり、ユダヤ・アラブ友好組織「ギヴァット・ハヴィヴァ・センター」の設立者でもある。二〇一八年、サギーは家族とともに過ごしたアメリカでの長期滞在から戻ってきたとき、自分の国では安らいだ気持ちになれないことを痛感したという。「イスラエルでの暮らしに生まれて初めて恐怖を覚えた。この恐怖は、イランやハマスといった外部でなく、人種差別主義者やナショナリストといった内部から生じる[39]」。

これまた当然ながら、息苦しさを覚える人々の中には、短期または長期にわたって国外へ逃れる者たちもいる。

たとえば、映画監督ナダヴ・ラピドはイスラエルを「居住不可能な国」と呼ぶ[40]。

世界的に有名なイスラエルの現代音楽家アサフ・アヴィダンは、「私は自分のことをイスラエル人だとは思わない。イスラエル出身だが、イスラエル人ではない[41]」と語る。

俳優であり映画監督のイタイ・ティランは、イスラエル演劇界の大スターだ。ティランは自身の政治的見解を思慮深く率直に語る。ドイツのシュトゥットガルト最大の劇団の指導者に抜擢されたティランは、ドイツに移住する前日に、「BDS運動を全面的に支持する。暴力をともなわない政治議論を深めたいのなら、たとえ困難であってもBDS運動への支持を強めなければならない。まともな左派ならBDS運動を支持すべきだ[42]」と説いた。

ティランは次のように解説する。「イスラエルの独立宣言では平等の尊さが謳われたように、平等を重視する左派が政権を握ったとき、シオニストは進歩的なイメージを前面に押し出して植民地主義的な側面を隠そうとした。だが、イスラエル社会の立ち位置を示す指標とも言える国の法律は、明らかに人種差別的で不平等になった。独立宣言に平等を書き込むだけでは不十分だったのだ」。

たとえば、帰還法だ。一九五〇年にイスラエルの基本法に組み込まれた帰還法により、イスラエルに定住を望む世界中のユダヤ人はイスラエルの市民権を得ることができる。ところが、一九四八年の中東戦争後に故郷を追われたパレスチナ人は祖国に戻ることができない。

インタビュアーとティランは、次のようなやり取りをする。

「では、あなたは、シオニズムは人種差別だと言うのか」

「そうだ」

「シオニズムは植民地主義でもあるのか」

「その通りだ。真実を見定めてこそ、意見を持つことができる」

言うまでもなく、ティランはイスラエル社会の急流に逆らう一握りの人々の代表格であり、社会や指導者の逸脱に直面してこの窒息状態から逃げ出そうとする象徴的な人物だ。

第8章　ヒトラーはユダヤ人を根絶したかったのではない
――ネタニヤフの歴史捏造、反ユダヤ主義者たちとの親交

本章が扱うのは、近年における最も奇怪な変化だ。すなわち、イスラエルの保守派は、外国の極右勢力や特定の集団を優遇する政策をとる指導者と親密な関係を築いたが、彼らはなんと反ユダヤ主義を標榜する人々なのだ。

一例を紹介する。二〇一六年一一月にアメリカ大統領に選出されたトランプは、スティーブン・バノンを大統領上級顧問に任命した。

同年、モートン・クラインが会長を務める極右団体ZOA（アメリカ・シオニスト機構）は、アメリカ最大の極右サイト『ブライトバート・ニュース』の元会長バノンをZOAの年次総会に招待した。だが、アメリカの主要なユダヤ人組織から非難の声が上がった。というのも、バノンは反ユダヤ的な発言をする人物として知られていたからだ。結局、バノンはその年の年次総会には参加しなかった。

ところが翌年二〇一七年、事情は一変した。この間、バノンはホワイトハウスの役職を退いた一方、

アメリカのユダヤ人団体は、ネタニヤフがトランプと緊密な関係を結んだことを目の当たりにした。バノンは「好ましからざる人物」ではなくなったのだ。

実際に、二〇一七年一一月に開かれたZOAの年次総会では、バノンはショーン・スパイサーやセバスチャン・ゴルカといったホワイトハウスの元名士たちと並んで特等席に鎮座していた。スパイサーは、「ヒトラーはシリアのアサド大統領のように、自国民に対して化学兵器を使わなかった」[1]という問題発言をしたホワイトハウスの広報官だった。ハンガリー系アメリカ人でトランプの顧問だったゴルカは、ハンガリーの反ユダヤ主義政党「ヨビック」と深いつながりを持つ人物だ。

なぜ、極右の反ユダヤ主義者がZOAの年次総会の来賓席に招かれたのだろうか。その理由は、彼らとイスラエルとの間に揺るぎない友情が芽生えたことにある。彼らと友情を育んだのはZOAの会長だけでなく、ネタニヤフとその側近たちも同様だ。

一体、イスラエルはどうなってしまったのか。

ホロコーストを扇動したのは、エルサレムのイスラム法官なのか

二〇一五年一〇月二〇日、ネタニヤフの発言は、第三七回世界シオニスト会議の出席者たちを唖然とさせた。「当時、ヒトラーはユダヤ人を絶滅させたかったのではなく、追い出したかっただけだ」[2]。

ネタニヤフによると、ヒトラーはエルサレムの大ムフティー〔最高のイスラム法官〕だったアミー

ン・フサイニーの提案を受け入れた結果、ユダヤ人を抹殺したという（フサイニーは一九三六年から一九三九年にかけて、パレスチナ人がイギリスの植民地支配に抵抗した「アラブの大蜂起」を指導した人物。このとき、イギリス軍は、シオニストの民兵の協力を得て蜂起に参加したパレスチナ人を徹底的に弾圧した）。

驚愕する聴衆を前に、ネタニヤフはヒトラーとフサイニーの会話を再現して見せた。

ヒトラー：「ヨーロッパからユダヤ人を追放するつもりだ」

フサイニー：「追放されたユダヤ人全員はパレスチナに来るだろう」

ヒトラー：「じゃあ、どうすればよい？」

フサイニー：「焼いてしまえ[3]」

一九四一年一一月二八日にフサイニーがヒトラーと一〇分ほど会った際に、こうしたやり取りがあったというのだ。だが、これはまったくの作り話だ。

なぜなら、ドイツはその五ヵ月前にソ連に侵攻しており、ナチスのアインザッツグルッペン（移動虐殺部隊）は、すでに大勢のユダヤ人を殺害していたからだ（結果的に一〇〇万人から一五〇万人のユダヤ人が虐殺された）[4]。さらには、ナチスはポーランドにベウジェツ強制収容所とヘウムノ強制収容所を建設中だった。

ネタニヤフのこの発言に、国際世論は驚愕し、ユダヤ人たちは呆気にとられた。

歴史家クリストファー・ブラウニングは、「ネタニヤフの発言には、ホロコーストを政治的に利用しようとする露骨な意図がある。フサイニーは「最終的解決」の発案者などではなく、むしろヒトラーが操ろうとした標的だった[5]」と一蹴する。

ホロコースト記念館「ヤド・ヴァシェム」の主任研究員ディナ・ポラットも「ネタニヤフの発言は完全な間違い[6]」だと切り捨てる。

『ハアレツ』の論説員アンシェル・プフェッファーは、「フサイニーはユダヤ人を憎んでいたかもしれない。しかし、一九四一年に無力な亡命者だったフサイニーがユダヤ人虐殺の首謀者だと主張するのは、実に馬鹿げている[7]」と呆れる。

しかし、ネタニヤフは持論を曲げない。歴史家ブラウニングはその理由を次のように説明する。「ネタニヤフはフサイニーの役割を大幅に誇張することにより、パレスチナ人全員がヒトラーの共犯者だとほのめかし、パレスチナ人には独立を要求する権利などないと言いたいのだ[8]」。

パレスチナ人を反ユダヤ主義者に仕立て上げるのはお馴染みの戦術だ。ユダヤ人は、ロシア帝国の農民の抑圧から逃げ出してオスマン帝国の支配下にあったパレスチナに入植し、先住民であるパレスチナ人の敵意を反ユダヤ主義と見なした。というのは、彼らの敵意を反ユダヤ主義と見なせば、自分たちは入植者だという事実を深く考えなくても済んだからだ。

先述のフサイニーは、ナチスと呼ばれた最初のパレスチナ人だった。フサイニーに汚名を着せたのは、イシューブ（一九四八年以前のパレスチナ地域におけるユダヤ人共同体）の行政官たちだった。しかし、イスラエルの歴史家の一般的な見解によると、フサイニーがナチスドイツに味方したのは、反ユダヤ主義というよりも反イギリスのナショナリズムからだったという。

とはいえ、第二次世界大戦とホロコーストの後、イスラエルは自国に敵対する中東地域の指導者を、ことごとくヒトラーの再来と見なしてきた。

その最初の人物がエジプトの大統領ガマール・アブドゥル＝ナーセルであり、次にナーセルの後継者アンワル・サーダートだった。[9]

ヤーセル・アラファート〔パレスチナの政治家〕に至っては完全にヒトラー扱いだった。一九八〇年六月、ヨーロッパ諸国が、ＰＬＯ（パレスチナ解放機構）を和平交渉に参加させる初の試みである「ヴェネチア宣言」を採択した際、リクード党の党首で首相のメナヘム・ベギンは、「われわれにヒトラーのような奴と交渉しろと言うのか」と憤慨した。

その後、イランが新たな脅威になり、マフムード・アフマディーネジャードがこの役割を引き継いだ。彼がイラン大統領を務めていたとき（二〇〇五年から二〇一三年）、彼のイスラエルでのあだ名は、「マフムード・ヒトラーネジャード」だった。

イスラエルに対する敵意をナチズムの復活と見なすのは、今に始まったことではない。イスラエルは、武力行使に踏み切る際も攻撃の標的を「ナチス」に仕立て上げる。

一九八二年六月五日、イスラエル首相メナヘム・ベギンが、「イスラエルはＰＬＯの拠点を攻撃するためにレバノンに侵攻する必要がある」と訴えた際、一部の閣僚が反対した。このとき、ベギンは彼らに対して「私を信じてくれ。われわれは第二のトレブリンカ強制収容所はつくらせないと決めたんだ」[10]と説得した。

第二次インティファーダでは、イスラエル国防軍がパレスチナ側の指導者マルワン・バルグーティーをラマッラーの自宅で拘束した際、国会議員ツヴィ・ヘンデル〔右派宗教系〕は、「われわれはアイヒマンの生まれ変わりを捕まえた」と興奮気味に語った。

奇怪なことに、イスラエルの指導者たちはヨーロッパのユダヤ人虐殺の歴史的な意味を失わせてしまった。ヨーロッパのユダヤ人虐殺はイスラエル国民にとってきわめて重要な出来事だが、日常生活では驚くほど陳腐な表現になってしまった。

ギデオン・レヴィーは、「イスラエルはユダヤ人虐殺の記憶を用いて、人道主義、正義、国際法の遵守を推進するのではなく、ナショナリズムを強化し、軍国主義を正当化した。今日のイスラエルでは、人道主義、正義、国際法の遵守は裏切りと弱さの兆候でしかない……。ホロコースト後、ユダヤ人は、武力の行使だろうが何をしても許されると考えるようになった」[11]と解説する。

レヴィーは次のように言い添える。「ホロコーストの「歪んだ教訓」を活かしているのはナショナリストだけ。そこには普遍的な結論や道徳的な教訓などない。毎年、イスラエルの多くの若者がアウシュヴィッツを訪れる。だが、アウシュヴィッツから戻った後に、ガザ地区との国境に張り巡らされた有刺鉄線の前で、「もうこんなことはごめんだ」と呟いた者はいない。彼らは逆に、「アウシュヴィッツが許されたのだから、ガザ地区だって構わない」と思っているに違いない」[12]。

ところで、イスラエルの多くの政治家には、あだ名や反ユダヤ主義的な蔑称がつけられている。最も一般的なのが、「イェフドン（小さなユダヤ人）」だ。これには「小者のユダヤ人」という侮辱的な意味が含まれる。一般的に平和主義的な考えを表明する人物がイェフドンと呼ばれると、「弱虫ユダヤ人」という意味になる。

イスラエルの極右は、ヘンリー・キッシンジャーや元駐イスラエル大使ダニエル・クルツァーなどのユダヤ系の人物を、ユダヤ国家への忠誠心が不十分だとして弱虫と呼んでいた。

イスラエルでは、「ナチス」や「カポ」[13]（強制収容所において収容者の中から選ばれた監視係）は、「アホ」という意味で用いられる。

二〇〇六年、イスラエル首相アリエル・シャロンがガザ地区から入植者を撤退させたとき、一部の過激な入植者は、強制収容所の囚人服を着てこの決定に抗議した。

今日のイスラエルでは、ナチス絡みの常軌を逸した表現はかなり一般的だ。たとえば、前出の人種差別主義者で右派の歌手ドゥドゥ・エルハラールは、「トレブリンカ強制収容所の屋根に上り、アモス・オズが煙突から煙となって消えていく光景が見れたら、私はどれほど幸せな気分になれるだろう」[14]と言ってのけた。二〇一八年一二月に亡くなったオズはイスラエルで最も著名な作家であり、エルハラールが忌み嫌うシオニスト左派のご意見番だった。

極右の入植者たちも唖然とするような表現を用いる。二〇一五年、主要な入植活動団体「サマリア市民委員会」の会長ベニー・カツォーバーは、ユーチューブに「永遠のユダヤ人」という動画を投稿した。これは一九四〇年に公開されたナチスドイツ制作の同名の映画（おずおずとした眼差しの鉤鼻のユダヤ人が堕落した生活を送る）のパロディーだ。カツォーバーの動画に登場する人物も異様な身体的特徴を持つが、これらの人物は、パレスチナ人の権利を擁護する、あるいは平和を訴える非政府組織の指導者たちだ。カツォーバーは、「ユダヤ系イスラエル人の平和主義者は、鏡で自分の姿を見ることもできない弱虫[15]」とからかう。

一九九三年のオスロ合意後、イスラエルのナショナリストはアリエル・シャロンとベンヤミン・ネタニヤフが見守る中、イツハク・ラビン〔当時のイスラエル首相〕とシモン・ペレス〔当時のイスラエル外務大臣〕にヒトラーのチョビ髭をつけ、ナチス親衛隊の制服を着せた写真を掲げてデモ行進した。

政敵を当然のように「ナチス」呼ばわりする国は、世界中でイスラエルをおいて他にないだろう。これはイスラエル社会のホロコーストに関する無知に起因する。どういう訳かイスラエル国民はホロコーストの知識が乏しい。イスラエルにはホロコーストに関する世界的な研究機関があるが、ほとんどのイスラエル人にとってのナチズムは、二〇〇〇年にわたる苦悩の果てに行き着いた強制収容所でしかない。

なぜナチスはユダヤ民族全体の抹殺を目指すようになったのか。そこには、どのような人種的なイデオロギーがあったのか。ナチス政権はどのように機能していたのか。これらの質問に対し、ほとんどのイスラエル人はまったくの無知だ。彼らにとって、ナチズムは反ユダヤ主義に基づく狂気でしかない。彼らは、「イスラエルに敵対する者は必然的に反ユダヤ主義者なのだから、反ユダヤ主義者を「ナチス」扱いするのは当たり前[16]」だと考える。

映画監督エレズ・ペリーは、「イスラエルに反対する者はユダヤ人を含めて全員が反ユダヤ主義者、そしてイスラエルを支持する者は全員がユダヤ教の法にかなった人々というように、大衆は実に単純に考える[17]」と呆れる。

ネタニヤフの大ムフティー〔フサイニー〕に関する発言は、大衆の無知に付け込み、ナチズムとホロコーストを都合よく利用したものだ。専門家や一部の知識人は声を大にして非難したが、大衆はほとんど関心を示さなかった。世論調査では、ネタニヤフの支持率は一％も下がらなかった。二〇一九年から二〇二〇年にかけての三回の総選挙において、ネタニヤフ首相の対立候補の中で、ネタニヤフのこの発言を問題視する者は誰もいなかった。

しかしながら、アメリカの多くのユダヤ人共同体は、この発言を厳しく批判した。一方、フランスでは、ＣＲＩＦ（フランス・ユダヤ人団体代表評議会）はおもに別の観点に目を向けた（ＣＲＩＦとフランスの他のユダヤ人組織の動向については、後の章で詳述する）。

いずれにせよ、ホロコーストを発案したのはフサイニーだとするネタニヤフの妄想は、イスラエルの劇的な変化を示している。とはいえ、ネタニヤフは一九九五年に出版した著書『持続的な平和：諸外国におけるイスラエルとその立ち位置[18]』において、ヒトラーとフサイニーの会談についてすでに記していた。この本の中でネタニヤフは、ヒトラーに「われわれには共通の目標がある。パレスチナのユダヤ人を抹殺することだ[19]」と語らせている。マフムード・アッバースがＰＬＯの大統領になる前に出版されたこの本では、ネタニヤフはアッバースを「ユダヤ人大量虐殺の意図をフサイニーから受け継いだ人物[20]」と形容している。

ホロコーストは、ヨーロッパの指導者だったナチスが仕組んだ犯罪であり、抹殺の対象は同じヨーロッパに住むユダヤ人だった。よって、ネタニヤフが史実に関して嘘を述べる理由は一つしかない。ネタニヤフは、ユダヤ人絶滅を提唱したという責任をナチスからフサイニー、ひいてはパレスチナ人へと転嫁することによって、パレスチナや中東といったイスラム圏が反ユダヤ主義の温床になっていると主張したいのだ。

これは明らかに欺瞞だ。たしかに、アラブ・イスラム世界における反ユダヤ主義の拡大は懸念される。しかし、歴史を通じてアラブ・イスラム世界の反ユダヤ主義がヨーロッパ大陸ほど過激になったことはない。イスラム教を反ユダヤ主義の巣窟に仕立て上げるのは事実に反する。もっと言えば、それは恐るべき扇動だ。

「キリストの磔刑」はイスラム教でなくキリスト教から登場した概念だ。ドレフュス事件が起きたのはパキスタンではない〔一九世紀末のフランスで起きたユダヤ系軍人に対する冤罪事件〕。『シオン賢者の議定書』〔二〇世紀初頭に出版されたユダヤ人が世界を支配するという陰謀論〕はメッカで書かれたのではなく、ロシア皇帝の秘密警察が作成した。

一九〇三年と一九〇五年には、モルドバの首都キシナウで大規模なユダヤ人迫害が起きた。

残念ながら、ヨーロッパで起きたホロコーストは枚挙にいとまがない。ネタニヤフは手品師のように、国際世論の関心を白い肌のキリスト教徒が住むヨーロッパ諸国から、褐色の肌のイスラム教徒が住む中東諸国へと移そうとしている。ネタニヤフは、ヨーロッパやアメリカをはじめとする狂信的な人物の反ユダヤ主義的な発言には目をつぶりながらも、彼らとのイデオロギー的な絆を強固にする。互いに共通するのは、押し寄せる大群から西洋を守ることだ。

イスラム嫌悪という絆

イスラエルは、外国の自民族中心主義ナショナリストと、排他主義、とくにイスラム嫌悪を軸に絆を深めている。

二〇一八年一〇月二七日、アメリカのペンシルベニア州ピッツバーグの「生命の木」シナゴーグ

（ユダヤ教礼拝所）で、一一人のユダヤ人が殺害された。ドナルド・トランプはこの事件の犯人の動機については一言も触れず、「憎しみと大きな怒りを生み出して社会を分断させる国民の本当の敵は、フェイクニュースとメディアだ」[21]とツイッターで吼えた。ところが、ネタニヤフと彼の仲間たちは何の反応も示さなかった。

「白人至上主義」を唱える犯人ロバート・バワーズは、彼の忌み嫌う「侵略者」（移民）を連れてきたのはユダヤ人だと主張した。ちなみに、バワーズの述べる「アーリア人の純血性を汚すために狡猾に行動するユダヤ人」はヒトラーの受け売りだ。ヒトラーは『わが闘争』に「ラインラント（ドイツ西部）に黒人を連れてきたのは、今も昔もユダヤ人だ。彼らは憎むべき白人を雑種化することによって破壊するという、隠された目的と明白な意図を持つ」[22]と記した。

ピッツバーグ地域のユダヤ人およそ三万五〇〇〇人は、トランプ大統領のピッツバーグ乱射現場の慰問に抗議した。嘆願書には「この三年間、あなたの発言と政策により、白人至上主義勢力は急拡大した。（……）昨日の暴力はあなたの影響が露骨に現れた結果だ。あなたのせいで標的になったのは、われわれユダヤ人共同体だけではない。あなたは、有色人種、イスラム教徒、性的少数者、身体障碍者の安全も意図的に貶めた」と記してあった。

ところが、ネタニヤフの側近であり極右団体ＺＯＡ（アメリカ・シオニスト機構）に深く関与する駐米イスラエル大使ロン・ダーマーと、同僚のニューヨーク総領事ダニ・ダヤンは、すぐさまトランプを擁護した。

アメリカには、ユダヤ人を排斥するための理屈がすでにあった。二〇一七年八月一一日と一二日、ヴァージニア州シャーロッツヴィルで行われたネオナチの集会では、「ユダヤ人がわれわれに取って代わることは許されない」[23]という気勢が上がった。彼らはピッツバーグの犯人と同じくユダヤ人が「大規模な補充」〔大量の移民流入〕の黒幕だと考えていた。八月一二日、ネオナチの一人がこの集会に抗議するデモ隊に車で突入し、このデモに参加していた若い女性ヘザー・ヘイヤーが死亡した。

この事件を受け、トランプは「どちら側にも素晴らしい人はいる」と述べた。言い換えると、「ネオナチと反人種差別主義者のどちらか一方だけが悪いのではない」ということだ。

イスラエル大使ダーマーもトランプの戦術を拝借した。「ピッツバーグの犯人は白人至上主義者かもしれないが、ユダヤ人を攻撃する人はどちらの側にもいる」[24]と前置きし、すぐにミネソタ州から下院議員に立候補した反イスラエルの急先鋒である民主党員イルハン・オマルに言及した。

つまり、イスラエル大使ダーマーは、反人種差別主義者に対する白人ネオナチの犯罪から、何の罪も犯していない移民でイスラム教徒の黒人民主党議員へと話をすり替えたのだ。

ネタニヤフ政権がアメリカで最初に同盟を結んだのが、アメリカの極右思想「オルタナ右翼」の人々であり、彼らの基本的な論理はこうしたすり替えで構成されている。これは「ヨーロッパのユダヤ人を絶滅させた張本人はエルサレムの大ムフティー〔フサイニー〕」というネタニヤフのすり替えと同じ話法だ。

アメリカでは、シオニスト右派、つまり、ユダヤ人の中でも極右集団に属するユダヤ人の活動が盛んな地域では、イスラム嫌悪の声が強い。たとえば、スティーブン・ミラー（トランプに対し、七ヵ国のイスラム教国からアメリカへの入国を禁止するよう進言）、デヴィッド・ホロヴィッツ、ベン・シャピーロ、ジョエル・ポラック、パメラ・ゲラー（オバマを常に「フセイン・オバマ」と呼んでいた）といった面々だ。イスラエルの政治と白人至上主義を熱烈に支持するこれらの者たちは、イスラム嫌悪を掲げてメディアで活躍してきた。

二〇一六年、駐米イスラエル大使ロン・ダーマーは、アメリカの反イスラム系で極右のシンクタンク「安全保障政策センター」から表彰された。このシンクタンクは、アメリカ国内のモスク建設反対運動の旗振り役だ。

イスラエル右派に敵対的な親イスラエル団体「Ｊストリート」の会長エヴァ・ボルグウォートは、イスラエル入植地と反イスラム組織の双方に資金提供しているアメリカのユダヤ人組織を調査した。調査の結果、ヘレン・ディラー家族財団は「アメリカのイスラム化を食い止めろ」のスローガンで知られる反イスラム団体「アメリカの自由防衛構想」に出資していた。

サンフランシスコの「ユダヤ人共同体連盟」は、ＢＤＳ運動の「弱体化」に熱心に取り組む「カナリアの使命」、そしてイスラム嫌悪を商売の種にする極右の変人ジェームズ・オキーフが設立した「真実の計画」に資金提供していた。こうした例は枚挙にいとまがない。

アメリカの福音派とユダヤ人

しかし、最も親密な関係にあるのは、イスラエルの入植者右派とアメリカの福音派だ。一九八〇年代に始まったこの関係は、アメリカ同時多発テロ事件後に強化された。

第二次インティファーダの最中の二〇〇二年、私は『ルモンド』の特派員としてCCA（キリスト教連合）調査団のイスラエル訪問を取材した。右翼の牧師パット・ロバートソンが設立したCCAは当時、二〇〇万の会員と一五〇〇万人の支持者を持つアメリカ最大の福音派組織の一つだった。

CCA調査団の「イスラエル訪問」という表現は正確ではない。というのは、調査団はイスラエル滞在中の四日間すべてをパレスチナ自治区の調査に費やしたからだ。一日は東エルサレムにあるキリスト教聖地を訪れ、残りの三日は宗教系ウルトラ・ナショナリストのユダヤ人入植地で過ごした。現地の案内は、極右団体ZOA（アメリカ・シオニスト機構）の指導者だったCCA広報官ロン・トロシアン（イスラエル系アメリカ人）が担当した。イスラエル側の受け入れ代表者は、パレスチナ人追放を訴える極右のラビであるベニー・エロンだった（エロンは国会議員でもある）。

訪問の最終日、私はCCA会長に就任したばかりのロベルタ・コウムズ、そして調査団の受け入れ代表者エロンにインタビューした。

私がコウムズに「キリストが地上に戻ってきたら、ユダヤ人はどうなりますか」と質問すると、コウムズは「ユダヤ人はキリストが救世主だと認めるでしょう」と確信を持って答えた。「では、そう認めないユダヤ人はどうなりますか」とさらに質問すると、コウムズは無念の表情を浮かべながらため息をつき、ゴグとマゴグ（旧約聖書と新約聖書に登場する神に逆らう勢力）、七年間の患難時代、黙示録、ハルマゲドンなどの説明を始めた。私が「ユダヤ人にとっては悪い話ですね」と述べると、コウムズは「その通りです。ゲヘナ（燃え続ける火）です」と断言した。

次に、ラビのエロンにインタビューした。エロンはもちろん、自分の救世主の到来を信じている。

私がエロンに「その日が来たとき、あなたの友人であるキリスト教徒はどうなりますか」と質問すると、エロンは「そうですね。彼らはキリストが偽の救世主だったと気づくでしょう」と残念そうに答えた。私が「じゃあ、気づかないキリスト教徒はどうなるのですか」とさらに質問すると、エロンは「もちろん、地獄に堕ちます」と即答した。

今日、福音派とラビは強い絆で結ばれているが、双方ともこの世の終わりに勝利するのは自分たちの神だと確信している。

エロンは、福音派との絆の基盤について次のように説明した。「過去二〇〇〇年間、反ユダヤ主義者はおもにキリスト教徒でした。ところが、イスラエルの再興によって大きな変化が生じたのです。今後、反ユダヤ主義者はイスラム教徒です」。これこそがエロンの「転向」とアメリカの福音派との間に築かれた絆の基盤である。[25]

こうして二〇一八年五月一四日（イスラエルの建国記念日）、エルサレムで行われたアメリカ大使館をテルアビブからエルサレムに移す式典には、テキサス州のメガ・チャーチ（一度の礼拝に二〇〇〇人以上が集まる巨大な教会）の牧師であるロバート・ジェフレスとジョン・ハギーが参列した。国際社会は、トランプが指導したアメリカ大使館の移転を強く非難した。この二人の牧師の移転式典への出席は、福音派の勝利を物語っていた。

テキサス州ダラスの第一バプテスト教会の指導者ジェフレスは、トランプの福音派諮問委員会のメンバーでもあり、トランプに助言してきた。ジェフレスは長年にわたり、同性愛やイスラム教を厳しく批判してきた。ユダヤ人についてどう思うかという質問に対し、「ユダヤ人である限り救われません。新約聖書に登場する三人の偉大なユダヤ人、ペテロ、パウロ、そしてイエス・キリストがそう説いています。彼ら全員が「ユダヤ教では救われない。唯一救われるのはイエス・キリストへの信仰だ」と語っています[26]」と答えている。

ジェフレスと同様にテレビ伝道師のジョン・ハギーは、キリスト教シオニストをメンバーに含む「イスラエルを支持するキリスト教徒連合」の設立者だ。ハギーは、「ユダヤ人はスピリチュアルなもの以外、すべて持っている[27]」と語る。

ジェフレスと同様、ハギーも「ディスペンセーション主義」を信じている。この神学思想では、イエス・キリストが永遠の王国を築くために地上に戻ってくる栄光の日まで、人類史は七つの時期に分割される。そこで、ユダヤ人は重大なジレンマに直面する。すなわち、改宗して神の祝福を受ける道筋を歩むか、改宗を拒否して地獄へ堕ちるかだ。

ロバートソン、ジェフレス、ハギーなどの福音派の牧師は、典型的な反ユダヤ主義者であり、ユダヤ人よりもカトリック教徒を嫌っていたＫＫＫ（クー・クラックス・クラン）の「ライト版」だ。いずれにせよ、彼らは全員、反イスラムの活動家だ。

福音派とイスラエル右派の関係には、イスラム嫌悪という絆がある。アメリカでの反イスラムのデモには、極右シオニストの姿が必ず見られる。同様に、ハバド・ルバヴィッチ派などのユダヤ教超正統派も福音派との結びつきを強めている。「文明の衝突」の産物とも言えるイスラム嫌悪は、アメリカの白人至上主義者、ヨーロッパの極右、インド人民党（ＢＪＰ）の民兵という、狂信的な者たちをまとめ上げる接着剤になっている。

イスラエルとその応援団の活動には、しばしば冗談かと思うようなことが起きる。たとえば、次のような例だ。

二〇一八年秋、ドイツで「ＡｆＤ（ドイツのための選択肢）を応援するユダヤ人」という組織が結成された（ＡｆＤはイスラム嫌悪の極右政党であり、ネオナチとつながりがある）。

イスラエルでは、故ラフィ・エイタンがこの組織を応援した。エイタンは、一九六〇年にホロコーストの主犯格アドルフ・アイヒマン[28]をアルゼンチンで拘束する計画を立てて実行した人物だ（その後、エイタンはモサドの幹部になった）。

二〇一九年三月に死亡する前年、エイタンはＡｆＤを支援するという奇妙な行動に出た。その理由は、「ＡｆＤはイスラム系移民がヨーロッパにもたらす脅威を理解している唯一の政党」だからだという。「ドイツは、二つの世界大戦で自国の兵士たちが成し遂げたことを誇りに思うべきだ」と発言したアレクサンダー・ガウラントを含むＡｆＤの幹部に、エイタンは次のようなビデオ・メッセージを寄せた。「国境開放という危険かつ間違った政策を阻止するＡｆＤは、ドイツだけでなくイスラエルを含む西側諸国に大きな希望をもたらす[29]」。

ナチス狩りの主要人物（エイタン）がおよそ六〇年後に、イスラム嫌悪だけを接点にして移民狩りのネオナチ（ＡｆＤ）と意気投合するといった奇妙なことが起きたのだ。エイタンの声援に対し、排他主義のＡｆＤ副党首ベアトリクス・フォン・シュトルヒは、「拡大するイスラム主義」に抵抗する前哨基地イスラエルへの称賛を忘れなかった。

東ヨーロッパに古くから存在する反ユダヤ主義者との絆

さらに奇妙なのは、東ヨーロッパの間に古くから存在する反ユダヤ主義者とイスラエル右派との絆だ。

とはいえ、修正シオニストと呼ばれるネタニヤフたちは、ヨーロッパの自民族中心主義のナショナリストと思想的なつながりを持つ。というのは、修正シオニズムの源泉は、東ヨーロッパのほとんどのナショナリズムの根幹をなす民族性に基づく教義にあるからだ。その一方で、この教義はシオニズムの要素を取り入れていた。よって、似た者同士の両者がファシズムに魅力を感じるのは当然かもしれない。ちなみに、ネタニヤフの父親ベンツィオン・ネタニヤフは、ムッソリーニを崇拝していた。

一九二八年、パレスチナのユダヤ人入植者で、アバ・アヒメイルという修正シオニズムの政党メンバーだった人物が、ブリット・ハ＝ビリオニーム（「悪党同盟」、あるいは宗教的な意味でなら「狂信者同盟」）という組織を結成した。この組織には、「偉大なイスラエル」を志向するウルトラ・ナショナリストのウリ・ツヴィ・グリンベルグが加わった（グリンベルグは後にイスラエルの「国民的な詩人」[30]の一人になった）。

最大修正主義者と名乗った彼らは、自分たちの組織はイギリスの植民地政権、さらには現地のパレスチナ人に対して手ぬるいと考えていた（後者に関しては、全員を追放すべきと主張していた）。さしあたってはパレスチナ人の集まる市場に爆弾を投げ込み、パレスチナ人を恐怖のどん底に陥れようと計画していた。

アヒメイルは、ユダヤ人国家の復興について「イスラエルの土地」に基づく神学的かつ過激な見解を持っていた。アヒメイルが修正シオニストの日刊紙『ドアル・ハヨム』〔メール・トゥデイ〕に連載していた「ファシストの日記」というコラムでヒトラー支持を表明すると、「悪党同盟」は空中分解した（それ以前にも多くの離反者を出していた。だが、一時期は修正シオニストの青年組織「ベタール」に多大な影響を与えていた）。

一九三三年、アヒメイルは、ヒトラーを支持したのは「反マルクス主義の核心」だからだと弁明した。共産主義に対する憎悪が一致していれば、同盟を結ぶ相手が誰であろうと構わないということか。シオニズムの歴史において、アヒメイルと「悪党同盟」は、つかの間ではあったが重大な影響をもたらした。[31]

先ほど述べたように、彼らの支持者たちは反ユダヤ主義者と思想基盤を共有しているため、反ユダヤ主義者と共通の目的を持った。一九四〇年代、このファシスト的シオニズムは、帝国主義的な野望（ヨルダン川両岸にアラブ人のいないユダヤ人国家をつくる）と、反帝国主義的なテロ戦術（パレスチナからイギリスを追い出す）を結びつけたレヒ組織（別名シュテルン・ギャング）となって現れた。

私が知己を得た修正シオニストの青年組織「ベタール」の指導者は、一九六〇年代に極右集団「西洋」に属していたという。「西洋」は反ユダヤ主義の組織だったが、この指導者にとってはアヒメイルと同じく「反アラブ、反共」であることのほうが重要であり、反ユダヤは副次的なことだった。

ヒトラーとムッソリーニは消え去ったが、修正シオニズムの流れを汲む精神は独裁と強い政府を志向する人々の心に今も宿っている。すなわち、「本物」のアメリカ人、「本物」のハンガリー人、「本物」のポーランド人、「本物」のフランス人、そしてイスラエルの場合はユダヤ人だけに利益をもたらす政府を標榜する人々だ。共産主義が消滅した現在、彼らに共通するのはイスラム教徒と進歩主義者に対する憎悪だ。

イスラエルでは、修正シオニズムの流れは変わらなくても、決定的な変化が生じた。一九三〇年から一九四〇年までの時代とは異なり、ファシズムが大きな支持を得るようになったのだ。その証拠に、今も人種差別主義者でありウルトラ・ナショナリストであるファシズムの信奉者は、政府、軍事、外交、行政、研究機関で要職を務めている。

まったく新しい現象として、ネタニヤフと彼の側近たちは、世界の「強い人物たち」と絆を深めている。彼らの共通の関心事は、自分たちの民族の優位性、移民や少数派に対する嫌悪、人権擁護や報道の自由に対する憎悪、そして自分たちに従順な司法だ。

だからこそ、ネタニヤフらが付き合う人物が反ユダヤ主義者であっても、イスラエルの政治家や国民（パレスチナ占領に反対するごく一部の人々を除く）は、ほとんど否定的な反応を示さなかったのだ。

イスラエルの指導層とヨーロッパの狂信的な自民族中心主義者との絆は、二〇〇九年にネタニヤフが首相に返り咲くとさらに強固になった。

二〇一〇年一二月一五日、欧州議会の極右政党の議員を含む「自由のためのヨーロッパ連合」の代表団が、イスラエル政府の招きでテルアビブに到着した。代表団には、ハインツ＝クリスティアン・

シュトラーヒェ（オーストリア）、ヘルト・ウィルダース（オランダ）、フィリップ・デウィンテル（ベルギー）といった極右の面々がいた。

このとき、ウィルダースは、「イスラエルはわれわれの闘いを代行している。エルサレムが（イスラム教徒に）陥落すれば、次はアムステルダムとニューヨークだ」と言い放った。デウィンテルは、「イスラエルのアラブとの紛争は、西洋文化のイスラム過激派との闘争だ[32]」と断言した。

この訪問をきっかけに、イスラエルは、ハンガリーとポーランドの政府、さらにはイタリアのマッテオ・サルヴィーニのような排外主義者、インド、フィリピン、ブラジルの独裁的な自民族中心主義の政権と戦略的なつながりを持つようになった。

これらの国の指導者たちはエルサレムを訪れ、ホロコースト記念館「ヤド・ヴァシェム」に招かれた。「ヤド・ヴァシェム」において彼らは、「国際機関の総会においてイスラエル支持を約束する代わりに、ホロコーストの犠牲者から赦しを得た[33]」（近代ユダヤ史とホロコーストが専門のヘブライ大学教授ダニエル・ブラットマンの弁）。

二〇一六年にヨルダン川で洗礼を受けたブラジルのジャイール・ボルソナロは、ヒトラーを「偉大な戦略家[34]」と呼び、強制収容所でユダヤ人が死亡したのは飢えと寒さが原因だったと示唆した人物だ。

フィリピン大統領ロドリゴ・ドゥテルテは、二〇一六年に「ヒトラーは三〇〇万人のユダヤ人を殺した。フィリピンには三〇〇万人の麻薬中毒患者がいる。私は彼らを殺してしまえばいいと思っている[35]」と言い放った人物だ。

ようするに、ボルソナロとドゥテルテは、ホロコーストやユダヤ教のことなど何も知らない人物なのだ。

しかし、自国の反ユダヤ主義の歴史をつぶさに知っているハンガリーやポーランドの政治家はどうなのだろうか。

歴史家フランチェスカ・トリヴェラートは、著書『信用の約束と危険』[36]の中で、ユダヤ人が金融界を密かに操っているという反ユダヤ主義を助長させる神話は、過去、そして現在も広く語られていると記している。

トリヴェラートによると、ハンガリー首相オルバーン・ヴィクトルはユダヤ人のことを、隠れて巧妙に立ち回る不寛容な人物だと評したという。「無節操であり、尊敬すべき対象ではない。国のためでなく国際的な仲間のためにしか働かない。勤労とは無縁で投機行為で荒稼ぎする。愛国心はなく世界は自分たちのものだと思っている[37]」。根無し草、投機家、悪の天才など、これらすべては狡猾なユダヤ人というお決まりのイメージだ。

ナショナリストかつ超保守主義のキリスト教徒オルバーンは、一九二〇年から一九四四年まで摂政〔ハンガリー王国の元首〕を務めた反ユダヤ主義者ホルティ・ミクローシュを「類いまれな政治家」と称賛した。ホルティはナチスによって退陣させられるまで、ハンガリーをナチスドイツが支配する枢軸国に加入させ、一九二〇年から一九四四年にかけてニュルンベルク法〔ユダヤ人差別法〕を模した法律を施行させた人物だ。

二〇一七年七月一八日、ネタニヤフはハンガリーに赴き、オルバーンと会談した。ハンガリーに行く数日前、ネタニヤフは駐ハンガリー・イスラエル大使ヨッシ・アムラニの失策を正すために介入を余儀なくされた。その経緯は次の通りだ。

イスラエル大使はハンガリー政府に「ハンガリー生まれのユダヤ系アメリカ人投資家ジョージ・ソロス氏に対する批判活動は、悲痛な記憶だけでなく憎しみと恐怖を呼び起こす[38]」という書簡を送り、明白な反ユダヤ主義に基づく批判を中止させるよう申し入れていた。しかし、オルバーンはイスラエル大使の要請を一蹴した。

ネタニヤフはこの事態をどう裁いたのか。ネタニヤフは、なんとイスラエル大使に対して「君の仕事は、自分が大使を務める国の政治に関わることではない。内政に干渉するな」と叱責したのだ。

イスラエル外務省は広報官を通じて、「ジョージ・ソロス氏は、イスラエルの民主的に選出された政府を常に弱体化させてきた人物であり、イスラエル大使にはソロスに対する批判を和らげようとする考えはなかった[39]」と弁解した。

イスラエルでは、ごく一部の人々から「ネタニヤフとその側近たちは、政治的な同盟関係を築くために反ユダヤ主義者と手を組んでいる」という批判が噴出した。今回の場合は、オルバーンとの同盟関係を強化するために、オルバーンの反ユダヤ主義は不問に付された。

こうした雰囲気の中、ホロコースト記念館「ヤド・ヴァシェム」の学者たちは、ジャーナリストのマッティ・フリードマンと意見を交わした[40]。

一人の学者は次のように自問した。「自国においてはユダヤ人や他の少数派に対する敵意を煽るが、イスラエルに対しては敬意を表するヨーロッパの右翼政治家と、われわれはどう接すればよいのか」。

別の学者は、「ホロコースト記念館がネタニヤフの外交政策や外国の政治家の記念撮影のために利用されている」と不満を述べた。

さらには、「ホロコースト記念館が政治的な道具になり、われわれがホロコーストの教訓だと信じることが否定されている」と憤る学者もいた。

しかしながら、ヘブライ大学教授ブラットマンによると、ホロコーストの記憶をシオニスト的な解釈、つまり、「イスラエルならびに激化するナショナリズムを正当化するためだけに利用するのは何も新しいことではない」[41]という。そうはいっても、ホロコーストの記憶を政治的に利用する行為は、過去一〇年間で最高潮に達した。

二〇一八年二月、ポーランドの第一党「法と正義」党（党首ヤロスワフ・カチンスキ）は、ポーランドの国家あるいは国民がホロコーストに加担したと示唆した者を禁錮刑に処す、という法案を可決させた。イスラエルはこの「記憶法」を激しく批判した。

愛国心に溢れる「法と正義」党は、ポーランドは第二次世界大戦の犠牲者に過ぎないというイメージをつくり出そうとしていた（これは、戦後のフランスにおいてド・ゴール主義者と共産党員が、レジスタンス活動にはほとんどの国民が参加していたと流布したのに似ている）。

ナチスの最大の犠牲者が、ユダヤ人とジプシーに次いでポーランド人だったのは確かだ。そうはいっても、ドイツ占領軍に協力したポーランドにホロコーストの責任はないと言い切れるのだろうか。ましてや今日、ポーランドでは強烈な反ユダヤ主義が吹き荒れている状況だ。

「記憶法」成立後も、ネタニヤフがポーランド政権と協力体制を維持すると、ホロコースト研究者からは非難の声が上がった。イスラエルで最も著名な歴史家イェフダ・バウアーは、「史実に対する愚かで、無知で、非道徳な裏切り[42]」と切り捨てた。

一方、ポーランドでは、政府が密かに応援する反ユダヤ主義のデモが拡大した。ネタニヤフは押し黙った。また、ネタニヤフは、戦時中のリトアニアで、地元の指導者たちが黙認する中でユダヤ人の九五％が虐殺されたのに、そうした史実が捻じ曲げられていることも黙認した。

ネタニヤフは事態を鎮静化させるため、ポーランド首相マテウシュ・モラヴィエツキとの交渉に半年を費やし、この法律の妥協案をまとめ上げた。イスラエルの歴史家から酷評されたこの妥協案の骨子は、この法律の基本的な内容を認める一方で、この時代のポーランド人にホロコーストの嫌疑をかける者を処罰しないことだった。

二〇一九年二月、この一件は新たな展開を見せた。当時のイスラエルの外務次官イスラエル・カッツが、元イスラエル首相イツハク・シャミルが語った有名な文句「（ポーランドは）母乳とともに反ユダヤ主義を吸って成長した」を引用したのだ。

今度は、ポーランド政府が激怒した。ポーランド首相マテウシュ・モラヴィエツキは、ネタニヤフに公式の謝罪を要求し、イスラエルで開催される予定だったイスラエルとヴィシェグラード・グループ（ポーランド、ハンガリー、チェコ、スロバキア）との首脳会談への参加を取りやめた。イスラエルにとってこの首脳会談は、ＥＵがイスラエルに課す不利な規制を阻止するための主要な窓口だった。

これはネタニヤフにとって屈辱的な敗北だった。『ハアレツ』の論説員アンシェル・プフェッファーは、「ポーランドとの一件で、ネタニヤフは歴史を弄ぶことの限界を思い知った[43]」と記す。プフェッファーによると、ユダヤ人虐殺に加担した事実はないとする歴史認識を推進するポーランド、ハンガリー、リトアニアを、ネタニヤフは容認したという。

プフェッファーは次のように解説する。

「ネタニヤフはいずれ高い代償を支払うことになる。イスラエル政府と同様、ポーランド政府も都合よく歴史を書き換えている。ようするに、両者とも自民族中心主義者なのだ。イスラエルがパレスチナ人に対する犯罪を無視して歴史を書き換え、イスラエルへの批判を反ユダヤ主義というレッテルを貼って封じ込めるのなら、ポーランドも同様のやり口で自分たちの過去を都合よく書き換える。こうした状況において、イスラエルにポーランドの犯罪を非難する権利はあるのだろうか」。

結局、ネタニヤフはポーランドの要求に屈して押し黙った。

ソロスに対する非難：トランプは反ユダヤ主義者か

この一〇年間、ハンガリー出身のユダヤ系アメリカ人の著名な投資家であり慈善家のジョージ・ソロスは、西側の極右の人々の間で悪者扱いされてきた。彼らにとってソロスは、民主主義の推進、教育の拡大、外国人の受け入れ、少数派の保護など、国家を転覆させる考えを推奨する国際的な金融家だ。ようするに、ソロスはロスチャイルドとトロツキーを合体させたような人物、つまり、大富豪の進歩主義者なのだ。

大富豪と進歩主義者を組み合わせるという発想は、今回が初めてではない。ナチスは貪欲な金融家と武装蜂起するボリシェヴィキ〔ロシア革命の主力となった革命党派〕のイメージを一つにまとめ上げてユダヤ人像をつくり出し、自分たちの反ユダヤ主義を魅力的に仕立て上げた。

二〇一〇年、アメリカではソロスと彼の財団「オープン・ソサエティ」に対する攻撃が始まった。先陣を切ったのはテレビ・パーソナリティのグレン・ベックだった。ベックによると、ソロスはアメリカをはじめとする西洋のキリスト教国の価値観を蝕む国際的な投機家だという。

二〇一〇年一一月、ベックは自身が司会を務めるテレビ番組で、「ソロスは強制収容所に送られたユダヤ人の財産を横取りした[44]」と告発した〔ベックは、二〇〇九年から二〇一一年まで「フォックス・ニュース・チャンネル」のゴールデンタイムの番組の司会者だった〕。この発言がきっかけで、今日でもオルタナ右翼の間では「ソロスはナチスの協力者だった」というデマが囁かれている。

実際には、ナチスがブダペストを占領したとき、ソロスはたったの一三歳だった。ソロスと彼の家族の何人かはハンガリーのキリスト教徒に匿われて生き延びた。

当初、「フォックス・ニュース・チャンネル」は言論の自由だとしてベックを擁護したが、世間の関心が薄れると番組から降板してくれないかとベックに願い出た。

そこで、ベックは親ユダヤ主義者に変身すると決心し、ヨルダン川西岸地区の最も過激なイスラエル入植地へと巡礼の旅に出た。驚いたことに、狂信的な入植者たちはベックを英雄扱いした。

入植者たち、とくにウルトラ・ナショナリズムと宗教心を併せ持つ人々は、ジョージ・ソロスに対する国際的な批判運動の中核になっている。これは、アメリカの福音派と東ヨーロッパの自民族中心主義者が意気投合して、彼らが言うところの「ユダヤ・キリスト教的な価値観」を守るために一致団結したのと同じ構図だった。

一方、ハンガリーでは政府当局が企画したソロス批判運動において、国会議員アンドラーズ・アラドスキが、「悪魔ソロスの計画を阻止することはキリスト教徒の務めだ[45]」と気炎を上げた。このハンガリー発のソロス批判運動は、反ユダヤ主義を匂わす「フェイクニュース」や噂とともに、ポーランド、スロバキア、ルーマニアなどをはじめとする多くの国に飛び火した。

フランスにもソロス批判運動は伝播したが、影響は限定的だった。二〇一八年五月九日、フランスの極右週刊誌『ヴァラー・アクチュエル』は、「フランスに陰謀を企てる富豪。移民とイスラム主義を推進する国際的な金融家ジョージ・ソロスの素顔」という特集記事を組んだ。反ユダヤ主義の悪臭が漂うこの記事によると、ハンガリー生まれのソロスは西側諸国と白人を滅ぼす「帝国」の支配者だという。

フランスのユダヤ人指導者たちは何の反応も示さなかった。たとえば、「イスラム左派」の反ユダヤ主義には即座に反応するＣＲＩＦ（フランス・ユダヤ人団体代表評議会）は、このお粗末な記事を無視した。ちなみに、記事の著者である弁護士ジル＝ウィリアム・ゴールドナデルはこの極右の週刊誌の定期的な寄稿者であり、フランス・イスラエル協会の会長を務め、イスラエルの入植を熱心に応援する人物だ。

ソロス批判にはトランプも積極的だったが、トランプは正面からは攻撃せず、ユダヤ人に対するあからさまな非難は自分の支持者たちに任せていた。

二〇一六年の大統領選挙戦では、トランプは対立候補のヒラリー・クリントンを金融資本に結びつけて非難した。すなわち、ソロス、ゴールドマンサックス会長のロイド・ブランクファイン、連邦準備制度理事会議長のジャネット・イエレンなどのユダヤ系の面々とのつながりを問いただしたのだ。「アメリカの権力を密かに操るグローバルな権力構造」[46]を糾弾するトランプのテレビ広告では、ソロスとイエレンの名前と顔が映し出された。

トランプの支持者が制作したポスターは、共和党ユダヤ人連合において問題になった。このポスターには、ドル紙幣の山を背景にヒラリー・クリントンの顔写真とダビデの星がコラージュしてあった。しかし、トランプは共和党ユダヤ人連合での演説で、このポスターを制作した自分の支持者を非難することを拒否した。

また、トランプは自分の支持者たちが「Ｑアノン」〔極右の陰謀論〕の「ソロスはアメリカ金融界を操る黒幕」というメッセージを拡散させるのを傍観した。

ピッツバーグのシナゴーグでの乱射事件から三日後、全米ライフル協会の最高経営責任者であり、武器販売のロビイストでもあるウェイン・ラピエールは、三人のユダヤ系富豪、ソロス、マイケル・ブルームバーグ、トム・ステイヤーが「社会主義」と「社会工学」〔陰謀論者が心理操作という意味で用いる〕を推進していると非難した。だが、ツイッター魔のトランプがこうした反ユダヤ的な発言に反応することはなかった。

二〇二〇年六月、フェイスブックはトランプの大統領再選に向けた広告を削除した。この広告には、かつてナチスが強制収容所送りにする政治犯や共産主義者などを指定するために使っていた赤い逆三角形が描かれていたからだ。フェイスブックはそれまでこうした問題を傍観してきたが、「この広告は、組織的な憎悪は許さないというわが社の方針に反する」と削除の理由を説明した。

ユダヤ系アメリカ人ピーター・ベナールは、「反ユダヤ主義は、トランプが推進した排斥型保守主義の副産物なのか。その答えはイエスだ」[47]と説く。

FBI（連邦捜査局）、ピュー研究所、名誉毀損防止連盟（ADL）などの研究によると、少数派や移民に対する暴力、そして反ユダヤ主義的な行為や言動は、トランプが大統領になってから一気に増えたという。

トランプの大統領就任式の直後に、セントルイスとフィラデルフィアではユダヤ教徒の墓地が相次いで荒らされた。

ピッツバーグでの乱射事件はアメリカ史上類をみない惨事だったが、その六ヵ月後にサンディエゴのシナゴーグでも白人至上主義者による乱射事件があった。

では、ネタニヤフを支持するアメリカのシオニストたちは、これらの事件にどう反応したのだろうか。極右団体ZOA（アメリカ・シオニスト機構）の会長モートン・クラインは、これらの事件と白人至上主義との関連を重要視せず、イスラエルのパレスチナ政策に異議を唱える二人のイスラム系民主党議員の反ユダヤ主義を批判した。

白人至上主義の反ユダヤ主義が問題になるたびに、極右のシオニストの代表者たちは、「オバマ政権時代の反イスラエル政策こそ最悪の反ユダヤ主義だった」と反論した（陰謀論者たちは、「オバマは隠れイスラム教徒だ」というフェイクニュースを流した）。

ところで、トランプ自身は反ユダヤ主義者なのか。その答えは何とも言えない。というのも、この非道徳な男は自身の利益を守ること以外のイデオロギーを持たないからだ。彼の伝記を書いた作家たちによると、彼はこうした態度を二人の人物から学んだという。

一人は事業家でありＫＫＫ（クー・クラックス・クラン）の信奉者だった彼の父親だ。トランプは父親から反ユダヤ主義的な教育を受けた（当時のニューヨークでも反ユダヤ主義的な教育は珍しくなかった）。

もう一人は父親の弁護士だったロイ・コーンだ。狂信的な反共産主義者のコーンはトランプの指導者になった。

トランプが二〇一六年の大統領選挙戦のスローガンに「アメリカ・ファースト」を選んだのも偶然ではないだろう。このスローガンを提唱した彼の選挙スタッフは、この言葉が一九四〇年から四一年にかけて活動した孤立主義を唱える「アメリカ第一主義委員会」の合言葉だったことを知っていたに違いない。この委員会の代弁者は、ナチスの信奉者であり飛行家のチャールズ・リンドバーグだった〔この委員会の中心メンバーは、ファシストや反ユダヤ主義者だった〕。

トランプは、自分にとって有益なイデオロギーなら反ユダヤ主義だけでなく、どんなイデオロギーにも飛びついた。たとえば、自分の票田である白人至上主義者のご機嫌をとる際には反ユダヤ主義者であり、これが役に立たないときは、そうではなかった。つまり、トランプはユダヤ人を攻撃したかと思えば、ユダヤ人に媚びを売っていたのだ。

トランプは、自分の娘〔イヴァンカ〕がユダヤ教に改宗したため、三人の孫がユダヤ人であることを繰り返し公言した一方で、ユダヤ人を侮蔑する決まり文句をよく口にした。

裕福なユダヤ人が参加する共和党ユダヤ人連合の会合でトランプは、「私は皆さんのお金を必要としていないので、皆さんは私を支持しないでしょうね[48]」と言い放った。

また後日、同じ会合でトランプは、ネタニヤフを「皆さんの首相」と呼んだ。当然ながら会合の出席者はアメリカ人であるのに、トランプの口調は、出席者が外国の政府に忠誠を誓っているかのようだった[49]。

二〇一六年四月二七日、トランプの妻メラニアの半生について書いた記事が男性向けファッション&ライフスタイル誌『GQ』に掲載されると、トランプの支持者たちはこの記事を書いたユダヤ系ジャーナリストのジュリア・ヨッフェを辛辣に攻撃した。ウェブサイトやSNSには、ヨッフェに黄色い星〔ユダヤ人の印〕をつけた加工写真が出回り、さらには「ガス室に送ってやるぞ」という強迫さえも流れた。ヨッフェに対する反ユダヤ主義的な嫌がらせに対し、トランプは何の反応も示さなかった。

ニューヨークのユダヤ系日刊紙『フォワード』のジャーナリストたちや、『ニューヨーク・タイムズ』のベテラン編集者ジョナサン・ワイズマンも、同様の嫌がらせを受けたという。

たとえば、ワイズマンはアウシュヴィッツ強制収容所の画像を受け取った。ところが、そのアーチの門の文字は、本来の「働けば自由になる（Arbeit Macht Frei）」ではなく「アメリカを偉大な国に（Machen Amerika Great）」と加工してあったそうだ。もちろん、トランプが気を悪くしたという話は聞かない。

トランプは傍観していただけではない。若い民主党議員がイスラエルの政治を批判すると、即座に民主党は反ユダヤ主義だと非難した。

二〇一九年、イスラエル問題が専門の教授ドヴ・ワックスマンは、「トランプに反ユダヤ主義的な面はとくに見られない。しかし、ＷＡＳＰ〔アングロ・サクソン系プロテスタントの白人〕以外の集団に対してありふれた人種差別的な文句で対応するという意味では、彼は反ユダヤ主義者だ」と解説する。

つまり、トランプの差別の対象は、黒人、ラテン系、イタリア人、アイルランド人、ユダヤ人などだ[50]。そしておそらくユダヤ人よりも黒人をより差別しているが、黒人に対しても実利的な立場をとってきた。トランプは、自分には映画界に多くの「黒人の友人」がいると吹聴してきた一方で、アフリカ系アメリカ人に対する醜悪な偏見を煽ってきた。

トランプの人種差別が筋金入りなのか日和見的なのか、そしてこのいい加減な男の反ユダヤ主義がどの程度のものなのかは重要でない。問題は、大統領を務めている間にトランプが、反ユダヤ主義を含む人種差別と外国人排斥の蔓延を自身の政治に組み入れ、これを正当化し続けたことだ。

イスラエル政府がかつてトランプを理想の仲間と考えていたという事実は、今日のイスラエルの逸脱を端的に物語る。

トランプ、オルバーン、カチンスキ、ドイツのネオナチ、白人至上主義者、自民族中心主義者、福音主義者など、彼らは程度の差こそあれ、全員が反ユダヤ主義者だ。だが、そんなことはどうでもよいのだ。

イスラエル政府が東欧諸国をはじめとする反民主的で自民族中心主義の国々の政権と同盟関係を築

いたことへの批判に対し、元リクード党の国会議員アナト・ベルコは、「彼らは反ユダヤ主義かもしれないが、われわれの味方だ」[51]と説く。この回答がすべてを語り尽くしている。

ベルコは当然ながら、反シオニズムを罰する運動に積極的に関与する。だが、ベルコが罰するのは、現代的な反ユダヤ主義の形態をとる反シオニズムだ。

第9章　黙ってはいられない——反旗を翻すアメリカのユダヤ人

イスラエルの出来事は、イスラエル以外の国で暮らす多くのユダヤ人〔少なくとも自分がユダヤ人だと思っている人々〕に大きな影響をおよぼす。ユダヤ人のディアスポラ〔離散してパレスチナ以外の地に住むユダヤ人〕の二大集積地はアメリカとフランスだ。

ユダヤ人人口としては、アメリカはイスラエルとほぼ同じのおよそ六五〇万人だ。[1] フランスはその一〇分の一程度だ。ユダヤ人の定義にもよるが、フランスには四五万人から七五万人のユダヤ人が暮らしている。したがって、一般的にフランスのユダヤ人人口は六〇万人と言われている。

アメリカとフランスのユダヤ人には、人口以外にも違いがある。

一つめは迫害だ。近代においてユダヤ人がキリスト教徒から受けた迫害は、フランスのほうがアメリカよりもはるかに強烈だった。フランスでは、ドレフュス事件からホロコーストに協力したヴィシー政権に至るまで、反ユダヤ主義が吹き荒れた。

二つめは社会的な影響力だ。アメリカのユダヤ系の宗教や文化の団体は、積極的に活動している。

彼らは自分たちのメディアも持っている。一方、フランスのユダヤ人共同体の活動はきわめて限定的だ。フランスのユダヤ教文化は一般社会ではほぼ存在せず、ユダヤ人共同体においても活発ではない。

三つめは学術面だ。多くのアメリカの大学にはユダヤ研究学科がある（その数はイスラエルよりも多い）。一方、ユダヤ研究学科のあるフランスの大学は四、五校しかない。フランスにはユダヤ文化を紹介するウェブサイトはＡＫＡＤＥＭしかない。このサイトは文化的に充実した情報を提供しているが、イスラエルの扱いに関してはきわめて慎重であり、「ポリティカル・コレクトネス」を貫いている。というのは、このサイトの運営資金はおもにＣＲＩＦ（フランス・ユダヤ人団体代表評議会）が負担しているからだ。

四つめは組織構造だ。フランスのユダヤ教は、ナポレオン時代に設立された組織「長老会議」に一本化されている。一方、アメリカのユダヤ教は、プロテスタント教会のように分散化し、正統派、保守派、改革派の三つの宗派がある（三つの中で最も近代的な改革派はおもにアメリカにしかない）。

これらの違いにもかかわらず、一九六七年六月の第三次中東戦争（六日間戦争）以降、フランスとアメリカのユダヤ人は、イスラエルに対して似たような関係を維持してきた。

フランスのユダヤ人組織の関係者（フランスのユダヤ人の半数弱）は、政治的、資金的にイスラエルを強力に応援してきた。彼ら以外のほとんどのユダヤ人もイスラエルに対して好意的だった。ところが二〇〇〇年末ごろ、第二次インティファーダをきっかけに、フランスとアメリカのユダヤ人の間で、イスラエルとの関係を巡り大きな変化が生じた。

ＣＲＩＦ（フランス・ユダヤ人団体代表評議会）と長老会議によって組織されるフランスのユダヤ人

共同体は、イスラエルの外交政策には揺るぎない支持を表明し、イスラエル国内の問題には「非介入」の立場を貫いた。

一方、アメリカのユダヤ人共同体は大きく分断された。これまで通り、多数派はユダヤ人国家を無条件に支持し続けたが、ユダヤ人国家と距離を置く者たちが急増した。さらには、イスラエルが人種隔離政策を行う抑圧的な植民地主義国家になったと堂々と批判する者も現れた。

反対に、フランスのユダヤ人はイスラエルをほとんど批判せず、批判するとしても公の場での討論を避けた。

イスラエルに背を向けたアメリカのユダヤ人たち

バルチモアにあるジョンズ・ホプキンズ大学の客員教授デヴィッド・ロスコフ〔ユダヤ系アメリカ人〕は、長年にわたって『フォーリン・ポリシー』の編集長を務める、民主党支持で穏健な進歩派だ。二〇一七年、イスラエルの国会でパレスチナを支持する二〇の外国組織に属するメンバーのイスラエル入国を禁じるという法律が可決されたことに彼は深く失望し、「私はならず者国家になったイスラエルを支援しない」[2]というタイトルの記事を『ハアレツ』に寄稿した。

「この法律の可決は、（……）この国では、民主主義を支える基本的な権利と価値が廃れたことを意味する。これまで私は、イスラエル建国は歴史の必然であり、正しいと考えていた。パレスチナ難民の問題は公平な話し合いによって解決できると信じてきた。（……）イスラエルに不快な意見を持つ人物の入国を禁じるのは、イスラエルを弱体化させるだけでなく、私がイスラエルを擁護できなくなったことを意味する……。ネタニヤフ政権は、イスラエルの民主主義は偽物だというパレスチナ人の長年の主張にさらなる説得力を与えた」。

シオニズムの擁護者だったロスコフは、現在のイスラエルに幻滅している。しかし、イスラエルの現状から考えると、イスラエルの軌道修正はもはや不可能だと見ている。絶望したロスコフはイスラエルを擁護するのをやめた。なぜなら、イスラエルの行動にはまったく大義がないと判断したからだ。しかも、フランスのユダヤ人とは異なり、ロスコフは自身のそうした考えを堂々と表明している。

イスラエルを見限ったのはロスコフだけではない。アメリカでは著名な知識人を含む多くのユダヤ人がイスラエルを見放している。

その一人が、UCLA（カリフォルニア大学ロサンゼルス校）のユダヤ史の権威である教授デイヴィッド・マイヤースだ。二〇一八年一〇月、マイヤースはNIF（新イスラエル基金）の会長に就任した。NIFはイスラエルでの社会的、人道的なプロジェクトに資金を提供するアメリカの非営利団体だ。

ネタニヤフ政権下のイスラエルでは、NIFは激しい批判を受けている。ちなみに、NIFの元会長ダニエル・ソカッチは「ユダヤ人国民国家」法を「最悪の部族主義」[3]と評し、NIFはイスラエル政府に対し、この法律の廃止を求めている。

デイヴィッド・マイヤースは敬虔なユダヤ教徒で熱心なシオニストだが、イスラエルの政治的な利益でなく自身の信念に基づいて物事を判断する人物だ。マイヤースは、イスラエルの対パレスチナ政策に反対する「イフ・ノット・ナウ（もし今がそのときでないのなら）」というユダヤ人組織に資金提供した。

　二〇一八年一一月、マイヤースは『ハアレツ』のロング・インタビューに応じた。その中で次のように語っている。

「私はイスラエルと深いつながりを持つユダヤ人ですが、イスラエルを公に批判すべきではないというユダヤ人共同体の指示を黙って受け入れることはしません。（……）第一に、静観すべきではないと考えるからです。第二に、ユダヤ人共同体のメンバーである以上、イスラエルへの批判は控えるべきだ、という考えを否定するからです。（……）私はＢＤＳ運動を支持していませんし、この運動と協働もしていません。私の友人はこの運動を支持していますが、彼らは反ユダヤ主義者ではありません」[4]。

　ＮＩＦのメンバーには、イスラエルの家庭内暴力、環境問題、宗教多元主義、ユダヤ人とアラブ人の友好関係に関心を持つ人々がいるという。

「ところが、われわれはイスラエルで敵扱いされるようになりました。（……）われわれは脅しには屈しません。私は自分のことを裏切り者だとは誰にも言わせません。イスラエルが世界のユダヤ人の幸福を願っているとは思いません。よって、イスラエルには、われわれに指示を出す資格はありません。だからといって、「ディアスポラのユダヤ人たちはイスラエルを批判すべきではない」というイスラエルの言い分は容認できません」[5]。

　二〇一九年四月、総選挙でネタニヤフが勝利した直後、ＮＩＦの元会長ダニエル・ソカッチは次のように記した。

「声を大にして言うべき時が来た。民主主義であることをやめ、他民族を永続的に支配し、彼らの人権を無視するイスラエルは、アメリカのユダヤ人共同体、民主国家の仲間、リベラルな世界からの支持を失うだろう[6]」。

改革派のラビであるリック・ジェイコブスも「『ユダヤ人国民国家』法により、シオニズムの正当性は大きく損なわれるだろう[7]」と警告した。

ジェイコブスの見立ての通り、シオニズムにより、ユダヤ人は完全な市民権を持つ一方でパレスチナ人を非国民あるいは下級国民として扱うユダヤ人国家をつくり上げるのなら、シオニズムとイスラエルの正当性には大きな疑問符が打たれることになるだろう。

ロスコフ、マイヤース、ソカッチ、ジェイコブスの発言は、イスラエルの将来を心配するアメリカのユダヤ人共同体の変化を反映している。アメリカのユダヤ人の間では、イスラエルは不道徳な政治後進国だという声が高まっているのだ。

これらの発言は、イスラエルの政治的主張に従わないユダヤ人組織が増えてきたというこれまでにない現象でもある。そうした組織の一つが「イフ・ノット・ナウ」だ。彼らのホームページには、活動目的は「アメリカのユダヤ人社会にイスラエルのパレスチナ占領を支援させないこと[8]」と明記してある。

「イフ・ノット・ナウ」の共同設立者であり二〇一九年三月に「ベツェレムUSA」の事務局長になった、シモーヌ・ジマーマンの歩みはその典型例だろう。

ジマーマンは大学入学前、ユダヤ系の学校に通い、ユダヤ人組織が企画するキャンプや青年活動に参加していた。彼女は、親イスラエルのロビー団体ＡＩＰＡＣ（アメリカ・イスラエル公共問題委員会）で働いた経験があり、イスラエルへは何度も訪れ、ヘブライ語も堪能でイスラエルに多くの友人を持つ。

ところが、彼女はパレスチナ人の過酷な暮らしぶりを目の当たりにしてイスラエルの占領に疑問を抱くようになり（当初は道徳的な怒り）、政治活動に関与するようになった。アメリカのユダヤ人の若者たちの間では彼女のこうした歩みはまだ主流ではないが、彼女に続く者は着実に増えている。「イフ・ノット・ナウ」はＢＤＳ運動を支持しないが、彼らの運動は認めている。イスラエルがガザ地区を空爆した際、「イフ・ノット・ナウ」の活動家はカッディーシュ（死者への祈り）を捧げるためにユダヤ教施設の前に集まった。このようにしてこの団体は少数派を支援する進歩的な人々とも連携して活動している。

この団体は積極的に活動する一方で、イスラエルとパレスチナの将来の政治には関与しない。この団体の唯一の課題は、イスラエルのパレスチナ占領に終止符を打ち、地中海とヨルダンに挟まれた地域で、ユダヤ人とアラブ人の双方が同等の権利を持てるようにすることだ。

二国家解決策を訴える「Ｊストリート」と「ピース・ナウ」はこの解決策が暗礁に乗り上げたら消滅するかもしれないが、「イフ・ノット・ナウ」は不正義と闘い続けるだろう。

「イフ・ノット・ナウ」以外にも、イスラエル離れを加速させるユダヤ人組織には「平和のためのユダヤ人の声」（ＢＤＳ運動を支持する唯一のユダヤ人組織）や「人権に対するラビの呼びかけ」がある。

アメリカの大学構内で活動するユダヤ人学生組織の代表格「ヒレル・インターナショナル」は内部分裂を起こしている。というのも、今日のイスラエルを無条件で賛同することはできないと考える学生が増えたからだ。

アメリカの若いユダヤ人の間でイスラエル支持が急落していることを示す兆候は他にもたくさんある。

「生得権イスラエル」という組織は、イスラエルの成功を知ってもらうために毎年多くの若者にイスラエル視察旅行を提供してきた。しかし、この旅行ではパレスチナの現実を目の当たりにすることになるため、参加者が激減した。[9]

この組織の名前こそが「ユダヤ人国民国家」法を体現している。アメリカ人であろうがフランス人であろうが、ユダヤ人がイスラエルに一歩足を踏み入れると、その人物はイスラエルで生まれ育ったアラブ人には認められていない市民権を得ることができる。

最近では、「生得権イスラエル」の視察旅行に参加する多くのアメリカ人は、パレスチナ問題について厳しく質問するようになったという。[10]

「イフ・ノット・ナウ」と同様、「Jストリート」はパレスチナ占領の現実を実際に見てもらうために、アメリカの若者をヘブロン〔ヨルダン川西岸地区〕などへ案内する視察旅行の企画運営を始めた。

この視察旅行の合言葉は、「エジプトのファラオに告げよ、わが民を解放せよと」という有名なゴスペルの歌詞をなぞった「わが民に知らせよ」だ。この合言葉は、これまでユダヤ人組織がイスラエルのパレスチナ占領に関する真実を隠してきたことを示唆する。

二〇一九年三月に発表された『ミドル・イースト・アイ』（ロンドンを拠点とするオンライン・ニュース）の報告書には、ユダヤ系のアメリカの若者がイスラエルと距離を置くようになった顛末が多くの証言を交えて記してある[11]。

第一段階では、自己の価値観に反する事実、出来事、発言に触れる（多くの場合、イスラエル滞在中）。イスラエルの人種差別の深刻さに驚いたという声や、パレスチナ人をそこまで残虐に扱う必要があるのだろうかという声が上がる。

第二段階では、二〇一四年のガザ地区への大規模な空爆に疑問を感じる。イスラエルについて絵ハガキにあるようなイメージを持てなくなり、ほぼ全員が、「多くのユダヤ人組織は「パレスチナ人は自国を守っているだけの小国に侵略してくるならず者」という嘘をついてきた[12]」と悟る（「平和のためのユダヤ人の声」のマヤ・エダリーの証言）。

第三段階では、イスラエル視察旅行に対する見方が変化する。パレスチナ人の存在について説明しない視察旅行に耐えられなくなる。「生得権イスラエル」の視察旅行に参加したアリサ・ルービンは、「結局のところ、あの旅行は一九五四年のアメリカ南部視察旅行において「ジム・クロウ法」（アフリカ系アメリカ人を差別する法律）についてまったく説明しないのと同じだ[13]」と述べる。

第四段階では、良心の呵責を覚え、行動を起こすべきかと悩む。大学に入学したら行動を起こすと決意する者も現れる。

各種調査によると、アメリカの大学に通うユダヤ人の間では、二〇一〇年以降、イスラエルに対する支持率は低下しているという。

イスラエル戦略省ならびにアメリカの「キャンパス連合」や「カナリアの使命」は、反イスラエル活動家の名簿を作成したりイスラエルに批判的な団体を弱体化させたりするために莫大な資金を投じているが、イスラエルを支持しないアメリカのユダヤ人は増え続けている。

二〇一五年、私はニューヨークでユダヤ系日刊紙『フォワード』の元編集者であり、アメリカのユダヤ人共同体に関する名著『ユダヤ人の力：アメリカのユダヤ人支配階級の内幕』[14]を上梓した、J・J・ゴールドバーグと議論した。

「BDS運動は、ハーバード大学、カリフォルニア大学バークレー校、コロンビア大学など、ごく一部の有名校にしか浸透しておらず、大多数の大学には存在しない」という私の指摘に対し、ゴールドバーグは次のように答えた。「その見方は間違っている。アメリカではいつも同じ過程を辿る。ごく一部の名門大学で始まった運動は、その後に三〇〇の主要大学へと広がる」。そして次のように付言した。「これと同様に、アメリカのユダヤ人社会で右派は明らかに少数派だが、彼らは言論を支配している。そして若いユダヤ人の間で反イスラエルの左派は少数派だが、彼らは言論を支配している」[15]。

ゴールドバーグの見立ては正しかった。今日、BDS運動は、多くのアメリカの大学構内に浸透している。そしてこの運動の支持者の半数はユダヤ人だ。

アメリカのユダヤ社会の分断を描く『部族内紛争』[16]の著者ドヴ・ワックスマンは、「若いユダヤ人の間では、イスラエルを無条件に支援しない者が増えた」と説く。

コロンビア大学の社会学者トッド・ギトリンの見方はさらに辛辣だ。「大学構内では反シオニストの若者が増えた。二極化が鮮明になった。親イスラエル派は、自分たちの考えは社会的に受け入れられないと悟り、意見を表明できなくなったと感じている。今後、若いユダヤ人の間では、反シオニズムを自身のアイデンティティにする者が増えるだろう[17]」。

こうした変化は、アメリカのすべての大学（およそ五〇〇〇校）に当てはまるわけではないが、一部の名門校にとどまらず着実に広がっている。

なぜ今、この変化が生じたのか

アメリカのユダヤ系の若者たちのイスラエルへの支持率低下は、ネタニヤフがイスラエルとパレスチナの合意を目指すオバマ政権の努力を妨害していたことが明らかになったときから始まった。しかし、支持率の低下が加速したのは、トランプが大統領に就任してネタニヤフ政権がトランプと密接な関係を構築してからだ。

哲学者マイケル・ウォルツァー（『異議』の共同編集者、穏健左派で熱心なシオニスト）は、「ネタニヤフがトランプとだけでなく、プーチン、オルバーン、そして福音派とも親密な関係を築いたことに、アメリカのほとんどのユダヤ人は気が狂いそうになった[18]」と語る。

前出のコロンビア大学のトッド・ギトリンも同様の見解を述べる。「トランプ政権の駐イスラエル・アメリカ大使デイヴィッド・フリードマンが、パレスチナ人との紛争について「神はイスラエルの側にいる」と発言した。この発言に対し、アメリカのほとんどのユダヤ人は反発し、若い進歩主義者は嫌悪感を覚えた[19]。

作家、外交官、「アメリカ／中東プロジェクト」の会長ヘンリー・シーグマンも不満を露わにする。「アメリカのほとんどのユダヤ人は穏健な進歩主義者だ。彼らは、トランプの人種差別や嘘、そして武力でねじ伏せるやり方に我慢ならない。アメリカでトランプを最も嫌う共同体は、アフリカ系に次いでユダヤ人だろう[20]」。

実際に各種調査によると、アメリカのユダヤ人の四分の三は、トランプの政策、性格、無知、下品な言動に拒絶反応を示した。トランプのイスラエル政策についても、トランプがイスラエルの政治指導者にさまざまな「贈り物」をしたのにもかかわらず、ごく少数のユダヤ人しか支持しなかった[21]。よって、イスラエルで最も人気のある外国人がトランプだという各種調査の結果に、アメリカのユダヤ人は愕然とした。

アメリカのユダヤ人がトランプに敵意を抱く理由の一つには、ネタニヤフが白人至上主義者の擁護者としてトランプと親密な関係を築いたことが挙げられる[22]。前出のヘンリー・シーグマンによると、彼らはこうした関係を「ユダヤ人の恥」と思っている[23]。

だからこそ、反ユダヤ主義の白人至上主義者による乱射事件の犠牲者の追悼式に際し、ピッツバーグのユダヤ人たちはトランプに出席しないよう要求し、イスラエル大使の弔辞も拒否したのだ。

また、イスラエルの政治指導層は、トランプが「移民の流入」を防ぐために建設しようとした「巨大な壁」を熱烈に称賛したが、アメリカのほとんどのユダヤ人は何世代も前からこうした隔離には反対の立場だった。

二〇一九年七月、イスラエルの政治にきわめて批判的な移民出身の四人の女性民主党下院議員に対し、トランプが「出身国に帰れ」とツイートすると、アメリカの多くのシナゴーグは、トランプに非難された民主党議員への支持を表明した。これらのシナゴーグがトランプに反発した理由は、イスラエルの政治に反対だからではなく、外国人排斥を嫌悪するからだ。同様に、トランプが不法滞在者を「一掃する」ために行政官を出動させた際にも、全米各地のシナゴーグは不法滞在者を保護するネットワークを構築した。[24]

アメリカのユダヤ人は、イスラエルが「ユダヤ人国民国家」法を制定したことに大きな衝撃を受けた。

世界ユダヤ人会議の会長ロナルド・ローダー〔化粧品メーカーのエスティ・ローダーの創設者の息子〕は、「イスラエル：われわれの考えは異なる」というタイトルの記事で「この法律は偏りと不和の感覚を強める[25]」と強い不満を表明した。

改革派ユダヤ教連合の会長リック・ジェイコブスは、この法律の廃止に向けて「徹底抗戦する[26]」と宣言した。

イスラエル出身の女優ナタリー・ポートマンは、この法律を「人種差別主義者の法律」と切り捨てた。[27]

ユダヤ系シオニストや親シオニストの一四の大きな団体は、「この法律は近代民主主義を否定している[28]」という声明を発表した。

アメリカにおいて反ユダヤ主義と闘う筆頭格の団体であり、普段はイスラエルを熱心に応援する「名誉毀損防止同盟」でさえ、この法律に反対すると宣言した。

また、二〇一九年四月のイスラエル総選挙前にネタニヤフが施した政治的工作によっても、アメリカのユダヤ人のイスラエル離れは加速した。ネタニヤフは議会の過半数を確保するために、過激な人種差別主義者であるカハネ主義者を政界に呼び戻したのだ〔第2章の「無処罰によって粗暴となるイスラエル社会」を参照のこと〕。

イスラエル民主主義研究所の所長ヨハナン・プレスナーは、「ファシスト政党が首相の支援を受けて議席を得たことは、まったくもって尋常でない」と漏らす。

アメリカの上院議員ロバート・メネンデスは、AIPAC（アメリカ・イスラエル公共問題委員会）と非常に密接な関係にあり、二〇一五年にイラン核合意に反対した四人の民主党議員のうちの一人である親イスラエル派だが、「カハネ主義者に同調するのは、アメリカの価値観に完全に反する」と述べた。[29]

AIPACでさえ、ネタニヤフと距離をとるようになった。

トランプとネタニヤフの同盟がアメリカのユダヤ人のイスラエル離れを引き起こしたのには、もう一つ理由がある。それは二人の反ユダヤ主義に対する態度だ。二人とも反ユダヤ主義の政治指導者や政権と親密に付き合い、彼らの国の反ユダヤ主義を容認する一方で、自分たちの敵（おもに進歩主義者）を反ユダヤ主義者として糾弾していた。

たとえば、二〇一六年に極右のイスラエル入植者のインターネット・サイトにおいて、トランプ政権でイスラエル大使になるデイヴィッド・フリードマンが放った発言だ（彼は、イスラエルに対する批判はすべて反ユダヤ主義だと訴える人物だ）。「ユダヤ人進歩主義者は「カポ」よりも質が悪い」[30]。

イスラエルを批判する者を反ユダヤ主義者（ユダヤ人の場合は「カポ」）と呼ぶ戦術は、かつては効果的だった。しかし、この古典的な戦術は、アメリカのユダヤ人には通用しなくなり、若者に至ってはこうした表現に嫌悪感を覚えるようになった。

バラク・オバマの側近だったベン・ローズは、「イスラエルに関する討論では、「反ユダヤ主義という論拠」はいずれ姿を消すだろう。恐怖を乗り越えれば、アメリカに転換期が訪れる」[31]と説く。ローズの言う恐怖とは、イスラエルを批判すると反ユダヤ主義者呼ばわりされるのではないかという恐怖だ。

ところが今日、この不名誉な呼称は、イスラエルが自分たちの犯した罪に対する批判をかわすときにだけ用いられる。

ローズは次のように解説する。「転換期は若いユダヤ人の間だけでなく、ユダヤ人全体に訪れつつある。イスラエル政府とアメリカの親イスラエル団体がイスラエルの批判者を誹謗中傷するためにいかなる工作を施そうとも、転換期の訪れを食い止めることはできないだろう」。そして、民主党に対して次のように助言する。「民主党にとって、より進歩的な方向へと前進するのは痛みをともなうだろう。しかし、この困難を乗り越えてこそ、これまで以上に道徳的な正義を全うできる立場を得られるはずだ[32]」。

民主党の危機

今日、民主党は中東問題でこれまでに経験したことのない危機に直面している。イスラエルの建国以来、アメリカのユダヤ人の大多数が民主党支持者だったこともあり、民主党はアメリカの政界で最もユダヤ人国家に好意的な政党だった。

ところが、レーガン政権になると変化が生じた。月刊誌『コメンタリー』に執筆する反リベラルなシオニスト知識人などの影響を受け、アメリカのユダヤ人の中に、後に「新保守主義」と呼ばれる立場をとる者たちが現れ、彼らは共和党へと接近した。一方、イスラエルでは一九七七年以降、ほとんどの期間をナショナリストが政権を握り、彼らナショナリストの過激さは増していった。

こうして、民主党はイスラエルの主要な擁護者としての地位を徐々に失い、イスラエルの政治指導者は、アメリカの福音派や元国家安全保障担当補佐官ジョン・ボルトンのようなタカ派のナショナリストを頼りにするようになった。

二〇〇九年にネタニヤフが政権を再び握ると、こうした親密さは排他的な雰囲気を帯びるようになった。

今日、アメリカのユダヤ人有権者に占める保守派の割合はまだ低いが、彼らは、政治的、経済的に非常に大きな力を持つようになった。

民主党幹部はイスラエル支援を表明し続ける一方で、パレスチナとの紛争に関しては二国家解決を推奨してきた。だが、ネタニヤフが首相に返り咲いてからは、パレスチナ国家独立の話など聞きたくもないイスラエルの政治指導層は、民主党幹部を無視した。

共和党が「白人の党」になったのに対し、民主党は「多様性の党」を標榜した。たしかに、アフリカ系、ラテン系、そして移民の背景を持つ少数派のアメリカ人の大半は民主党に投票するようになった。だが、非ヨーロッパ系のこれらの少数派は、ユダヤ人の過去の苦しみ、中東情勢、パレスチナ問題にあまり関心がなかった。とはいえ、これらの少数派からはパレスチナ人に同情する者が現れた。たとえば、キース・エリソンやハンク・ジョンソンなどのアフリカ系の民主党議員はパレスチナ支持を表明したため、イスラエル支持者から反ユダヤ主義者と呼ばれた。

転機が訪れた。二〇一八年の中間選挙で民主党が下院を奪還すると、非白人の若い女性たちが新たに民主党議員として選出された。彼女たちはパレスチナ問題を大きく扱った。

彼女たち四人は「分隊」というグループを結成した。イルハン・オマル（ミネソタ州）はソマリアの難民だった。ラシダ・タリーブ（ミシガン州）はパレスチナ移民の娘だ。アレクサンドリア・オカシオ＝コルテス（ニューヨーク州）はプエルトリコ移民の娘だ。アヤンナ・プレスリー（マサチューセッツ州）はアフリカ系だ。左派の民主党に所属する彼女たち四人はパレスチナ支持を表明した。

たとえば、二〇一八年の選挙で新たに下院議員に選出されたタリーブは、ＡＩＰＡＣ（アメリカ・イスラエル公共問題委員会）が新人議員のために企画するイスラエル視察旅行（イスラエルの有力者には会うが、パレスチナ人には一人も会わない）への参加を拒否した。タリーブは自分で視察旅行を企画すると述べ、現在のイスラエルのパレスチナ人に対する弾圧を過去のアメリカの黒人に対する人種隔離政策と比較し、「イスラエルの人種隔離政策が平和の訪れの妨げになっていることを知ってもらいたい。パレスチナ人青少年の拘束、教育、飲料水、貧困を重点的に見て回ることにより、ＡＩＰＡＣとは異なる視点を提供するつもりだ[33]」と自身の企画する視察旅行の意義を説明した。

タリーブの発言に面食らったイスラエルは、前例のない措置として二人の民主党議員、タリーブとイルハン・オマルのヨルダン川西岸地区への立ち入りを禁じた。

彼女たちの台頭は、民主党内（そしてアメリカ世論）においてイスラエルへの支持が低下したことと、支持基盤の「民族的な多様化」を背景にパレスチナ問題への関心が高まったことを意味した。そしてこれら二つの変化は、トランプ政権がイスラエルの政治を全面的に支持したことと、共和党とトランプがタリーブとオマルに対して誹謗中傷キャンペーンを繰り広げたことに起因していた。

二〇一九年三月四日、トランプは「民主党が彼女たちを議員として受け入れたことで、民主党は「反イスラエル」、つまり「反ユダヤ」の政党になった[34]」と発言した。民主党幹部も、彼女たちにイスラエル・パレスチナ問題に関する発言を控えるようにと二度注意し、オマルには除名処分さえちらつかせた。

まず、民主党幹部はＡＩＰＡＣの財力にものを言わせるやり方を問題視したオマルを反ユダヤ主義に仕立て上げようとした。しかし、すぐに元ＡＩＰＡＣの職員が「ＡＩＰＡＣは他のロビー団体と同様、自分たちが推す候補者を当選させるために多額の資金を投じている[35]」と証言したこともあり、オマルを支援する声が高まり、民主党幹部は退却を余儀なくされた。

これで収まったかに思われたが、オマルが再びＡＩＰＡＣに関連して「私には外国（イスラエル）に忠誠を誓う義務はない[36]」と発言すると、トランプはオマルを下院外交委員会のメンバーから外すべきだと訴えた。民主党幹部はトランプの要請に応じようとしたが、またしても失敗した。

これらの度重なる失敗は、民主党が転換を迫られたことを意味した。

一つには、トランプと彼の共和党の仲間がイスラエルの最大の支援者になったことが挙げられる。今後、民主党が何をしようとも、イスラエルの態度は変わらないだろう。

もう一つには、民主党内でイスラエルのイメージが急速に悪化したことが挙げられる。二〇一八年一月に発表されたピュー研究所の世論調査によると、民主党員のうち六五歳以上の人々は概ねイスラエルの政治を肯定したが、三五歳未満の人々はパレスチナを支持したという。その翌年に行われた同じ調査では、「進歩主義者」を自称する若い民主党員のイスラエル支持率は、三三％から一九％へと急落した。

民主党の支持層にとって、イスラエルの政治は民主党が否定するすべてを体現していた。すなわち、植民地主義、外国人排斥、移民に対する敵意、白人至上主義へと至る自民族中心主義だ。

ミシガン大学では、パレスチナ人を閉じ込める「アパルトヘイトの壁」に反対するデモが、ユダヤ系の学生と、トランプの「壁」に反対するヒスパニック系の学生団体「家《ラ・カーサ》」の地元支部によって行われた。「家」のメンバーたちは、「われわれは、白人至上主義と外国人嫌悪に反対するという共通の目的を持つ」[37]と叫んだ。このデモのように、進歩派のユダヤ人組織が黒人や少数派の団体と団結して行動する機会が増えた。今後、左派の民主党内では、若いユダヤ人の意見が大きく反映されるようになるだろう。

民主党のジレンマの構造はきわめて単純だった。民主党幹部は、イスラエルにきわめて批判的な意見を持つ人物を受け入れると、穏健派と大半の無党派層の民主党離れが起こるのではないかと恐れた。しかし同時に、民主党幹部は、イスラエル支持を完全否定する票田に背を向けると、二〇一六年の選挙と同様に、勝敗を決する若年層の票を失うこともわかっていた。こうしたジレンマに悩まされながらも、民主党は最終的にイスラエルに批判的な意見を持つ候補者を優遇した。

『ニューヨーク・タイムズ』のパレスチナ問題を巡る報道姿勢の推移は、民主党内の変化を如実に表している。親イスラエルだった中道左派のこの新聞は、トランプ政権に真っ向から反対する姿勢を貫いた。

イスラエルの対パレスチナ政策に関するこの新聞の論調が、イスラエルの変化にともない鮮明に変化したことを示す、二つの記事を紹介する。

一つめは、二〇一八年一一月の『ニューヨーク・タイムズ』の社説だ。ロブ・ポートマン（共和党）とベン・カーディン（民主党）の二人の上院議員は、「イスラエル反ボイコット法」を提案した。この法案は、州政府は公共事業を請け負う企業に対してボイコットに参加しないという誓約を取りつけることにより、イスラエルおよびイスラエルの占領地からの製品のボイコットに参加した企業に制裁を科すことができるという内容だった。この新聞の社説は次のように訴えた。

「この法案は一方の意見を封じ込めようとするさらなる圧力だ。これは、イスラエル、アメリカ、そして両国が共有する民主主義の伝統に反する。（……）アメリカのユダヤ人を含む多くのイスラエル支援者はヨルダン川西岸地区の占領に反対であり、占領した入植地からの製品の購入を拒否している。ボイコットによって抗議する彼らの権利は、積極的に擁護すべきだ」[38]。

ちなみに、フランスではＣＲＩＦ（フランス・ユダヤ人団体代表評議会）が「一方の意見を封じ込める」ために似たような法律を制定させようと繰り返し試みている。しかし、ＢＤＳ運動によって抗議する権利を「積極的に擁護すべきだ」という論陣を張る大手メディアは、フランスには存在しない。

二つめは、二〇一九年一月の『ニューヨーク・タイムズ』に掲載されたミシェル・アレクザンダーの記事だ。最近になってこの新聞社に採用されたアフリカ系アメリカ人のアレクザンダーは、「パレスチナに関して沈黙を破るときが訪れた[39]」という記事の冒頭で、一九六七年四月四日にニューヨークのリバーサイド教会でマーティン・ルーサー・キング・ジュニアが行ったベトナム戦争に反対する有名な演説を紹介する。

当初、キング牧師は側近たちから演説するのはやめたほうがよいと忠告された。「論点を黒人に対する人種差別から自国のベトナム戦争を批判するという国際問題へと移行させるのは、われわれの闘いにとってマイナスだ。世間から裏切り者、共産主義者呼ばわりされるだけだ」。この忠告に対してキング牧師は、「沈黙することが裏切りになるときがある。ベトナムに関して、そのときが訪れた」と語ったという。

アレクザンダーはその記事の中で、「そのときが訪れた。パレスチナについて沈黙するのは、アメリカの根本的な価値観を踏みにじることになる」と説く。

「多くのアメリカの人権団体は、反ユダヤ主義者と呼ばれるのを恐れて押し黙った。これはベトナム戦争に反対すると共産主義者呼ばわりされるのを恐れたのと同じだ。多くの大学関係者は、イスラエル戦略省と結託する「カナリアの使命」などが作成するブラックリストに名前が載るのを恐れた。彼らは「逸脱した思想の持ち主」というレッテルを貼られることで、自分たちのキャリアに傷がついたり社会的信用が失われたりするのを恐れた。しかし、キング牧師の勇気を見習うときが訪れた。アメリカ人ラビのブライアン・ウォルツは、イスラエルとパレスチナを何度も訪問した後、シオニズムを捨て去ると宣言したではないか」。

アレクザンダーはBDS運動の熱心な支援者だ。そのように公言する人物が『ニューヨーク・タイムズ』の論説員を務めるのは、この新聞と読者の変化を物語る。

同様に、親イスラエルのロビー団体がこの新聞を攻撃できなかったのは、彼らの世論を動かす力が弱まったことを意味する。もちろん、彼らはまだ大きな力を持っているが、イスラエルの支持基盤であるアメリカのユダヤ人は、一枚岩ではなくなったのだ。

イスラエルを非難するアメリカ人たち

二〇一七年三月、イスラエルに対するボイコットを支持する人物の入国を禁じる法律がイスラエルの国会で可決されると[40]、ユダヤ関連の著名な学者を含む一〇〇人以上のアメリカの知識人は即座に、この法律に反対する嘆願書を発表した。嘆願書の冒頭は次の通りだ。「われわれは、BDS運動に対する考えでは一致していない。全面的に反対する者もいれば、イスラエルに対するボイコットには反対だが入植地の製品のボイコットには賛成する者もいる。こうした違いがあるにせよ、われわれは全員一致でこの新法に断固反対する。この法律は、イスラエル、民主主義、そしてわれわれの学問の基盤である言論と思想の自由にとって害悪だ」[41]。

嘆願書に署名した学者の中で最も有名な人物の一人が、プリンストン大学教授マイケル・ウォルツァーだ。筋金入りのシオニストであるウォルツァーは次のように語る。

「私は大学構内のBDS運動に積極的に反対し、一九七〇年代以降、イスラエルを毎年訪問してきた親イスラエル派でした。イスラエル人は、自分たちの政府が自国を批判する外国人の入国を拒否するようになったことを心配すべきでしょう。なぜなら、そのような政府は、自国民の批判にも耐えられないからです」[42]。

同じく嘆願書に名を連ねたコロンビア大学のトッド・ギトリンは次のように語る。

「私はBDS運動を繰り返し批判してきましたが、入植地への投資およびその製品のボイコットには賛成を表明しました。すると驚いたことに、イスラエル政府は私を敵扱いしたではありませんか。（……）精神的な病を抱えて閉じこもるイスラエルの姿を見ると、私は悲しい気持ちになります」[43]。

ユダヤ教の専門家であるアメリカの歴史家ハシア・ダイナーも嘆願書に名を連ねた学者の一人だ。

「私は学者たちによるボイコットには反対です。しかし、現状を考慮すると、BDS運動しか手立てがないと考えるようになりました」。

つまり、ダイナーはこの運動が反民主主義と人種差別が目に余るイスラエルに揺さぶりをかける唯一の手段になったと思い至ったのだ[44]。

アメリカの若いユダヤ人の間では、アメリカのユダヤ人は倫理的に間違った方向へと突き進むイスラエル社会と決別すべきだと考える者が増えている。そして民主党幹部は、こうした傾向を無視できないと感じている。

今日、アメリカでは二〇以上の州が「反ＢＤＳ運動」法を採択している。しかし、イスラエルがパレスチナと本格的な和平交渉を進める考えがない状況では、絶大な力を持つイスラエルに荒治療を施すには、ＢＤＳ運動しかないのかもしれない。この運動の潜在力は、イスラエルがこの運動を潰すために拠出する莫大な予算からも窺われる[45]。

先述のトッド・ギトリンはこうした状況を次のようにまとめる。「私はＢＤＳ運動を敵視してきました。その一方で、イスラエルの政治には心底落胆しています。今日、優先すべきはＢＤＳ運動の阻止ではなく、イスラエルの政治を変えることでしょう[46]」。

アメリカの多くのユダヤ人組織（シオニスト右派が支配している組織は除く）は、ＢＤＳ運動にどう対応すべきかで頭を悩ませている。

反ユダヤ主義と闘う筆頭格であるアメリカの組織「名誉毀損防止同盟」のケースがその典型だ。現在、「名誉毀損防止同盟」は、ＢＤＳ運動に対する罰則を支持している。しかし、ニューヨークのユダヤ系日刊紙『フォワード』は、この組織がＢＤＳ運動について行った内部調査の結果をすっぱ抜いた。内部調査の結果は、「この運動の罰則化は実行が難しく、やったとしても効果は乏しい。そもそも憲法違反だ。結局のところ、ユダヤ人共同体にとってのメリットはない[47]」だった。伝統的なユダヤ人組織「名誉毀損防止同盟」は、最終的にＢＤＳ運動の禁止を訴えた。この組織には外部から相当な圧力がかかったに違いない。

ドヴ・ワックスマンは、「ＢＤＳ運動の罰則化は効果がないどころか、逆にこの運動を支援してしまう」[48]と解説する。実際、この運動は大した成功を収めていないが、多くの人々の脳裏に焼きついている。

「エアビーアンドビー」がパレスチナ自治区から撤退すると発表したとき〔最終的には断念した〕、チャールストン大学〔ウエストバージニア州〕でユダヤ史を教えるジョシュア・シェインズは、「われわれ進歩派シオニストは「エアビーアンドビー」という貴重な機会を得たのにもかかわらず、このチャンスを無駄にしてしまった」[49]と嘆く。

シェインズの言い分は次の通りだ。

「イスラエルは、「入植地はイスラエルのものであり、イスラエルはユダヤ人の国」という図式を確立した。これに対し、進歩派シオニストは「エアビーアンドビー」のイスラエル入植地からの撤退の決定を支持することによって、占領地の製品のボイコットは必ずしもイスラエルに敵対することではないと訴えることができたはずだ。つまり、シオニストとしてパレスチナ占領に反対するという千載一遇のチャンスだったのだ。ところが残念なことに、世俗派ユダヤ人の最大組織「ブナイ・ブリス」は、「エアビーアンドビー」のボイコットを反ユダヤ主義に基づく「差別的な決定」と見なした。そして「名誉毀損防止同盟」もこの見解を追認した。もし、アメリカの多くのユダヤ人が「イスラエルが入植地を持つ限りイスラエルを支援しない」と強く迫ったのなら、アメリカのユダヤ人組織は、彼らに従わざるを得なかっただろう[50]」。

第10章　今のはオフレコだよ——臆病なフランスのユダヤ人

フランスのユダヤ人組織は、前章で紹介したアメリカのユダヤ人社会の葛藤だけでなく、イスラエルで起きていることさえほとんど知らない。イスラエルと距離を置くようになったアメリカのユダヤ人とは異なり、フランスの歴史家ピエール・ビルンボームの言葉を借りると、フランスのユダヤ人は「イスラエル化」[1]している。

名称の通りにフランスを代表するユダヤ人組織であるCRIF（フランス・ユダヤ人団体代表評議会）は、イスラエルの最近の動向に関して驚くほど慎重に対応している。

たとえば、「ユダヤ人国民国家」法の制定により民族分離が正式に国の「基本法」になっても、CRIFは沈黙を貫いた。イスラエル大統領ルーベン・リブリンでさえこの法律に強い懸念を表明したのに、CRIFをはじめとするフランスのユダヤ人組織は、この法律について批判どころか議論さえしなかった。

同様に、フランスのユダヤ人組織は、非民主的な安全保障法の採択、ネタニヤフによるカハネ主義者の政界復帰、ホロコーストの扇動者はパレスチナ人だというネタニヤフの捏造についてもコメントしなかった。さらには、ネタニヤフがイスラエル大使に対し、ジョージ・ソロスに対する反ユダヤ主義に基づく運動をやめさせるようハンガリー政府に申し入れた件を撤回するように命じたとき、そしてネタニヤフが選挙期間中にパレスチナ領土の併合を訴えたときも、まったく反応しなかった。

これまでフランスとアメリカのユダヤ人組織の指導者は、多かれ少なかれイスラエルを全面的に支持してきた。つまり、イスラエルが何をしようが、イスラエル当局が何を言おうが、イスラエルの有権者が誰に投票しようが、彼らは「ユダヤ人は黙ってイスラエルの政治を支持しなければならない」という掟を守ってきた。

ところが前章で紹介したように、両者の共同体には違いが生じ始めた。この違いは拡大している。イスラエルに対する批判は、アメリカでは強まり、フランスではほとんど耳にしない。

フランス革命から極右のシオニズムへ

フランスのユダヤ教文化はイスラエルと同様、他の地域よりも多様性に富んでいる。フランスのユダヤ人社会は、おもに二つの集団からなる。

一つめの集団は、東ヨーロッパ出身のアシュケナジームだ。当初、彼らはドイツとの国境付近のアルザス・ロレーヌ地方で暮らしていた。そして一九世紀末になると、東ヨーロッパからイディッシュ語を話す移民（同様にアシュケナジーム）が加わった（ポグロムや貧困から逃れるためにやってきた）。

東ヨーロッパの大半のアシュケナジームはアメリカに渡ったが、西ヨーロッパに移住した者も多かった。二つの大戦間、イディッシュ語には「神の国のように幸せなフランス」という表現があったほど、フランスはユダヤ移民を温かく迎え入れた。

一九三六年、フランスの政治が進歩的だったことを象徴する出来事として、ユダヤ人による初のフランス内閣が誕生した。これが社会党員レオン・ブルムの人民戦線だ。

ホロコーストによってフランスのユダヤ人の三分の一が殺害されたが、一九六〇年代までアシュケナジームはユダヤ人共同体の主要な構成員だった。

二つめの集団セファルディームは三つに分類できる。

第一の分類は、第二神殿が崩壊した紀元後七〇年以前に地中海沿岸部で暮らしていた少数のユダヤ人だ。

第二の分類は、一四九二年から一六世紀にかけて、スペインとポルトガルから追放されたユダヤ人だ。その後、彼らの中にはフランスのエリートになる者も現れた[2]。

第三の分類は、現在、フランスのユダヤ人の大半を占めるマグレブ出身のユダヤ人だ。すなわち、フランスの植民地だったアルジェリア（一八三〇年に征服、一八四八年に併合）、チュニジア、モロッコ（一八八一年と一九一二年にフランス保護領になった）だ。

二〇世紀前半、マグレブのユダヤ人はフランスへと移住した。一九五〇年代にこれら三つの北アフリカ諸国で独立運動が起きると、彼らの移住は加速した。フランスがこれらの国から徐々に撤退すると（チュニジアとモロッコからは一九五六年、そして八年間にわたるフランス軍との戦いに勝利した後に独立したアルジェリアからは一九六二年）、マグレブを去るユダヤ人は一気に増えた。たとえば、アルジェリアのユダヤ人の九九％は移住した。ユダヤ人の北アフリカからの移住は、一九六七年六月にイスラエルとアラブ諸国の間で発生した第三次中東戦争によって完了し、北アフリカのユダヤ人の歴史は幕を閉じた。

マグレブにおけるユダヤ人の人口は、一九五四年は五〇万人だったが、その一三年後の第三次中東戦争後には、わずか六万二〇〇〇人になった（おもにモロッコ。その後、残ったユダヤ人も北アフリカを去った）[3]。北アフリカを去った五〇万人の行き先の内訳は、およそ三分の二がフランス、四分の一がイスラエル、残りは、カナダ、アルゼンチン、アメリカだった。

フランスのユダヤ人の変遷に関する著書を上梓したシャルル・オンデルランによると、「一世代のうちにおよそ三三万人のユダヤ人がマグレブからフランスに押し寄せ、フランスのユダヤ人の様相は大きく変化した[4]」という。

それは数量だけでなく（アシュケナジームは少数派になった）、文化と政治の面でも大きな変化をもたらした。アシュケナジームとセファルディームは双方ともユダヤ教徒であり、同じ宗教観を持つが、儀式のやり方はしばしば驚くほど異なる。

このようにフランスのユダヤ人共同体は、社会、礼拝、政治に関して北アフリカのユダヤ人の影響を色濃く反映するようになった。

先述のフランスの歴史家ピエール・ビルンボームは、二〇一二年に上梓した『二つの家[5]』の中で、フランスとアメリカのユダヤ教の歴史的、構造的な違いを次のように説明する。「フランスは中央集権的な国家であり、国民のアイデンティティは不可分かつ強固だ。すなわち、一つの国、一つの教会、一つのシナゴーグだ。一方、アメリカは連邦制国家であるため、国民のアイデンティティによる結びつきは弱く、少数派のアイデンティティに対して寛容だ」。ビルンボームによると、だからこそ、アメリカのユダヤ人は、単なる国民であるだけでなくユダヤ教文化の担い手になっているという[6]。

ビルンボームは、「フランスのユダヤ人は、フランス国民として得られる利益と引き換えに、国民としての義務を果たすことによって国家の一員になりたいと願ってきた」と説く。ユダヤ人が正式にフランス国民になったのは一七九一年九月であり、ユダヤ人のフランスへの帰属はナポレオン統治下に制度化され、第三共和政（一八七〇年から一九四〇年）の時代に定着した。

フランスの大原則（フランスの市民権の理念と政教分離）を遵守すれば、国は国民を荒波から保護してくれるはずだった。しかしながら、フランスが自国のユダヤ人に約束した保護は、ヴィシー政権（一九四〇年から一九四四年）下で消滅した。フランス共和国は、「フランス国」になってナチスの占領に協力した際に、共和国の理念とともにユダヤ人を見捨てた。すなわち、「フランス国」は反ユダヤ法を制定し、フランスのユダヤ人の市民権を大幅に制限した後、彼らを強制収容所に送る手助けをしたのだ。

フランス市民の第一原則は、公共の場では全員が均一で統一されたアイデンティティを持つことだ。ビルンボームは、「フランス革命以降、フランス社会は、国家、国民、共和国に対し、全員一致の忠誠を求めた。フランス共和国以外のアイデンティティを認めると複数の忠誠心が存在することになるため、それらのアイデンティティを締め出した」[7]と解説する。

そうしたフランス特有のアイデンティティは、一七八九年一二月二三日にスタニスラ・ド・クレルモン・トネール伯爵が国民議会で行ったユダヤ人受け入れを支持する演説に見て取れる。「国家としてのユダヤ人は完全に否定されるべきだが、個人としてのユダヤ人は全面的に保護されるべきだ……。国家の中に非市民社会、つまり、国家の中に国家が存在することは容認できない」[8]。

だが、ビルンボームによると、この規則はユダヤ人だけに向けられたのではないという。フランス国民になりたいと願うユダヤ人、プロテスタント教徒、ブルトン人〔ブルターニュ地方で暮らすケルト系民族〕、バスク人など、フランスはすべての少数派に市民権を与えた。ただし、フランス人以外のアイデンティティは公共の場から締め出した。

アメリカには、WASP、アフリカ系、中国系、ユダヤ系など、さまざまなアイデンティティが存在する。しかし、フランスでは、複数形や複合型のアイデンティティは認められていないだけでなく許されていない。フランス人として生まれる、あるいはフランス人になったのなら、それだけが自身のアイデンティティなのだ。

今日、フランスのこうした理念は、グローバル化が進行して現実にそぐわなくなってきた。だが、こうした理念があったからこそ、フランスは少数派や移民を国家の一員にすることができたのだ（フランスは他のヨーロッパ諸国よりも多くの外国人を受け入れてきた）。

ビルンボームは、フランスがこのような道を歩んできた過程を次のように説明する。

「フランス共和国以外のアイデンティティは私的な場だけにする。地域的、文化的、言語的、組織的な忠誠心は持たない。普遍主義を理想とする市民権を攻撃するような行動はとらない。つまり、フランスの革命的な社会契約では、市民権を持てば十全たる権利を得られるが、市民権以外の特権と忠誠は放棄しなければならないのだ」[9]。

ようするに、フランスでは特権を持つ集団は存在せず、国家だけが重要であり、国民は市民権以外の規範に忠誠を誓うことはできないのだ。

この社会契約を遵守すればフランスのユダヤ人は、代議士、議員、大臣、将軍、裁判官、警視総監など、社会の要職に就くことができた。第一次世界大戦中、「フランス軍の幹部には大勢のユダヤ人がいた」[10]（七人の将軍、数百人の大佐や大尉）。フランスのユダヤ人の活躍は、医学、司法、芸術、政治など、多くの分野にも当てはまる。フランス革命以前に成立した強力な中央集権国家がつくり上げたフランス共和国の社会契約により、「ユダヤ人に能力主義の道筋が開かれた」[11]のだ。

ところが、フランスの一部のエリート層は、共和国の理念に反してこの社会契約の遵守を拒否した。すると、カトリック右派の扇動により、ドレフュス事件やヴィシー政権などの反ユダヤ主義が猛威を振るった。この反ユダヤ主義はホロコースト後にようやく影を潜めた。

一方、マグレブのユダヤ人は、先述のアシュケナジームとまったく別の歴史を持つ。マグレブの中で最も顕著な例は、一九六二年にフランスに亡命したアルジェリアのユダヤ人だ（このころ、ド・ゴール大統領はようやく、アルジェリアの独立は不可避だと悟った）。

一九五四年、アルジェリア人の蜂起が始まった際、現地のユダヤ人指導者は、フランスの政治当局と反乱軍との間で中立の立場を維持しようとした（一部の勇気あるユダヤ人はアルジェリア人の蜂起に参加する者もいた）。

しかし、武力衝突が激化すると、ユダヤ人指導者は選択を迫られた。結局、大多数のユダヤ人は支配側のフランス領アルジェリアを選んだ。彼らが支配側を選んだ理由には、植民地政府に対する恩義もあった。イギリスと同様、フランスは、植民地で現地の協力者を確保するために一部の少数派に特権を与えた。マグレブの場合、フランスの植民地政府当局は、一八七〇年の「クレミュー法」によって、アルジェリアのユダヤ人にフランスの市民権を付与した。魔法の杖の一振りで、アルジェリアのユダヤ人の社会的な地位は「ズィンミー」(イスラム政権下で暮らす庇護民)から特権階級へと一変したのだ。

もちろん、アルジェリアのフランス植民地社会は反ユダヤ主義だった。たとえば、反ユダヤ主義の先駆けをなした『ユダヤのフランス』[12]で一躍有名になったエドゥアール・ドリュモンは、ドレフュス事件の最中の一八九八年、アルジェから国会議員に選出された。とはいえ、植民地社会で敵視されたのは、ユダヤ人よりも政治的な権利を剥奪された大衆であるアラブ人だった。

一八七〇年に「クレミュー法」が施行されてからユダヤ人がアルジェリアを離れるまでの間、彼らにとっての「フランス」は、本国のように全員に平等の権利を付与する国ではなく、不平等が内在する植民地政権だった(モロッコやチュニジアのユダヤ人もほぼ同じ境遇だった)。つまり、フランス領アルジェリアでは、完全な市民権を持つ者と制限された市民権を持つ者が存在し、人種差別は当たり前だった。もちろん、これに異議を唱えるユダヤ人もいた。だが、植民地を維持するか、あるいは植民地の人々の独立のために戦うかという選択を迫られると、ほとんどのユダヤ人は前者を選んだ。

一九六一年、フランスがアルジェリアの独立を認める方向であることが明らかになると、アルジェリア最大のユダヤ人共同体のあるオラン市〔アルジェリア北西部の同国第二の都市〕などの若いユダヤ人は、ＯＡＳ〔秘密軍事組織〕が率いる戦いに加わった。過激な植民地主義者のテロ集団ＯＡＳは、アルジェリアの独立を阻止するために結成された組織だった。

驚いたことに、ＯＡＳで若いユダヤ人たちは、その二〇年前に反ユダヤ法を成立させたヴィシー政権を熱心に応援していた過激な反ユダヤ主義者らとともに、植民地アルジェリアを維持するために共闘した（ちなみに、ヴィシー政権は「クレミュー法」「ユダヤ人にフランスの市民権を確約する法律」を即座に廃止した）。

敗戦が濃厚になった一九六一年から一九六三年にかけて、アルジェリアのユダヤ人は地中海を越えてフランスの海岸に辿り着いた。しかし、そこは五〇年ほど前に同じユダヤ人アシュケナジームを温かく迎え入れた「神のように幸せなフランス」ではなかった。

彼ら一一万人のユダヤ人を含むフランス領アルジェリアから逃れてきたおよそ一〇〇万人の人々にとって、フランスは自分たちを裏切って見捨てた国だった。彼らは、絶望感と敗北感に苛まれ、自分たちを見捨てたド・ゴールを恨み続けた。

彼らの多くは、アラブ人とイスラム教徒に対する敵意が入り混じった植民地的な発想を抱き続けた。それは、アルジェリアの植民地社会では当たり前だった偏見や、極端な憎しみに満ちた邪悪な人種差別だった。

シャルル・オンデルランは、二〇二〇年に出版した『フランス共和国とシオニズムとの狭間にあるフランスのユダヤ人』の中で、「辛酸をなめさせられたばかりのマグレブのユダヤ人にとって、一九六七年六月のアラブ諸国に対するイスラエルの圧勝〔第三次中東戦争〕は、留飲が下がる思いだった」と記している。

第三次中東戦争の開始前、マグレブ出身のユダヤ人は、イスラエルを支援するデモ隊の最前列に陣取った。彼らが街頭で自家用車のクラクションを五回続けて鳴らすリズムは、数年前に彼らがアルジェで鳴らしていたのとまったく同じだった。「アル・ジェ・リ・フラン・セ（フランス領アルジェリア）」や「O・A・S・が・勝つ」が、「イス・ラ・エル・が・勝つ」に代わったのだ。マグレブ出身の多くのユダヤ人は、この戦争でイスラエルを支持するフランスの極右陣営に加わった。

極右の週刊誌『ミニット』の編集長フランソワ・ブリノーは、「五年前、OASに加わって戦ったユダヤ人戦士は同じ敵と戦っている」と記した。言い換えると、ブリノーは一九六七年のイスラエルのアラブ諸国との戦いと、一九六二年のOASのアルジェリア独立阻止の戦いを重ね合わせたのだ。フランスの（そしてユダヤの）偉大な政治学者レイモン・アロンも、イスラエルの大義を支持する人々には「アルジェリア戦争の継続を模索し、イスラエルのようなやり方で復讐しようとしている者たち」[13]が含まれていると記した。

マグレブのユダヤ教文化は、フランスのユダヤ教文化を一変させる強力なムーブメントを生み出した。オンデルランは、「今日、セファルディームは人数的にも政治的にもフランスのユダヤ組織を支配した」[14]と説く。

もちろん、マグレブ出身のユダヤ人全員が突然、イスラム教徒を嫌ったり、狂信的なイスラエル支持者になったりしたのではない。しかし、少数ではあるが二世代を経ても古臭い植民地思想にしがみつく人々が、フランスのユダヤ人共同体の政治的、宗教的な主導権を握ったのだ。

また、彼らは歴代のイスラエル政府を全面的に支援してきた。パレスチナの第二次インティファーダが激化した二〇〇三年一月、彼らは、フランスの歴史家ジョルジュ・ベンスーサン〔モロッコ出身〕がエマニュエル・ブレネルという偽名で執筆した著書を絶賛した。この著書の中でベンスーサンは、「イスラム系移民は、古くは十字軍、そして近年では脱植民地化を巡る極端な暴力をともなう紛争など、西洋と長年にわたって戦ってきた文化的な世界の出身者だ」と主張し、そうしたイスラム世界の特徴は、「マグレブや中東から広まったきわめて暴力的な反ユダヤ主義だ」[15]と解説した。

このような考えは、右派シオニズムの古くからの自民族中心主義と、北アフリカ出身の一部のユダヤ人がいまだに抱く植民地的な発想が結びついて生じたものだった。

ＣＲＩＦ（フランス・ユダヤ人団体代表評議会）の正体

フランスの歴史家ピエール・ビルンボームは、フランスのユダヤ人組織がイスラエルの政治に関する議論をほとんどしないのは、彼らがフランス共和国や市民権の概念に縛られているからだと考える。[16]つまり、フランスのユダヤ人はフランス人なのだ。これは「モロッコやアルジェリア出身のフランス国民は、出身国での出来事を語るためにフランスで生活しているのではない」と考えることに等しい。

ビルンボームの論証はもっともだが、今日、それがすべてだとは思えない。なぜなら、ＣＲＩＦは、イスラエルの利益を守るためにイスラエルを躊躇なく支援するからだ。さらには、フランスの政治に口出しすることさえある。

反対に、アメリカのユダヤ人共同体は、議論だけでなく論争もする。その一因は、アメリカのユダヤ教文化の構造が当初から多様だったからだ。さらには、フランスにはアメリカでは通用しないような混同があることも、フランスに議論がほとんどない理由だ。

その混同とは次の通りだ。アメリカでは、役割の大きく異なる二つの大きなユダヤ人組織が共存している。「米国主要ユダヤ組織会長会議」とＡＩＰＡＣ（アメリカ・イスラエル公共問題委員会）だ。両者は密接に連携しているが、役割は異なる。前者の役割はアメリカのユダヤ教文化の多様性を代表することであり、後者の役割はユダヤ人国家の利益を守るためのロビー活動を行うことだ。

ところが、フランスのＣＲＩＦはこれら二つの役割を併せ持つ。ＣＲＩＦは表向きにはフランスのユダヤ教文化を代表する組織だが、実際には（自他ともに認める）外国のためのロビー団体だ。

こうした事情は、ＣＲＩＦが毎日発行するニュースレターを読めばわかる。たとえば、「イランの脅威」に対する非難は、フランス国内の議論は無視してイスラエル政府の見解をそのまま伝えている。次のような例もある。二〇一八年に、イスラエルの最高裁判所がＨＲＷ（ヒューマン・ライツ・ウォッチ）のイスラエル事務局長オマール・シャキールの国外追放を追認した際[17]、ＣＲＩＦはこの判決を支持するイスラエル政府の主張を即座に掲載し、イスラエル国内の反対意見にはまったく触れなかった[18]。

事情通なら、ＣＲＩＦの主力事業は親イスラエルのロビー活動であることを知っている。ＣＲＩＦはコミュニティ活動にも取り組んでいるが、「統合ユダヤ社会基金」「長老会議」「世界イスラエル連盟」などと比べると、片手間にやっているだけだ（逆に、これらの組織はCRIFほどの政治力を持たない）。

CRIFの混同はきわめて有害だ。フランスのホロコースト記念財団[19]の初代理事長ピエール・サラグーシは、次のように苦言を呈する。

「こうした混同は、イスラエルに対するフランスのユダヤ人共同体が一枚岩であることを示唆するだけでなく、CRIFの指導者たちにはフランスのユダヤ教文化を多元的にしようする考えがないことを示している。そのような考えでは、CRIFはフランスでのユダヤ人の将来を真剣に考える若いユダヤ人を育成することができない。今日、フランスのユダヤ人学校は若者にアリーヤー[20]の準備をさせている。だが、私はヨーロッパのユダヤ教文化を存続させたいと考えている。いずれにせよ、CRIFはイスラエルとフランスのユダヤ教文化の考察の場になっていない[21]」。

CRIFが今日のような体制になったのは、イスラエルとPLO（パレスチナ解放機構）のレバノンでの戦争（一九八二年）がきっかけだった。これは「非防衛的」、つまり、国際社会が正当化できないと見なしたイスラエル初の戦争だ。その後、イスラエルをいかなる状況であろうが無条件に支援するCRIF体制は、二〇〇〇年九月末のパレスチナでの第二次インティファーダでさらに強化された。

このとき以来、CRIFは親イスラエルのロビー活動という現実的な役割を非公式にだが担うようになり、とくにユダヤ人共同体からイスラエルに対する批判が出ないように目を光らせるようになった。

高等研究実習院（EPHE）で中世ユダヤ思想を研究する教授ジャン＝クリストフ・アティアスは、

「ＣＲＩＦとイスラエルの結びつきは、へその緒のようになってしまった」[22]と嘆く。

しかしながら、ＣＲＩＦに言わせれば、「結果がすべてを物語る」だろう。イスラエルを公然と批判する意見は、フランスのユダヤ人共同体のメンバーからはほとんど聞かれない。もちろん、イスラエルの植民地政策や中東での和平プロセスに批判的な団体はあるが、彼らが公然と批判を展開することはほとんどない。

フランスのユダヤ人学生連合の会長サシャ・ゴズランは、この現象をフランスのユダヤ人が二〇〇〇年以降から感じている「恐怖」によって説明する。「フランスのユダヤ人は、ユダヤ人が公然とイスラエルを批判すれば、世間では反ユダヤ主義的な言動が正当化されてしまうと恐れている。彼らは批判するよりも、イスラエルの背後で一致団結するほうが身の安全を図れると考えている」[23]。

人種差別的な「ユダヤ人国民国家」法がイスラエルで大きな論争を巻き起こしたのにもかかわらず、ゴズランは「フランスのユダヤ人共同体がこの法律について議論したという話は聞いたことがない」と証言する。ゴズラン自身が属する組織でもこの法律が議論されることはなく、「法案は可決されました。では、本日の議題に移ります」で終わりだったという。

しかしながら、パレスチナ人に対するイスラエルの犯罪や人種差別的な行動を、否定する、目をつぶる、過小評価することが、世間の反ユダヤ主義から身を守るための最善の方法なのだろうか。たとえば、アラブ系フランス人が「自分はイスラム教徒あるいはアラブ地域の出身者なので、イスラム教徒やアラブ人を嫌う人々から身を守るために、アブドルファッターフ・アッ＝シーシー〔エジプト大統領〕、バッシャール・アル＝アサド〔シリア大統領〕、サウジアラビア人の犯罪を黙認します」と述べたのなら、世間はどう思うだろうか。

世間にはそのような考え方をする人がいることは確かだ。だが、ユダヤ人やアラブ人などが「同胞」の犯罪を黙認するのは、自分たちの共同体に対する世間の人種差別を助長するだけだ。ゴズランは、「そうはいっても、ユダヤ人は恐怖に支配されている」と説く。しかし、彼らが本当に恐れているのは、世間の反ユダヤ主義ではなく、自分たちの共同体から疎外されることだろう。ゴズランの解説は続く。「人々は裏切り者扱いされることを恐れ、納得できないことがあっても口に出そうとしない。イスラエルが悪いと認めるのは、イスラエルに対する非難は正しいと認めることになる。事実を認めないのは臆病者であり、事実を認めることこそ強さの証明だと説得しても、誰も耳を貸してくれない」[24]。ゴズラン自身もしばしば沈黙を選んだのではないかと思いたくなる。

こうした傾向はかつての共産主義者と似ている。共産主義者たちは、共産党以外に未来はないと説いてきた。かつての共産党組織は閉じた反体制派の社会であり、そうした社会では逆らう人物は裏切り者扱いされた。

この強制的な意見の一致の最も顕著な結果の一つが、フランスのユダヤ文化の質の低下だ。廃刊になったユダヤ人共同体の月刊誌『ラルシュ〔方舟〕』の編集長を長年務めてきたメイル・ワイントラターによると、フランスのユダヤ系メディアは「崩壊寸前」だという[25]。

ユダヤ系のラジオ番組は、かつて一つのFM周波数を四つのラジオ局が共有して政治問題を多様な視点から論じていた。だが現在、ラジオ局は二つに減り、双方とも宗教色の強い似たような番組しか放送していない。

CRIFに関しては、極右とフランスのユダヤ文化の動向を研究する政治学者ジャン＝イヴ・カミュは、「CRIFの知的堕落は、フランスのユダヤ人共同体に甚大な影響をおよぼしている」[26]と指摘する。フランスのユダヤ人共同体での議論の場があまりにも貧弱であるため、CRIFは安心してイスラエル政府が決めた話題についてイスラエルを擁護できる。たとえば、イランに対する強迫観念、BDS運動を罰するための国際的な闘い、反シオニズムは反ユダヤ主義だというプロパガンダ、そしてイスラエルで強まる自民族中心主義の見方に沿ったホロコーストの記憶の利用（現在のイスラエルの犯罪に対する抗議をはねつける盾として、ユダヤ人の過去の苦しみを利用する）などだ。

これらの点に関するロビー活動を任務とするCRIFは、フランスの政治当局や世論に自分たちの見解を押しつけている。最近起こった二つの事件からは、CRIFがパリのイスラエル大使館の手先となって活動していることがわかる。

一つめは、CRIFのフランスのメディアへの介入だ。二〇一八年一〇月一一日、テレビ番組『特派員』（フランスの公共放送「フランス2」）は、「自由を奪われたガザ地区の若者」というドキュメンタリー番組の予告編を放映した。それは次のような内容だった。

「その年の三月三〇日（パレスチナ人はこの日を「土地の日」と呼ぶ）以降、毎週金曜日、ガザ地区の国境沿いではパレスチナ人の若者がデモを行ってきた。ところがデモのたびにイスラエルの狙撃兵は、自分たちには危害がおよばない遠く離れた場所から何人ものパレスチナ人の若者を射殺し、数百人を負傷させた[27]。こうした状態が六ヵ月間も続いた」。

駐仏イスラエル大使アリザ・ビン・ヌンは「フランス２」に対し、反ユダヤ主義を助長するという理由からこの番組の放映中止を求めた。

フランスのメディアに対する検閲だという批判を受けた駐仏イスラエル大使館は、「放送中止を求めるにあたって、われわれはこの番組の予告編しか観ていない」と主張した。そして「このような番組を放送しようとする「フランス２」はハマスの共犯者だ」と強く非難した[28]。ＣＲＩＦは事前に用意してあった非難声明を即座に読み上げた。

中東の在外フランス人を支持基盤に持つフランス国民議会議員メイル・ハビーブ〔マグレブ系ユダヤ人〕は、「この番組の放映は、反ユダヤ主義に基づく暴力を再燃させ、さらにはテロを助長する」[29]と訴えた。言い換えると、「反ユダヤ主義と闘うには検閲が必要」だという奇妙な理屈だった。

だが、次のような場合を想像してほしい。あるアラブの国がアメリカのイスラム教指導者の支持を取りつけ、アメリカの公共放送局に対して「アメリカでのイスラム教徒やアラブ人に対する差別を助長する恐れがあるので、シリアでのアサド政権の犯罪や、サウジアラビア主導のイエメンでの戦争に関するドキュメンタリーは放映すべきではない」と要請する場合だ。これは明らかに理屈が通らない。

世間には、無知や民族に対する偏狭な見方から、イスラエル人とイスラエル以外で暮らすユダヤ人を同列に捉え、イスラエルの犯罪に怒りを覚えて（これまで以上に）反ユダヤ主義者になる人々がいる。

こうした構図はイスラム嫌悪にも当てはまる。イスラム教徒、イスラム原理主義者、アラブ人、イスラム過激派などを同列に捉える人々は、それらのうちの誰かが犯した恐ろしい犯罪を例に挙げて

「イスラム教は犯罪者の宗教であり、アラブ人は根っからの野蛮人だ」と決めつける。これは、「ユダヤ人は生まれながらにして陰険な金持ち」という偏見と同じだ。

中国の諺「賢者が月を指さすと、愚者は指を見る」のように、アルカイダ、バッシャール・アル＝アサド、ムハンマド・ビン・サルマーンの犯罪を報道することが、イスラム嫌悪やアラブ人に対する人種差別を助長するのではない。人種差別主義者がそうした犯罪を利用して、自分たちの気に入らないアラブ人やイスラム教徒といった集団に対して世間の敵意を煽るのだ。同様に、パレスチナ人の若者の殺害を報道するのは、反ユダヤ主義を煽ることではない。イスラエル兵が夜店の射撃のように、絶望したパレスチナ人の若者を毎週のように殺害すること自体が、パレスチナ人の反ユダヤ主義の原因になるのだ。

パレスチナ人の間では、このような光景を目にして、衝撃を受ける者、イスラエル兵が罰せられないことに嫌悪感を覚える者、人種差別主義者になる者がいる。

幸いなことに「フランス2」は、CRIFの圧力に屈することなくこの番組を放映した。

二つめは、その三ヵ月後にCRIFがフランス政府に圧力をかけたことだ。二〇一八年一二月、フランスのCNCDH（人権に関する全国諮問委員会）は毎年恒例の賞の一つを、非政府組織であるイスラエルの「ベツェレム」とパレスチナの「アル・ハック」を統合した組織に授与することにした。

当初、授与式の壇上にはフランス法務大臣ニコル・ベルベが登る予定だったが、ベルベは「急病」のため出席できなくなった。CRIF会長フランシス・カリファが、「CNCDHの方針はまったく理解できない」と糾弾していたことからも、ベルベの「急病」がイスラエル大使館とCRIFの圧力によるものだったのは間違いない。

賞が取り消されることはなかったが、フランス首相官邸はベルベが授賞式を欠席することを承認した。

イスラエルではこの受賞に対し、当時の外務副大臣ツィッピー・ホトヴェリーは、「「ベツェレム」は自国に害をもたらすだけの目的からフェイクニュースを流す組織」と紹介し、首相府外交担当副大臣だったマイケル・オレンは、「「ベツェレム」はテロを擁護する組織」とコメントした。

CRIFは受賞を取り消すことこそできなかったが、フランス政府の代表を授賞式に参加させないことでこの賞の社会的インパクトを減らすことに成功した。

きわめて残念だったのは、フランスのユダヤ人共同体内部からCRIFの過ちを指摘する声が上がらなかったことだ。というのも、人権の分野で「ベツェレム」はイスラエルに、そして「アル・ハック」はパレスチナに名誉をもたらし、両者の協力体制は数十年間にわたるこの紛争の結果である血と悲劇の海に希望と尊厳をもたらす一筋の光になったからだ。

これらの介入は実に嘆かわしいが、二〇一六年にAIPAC（アメリカ・イスラエル公共問題委員会）がイスラエル軍への資金援助を一〇年間でおよそ一〇〇億ドル増額するようアメリカ当局に働きかけたことに比べれば、ささやかな話と言えるかもしれない。

だが、CRIFの介入は、自国のイメージや政治がますます疑問視されているのではないかというイスラエルの懸念と、自分たちの見解を押しつけるチャンスは逃さないというイスラエルの決意の表れだ。

イスラエルの「BDS運動に対する闘い」の第一義は、パレスチナの現状が外国に漏れないようにすることであり、またこの闘いはユダヤ人であるかどうかを問わず、自民族中心主義というイデオロギーを共有するイスラエルの支持者を動員するためでもある。

二〇一八年一二月、イスラエル政府はドイツ政府にも文句をつけた。イスラエル政府はドイツ政府に対し、ベルリンのユダヤ博物館への補助金を打ち切るよう要請した。その理由は、同博物館が「アラブ側に偏った」エルサレム特別展を行ったからだという。ユダヤ博物館には、ユダヤ人以外の空間は存在しないということだろうか……。

二〇一九年一二月三日、CRIFは、（イスラエル政府を後ろ盾にして）大きな影響をもたらすわけではないが意味のある勝利を収めた。

フランスの国民議会議員シルヴァン・マイヨールの提案が承認されたことで、フランス議会は「IHRA（国際ホロコースト想起連盟）」による反ユダヤ主義の定義（イスラエルに対する批判も含む）を採用するおよそ二〇ヵ国の議会の仲間入りをした。

とはいえ、フランスの親イスラエルのロビー活動の成果は限定的だった。この取り決めは拘束力がなく、また、賛成票を投じたのは議員の四分の一だけだったからだ（五七七人の議員のうち、賛成は一五四、反対は七二、棄権は四三）。

しかしながら、半数以上の議員が投票に参加しなかったという事実は、CRIFの強力なロビー圧力を物語っている。なぜなら、彼らのほとんどは、自分たちが支持しない提案に対して公の場で反対票を投じるのを避けるために仮病を使ったからだ。

こうした問題に真正面から取り組んできたフランスの「人権連盟」の名誉会長ミシェル・トゥビアナは、次のように語る。

「今日に至るまで、パレスチナ人の国を持つ権利は否定されてきた。パレスチナ人がイスラエルの存在を脅かしてきたのではなく、緩い共犯関係にあるアメリカ、そしてフランスを含むEU諸国から寛大な資金援助を受けてきたイスラエルが、パレスチナ人の生存権を否定してきたのだ。イスラエルやフランスの代表者たちは、パレスチナ人の国を持つ権利に異議を唱えたり、さらには彼らの存在を否定したりしているが、誰もそのような彼らを犯罪者だとは言っていない。それなのに、イスラエル政府に対する批判を法律で罰しようとするのはきわめて奇妙だ」。

臆病なフランスのユダヤ系知識人

私は本書を執筆するにあたり、フランスの多くのユダヤ系知識人に会った。全員に、アメリカでは一〇〇人以上のユダヤ系知識人がBDS運動推進の嘆願書に署名している事実を伝えた。つまり、私は「アメリカのユダヤ系知識人は、見解の相違があるにもかかわらず、民主主義を尊重するという立場からBDS運動を支持することで一致団結している」と説明したのだ。そこで私は、フランスのユダヤ系知識人に、「なぜフランスでは同じような運動が起きないのか」と質問した。

私がインタビューしたほとんどのフランスのユダヤ系知識人は、フランスとアメリカでは表現の自由に関する法律に大きな違いがあると指摘した。彼らは、「アメリカ憲法修正第一条によって言論の自由が保護されているアメリカでは、人種差別を罰するフランスの「ゲソ法[30]」のような法律は考えられないだろう」と異口同音に説いた。

フランスの改革派のラビであるデルフィーヌ・オルヴィレアは、フランスとアメリカの違いを次のように説明した。「フランスのユダヤ教は、カトリック（ヴァチカン）と中央集権（ナポレオン）の伝統を受け継いでいるため、異論は異端とみなされる[31]」。

弁護士アリエ・アリミは両者の違いを次のように説明した。「アメリカのユダヤ人はほとんどがアシュケナジームであり、彼らは啓蒙主義を受け継いでいる。一方、今日のフランスのユダヤ人は文化的にセファルディームであり、啓蒙主義よりも民族主義に近い伝統を持っている[32]」。

私がインタビューしたフランスのユダヤ系知識人全員に、「アメリカのユダヤ系知識人のようにBDS運動推進の嘆願書に署名する考えはあるか」と尋ねたところ、ごく少数の者を除き、彼らは「ノー」と回答した。

今日、左翼シオニスト団体「Jコーラ」の会長を務めるジャーナリストのメイル・ワイントラターは、「私は署名しません。BDS運動に賛成する人々の中には、イスラエルの存在に反対する人々も含まれているからです[33]」と答えた。

フランスのユダヤ人学生連合の会長サシャ・ゴズランも署名しないと答えた。なぜなら、「イスラエルをボイコットすることは意見ではない」からだという。そこでゴズランに「フランコ体制下のスペイン、ソビエト、アパルトヘイト下の南アフリカに対するボイコットは正しかったか」と質問すると、「正しかった。だが、イスラエルはそれらの国とは違う。イスラエルは民主国家だ[34]」と回答した。ゴズランは、イスラエルが「ユダヤ人国民国家」法という人種差別法を採用しても、イスラエルは民主国家だと主張する。

私がインタビューしたある著名なユダヤ系知識人は、開放的で進歩的だと自他ともに認める人物だったが、イスラエルの政治を話題にすると、突然歯切れが悪くなった。

私がアメリカのユダヤ系知識人のＢＤＳ運動の支援に触れて、こうした活動はフランスでは不可能に思えると切り出すと、この人物も歴史的な背景を説明した後、「イスラエルに対するボイコットを罰しようとするのは実に愚かなことです。あなたは、私がそんなことにも気づかないと思っているのですか」と口を尖らせた。ところが、彼は私のメモをとる姿を見て凍りつき、「今の発言はオフレコです」と慌てふためいた。

民主主義と国家の歴史的な経緯がフランスとアメリカのユダヤ人を異なる存在にしているというフランスのユダヤ系知識人の説明はごもっともだが、両者の違いは、現代フランスのユダヤ系知識人に何かもっとありふれた原因があるからではないのか。つまり、原因は彼らが単に臆病なだけなのではないか。

アメリカでは、「イフ・ノット・ナウ」の共同設立者エミリー・メイヤーは次のように言い切る。「われわれの世代がイスラエルを眺めるとき、われわれはイスラエルにアメリカと同じ平等、尊厳、正義を求める[35]」。メイヤーによると、イスラエルのパレスチナ人に対する隔離政策は深刻な問題だという。フランスのユダヤ系知識人の間で、同様の見解を述べた者はいただろうか。ニューヨーク在住のジャーナリストでフランスを愛するアダム・シャッツは、「今日のフランスに、ピエール・ヴィダル＝ナケのような人物はどこにいるのか」[36]と嘆く。

現代フランスの知性として際立った人物の一人だったピエール・ヴィダル＝ナケ（一九三〇～二〇〇六年）は、古代ギリシア史が専門だったが、多彩な著作を残した碩学であり、ユダヤ人問題についても大きな業績を残した。そうはいっても、ヴィダル＝ナケは異色のユダヤ系知識人だった[37]。ヴィダル＝ナケは、一九六七年六月のイスラエルのヨルダン川西岸地区とガザ地区の征服直後に、イスラエルはこれらの領土を放棄しない限り、未来のない植民地主義に陥るだろうと公言した。

今日、フランスの多くのユダヤ系知識人は、イスラエルの歩みを心配している。彼らの中には嫌悪感を抱いている者さえいる。しかし、彼らが沈黙を守っているのは、耳を傾けてもらえないと思っているからだ。臆病な彼らは、緊張状態にあるフランスのユダヤ人共同体内で自身の思いを述べるのは時期尚早であり無謀だと考えている。しかし、彼らが押し黙る一番の理由は、ユダヤ人共同体から排除され、友人を失い、自分を保護してくれる避難所から追い出されるのではないかという恐怖にある。

残念ながら、こうした彼らの態度がＣＲＩＦのロビイストに活躍の場を与える一方で、自分たち自身を自ら片隅へと追いやっている。だからこそ、フランスのユダヤ人共同体では、イスラエルの指導者が誰であっても支持するユダヤ人が大半になってしまったのだ。

これらの支持者は、フランスのユダヤ人社会の二つの推移を具現している。一つめは（過去二〇年間の研究や世論調査によって明らかになっている）右翼化[38]であり、もう一つは（現在のところ、まだ社会学の研究対象になっていないが）強い宗教心をともなう内向化だ。

BDS運動の問題に関して、社会学者ミシェル・ヴィヴィオルカは、フランスのユダヤ人共同体の最近の変化を次のように指摘する。

「一九六〇年代から一九八〇年代にかけて、リシャール・マリエンストラス[39]のようなリベラルなユダヤ系知識人ならアメリカのユダヤ系知識人の請願書に署名しただろう。だが今日、フランスの状況は異なる。逸脱した思考の持ち主とみなされると即座に排除されてしまうからだ[40]」。

前章で紹介したように、一部のアメリカのユダヤ人はイスラエルの呪縛から解放されつつある。ところが、フランスのユダヤ人共同体では、イスラエルの指導にだけ従うという、まったく逆の現象が進行中なのだ。

大まかに言って、フランスのユダヤ人の政治的な立ち位置は、これまで中道から極左だった。右派の場合であっても、シモーヌ・ヴェイユ[41]のような穏健派だった。

ところが、二〇〇七年のフランス大統領選では、多くのユダヤ人は保守派のニコラ・サルコジに投票した。

この変化は、社会党候補だったリオネル・ジョスパンの失策が原因だと言われている。第二次インティファーダが勃発した二〇〇〇年に首相だったジョスパンが、都市部郊外にまで反ユダヤ主義が浸透していることを十分に把握していなかったからだという。もちろん、この説明は表面的であり本質を突いていない。フランスのユダヤ人共同体の右翼化は、CRIFとイスラエルの政治を結びつける「へその緒」に注目しなければ理解不能だ。

イスラエルのナショナリスト右派は、一九七七年に政権を握って以来、ほとんどの期間（四三年間のうちの三九年間）、イスラエルを支配してきた。さらには、過激な植民地主義者がイスラエル政権でますます重要な役割を担うようになった。

つまり、ＣＲＩＦはフランスのユダヤ人共同体に対してイスラエル政権を無条件で支持するよう強制したため、イスラエルの支配的な政治観は、フランスのユダヤ人の間でも（少なくとも世論に訴えることのできるユダヤ人の間では）支配的になったのだ。

本書で紹介してきたイスラエルの右翼化と植民地主義の進行こそが、フランスのユダヤ人共同体の現状を如実に物語る。

フランスのユダヤ系ラジオ局で普段放送されている番組を聞けば、こうした現状をはっきりと確認できる。最も醜悪なのは聴取者が参加する番組だ。これらの番組では、フランスの自民族中心主義者が運営する邪悪なウェブサイトと同等のイスラム嫌悪や反アラブの言動で溢れかえっている[42]。

このような言動は、フランス社会で反ユダヤ主義が勢いを増している証拠でもあるが、反ユダヤと反イスラムとの間には次のような違いがある。一般的に今日、フランス当局は反イスラムの言動には寛容であるのに対し、反ユダヤの言動には即座に対応する。そして反イスラム教徒や反アラブの言動では、イスラム教を反ユダヤとみなすだけでなくイスラム系移民の排除にまで話がおよぶ。

歴史家のエスター・ベンバッサとジャン＝クリストフ・アティアスは口を揃えて、「厳禁とされているのは、イスラエルに対する批判だけでなく、平等主義、反人種差別、移民の受け入れなど、進歩的な思想だ[43]」と訴える。

ようするに、フランスのユダヤ系ラジオ局の放送内容は、イスラエルで日常的に見聞きする情報とまったく同じだ。イスラエルでは、（片隅に追いやられてはいるが）イスラエルに批判的な情報にも接することができる。一方、フランスのユダヤ人共同体の周辺にそうした情報は存在しない。

フランスのユダヤ人でイスラエル政府とまったく同じ見解を持つ者は多数派ではないが、これらの見解を流布する人々は最も活動的であり、彼らはユダヤ人共同体内に仲間を増やしている。彼らは「自分たちは正しい」と主張し、イスラエルの見解をフランスのユダヤ人共同体に押しつけている。

前出のジャン＝イヴ・カミュは、「こうした傾向はセファルディーム系ユダヤ人の間で顕著だ。彼らは、イスラエルとともに「ズィンミテュード」に対する復讐を図っている」[44]と解説する。「ズィンミテュード」は、論客バート・イェオールによる、イスラム政権下で暮らすキリスト教徒とユダヤ教徒にあてがわれた庇護民を意味する「ズィンミー」を基にした造語だ[45]。バート・イェオールにとって「ズィンミテュード」は、イェオールが支配的で野蛮な反ユダヤ主義とみなすイスラム教の原動力だ。今日、この見方にとくに共感を示すのは、自分の家族の記憶を自身のイデオロギーに変えた、ユダヤ人共同体に属さない若者だ。ジャン＝イヴ・カミュによると、彼らの基本的な考えは、「お前らアラブ人はアルジェリアで俺たちを騙した。今度は、イスラエルと一緒になってお前たちに仕返ししてやる」だ。

ジャン＝イヴ・カミュは、フランスの若いユダヤ人の心情を次のように解説する。「彼らがイスラエルに魅力を感じるのは、ツァハル[46]〔イスラエル国防軍〕だ。つまり、ユダヤ人が武器を持ってイスラム教徒を牛耳っているという事実だ。また、一部の者はメシア到来の日が訪れたと考えている。ユダヤ系のラジオ番組やウェブサイトからしか情報を得ない彼らは、イスラエルが数多くの分野で（実際の、そして架空の）成功を収めているとして、イスラエルを無批判に崇拝している。そうはいっても、彼らを突き動かすのはイスラエルの武力に対する憧れだ[47]」。

弁護士アリエ・アリミは次のように説く。

「われわれがフランスで目の当たりにするのは、セファルディーム系ユダヤ教の文化的な伝統に基づく宗教感情ではなく、偏見に満ちた宗教感情の復活だ。そうした感情が渦巻く状況では、ユダヤ文化よりもイスラエルとのつながりが重要になる。世界ユダヤ人会議の会長が「ユダヤ人国民国家」法に異議を唱えると、フランスのユダヤ人は愕然とした。なぜなら、彼らはこの法律に賛成だったからだ[48]」。

武力に対する憧れ、そして民族共同体への引きこもり。フランスのユダヤ人は、イスラエル社会と同じ推移の渦中にある。フランスでもイスラエルでも、彼らは自分たちだけで固まって暮らしたいと願っているのだ。

フランスのユダヤ人の場合、彼らは自分たちが多数派になれる地区で、多くの仲間たちと固まって暮らしたいと願っている。具体的には、ユダヤ食料品店、ユダヤ人学校、シナゴーグなど、必要なものがほぼすべて揃っていて、「フランス人」と交流する必要のない地区だ。つまり、自分たちの地区から出なくても生活できるようなところで暮らしたいのだ。

フランスの上院議員でもある前出の歴史家エスター・ベンバッサは、こうした空気に関して、「フランスのユダヤ人組織は、親イスラエルという排他性と、イスラム組織と同様の孤立主義を育んでいる[49]」と憤る。

フランスに百数十あるユダヤ人学校、とくにユダヤ系の宗教施設で行っている教育は、国の教育綱領をまったく遵守していない。

大きなユダヤ人共同体があるパリ南東部のクレテイユという街のユダヤ人中高等学校「オザル・ハトーラー」は、ムハンマド・メラーハが虐殺を行ったトゥールーズのユダヤ人学校と同系列の学校だ。[50]前出の上院議員ベンバッサは、「この学校に子供を通わせている親たちは、フランス共和国とのつながりを失っている」と怒りを露わにする。自ら進んで孤立する彼らは籠城軍のように暮らしているという。

「ヴェルディヴ事件（ヴィシー政権下で起きたユダヤ人一斉検挙）の慰霊祭では、彼らは現在のフランスが当時とまったく同じ状況であるかのように語っていた」[51]（一九四二年七月一六日から一七日にかけて、ナチスの命令により、フランスの警察は一万三一五二人のパリのユダヤ人を一斉検挙し、彼らをパリの自転車競技場に収用した後、アウシュヴィッツ強制収容所へと搬送した。検挙されたユダヤ人はほとんどが難民だったが、彼らの中にはフランスで生まれた四一一五人の子供、つまり、フランス国民も含まれていた）。

フランスのユダヤ人は、イスラエルに移住までしなくても、ますます孤立している。[52]閉じこもって暮らす選択をしたこれらのユダヤ人は、ネタニヤフを英雄視している。二〇一五年一月のシャルリー・エブド襲撃事件とユダヤ食品店人質事件の後、彼らは次のような驚きの行動をとった。

事件直後、ネタニヤフはエルサレムで演説し、フランスのユダヤ人にイスラエルへの移住を呼びかけた。この事件から二日後、ネタニヤフはフランス大統領フランソワ・オランドとフランス首相のマニュエル・ヴァルスとともに、フランスの首席ラビのハイーム・コルシアが代表を務めるパリの大シナゴーグでの追悼式に出席した。大シナゴーグに集まったネタニヤフのファンであるフランスのユダヤ人は、「イスラエルの王」と大声で連呼しネタニヤフを熱烈に歓迎した。こうして一七人の犠牲者（とくにユダヤ食品店人質事件の犠牲者）の追悼式は、イスラエル首相の自国での選挙戦を応援する政治集会になった……。

首席ラビのコルシアは、ますます多くのフランスのユダヤ人が硬直化したアイデンティティに閉じこもるようになったその晩の奇怪な光景を目の当たりにし、明らかに動揺した様子だった。そこでコルシアは急遽、「フランスのユダヤ人共同体の言葉は、フランスに対する信頼の言葉だ。それはフランスが必要とする友愛の言葉だ」[53]と声を振り絞った。

しかし、信頼と友愛を求めるコルシアの言葉は、フランス各地に出現するユダヤ人の新たな都市型ゲットーでは死語であり続けるかもしれない。イスラエル政府とＣＲＩＦは、必要に応じてフランスのユダヤ人組織に口出ししてくるだろう。フランスのユダヤ人組織の内部から組織を批判する者は現れるのだろうか。

第11章　イスラエルにはもううんざり
——ユダヤ教は分裂するのか

一九七〇年、テルアビブではイスラエル史を風刺的に描いた劇作家ハノック・レビンの『バスタブの女王』が上演されて話題を呼んだ。劇の内容は次の通りだ。

ある家族が親戚を下宿させた。ところが、この親戚はシャワーを浴びても体を乾かさずに歩き回るため、アパートの床を水浸しにするような迷惑な男だった。家族はこの困った居候がアパート内を歩き回れないように次々と部屋に鍵をかける。最終的に、家族はバスルームに鍵をかけて閉じこもる。子供が「ここは臭い」と不満を述べると、親は「臭いかもしれないが、ここはわが家だ」と答える。

一九九九年に亡くなったイスラエルの辛辣な劇作家レビンは、五〇年前に民族分離を追求するイスラエルの行く末をすでに予見していた。

あなたの将来のイスラエル像は？

自民族中心主義が吹き荒れるイスラエル社会は、どこまで行くのだろうか。強権国家をさらに強化するためのアイデアには事欠かない。イスラエル国会の引き出しには、「ユダヤ人国民国家」法が定めた民族分離をさらに強化するための法案がいくつもある。たとえば、ユダヤ人とアラブ人の「居住分離」の合法化や、人権擁護者に対する締めつけの強化などだ。イスラエル社会に害悪をもたらす意見を禁じるという名目で、アラブ系議員を国会から締め出す法案は立法委員会にすでに提出済みだ。

二〇一七年三月、国会議員オデッド・フォレール（世俗系右派「イスラエルわが家」党）は、イスラエルのユダヤ的および民主的な特徴を否定する者や、「イスラエルの安全を脅かす」意見に賛同する者から国会議員の資格を剝奪する法案を提出した。

内容を意図的に漠然とさせたこうした法案が可決されれば、アラブ系議員だけでなく逸脱した思考を持つユダヤ系議員も国会から締め出すことができる。

国会の引き出しには、パレスチナ人の将来についてさまざまなシナリオに対応可能な法案も準備されている。もちろん、「さまざま」といっても方向性は決まっている。

二〇一九年七月一〇日、サマリア〔ヨルダン川西岸地区北部〕で入植者たちの集会が開かれた。この席で、ネタニヤフは自身のヨルダン川西岸地区の政策について五つの基本原則を提示した。

「第一の原則は、ここは私たちの祖国であること。第二の原則は、われわれはこの地を開発および発展させていくこと。第三の原則は、政治的な合意がある以上、住民（入植者）や共同体（入植地）はこの地で暮らし続けられること。第四の原則は、イスラエル軍と治安維持当局はヨルダン渓谷までの全領土を統治し続けること。第五の原則は、国際社会がこれらの原則を承認するように私が働きかけること。実際に、われわれはゴラン高原と東エルサレムの併合をトランプに認めさせた」。そして、ネタニヤフは具体的な手法こそ言及しなかったが、「ヨルダン川西岸地区におけるイスラエルの統治を徐々に拡大していく」[1]と主張した。

これは単なる選挙演説ではなく、イスラエル社会の最も強固な票田の期待に応える熱いメッセージなのだ。

イスラエルには、この演説に異議を唱える反対勢力は存在しない。二〇一九年から二〇二〇年にかけて行われた三回の総選挙では、パレスチナ問題に関する政治論争は一切なかった。「青と白」や労働党などの野党は、ネタニヤフのパレスチナ政策について異議を唱えるどころか話題にさえしなかった。

植民地主義の右派は、政教分離の問題では意見が分かれるが、大多数のユダヤ人有権者と同様、パレスチナ建国には断固反対の姿勢を崩さない。

イスラエルの大学教授ダヴィッド・シュルマンは次のように解説する。

「パレスチナ建国を認めると、領土の喪失、植民地化の終焉、政治的大混乱などの負の要因が即時発生する。一方、不愉快に思う人がいるとしても、多くのイスラエル人は現状維持のほうが居心地がよいと考えている」[2]。

では、和平協定が成立せずパレスチナに領土が返還されないとしたら、どうなるのか。「ベツェレム」の事務局長ハガイ・エル＝アドによると、可能性は二つしかないという。
一つめの可能性は既存のアパルトヘイトの強化だ。

「できる限り進出して既成事実をつくる。交渉は避けたいが万が一交渉になっても、自分たちは優位な立場にある。交渉になるまでの間、パレスチナ人の土地を力ずくで奪って彼らを追い出すか、彼らが気力を失うことを願いながら執拗に抑圧する」。

イスラエルはこの方法をすでに何十年も実行してきた。イスラエルの歴代政府が期待したほどの成果は得られていないが、辛抱強く取り組む価値はある。「パレスチナ人が出ていかなくても、彼らの子供たちは去っていくだろう」。

二つめの可能性は、ウルトラ・ナショナリストの計画の実行だ。エル＝アドによると、彼らは露骨にこの計画を語るようになったという。「イスラエルでは、「戦争で打開を図る」ことが以前よりも公然と語られるようになった。「機会が訪れたら、躊躇せずに実行する」だ」[3]。この機会を利用して、アラブ人を排除してユダヤ人だけの国家をつくるというのがウルトラ・ナショナリストの考えだ。彼らの考えは国会にまで浸透している。エル＝アドは、「こうした考えの支持者は、アメリカやヨーロッパなどで社会的、人種的、宗教的な内向き志向が強まっているのを見て、確信を強めている」[4]と説く。つまり、彼らは、世界が自分たちの先駆的な役割をようやく理解してくれたと安堵しているのだ。

これらのウルトラ・ナショナリストは、占領が始まってからおよそ五〇年間に勢力を大きく拡大した。彼らはまだイスラエル社会の支配者ではないが、イスラエルで最も凝り固まった考えを持つ層だ。ヨルダン川西岸地区の併合を最も強く訴えるのも彼らだ。彼らは右派政党や宗教系シオニストの中に存在する。

「沈黙を破る」の事務局長イェフダ・シャウルによると、「彼らは、アパルトヘイトを断行して地中海からヨルダンまでの地域から先住民を一掃したいのだ」[5]という。今日のイスラエルには四つの派閥が存在する。彼らウルトラ・ナショナリストはその一つだ。

二つめは、リクード党の穏健派、「青と白」の中道派、労働党の左派までを含む、人数的に最大の派閥だ。シャウルは、彼らを「最大派閥」と呼ぶ。「この派閥は土地を神聖視しているわけではない。彼らにとって重要なのは、パレスチナ人に対する支配を継続し、彼らの民族的なアイデンティティを破壊することだ」。彼らは、そのためには正式な併合は必ずしも有益ではないと考えている。この派閥の基本的な考えは、「必要ならパレスチナ建国を検討してもよいが、その場合、イスラエルはパレスチナに対して絶対的な支配権を持ち、パレスチナを従属的な国家にする必要がある」[6]だ。

三つめは、アヴィグドール・リーベルマン〔極右政党「イスラエルわが家」の党首〕に代表される派閥だ。彼らは民族分離を不可欠と考える。

彼らにとって土地はどうでもよく、肝心なのはアラブ人のいない国家をつくることだ。イスラエルにとって好条件なら、アラブ系国民と土地交換取引に応じる構えだ。

シャウルによるとこの派閥は、「イスラエル国民である一八〇万人のパレスチナ人は、占領地で暮らすパレスチナ人と同様に危険かつ脅威」[7]だとみなしているという。この派閥は、地中海からヨルダンまでの地域にイスラエルの統治を確立し、「細分化した」パレスチナ人の部落に、南アフリカで行っていた「バンツースタン」のような自治権を与えることを考えている。つまり、「偉大なイスラエル」において、ユダヤ人の暮らす都市部周辺に点在する小さな自治区にパレスチナ人を押し込み、彼らをユダヤ人の監視下に置くという構想だ（イスラエルでは、この構想は「パレスチナのアラブ首長国連邦」と揶揄されている）。

四つめは、占領に反対する人々の派閥だ。シャウルはこれを「平等派閥」と呼ぶ。「この派閥では、私のように二つの主権国家の対等な共存を主張する者もいれば、すべての国民が平等の権利を持つ単一国家を主張する者もいる。しかし、両者とも二つの民族が同等の権利を持つという点では一致している」[8]。

平等派閥を支持するのは、イスラエル国民であるほとんどのパレスチナ人と、ごく少数のユダヤ人だ。シャウルは、「他の三つの派閥は、この弱小派閥を壊滅させようと躍起になっている」と語る。

シャウルは、イスラエル社会はやみくもに閉鎖的になり、このままでは破綻すると心配する。ところが、この破綻を避けるにはどうすればよいのかは誰にもわからない。イスラエルのユダヤ人社会にこの流れに抗う力は宿っているのだろうか。その答えは残念ながら「ノー」だ。

主要国（少なくとも、アメリカ、ヨーロッパ諸国、ロシア）が一丸となって、イスラエルに対してパレスチナの支配をやめるよう強要しない限り、中東情勢には何の変化も生じないだろう。イスラエル政権やアメリカ大統領の交代ではイスラエルは変わらない。イスラエルを変えるには強力な国際圧力が必要だ。もちろん、国際社会が重い腰を上げる可能性はゼロではないが、現状ではまったく期待できない。

逆に、アメリカ、ロシア、そしてヨーロッパ諸国がイスラエルとこれまで通りの関係を維持することは十分に考えられる。

「イスラエルが存在する権利」はもはや机上の問題ではない。イスラエルは実際に存在する。世界中のすべての国がイスラエルの存在を認めている。われわれはこの問題を現実的な観点から問うべきだ。

ギデオン・レヴィーは次のように語る。

「イスラエルでは、確固たるアパルトヘイト制度がかなり以前から定着しているだけでなく、法制度によっても強化された。そこで、第二次世界大戦後から西側諸国を指揮してきた自由な民主主義を信奉する指導者たちは、次の問いに回答しなければならない。「あなたが支持するイスラエルは、一体どんな国ですか」。あなたがその実体から目をそらしているイスラエルですか。それとも強権的な民族主義を国の隅々にまで浸透させた現実のイスラエルですか[9]」。

イスラエル以外の国で暮らすユダヤ人も、遅かれ早かれこの問いに答えなければならないだろう。さもなければ、彼らも内向的な思考に陥り、イスラエルと同様の悲惨な末路を辿ることになる。

虚構の上に成り立つ牙城

イスラエルのユダヤ人社会では、自国の将来に対する不安が生じている。数万人、いや数十万人のイスラエル人がヨーロッパ諸国のパスポートを取得しようとしている。「将来、何が起こるかわからないからだ。イスラエルの若年層では絶望感が想像以上に広がっている[10]」と映画監督エレズ・ペリーは語る。

この不安のおもな原因であるイスラエルの武力政策は、さらなる恐怖を生み出している。ちなみに、フランスの政治学者ベルトラン・バディは、このメカニズムを「武力の無力」[11]と呼んだ。

現状から判断すると、イスラエルの人種隔離主義国家としての様相は今後さらに強まるだろう。しかしながら、こうした状態は見た目よりもはるかに脆弱であるため、イスラエル人は常時不安にさらされる。圧倒的な武力にものを言わせる、最新兵器を導入する、残忍な手段を駆使する、（とくに）大勢のパレスチナ人を追放するなどしても、イスラエル人が自身の仕掛けた罠から逃れられる保証はまったくない。

本章の冒頭で紹介した劇作家ハノック・レビンの作品に登場する家族のように、イスラエル人はすべての扉に鍵をかけて閉じこもっている。今日、彼らはちょっとした失敗であっても敗北につながるのではないかと怯えている。彼らの怯えぶりは、あたかも自分たちがつくった建物から石を一個でも引き抜くと建物全体が崩壊してしまうのではないかと恐れているかのようだ。

二〇一九年一月、二人の著名なイスラエル人がほぼ同時に引退した。一人は、一〇年間にわたってイスラエル軍の監査役を務めた将軍イツハク・ブリックだ。もう一人は、一九四七年から五〇年にかけてのパレスチナ人追放の実態を当時の資料から明らかにした、歴史家ベニー・モリスだ。モリスは、現在もパレスチナ人を追放すべきだと考えている。引退する前日に受けたインタビューにおいて、二人ともイスラエルの未来は暗いと語った。

ブリックは、「イスラエル人はタイタニック号の乗客のようなものだ」[12]と訴えた。ブリックによると、本格的な戦争になれば、頼りになるのは空軍だけであり、地上軍は役に立たないという。「地上軍の戦闘能力は、著しく低下している。空軍だけを頼りにするのはとんでもない間違いだ」。

はっきりとは語っていないが、彼の考えは明白だ。すなわち、「近年、若い兵士は占領下のパレスチナ地区における低レベルの治安維持の任務ばかりで、本格的な戦闘訓練を積んでいない。したがって、イスラエル地上軍の戦闘能力は著しく低下している」だ。ブリックは前方に見える氷山に激突することを恐れている。

ベニー・モリスも別の意味でイスラエルの未来に悲観的だった。インタビューでは、イスラエルが一九四八年にパレスチナ人を完全に追放しなかったことを悔やんだ後、自国の状況は絶望的だと嘆いた。なぜなら、排除すべきパレスチナ人の数は、一九四八年は八〇万人だったが、現在はグリーンライン（一九六七年の境界線）とヨルダン川との間に三〇〇万人、そしてイスラエルとガザ地区にも三七〇万人が暮らしているからだ。しかも、一九四八年のナクバ〔大災厄〕の時代とは異なり、世界中のメディアが注目する中でパレスチナ人を追放しなければならない。イスラエルが支配する領土には、すでにユダヤ人と同数のアラブ人がいる。よって、モリスは「イスラエルでは、人口面でアラブ人が多数派になることは避けられない。それでもイスラエルは自国をユダヤ人国家と呼ぶ。だが、人権意識の高まった二一世紀では、権利を奪われた非占領民を支配し続けることはできないだろう」[13]と嘆く。

モリスは、イスラエル人とアラブ人が共存する単一国家の行方を次のように予想する。「アラブ人が権利を持つようになれば、イスラエルはユダヤ人国家でなくなる。彼らは難民の帰還を要求するだろう。アラブ人の雑踏の中で暮らす少数派のユダヤ人は、迫害され、虐殺される。資力のある者はアメリカやヨーロッパへと避難するはずだ。（……）パレスチナ人は屈服する意思を持たない。なぜなら、彼らは、ユダヤ人国家は生きながらえることができないと知っているからだ。勝利するのはパレスチナ人だ。あと三〇年か五〇年もすれば、彼らはわれわれを打ち負かすだろう」[14]。

現在のイスラエルの圧倒的な武力を考えると、こうした終末論は眉唾に聞こえる。だが、これは根拠のある恐怖なのだ。根本的に変化することなく自国を存続させようとすれば、イスラエルは、完全な制度化、つまり法制化されたアパルトヘイトを実施するしかない。

こうした状態がどのくらい続くのかは予想できない。当時、イスラエルによるパレスチナの占領が五〇年以上も続くと予想した者がいただろうか。ハガイ・エル＝アドは、「「占領」という言葉には一時的という響きがあるため、実態にそぐわない」と述べる。いずれにせよ、こうした状態が永遠に続かないことだけは確かだ。「権利を奪われた人々」の隔離もいずれ破綻するだろう。

今後、イスラエルは外国の自民族中心主義の政権との交流を強化するだろうが、この努力はイスラエルの孤立を加速させるだけだろう。

多くのイスラエル人は、嘆くにせよ喜ぶにせよ、すでにこうした未来を感じ取っている。

二〇〇六年一月、イスラエルの偉大な詩人である故ハイム・ゴウリ[15]は、私にこの閉塞感を語った。ゴウリは熱心なシオニストであり、ディアスポラのユダヤ教文化から解放された「新たなヘブライ人」の出現を信じていた。一九六七年六月の第三次中東戦争でのパレスチナ征服の後、ゴウリは「偉大なイスラエル」という熱に浮かされたが、彼の言葉を借りるとパレスチナのナショナリズムを「発見した」という。

二〇一六年、ゴウリは、イスラエル文化スポーツ大臣の「シオニスト芸術賞」授与の申し出を断った。[16] 後日、ゴウリは受賞を辞退した理由を「イスラエル政府のウルトラ・ナショナリズムと偏狭なメシア思想に耐えられなかった」と私に打ち明けた。

私が初めてゴウリに会ったとき、彼は八三歳だった。インタビューは、エルサレムの彼の小さなアパートの居間で行われた。彼の妻も同席した。インタビュー開始直後、彼は少し戸惑った様子だった。後で話を聞くと、私が彼の話を理解できないのではないかと心配だったという。しかし、会話が進むうちに信頼感が芽生えたそうだ。彼は抜群の記憶力を用いて自身の意見を明快に語ってくれた。[17] 彼は、妻が止めるまでの三時間、私のインタビューに付き合ってくれた。

ゴウリは、「武力で土地を奪うという考え」に基づくシオニズムは失敗だったと語った。「そこで暮らす他民族と対立するようでは、物事は絶対にうまくいかない」と語り、シオニズムの運命を共産主義と比較した。シオニズムと共産主義は、解放という魅力的な理念に基づくが、双方とも残忍な抑圧という泥沼にはまり込んだ。

ソ連の「真の社会主義」と呼ばれたマルクス主義の末路は、民族と個人に対する恐ろしい全体主義的な抑圧だった。同様に、「真のシオニズム」の末路も新たなアパルトヘイトだった。

歴史的に同じシオニズムから生じたブリック、モリス、ゴウリの見解はそれぞれ異なる前提から生じたものだが、今日のイスラエルが存続することは不可能だという見通しでは一致する。

占領に反対する多くの人々も彼らと同じ見通しを持つ。「ベツェレム」の事務局長ハガイ・エル＝アドは次のように説く。「イスラエル社会は嘘で塗り固められているため、きわめて脆弱だ。イスラエル兵の逮捕が一〇年に一度であることが、イスラエルが民主主義である証拠だと喧伝されている。実際には、イスラエル兵の犯罪は多発しているが、捜査は見せかけに過ぎない。パレスチナ人に対する裁判も見せかけだが、パレスチナ人の追放は現実だ。追放を認める法律も現実だが、その正当性は見せかけだ。この虚構はいつまで続くのか。長く続くことは間違いないが、永遠には続かないだろう。これがイスラエルの弱点であり、この弱点によってイスラエルは崩壊する」[18]。

圧倒的に優位な立場にあるのにもかかわらず非常に多くのイスラエル人が自分たちの未来を暗いと考える理由は、「これは虚構だ」と漠然と感じていても将来を見通せないために、この虚構を維持しなければならないと思っているからだ。

逆に、イスラエルの政治指導者は、この虚構があるからこそ、ユダヤ系国民の恐怖を煽りながら武力を組織的に行使することによって自国を統治できるのだ。

アメリカにおけるディアスポラの再生

イスラエルのアパルトヘイトの確立から影響を受けるのは、パレスチナ人とイスラエル人だけでない。国際機関はもちろん、外国の市民社会もイスラエルのアパルトヘイトを否定する。ディアスポラのユダヤ人は、自分たちだけがユダヤ教の権威だと主張する「ならず者国家」〔イスラエル〕から次第に離れていくのだろうか。

離別の兆しはすでに確認できる。イスラエルが醜悪で人種差別的な「白人至上主義」と似通った政治を行えば行うほど、ユダヤ人とユダヤ人国家との断絶は、思わぬ国において鮮明になる。それはアメリカだ。

マイケル・ウォルツァー、ドヴ・ワックスマン、ヘンリー・シーグマンなど、アメリカのユダヤ教文化の熱心な観察者たちによると、アメリカでは、彼らが「再生ディアスポラ」と呼ぶ現象が起きているという。これはアメリカのユダヤ人の文化と経験から生じた現象であり、ユダヤ人にはユダヤ教文化への帰属を強く要求するが、イスラエルとは距離を置く、さらにはイスラエルに対して敵意を抱くという現象だ。

この現象が新しいのは、一九六七年六月の第三次中東戦争以来、アメリカのユダヤ人のディアスポラ共同体では、ユダヤ人のアイデンティティがイスラエルに対する支援を軸に構築されてきたからだ（アイデンティティを統一するため）。こうした事情はアメリカだけでなくフランスでも同じだった。

現代のユダヤ教文化を体現してきたイスラエルは、世界中のユダヤ人の指標だった（例外は一部の超正統派と組織化されたユダヤ教とつながりを持たないユダヤ人）。ディアスポラのユダヤ文化は、イスラエルとのつながりなしには発展できなかった。

これと並行して、シオニズムとイスラエルは、「ディアスポラ文化」を敵視および軽蔑するイデオロギーを発展させ、「ディアスポラ文化」を自分の身さえ守ることができない亡命者「小さなユダヤ人」の弱さの産物と見なした。

一九九六年にイジー・モルジェンシュテルン〔演出家：ユダヤ系フランス人〕が制作した、アメリカの作家アイザック・バシェヴィス・シンガーのドキュメンタリーの一場面からは、シオニズムがディアスポラのユダヤ教文化を軽蔑していることがよくわかる。[19] この場面を私の記憶を辿って再現する。

時は一九七八年。イスラエル首相メナヘム・ベギンはワシントンに滞在中、シンガーがノーベル文学賞を受賞したという知らせを受けた。そこでベギンは、ニューヨークに行ってシンガーを祝福することにした。二人は当然ながら両者の母国語であるイディッシュ語で話す。会話が始まると、ベギンは熱くなる。

「なぜ、イディッシュ語で書くんだ？　あれは死んだ言葉で、死者の言葉じゃないか」。

シンガーは説明を試みたが、ベギンが割って入る。「イディッシュ語は、自分の身さえ守れないユダヤ人の能力のなさを体現している」。そして突然、次のように言い放つ。「しかも、イディッシュ語では「気をつけ！」の号令がかけられないじゃないか」。

シンガーはむっとしたが、作家としてのユーモアを発揮して、「ご存じのように、ドイツ語で「気をつけ！」の号令がかけられるのならイディッシュ語でもできますよ〔イディッシュ語はおもにドイツ語を基本とする方言〕。しかし、これだけははっきり言っておきます。イディッシュ語は、将軍たちのためにつくられた言語ではないのです」。

この小話は、シオニズムのイディッシュ文化に対する敵意だけでなく、シオニズムがディアスポラ、つまり、自分の身を守ることさえできずに虐殺された「小さなユダヤ人」を軽蔑していることを物語る。

シオニストの風刺的な見方では、従順で弱虫なディアスポラのユダヤ人は、第二神殿の崩壊時から一九世紀のユダヤ人ナショナリズムの復活に至るまでの間、何もしてこなかったことになっている。よって、シオニストが語るディアスポラのユダヤ人は、二〇〇〇年におよぶ苦しみと無気力の物語だ。だが、こうした見方がいかに現実とかけ離れているかを示す二冊の本がある。

一冊は、イギリス生まれの歴史家サイモン・シャーマの『ユダヤ人物語』、とくにその第二巻『帰属（一四九二～一九〇〇）』[20]だ。シャーマは悲劇にも目を向けつつ、ディアスポラのユダヤ人の歴史の多様性、豊かさ、栄華を紹介している。

もう一冊は、カリフォルニア大学バークレー校の歴史家ユーリ・スレスキンの『ユダヤの世紀』[21]だ。この著書の中で、スレスキンはディアスポラのユダヤ人を「メルクリウス型」と描く。彼らは、ノマドな都会人、そして革新的で先駆的な国際人であり、近代性とグローバリゼーションの立役者だ。一方、「メルクリウス型」と正反対の「アポロン型」は、自分の領土に根を下ろし、変化を嫌い、自分の部族以外の人間を信用しない。

ロシア帝国が自国のユダヤ人を押し込んだ「居住地区」シュテットルでは、ゲットーの生活から逃れようとした者たちの大半は「メルクリウス型」の生き方を選択し、多くの場合、社会主義を目指した。多国籍の金融帝国を築くことになる人々も同様だった。社会主義と資本主義という相対する二つの傾向は、どちらも普遍性を志す野心から生じていた。

シオニズムも解放を求めたが、シオニズムは自民族中心主義のナショナリズムという「アポロン型」の特徴を持っていた。

イスラエルの指導者は、建国時から「アポロン型」ナショナリズムの継承者だった。とくに、ネタニヤフと彼の側近は過激な自民族中心主義者だ。よって、オルバーン・ヴィクトル〔ハンガリー首相〕やレフ・カチンスキ〔元ポーランド大統領〕が偏狭なナショナリズムを語っても、それは「アポロン型」のお馴染みの理屈であったため、ネタニヤフらはまったく驚かなかった。

イスラエルの政治指導者が真っ先にアメリカの福音主義者やナショナリストと戦略的な同盟関係を築いたのは、彼らの人口がアメリカのユダヤ人の一〇倍という皮肉な現実主義からだけでなく、イデオロギーの面で、自分たちが忌み嫌うリベラルな進歩主義者である七五％のアメリカのユダヤ人よりも「アポロン型」の彼らとのほうが、はるかに波長が合ったからだ。

逆に、アメリカのユダヤ人はディアスポラの価値を見直している。ヘンリー・シーグマンは次のように解説する。「つまり、それは、自らが存在するためにはイスラエルを必要としなくなった本質的なユダヤ教だ。ディアスポラのユダヤ人にとって、イスラエルは「諸国の光」であるべきだったが、イスラエルは恥の対象、つまり、最悪の政権の光になってしまった[22]」。

こうして「メルクリウス型」が大半を占めるアメリカのユダヤ人と、「アポロン型」のイスラエル人が対立するようになった。アメリカのユダヤ人がイスラエルと対立できるのは、人口面でほぼ互角であるだけでなく、他の主要なユダヤ人共同体（フランス、イギリス、アルゼンチン）と異なり、文化的に豊かな広がりを持っているからだ。

大学教授ドヴ・ワックスマンによると、「アメリカの有名大学におけるユダヤ学のカリキュラムは、イスラエルと大きく異なる。アメリカでは、ディアスポラの歴史が中心であり、「約束の地」にはあまり触れない」[23]という。

アメリカのユダヤ人は、イスラエルを除き、独自の文学作品を生み出している。イスラエルにも偉大な文学者はいるが、アメリカには大勢のユダヤ人文学者が存在し、彼らの作品はより野心的だ。同様のことはアメリカのユダヤ人映画監督にも言える。

そして何よりも、アメリカのユダヤ人は独自の宗教と儀式をつくり上げた。改革派だ。イスラエルのラビ当局は改革派を認めていないが、改革派はアメリカの最大宗派になっている[24]。

改革派の鍵となる概念はティックーン・オーラームだ。ヘブライ語で「世界の修復」を意味することの言葉は、聖書的および文学的な意味における「贖い」や「向上」という考えに近い。「世界の修復」は、改善すべきユダヤ人の生活条件だけでなく、ユダヤ人が人類の向上において担うことができる役割を意味する[25]。

アメリカの改革派の基盤は、一八八五年のピッツバーグ綱領[26]だ。この綱領の最後の八条には、ユダヤ律法の理想と「世界の修復」の重要な目標として、社会正義が強調されている。ピッツバーグ綱領の精神は、アメリカにおける「ユダヤ的な進歩主義」の原点であり、一九五〇年代から一九七〇年代にかけて公民権を求めて戦った「黒人とユダヤ人の同盟」として表れた。また、改革派のユダヤ人がかつて社会主義運動に関与したのも、この精神の表れだ。今日、消えかけたこの精神は、人種差別や性差別との闘い、移民の支援、イスラム教徒との友好（ピッツバーグ綱領に明記されている）などに表れている。

ピッツバーグ綱領の精神は、イスラエルで支配的な精神に対するアンチテーゼだ。イスラエルとアメリカのユダヤ人社会の政治的、文化的な隔たりは、著しく広がっている。

二〇一八年九月、雑誌『ニュー・リパブリック』は、「分断されたディアスポラ」という特集号を発行した。数年前であれば『ニュー・リパブリック』のような高級誌に、アメリカとイスラエルのユダヤ教文化の間で進行中の分裂に焦点を当てる記事が掲載されるとは誰も思わなかっただろう。

冒頭の記事では、「北アメリカ・シャローム・ハートマン研究所」の所長イェフダ・クルツァーが、「アメリカとイスラエルのユダヤ人の間には、共通する文化的な要素はほとんどない[27]」と説く。たしかに、イスラエル人の強烈な自民族中心主義と「多様な社会」、つまり、混合社会を推進するアメリカのユダヤ人の傾向は対照的だ。今日のイスラエルの文化的な多様性の欠如、パレスチナ人への対応、国際的な同盟関係は、アメリカのユダヤ人の疎外感と怒りの原因になっている。

クルツァーは、イスラエルに対抗しないまでも、「イスラエルなしのアメリカのユダヤ教文化」を模索する。これは、アメリカのユダヤ人がイスラエルという計画を断念することでも、イスラエルに対する「隷属的な忠誠心」を持つことでもないという。しかし、イスラエルの現状を考えると、クルツァーは「これは単なる夢かもしれない」と嘆く。

作家のジェイコブ・バカラックは、この特集号に寄せた論考「アメリカという故郷で[28]」において、「アメリカのユダヤ人はシオニズムを忘れるべきだ」と主張する。そして「私はイスラエルにうんざりしている」と吐露する。もちろん、バカラックは、パレスチナ人が蒙っている屈辱と抑圧に比べれば、自分の不平は些細なことだと自覚している。しかし、次のように訴える。

「イスラエルとのつながりから逃れるのは難しい。「ユダヤ人とは何か」、「安息日を守っているか」、

「天気のよい土曜日の午後には自宅の庭で豚肉のバーベキュー・パーティーをしているのではないのか」といった会話になるたびに、自分にとっては遠い異国であるイスラエルの問題に帰着する。アメリカのユダヤ人にとって、イスラエルが道標である者もいれば、重荷である者もいる。いずれにしても、イスラエルの問題は、われわれアメリカのユダヤ人の暮らしに常に重くのしかかる心配事なのだ」。

バカラックは、相手がユダヤ人であろうが非ユダヤ人であろうが、会話が常にイスラエルの問題に帰着することにうんざりしている。「しかしながら今日、多くの若いアメリカのユダヤ人がイスラエルの問題から離れたことは喜ばしい」と述べる。

バカラックが考える今後の課題は、「アメリカで持続性のある本物のユダヤ人共同体をどうやって構築するか」だ。これはアメリカのユダヤ人にとって、イスラム原理主義組織「ハマス」の憲章においてイスラエルの生存権が認められるかどうかよりも、はるかに切実な問題だ。バカラックは、「われわれの真の義務は、外国にユダヤ人の家をつくることではなく、われわれがここに築いた家を守ることだ」と結論付ける。

バカラックが示すのは、アメリカでは盛り上がっているがフランスではまだ萌芽状態にある傾向だ。それは、信頼、一貫性、活力に満ちたディアスポラのユダヤ文化だ[29]。このユダヤ教文化は、植民地主義に固執し、人種差別が蔓延する時代遅れのイスラエルという重荷とは無縁のユダヤ人の暮らしを提唱する。

バカラックの夢は次の通りだ。「私はユダヤ人であって、イスラエルは自分には関係ない」と宣言し、また人種差別、とくにアメリカで再燃する反ユダヤ主義に対して、イスラエルに操作されることなく闘えるようになることだ。

この「再生ディアスポラ」の代弁者の一人が、世界的な宗教学者であり、カリフォルニア大学バークレー校でタルムード文化を教えるダニエル・ボヤーリンだ。[30] イスラエルの哲学者イェシャヤフ・レイボヴィッツ（一九〇三年～一九九四年）と同様、ボヤーリンはイスラエルとパレスチナの現状を赤裸々に語る。二〇〇六年、ボヤーリンは次のように記した。

「私が人生を捧げたユダヤ教の伝統が崩壊するのを目の当たりにすることは、慙愧《ざんき》の念に堪えない。多くのキリスト教徒は、キリスト教はアウシュヴィッツ強制収容所、トレブリンカ強制収容所、ソビボル強制収容所で死んだと語った。私のユダヤ教は、ナブルス〔ヨルダン川西岸地区北部〕、ディヘイシャ〔同地区にあるパレスチナ難民キャンプ〕、ベイティン〔同地区にあるラマッラーの近く〕、アル＝ハリール（ヘブロン）〔同地区南部〕において瀕死の状態にある[31]」。

当初、ボヤーリンのこの記述は神に対する冒涜だと非難されたが、今日ではアメリカの多くのユダヤ人がボヤーリンに同意している。

ユダヤ教は分裂するのか

アメリカのユダヤ教において「再生ディアスポラ」は拡大しているとはいえ、多数派には程遠い。イスラエルを批判する者たちの間からも「再生ディアスポラ」には大衆を惹きつける魅力がないという指摘がある。

　ボストンのブランダイス大学でユダヤ学と中近東史を教えるイェフダ・ミルスキーは、次のように語る。

「ディアスポラのユダヤ教に対する関心が蘇っているのは事実だが、この関心は、知識人、芸術家、大学関係者の間に限られている。再生ディアスポラが「私はアメリカ人であり、自分がユダヤ人であるためにイスラエルは必要ない」というだけの考えなら、再生ディアスポラは成功しないだろう。アメリカのユダヤ人が一丸となってアメリカ議会に対してイスラエルへの武器供与をやめるよう要求したのなら、私は再生ディアスポラを信じるだろう。現状はそのような段階とは程遠い[32]」。

　おそらくミルスキーはアメリカのユダヤ人の考えを代表している。では、マイケル・ウォルツァーはどうだろうか。イスラエルの政治を批判しながらも現在も熱心なシオニストであるウォルツァーは、アメリカのユダヤ人学生の間でユダヤ人国家に対する支持率が急落していることを懸念する。「私が心配しているのは、BDS運動を支持する若いユダヤ人ではない。彼らの人数はそれほど多くない。最も心配なのは、多くのユダヤ人学生がイスラエルに関心を持っていないことだ。彼らはイスラエルで起こっていることを知ろうとしなくなった。つまり、話題にしようとしなくなったのだ[33]」。

　アメリカでは、イスラエルと袂を分かった再生ディアスポラの将来が議論されている。ジャーナリストのジョナサン・ワイズマンは、自身の見通しを自信たっぷりに次のように述べた。

「アメリカとイスラエルのユダヤ人は、破局まで一直線だ[34]。アメリカの若いユダヤ人にとって、イスラエルは巨人ゴリアテに脅かされる少年ダビデではなく、他者の痛みがわからない過剰に武装した残忍ないじめっ子のように見える」。

シカゴを代表するラビで熱心なシオニストのマイケル・シーゲルは、イスラエルとは「埋めることのできない溝がある」[35]と語る。

アメリカ第二位の宗派である保守派シナゴーグ連合の元代表ラビであるスティーヴン・ワーニックも同様の考えを持つ。イスラエルの慣習に従い結婚式を挙げた保守派のあるラビがイスラエル警察に拘束された際（イスラエルでは家族法は正統派の管理下にある）、ワーニックはイスラエル政府に公開書簡を送りつけ、「イスラエルとディアスポラとの間にあった溝は深淵になった」[36]と宣告した。

二〇一八年、『ハアレツ』のアメリカ特派員ヘミ・シャレヴは、「イスラエルとアメリカのユダヤ人ならびに民主党との不協和音は決別につながる」と説く。シャレヴの見通しは次の通りだ。「イスラエルの自己陶酔ならびに故意の無分別と、啓発的なリベラリストたちの基本信条との隔たりを埋めることは不可能になるだろう。イスラエルは、建国時に確立した規範とリベラルな世界を無視したことにより、いずれ途方もない代償を支払うことになるはずだ[37]」。

シャレヴのいう「リベラルな基本信条」の定義について議論する余地はあるが、彼の予測する未来には説得力がある。第一に、アメリカの再生ディアスポラは、イスラエルとは別の時空から生じたからだ。

雑誌『宗教ウォッチ』がサンフランシスコ湾岸地域に住む三五万人のユダヤ人を対象にした調査[38]からは、この集団では人種の混合が加速していることが分かった。いわゆる異宗婚（ユダヤ人の男性あるいは女性が非ユダヤ人の男性あるいは女性と結婚する）は、六五歳以上では四二％、三五歳未満では六六％だった。異宗婚の四分の一の配偶者は、ヒスパニック系、アジア系、アフリカ系などの「非白人」だった。

しかしながら、ユダヤ人の人口は減っていない。というのは、異宗婚の集団ではユダヤ教から離れるユダヤ人の数と、ユダヤ教に改宗する非ユダヤ人の数がほぼ同数だったからだ。

よって、サンフランシスコ湾岸地域の一部のシナゴーグでは、「多様なユダヤ教が存在し、これらすべてのユダヤ教は正当だ」と説いている。アメリカのユダヤ教においても先進的な動きがあるのはカリフォルニア州だ。そして当然ながら、この先進的なユダヤ教は、閉鎖的な自民族中心主義を否定する。カリフォルニアの新たなディアスポラのユダヤ人にとって、イスラエルの現状は異質であるだけでなく嫌悪の対象だ。

前出のワイズマンは、「今日、アメリカの多くの若いユダヤ人は、「イスラエルはイスラエルの問題。われわれにはわれわれの問題がある」と考えている」[39]と解説する。

一方、イスラエルは、こうした動きをどう思っているのだろうか。一般的に、イスラエルはディアスポラのユダヤ人にイスラエルへの移住を勧める以外、彼らに興味を抱いたことはない。アメリカのユダヤ教文化に関しても、彼らの財政的、政治的な支援以外には特別な関心を持たない。だが、イスラエルはアメリカのユダヤ教文化の変化には敵意を抱いている。

多くのイスラエル人は、アメリカのユダヤ教の宗派の多様化と「進歩主義」を、ユダヤ教の「ヘレニズム化」と見ている。紀元前三世紀から紀元後二世紀にかけて、ユダヤと地中海沿岸部のユダヤ人共同体は、ギリシア、そしてギリシア・ローマから多大な影響を受けた。こうした影響に対し、熱心党〔ユダヤ教の急進派〕などの狂信者は、ユダヤ教の信仰を守るためと称して外部からの影響を一切排除しようとした。イスラエル人は、アメリカのユダヤ教で今日起こっていることは「同化」の前兆だと恐れている。すなわち、アメリカの再生ディアスポラの改革によってイスラエルのアイデンティティが廃れるという恐怖だ。

ほとんどのアメリカの研究者は、アメリカの「再生ディアスポラ」の将来を占うことに躊躇する。しかし、エルサレムのヘブライ大学とパリの社会科学高等研究院（ＥＨＥＳＳ）で教鞭をとるフランス系イスラエル人エヴァ・イルーズは、現在進行中の動きは不可避だと断言する。[40] イルーズは、この分裂によってユダヤ教にはキリスト教におけるカトリックとプロテスタントの分裂と同等の根源的な変化が生じるとさえ考えている。

「アメリカのユダヤ教は、寛容と多様性という二つの柱からなる。アメリカの運動は、ユダヤ教の神学的な側面から解放されたユダヤ的な思考を生み出した。これにより、多くのアメリカのユダヤ人がユダヤ教に留まることができた。アメリカでは宗教を含め、多様性という考えが不可欠だ。ところが、イスラエルでは正反対のことが起こっている。イスラエルではユダヤ人の考えは一つしかなく、異質な解釈は抑圧される。建国当初のイスラエルはこんな国ではなかった。現在、この溝は深淵になった」。

今日のイスラエルは、啓蒙時代以降、ユダヤ人共同体が模範的な市民になるために抱いてきたのとは正反対の価値観を体現している。イルーズの見通しは次の通りだ。

「イスラエルは自民族だけで固まって暮らすことを選択した。今後のイスラエルのユダヤ人の選択肢は、近代ユダヤ教の伝統に背を向けて自民族主義にしがみつくか、それとも刷新を目指す集団のユダヤ教に参加するかだ。ユダヤ教を巡る戦いにおいて、イスラエルはアメリカでは勝てないだろう。アメリカのユダヤ人の間では自民族中心主義の支持者は少数派であり、多数派は普遍的な価値観を擁護する側に回るだろう」。

その証拠として、イルーズは、二〇一八年のピッツバーグのシナゴーグでの銃乱射事件直後のこの街のユダヤ人の反応を挙げる。彼らは、イスラエルから支援の言葉を受け取ったトランプの慰問を拒絶したのだ。

では、アメリカのユダヤ教文化の「再生ディアスポラ」はフランスにも広がるのだろうか。イルーズはこの点に関しては慎重だ。フランスでは「イスラム問題」が大きな障害になると言う。フランスで二〇〇六年から二〇一七年にかけて発生した一一件のユダヤ人に対する憎悪犯罪の犯人は、すべてイスラム教徒だった。このヨーロッパ特有の事情がフランスのユダヤ人を内向きにさせている（アメリカの反ユダヤ主義のおもな勢力は、イスラム教徒ではなく白人至上主義者だ）。デルフィーヌ・オルヴィレアの見通しは懐疑的だ。彼女は、アメリカの改革派のユダヤ教の理想を自国に紹介するフランスのラビだ。「フランスのユダヤ教は、ナポレオン時代以降、宗教に関してきわめて保守的だ。フランスの保守的なユダヤ人共同体がイスラエルと決別するのは難しいだろう」[41]。

ピエール・ビルンボームも別の歴史的な理由から、フランスのユダヤ人の間で「再生ディアスポラ」が生じる可能性はきわめて低いと考える。逆に、フランスのユダヤ人共同体の急速な「イスラエル化」を予測している[42]。

フランスの学術界で、イスラエルのイデオロギーを排除したユダヤ教文化を教えているのは、おそらく歴史家のエスター・ベンバッサとジャン＝クリストフ・アティアスの二人だけだ。彼らの尽力により、フランスで「再生ディアスポラ」を推奨する哲学が生まれるかもしれない。だが、彼らでさえその可能性は低いと考えている。

とはいえ、「再生ディアスポラ」はフランスに存在していた。それもそれほど昔のことではない。一九八〇年から一九九〇年にかけて『ディアスポラの闘い』という季刊誌が三〇号ほど刊行された。この雑誌の編集方針になったのは、シェイクスピアの偉大な専門家リシャール・マリエンストラスとピエール・ヴィダル＝ナケが一九六七年に結成した「ガストン・クレミュー会」だった。この会の目的は、「シナゴーグやシオニズムに従属しないディアスポラのユダヤ人の存在を周知すること」だった。

しかし、社会学者ミシェル・ヴィヴィオルカによると、ここ数十年間にフランスではこうした伝統は完全に消えてしまったという。

そうはいっても、この伝統は復活するかもしれない。たしかに、今日のフランスにおいてイスラエルを公然と批判するユダヤ人はきわめて少ない。しかし、もしイスラエルが世界のユダヤ人に提示する未来が現在と変わらないのなら、フランスをはじめとするディアスポラのユダヤ人共同体は、アメリカで現在起こっている変化に無関心でいられないはずだ。というのは、程度の差こそあれ、これらのユダヤ人共同体もアメリカと同じ社会的、人口学的な変化にさらされているからだ。

第12章　鍵を握るアメリカの外交政策――トランプ後の中東情勢

ドナルド・トランプは、アメリカと世界に爪痕を残して表舞台から消えた。中東では、トランプは四年間にわたってイスラエルに外交的、軍事的な「贈り物」を大盤振る舞いし、自分に忠実な支持者（ウルトラ・ナショナリストと福音派）との約束を果たした。

トランプの任期の終わりには、イスラエルとパレスチナの紛争に関わる三つの出来事がほぼ同時に起こった。そして現在、これらは新しく大統領になったバイデンの懸案事項になっている。

一つめは、二〇二一年一月一八日にバイデン政権で国務長官に任命されたアントニー・ブリンケンが、上院議会でバイデン政権の中東戦略を提示したことだ。ブリンケンは、イスラエルとパレスチナの和平協定交渉を再開させ、双方の合意に基づく「隣接する二つの国家」を創設するという考えを示した。彼によると、実現にはまだかなり時間がかかりそうだという。

二つめは、同年一月一二日、イスラエルの人権団体「ベツェレム」が「地中海からヨルダン川までの地域におけるユダヤ人至上主義体制：これがアパルトヘイトだ」[1]というタイトルの報告書を発表したことだ。

三つめは、この二つの日付の間に、イスラエル軍がシリアにあるイランの軍事拠点への爆撃を強化したことだ。

たった六日間で中東の将来が決まった。パレスチナ紛争に関するアメリカ新政権の見解と「ベツェレム」が提示する現実との間には、大きな隔たりがあることが判明した。そしてこれを裏付けるかのように、イスラエルは見境なく武力を行使したのである。

トランプの置き土産

二〇一八年のアメリカのイラン核合意からの離脱は、トランプ政権の国際法や国際機関軽視の典型例だ[2]。イスラエル人はトランプの決定を熱烈に歓迎した。トランプと同様、イスラエル人の行動の特徴は、自分たちの嫌う国際的な規範を無視することだ。

トランプは、アメリカのイラン核合意からの離脱に加え、イスラエルに数多くの贈り物をした。すべては、国連の関心をパレスチナ紛争からそらし、イスラエルが法廷闘争で得られなかったことを武力で手に入れるためだった。

トランプのイスラエルへの贈り物をざっと列挙する。イスラエルの首都はエルサレムだと承認したこと、ヨルダン川西岸地区の大規模な併合に対する支援表明、シリアのゴラン高原併合の承認、アメリカの公文書からの「占領」という言葉の排除、占領地の製品のラベル表示を「イスラエル製」にすること、ＰＬＯ（パレスチナ解放機構）のワシントン事務所の閉鎖、アメリカ合衆国国際開発庁（ＵＳＡＩＤ）によるガザ地区とヨルダン川西岸地区への支援の停止、国連パレスチナ難民救済事業機関（ＵＮＲＷＡ）に対するアメリカの支援打ち切り、イスラエルとシオニズムに対する批判を反ユダヤ主義とみなす大統領令への署名などだ。

バイデンがＣＩＡ（中央情報局）長官に任命したウィリアム・バーンズは、次のように記した。「私は長年にわたって外交官として働いてきたが、アメリカ大統領が後の影響も考えずにこれほど意味のないことのために、これほど多くのことを、これほど早期に譲歩したのは見たことがない」[3]。イスラエル人がトランプの離任を惜しむのは無理もない。

トランプの失策の影響が中東全域におよんだことは確かだが、トランプの政治的な成果についても評価すべきだろう。

トランプがパレスチナ人に提示した「世紀の取引」は不発に終わった。トランプの中東和平構想は「恫喝」というマフィア的な思考の産物だった。トランプの交渉スタイルは、映画『ゴッドファーザー』でマフィアが交渉相手のベッドに彼の愛馬の生首を置くという発想と同じだ。トランプはパレスチナ人に金銭的な利益をちらつかせて政治的な権利を放棄させようとした。

権力と金に基づく絆で結ばれたトランプ、ネタニヤフ、ムハンマド・ビン・サルマーン（サウジアラビア王太子）の共通の夢は、パレスチナ人を複数の飛び地に分割された準国家（統治権は駐車違反の取り締まり程度）に押し込むことだった。

この三人組が、イスラエルの新たな友人であるエジプトの大統領アブドルファッターフ・アッ＝

シーシーやバーレーンの国王のように、自国民に秩序を押し付ける傀儡となるパレスチナ人を見つけることができれば、この計画は完璧だっただろう。

ご存じのように、この計画は失敗に終わった。しかし、トランプは中東において、イスラエル、エジプト、湾岸君主国の同盟関係の構築を後押ししたという成果を残した。この同盟関係は現実に政治的な意義を持つため、持続するかもしれない。イランの中東地域での野望に立ち向かうという共通課題を持つこれらの国々は、相互に前例のない便宜を図っている。

たとえば、イスラエルとの同盟関係のおかげで、アラブ諸国はアメリカとの政治的、金融的なつながりを強化できる。また、これらの国の指導者たちは、何よりも恐れる自国民を統制するためにイスラエルのサイバー監視技術を利用できる。

一方、イスラエルはこの同盟関係を利用すれば、イランの核開発を弱体化させ、この地域の市場を開拓できるかもしれない。さらには、アラブ諸国のパレスチナ問題に対する関心を大幅に、あるいは永遠に失わせることができるかもしれない。

パレスチナの大義はすでに説得力を失っている。なぜなら、イスラエルの占領が常態化したことに加え、イランの台頭、アメリカのイラク戦争、各地での「アラブの春」、シリア内戦など、中東情勢が大きく変化したからだ。

また、この地域のエネルギー資源の重要性が薄れたことも、アメリカがイスラエルとパレスチナの紛争解決に積極的でなくなった要因だ。

さらには、アメリカを筆頭に、世界では「オスロ合意は死んだ」という過激な結論に達した政治指導者が増えたことも指摘しておきたい。イスラエルとパレスチナの間で恒久的な和平合意と二国家解決を目指すという構想は無意味と見なされるようになったのだ。こうした確信は、トランプの中東政策によって強固になった。

イスラエル人は真のパレスチナ国家の誕生を望んでいない。そしてパレスチナ人は、自由になるための説得力のある戦略を持っていない。

今日の国際政治の世界では、この紛争の実現可能な解決策は見つかっていない。オスロ合意は死んだのかもしれないが、代替案を提示する者は誰もいない。

アメリカでは、パレスチナ問題は放置されてきたと憤る者たちがいる。また、パレスチナの若い世代の活動により、国際世論は再びパレスチナ問題に関心を持つようになると考える者もいる。今日、確固たる見通しは存在しない。

結論として、NSC（アメリカ国家安全保障会議）の中東および北アフリカ担当の上席研究員バーバラ・リーフの見解を紹介する。「現状では、バイデン政権はイスラエルとパレスチナの和平交渉の再構築に大きな力を注ぐつもりはない」[4]。

バイデンの挑戦：アパルトヘイト国家への対応

バイデンの大統領就任の一週間前に「ベツェレム」が発表した報告書は、イスラエル史において衝撃的な内容だった。イスラエルの有力非政府組織「ベツェレム」が、「イスラエルの管理下にある地中海とヨルダンの間にある全域はアパルトヘイトの状態にある」と宣言したのだ。

「ベツェレム」は、このアパルトヘイトを「ユダヤ人至上主義体制」と呼ぶ。なぜなら、「イスラエルはパレスチナ人に対し、彼らの居住地域に応じて異なる市民権を付与しており、これらすべての市民権はユダヤ人のものと比べて劣っている」[5]からだ。

この報告書は、パレスチナ人を管理するために法的な不平等（「分割、分離の規則」）が存在する領域を四つ挙げ、パレスチナ人差別の実態を紹介している。四つの領域とは、移民対策、土地政策（ユダヤ人のために土地を強制収容する一方で、パレスチナ人を飛び地に追いやる）、移動の自由（パレスチナ人の移動は国内であっても制限される）、参政権（パレスチナ人は政治に自由に参加できない）だ。

そして、次に掲げる一文がこの報告書の骨子だ。「一つの集団が他の集団に対して確固たる優位を築くために、法律、行政、組織的な暴力を用いる体制がアパルトヘイト政権だ。これは国際社会におけるアパルトヘイトの定義だ」。

イスラエルにおける占領地の状況を「アパルトヘイト」と呼ぶのは、今に始まったことではない。イスラエルの労働党政権で大臣を務めたシュラミット・アロニは、第二次インティファーダの最中に私と話した際、この言葉を使っていた。

二〇〇二年二月、私は第二次ラビン政権（労働党政権）で司法長官を務めたミハエル・ベン＝ヤイールにインタビューした。アロニと同様、シオニストである思慮深い法学者ベン＝ヤイールは不安な気持ちをぶちまけた。

「私は「シオニズムを救え」と叫ぶ。シオニストには他民族を支配する考えはなかった……。われわれは国際法や公序良俗に反する罪を犯している。テロ国家を解体しなければならない。国が民主的で自由な法制度と抑圧的で残忍な法制度を並立させた瞬間、アパルトヘイトは始まる。二つの民族が同じ地位と権利を持たず、軍隊が一方の民族の財産を守り、他方の民族の財産を破壊し、民族の分離が法に明記されるという状況を表現するには、アパルトヘイトという言葉しかない。パレスチナ人がヨルダン川西岸のA地区で自治を確立しているというのは大嘘だ。一九六七年以降、パレスチナの領土では、イスラエルの承諾なしにいかなる決定もなされていない」[6]。

アメリカでは、二〇〇六年に元大統領のジミー・カーターがアパルトヘイトという言葉を使った（『カーター、パレスチナを語る：アパルトヘイトではなく平和を』[7]という著書を上梓）。「ベツェレム」が「アパルトヘイト」という言葉を占領地だけでなくイスラエル全体にも用いるようになったのは、アパルトヘイトが長い過程を経て「ユダヤ人国民国家」法の制定をもって完全に制度化されたからだ。二〇一八年に制定されたイスラエルの基本法である「ユダヤ人国民国家」法により、入植、住宅、土地開発、公民権、言語、文化に関して、イスラエル人はパレスチナ人を公然と差別できるようになった。

イスラエル政権が以前からこうした原則に従ってきたのは事実だ。しかしながら今日、ユダヤ人至上主義は、解釈の余地のある通常の法律や行政指針とは異なり、基本法に明記された憲法と同じ原則になったのだ[8]。

私は「ベツェレム」の認識には問題があると思う。仮に、地中海とヨルダンの間の地域に住むすべてのパレスチナ人が同じ境遇にあるとするのなら、ヨルダン川西岸地区とガザ地区で暮らすパレスチナ人にとって「占領の終わり」という論点は生じなくなる。なぜなら、彼らをイスラエル領土で暮らすパレスチナ人と同じ境遇にあるとみなすことになるからだ。この認識は間違っていると思う。しかし同時に、「ベツェレム」の論理には反駁できない。なぜなら、イスラエルの基本法によって確約されたユダヤ人至上主義は、地中海からヨルダンまでの全域に浸透しているからだ。

アメリカ大統領に就任したバイデンは、「ベツェレム」とジミー・カーターがともに訴えたイスラエルのアパルトヘイトの現状を把握しているのだろうか。バイデンは、四年間のトランプ政権後に自分が復活させようとしているアメリカの従来の方針が、そうした現実の緊急性を考慮していないことを理解しているのだろうか。

三〇年ほど前のオスロ合意の論理を持ち出して解決を目指すのは、幻想どころか不見識だ。対等な立場にある両者が第三者の干渉を受けずに尊厳ある和平交渉を復活させようとするのは、イスラエルが圧倒的な力を持つようになった現在、オスロ合意以降の事態悪化を踏襲するだけではないのか。そうしたアプローチは、イスラエルのアパルトヘイトの永続と悪化を後押しする恐れがあるのではないか。

バイデンがこうした事情を理解していない、あるいは理解していても必要な結論を導き出せなかったり出そうとしなかったりすれば、バイデンは前任者たちと同様、イスラエルとパレスチナの紛争に終止符を打つことができず、パレスチナ問題は悪化し続けるだろう。

イスラエル人は、強力な外圧を受けなければ、自分たちに大きな利益をもたらすアパルトヘイト政策をやめようとはしないだろう。イスラエル人がパレスチナ人との交渉で真の妥協点を見出そうとしないのは理解できる。誰だって自分の優位な立場を手放したくないからだ。

自分たちの支配の継続を願い、支配が失われたときを恐れるのが、支配する集団の性《さが》だ。イスラエルが両民族の権利と尊厳を同等に扱う妥協案を自発的に検討しようとするわけがない。唯一考えられるのは、イスラエル人が「妥協しないと恐ろしいことになる」と考える場合だ。だが、現状はそうした状態からは程遠い。

アメリカの民主党政権が発足する一ヵ月前、バイデンの国家安全保障問題担当補佐官を務めることになったジェイク・サリバンは、『ニューヨーカー』のジャーナリストであるエヴァン・オスノスに「われわれの戦略は迅速かつ大胆だ」[9]と語った。この言葉とは裏腹に、バイデン政権のパレスチナ問題に関する取り組みは迅速でも大胆でもない。

すでに述べたように、バイデン政権で国務長官に任命されたアントニー・ブリンケンは上院議会で、「二国家解決」の進展を目指すが「現実的な観点から考えて、この問題を早期に解決するのは難しいと思う」[10]と述べた。

ブリンケンの発言はあまりに絶望的だ。この発言が絶望的なのは、イスラエルが中東地域唯一の民主国家として振る舞っているのに、イスラエルのアパルトヘイトを指摘していないからだけでなく、オスロ合意の交渉に五年間を想定していたからだ。

オスロ合意には「パレスチナ国家」という言葉はないが、パレスチナ人はこの合意によって五年以内に自分たちの国家を樹立できると理解していた。これは三〇年近く前の話であり、ブリンケンは新たな交渉を早期に開始する可能性さえ示唆していない。この調子では、パレスチナ人は三〇年近く無為に待たされた挙句に、日増しに可能性が遠のく独立を夢見ながら、もうあと三〇年待たなければならない。イスラエルには次のような冗談がある。「ネタニヤフは平和が大好きなので、この先五〇年だって平和について喜んで議論するだろう」。ブリンケンの取り組み方では、この冗談が現実になってしまう。

イスラエルがブリンケンの国務長官就任を歓迎したのも当然だろう。ネタニヤフの側近で植民地主義思想を持つ極右のドレ・ゴールドでさえ、「安心した」と呟いた。イスラエル右派はビル・クリントンとバラク・オバマを嫌がった。しかし、ブリンケンを国務長官に任命したバイデンは、イスラエル寄りに見える。

民主党議員の中にはイスラエルとの「腐れ縁」から遠ざかる者も現れたが、パレスチナ紛争においてブリンケンが示すアメリカの従来の立場では、入植者は常に優遇されてきた。事実、バイデンが大統領に就任する一〇〇日前、イスラエル政府はヨルダン川西岸地区に新たに八〇〇〇戸の住宅を建設すると発表し、[11] 将来的には「E1地区」（エルサレム東部）の住宅建設も再開すると示唆した（これまでブッシュ政権とオバマ政権、そしてヨーロッパ諸国は、「E1地区」での住宅建設はヨルダン川西岸地区の統合性を破壊するという理由から反対してきた）。イスラエルの政治指導者たちは、トランプの後継者に強烈なメッセージを発したのだ。

ブリンケンの上院議会での発言の骨子は、イランとの関係の修復、イスラエルの利益の保護、ムハンマド・ビン・サルマーンのサウジアラビアの制御だった。

これは聞こえのよい答弁だが、一貫性のある外交政策ではない。なぜなら、バイデンの優先課題がイランとの核合意を立て直してこれを強化することであるなら、バイデンは自分の意思をイスラエルとサウジアラビアに押しつける必要があるからだ。

イランとの核合意に賭ける

イスラエルと湾岸君主国は、イランの核開発計画に制限を設ける新たな国際協定にアメリカが署名するのは自分たちにとって深刻な脅威になると十分に認識している。というのは、この協定により、中東情勢は未知の領域に入るからだ。この協定は、中東地域、とくにパレスチナ紛争にどのような影響をおよぼすのだろうか。

未来を占う前に、われわれは、バイデンがアメリカ大統領就任直後にイラン核合意への復帰に意欲を示していたことを思い起こす必要がある。

二〇二〇年一二月、バイデンは『ニューヨーク・タイムズ』のコラムニストであるトーマス・L・フリードマンのインタビューの中で、次のように答えた。「アメリカの最重要課題は中国との関係修復だが、これには時間がかかる。一方、イランとの関係修復は喫緊の課題だ」。バイデンは、イランが「イラン核合意」で定められた核開発の制限を速やかに再び遵守することが望ましいと述べ、合意に達すればトランプ政権が科したイランに対する制裁を解除する用意があると示唆した（ただし、イランの弾道ミサイルの開発は制限すべきだと付言した）。

フリードマンがバイデンに「十分な保証がないのに、「イラン核合意」への復帰は拙速ではないか」

と疑問を投げかけると、バイデンは次のように答えた。

「精密ミサイルなど、核兵器以外にもこの地域を不安定にさせる要因はたくさんある。それでも、この地域を安定させる最良の方法は核開発を制限することだ。仮に、イランが核兵器を保有すれば、サウジアラビア、トルコ、エジプトなども核兵器を保有しようとするだろう。われわれにとって最悪のシナリオは、この地域の国々が核兵器を持つことだ」[12]。

バイデンがイランとの交渉を急ぐ理由は、おそらく次の通りだ。イランはすでに核開発能力を持つ国だが、まだ核兵器を製造していない。したがって、イランとの交渉を急ぐ真の理由は、核の拡散を防ぐことだ。「イラン核合意」なしにイランに対する制裁を続行すれば、イランはいずれ核兵器を開発するだろう。そうなってからでは完全に手遅れだ。

二〇〇一年九月一一日のアメリカ同時多発攻撃（実行犯のほとんどはサウジアラビア出身のスンニ派ジハード主義者）のパラドックスは次の通りだ。

新保守主義派は、「アメリカの敵」を排除するために地政学的に一貫性のない「悪の枢軸」という概念をつくり出した際、「「自由世界」の最大の脅威はシーア派のイランだ」と主張したのだ。

そして、このパラドックスに大きな役割を担ったのがイスラエルだ。イスラエルはすでに核保有国だったが、核拡散防止条約（ＮＰＴ）に批准しておらず、その抑止力を中東地域のどの国とも共有しようとしなかった。

二〇〇三年、イスラエル首相アリエル・シャロンは、イランが核開発に着手したことを知って激怒した。

二〇〇九年に首相に返り咲いたベンヤミン・ネタニヤフは、「イランとの核開発を巡る交渉は失敗に終わる」と繰り返し主張した。ネタニヤフにとって、イランと交渉すること自体、問題外だった。だからこそ、トランプがイラン核合意から一方的に離脱した際、イスラエル国民はネタニヤフを熱烈に称賛したのだ。こうしてネタニヤフの人気は彼のキャリアの中で頂点に達した。

以前から多くの人たちは、ネタニヤフがイランを悪者に仕立て上げるのには訳があると思っていた。つまり、イスラエル人が常に不安を感じる状態にあることがネタニヤフの政治的な利益になると感じていたのだ。それゆえに、ネタニヤフは〔イランとの関係修復を掲げていた〕ジョー・バイデンの大統領選での勝利に落胆したのだ。

トランプ政権が死に体になったとき、ネタニヤフは「アメリカの「イラン核合意」への復帰はあり得ない」[13]と断言した。

二〇二〇年一一月二七日、モサド（イスラエル諜報特務庁）は、イランの核科学者モフセン・ファクリザデを暗殺した。バイデンはコメントを控えたが、彼の側近の中には怒りを露わにする者もいた。たとえば、オバマ政権で副補佐官だったベン・ローズは、この暗殺事件を「アメリカ次期政権とイランとの外交関係の悪化を狙った極悪な行動」と強く非難した。ＣＩＡ（中央情報局）の元長官ジョン・ブレナンは、「国家主導のテロ行為」と断罪した[14]。

イスラエル政府はこうした反応を気にも留めず、バイデンの大統領就任直前には、シリアにあるイランの軍事拠点に対する爆撃頻度を上げた。

その一週間後、イスラエル国防軍の参謀総長アヴィヴ・コハヴィは、テルアビブ大学での会議で

「イラン核合意」、あるいはそれに類する合意の復活は、悪であり間違っている。イスラエル国防軍は、イランの核開発を阻止するための具体的な作戦を練り直している」[15]と述べた。

バイデンは、イランとの交渉にどんな困難が待ち受けているかを知っている。なぜなら、二〇一五年三月三日にネタニヤフがオバマを痛烈に批判したとき、バイデンは副大統領だったからだ。この日、ネタニヤフはアメリカ議会でオバマのイラン政策を徹底批判した。ネタニヤフの熱弁に対し、共和党議員や一部の民主党議員は立ち上がって拍手した。

ネタニヤフのアメリカ議会での演説は、イスラエル大使館と共和党の下院議長ジョン・ベイナーが、大統領官邸に通知することなく仕組んだものだった。

バイデンは、イランとの交渉を成功させようとすればイスラエルの首相が誰になろうともイスラエルとの対立が不可避になることを、身をもって知っている。何を言っても許され、敵に包囲されているというイスラエルの特殊事情を考慮すれば、それはなおさらである。

今後、イスラエルはイランとの新たな合意を阻止するために強力なロビー活動を行うだろう。サウジアラビア、湾岸君主国、エジプトも応援に回るはずだ。

フリードマンに「困難なのはわかっている」[16]と語ったように、イスラエルの妨害に懲りているバイデンの交渉チームは、イランとの交渉を慎重に進めるに違いない。

状況は厳しいが、バイデンはオバマと同様、イランとの交渉に成功するかもしれない。二〇二一年一月二九日、新大統領バイデンはイラン担当特使にロバート・マレーを起用し、イスラエル（とサウジアラビア）に噛みついた。このニュースはイスラエル政府を苛立たせた。というのも、二〇〇〇年七月にキャンプデービッドで行われたイスラエルとパレスチナの交渉が頓挫して以降、イスラエルはアメリカの専門家の中で最もパレスチナ寄りなのはクリントン政権でパレスチナ問題を担当していたマレーだと見ているからだ。任命されたとき、マレーは紛争解決を専門にする進歩的なシンクタンク「ICG（国際危機グループ）」のCEOを務めていた。ちなみに、ICGのおもな出資者は、アメリカとイスラエルの右派が毛嫌いするリベラル派の大物ジョージ・ソロスだ[17]。

他方、イスラエルはオバマ政権時のときのように、バイデンのイラン問題への取り組みを妨害することは難しいだろうと感じている。マレーがイラン担当特使に任命された日、イスラエルのある軍の幹部は匿名を条件に、『ハアレツ』に次のように語った。「われわれがどう対応しようが、アメリカはイランと合意に達するだろう[18]」。

アメリカのイスラエルとの対立がどの程度のものであれ、対立が不可避な場合、イスラエルは一体どこまでエスカレートするのだろうか。状況によっては深刻な事態も考えられる。「二〇〇九年から二〇一三年にかけて、イスラエルは毎年、イランを単独で攻撃しようとした。しかしその都度、ネタニヤフは思いとどまった[19]」。なぜなら、アメリカが強く反対したからだ。

バイデンは、中東地域の核拡散を防いだ大統領として歴史に名を残したいと考えているのだろう。イスラエルが単独でイランを攻撃することによってバイデンの邪魔をする可能性も考えられるが、現在のところ、このシナリオは可能性が低いと思われる。

これよりも可能性が高いのは、バイデンが前任者たちと同様、ユダヤ人国家イスラエルとの対立をできる限り避けるか、最小限にしようとするシナリオだ。

イランがアメリカと前回よりも信頼性の高い合意を締結したのなら、イランは国際社会の正式なメンバーに復帰したということになる。この事実だけで、この地域全体は大きく変化する可能性がある。アメリカがこの地域を変革するには、イスラエルを同意させるための対価を支払う必要があるかもしれない。最悪の場合、その対価はパレスチナ占領を認めることになるだろう。しかし逆に、バイデンがイランとの合意の機会を利用して、イスラエルの政治的な弱さを突いてパレスチナ占領をやめさせることも考えられる。

つまり、バイデンはイスラエルを囲い込むことによって、アメリカとイスラエルのこれまでの関係をついに変化させることができるかもしれないのだ。

バイデンは、イスラエルの何をしても罰せられないというこれまでの状態を正し、イスラエルに不利な国連安全保障理事会決議に対して拒否権を行使するのをやめ、ＥＵ、ロシア、中国と協力してパレスチナ問題の適切な解決策をイスラエルに認めさせ、パレスチナ占領をやめさせるべきだろう。

バイデンがこれらすべてを成し遂げることができたのなら、イスラエルはパレスチナ人を支配できなくなる。イスラエルはこれを政治的な大失敗とみなすだろうが、これこそが平和な未来への道筋になる。

今日、こうしたシナリオの可能性が低いのは確かだ。だが、可能性がまったくないとも言えないはずだ。

結論　イスラエルvs.ユダヤ人

トニー・ジャットを悼んで

二〇〇三年一〇月、第二次インティファーダが最高潮に達してイスラエルがパレスチナ人に対する弾圧をこれまでになく強めたときだ。イギリス系アメリカ人の偉大な歴史家である故トニー・ジャットは、権威ある雑誌『ニューヨーク・レビュー』に「イスラエル：代替案」[1]という論考を寄稿した。この論考には批判が殺到した。批判の理由はおもに二つあった。

一つめの理由は、アメリカのユダヤ人を代表する知識人が、イスラエルとパレスチナが対立する紛争を解決する手段として、両者がともに暮らす一つの国という選択肢を初めて提示したからだった。ジャットは、イスラエルにとって占領したパレスチナの土地から撤退するという選択肢は消滅したと考え、「撤退が可能だった時期は過ぎてしまった」と記した。

パレスチナ人に国民としての権利を付与せずに領土を併合すれば、イスラエルが人種隔離国家になることは間違いない。

そして、パレスチナ人をまたしてもイスラエルの領土から追放すれば、イスラエルは、「ならず者国家、パーリア国家（国際社会から疎外された国家）」になってしまうだろう。

そこで、ジャットは「考えられないことを考えよう」と提案した。彼の提案は次の通りだ。一つの領土でユダヤ人とアラブ人（および他の少数派）がともに暮らす民主的な国家を樹立する。ジャットによると、「これはユダヤ人国家が消滅するという政治的な選択とも言える」という。ユダヤ人国家の主権がパレスチナ人と連合することによって大きく失われるとしても、両民族は同等な権利を持てるようになる。

ジャットの「考えられない提案」には、アメリカのユダヤ人共同体の内外から批判が殺到した。アメリカでは、「ユダヤ人国家に未来はない」という考えは今日においても異端だが、議論の対象にはなっている。ニューヨーク市立大学の教授ピーター・ベイナートは、二〇二〇年七月の『ニューヨーク・タイムズ』に「私はユダヤ人国家を信じるのをやめた」[2]という過激なタイトルの論考を寄稿し、この議論を盛り上げた。

歯に衣を着せない進歩派のベイナートは、これまで二国家解決を信じてきたが、情勢が変化したという。「現在は、分離よりも平等という目標のほうが現実的だ」と説く。

ベイナートの一七年前、トニー・ジャットはシオニストのイデオロギーと決別した。今日、ベイナートは「ユダヤ人の祖国」を維持するために、（国家の形式はともかく）ユダヤ人国家を断念しようとしている。

ベイナートが進歩主義者に投げかけるのは根本的な課題だ。それはイスラエルとパレスチナという共通の空間で暮らす二つの民族の間で、政治的な形態はともかく、権利と尊厳の平等を実現することだ。ベイナートの考えに異議を述べる者もいたが、かつてのトニー・ジャットのときのように、ベイナートが四面楚歌の状態に陥ることはなかった。

ジャットの論考に批判が殺到した二つめの理由は、彼のイスラエルに対する見方だった。ジャットは「ユダヤ人とユダヤ教は特権を持ち、非ユダヤ人は排除されるという「ユダヤ国家」という考え自体が時代錯誤だ」と記したのだ。

歴史家としてジャットは、イスラエルは非近代的なナショナリズムの産物だとみなした。ようするに、一九世紀の東ヨーロッパで支配的だった自民族中心主義の焼き直しであるイスラエルは、「グローバル化が進行する世界」と相容れないと考えたのだ（彼はグローバル化がもたらす格差も批判した）。ジャットは、グローバル化する開かれた世界では人々が国境を越えて混合するのは当然だと説いた。「気の滅入る真実とは、イスラエルの現在の振る舞いはアメリカだけでなく、多くのイスラエル人が黙認するように、イスラエル自身にも害悪だということだ。それだけではない。今日のイスラエルは、ユダヤ人にとっても害悪になった」。

ジャットの結論は次の通りだ。

「イスラエルは時代錯誤であり、国として機能しない。現代の「文明の衝突」では、開放的で多元的な民主主義国家と、攻撃的で不寛容な信仰に導かれる民族国家が対立する。イスラエルは後者である、道を誤った側につく恐れがある」。

二〇〇三年にこの論考を執筆したとき、ジャットは一八年後に、自民族中心主義に閉じこもる「国として機能しない時代錯誤」がイスラエルの基本法に明記されることや、世界の他の地域でも自民族中心主義が勢いを増すことは想像していなかっただろう。とはいえ、自民族中心主義に関する彼の見立ては、今日においても大きな説得力を持つ。

ジャットによると、迫害されたユダヤ人の避難所としてつくられたイスラエルは、当初の目的とは逆にユダヤ人に害悪をもたらす国になったという。なぜなら、人種隔離国家になったイスラエルは、世界のユダヤ人を保護するというよりも、彼らを脅かす存在になったからだ（理由は後述）。

当時、ジャットのこの見方には批判的なコメントが殺到した。『ニューヨーク・レビュー・オブ・ブックス』の長年の読者からは、ジャットが同誌で執筆し続けるのなら購読をやめるという脅しもあった（だが、同誌の編集長ロバート・シルヴァースは編集方針を変えなかった）。

今日のアメリカでは当時の論争は時代遅れに感じられる。そして、ジャットは驚くべき先見の明の持ち主だったことがわかる。なぜなら、多くのイスラエル人は、イスラエルは実際に道を誤り、法律、さらには日々の行政によって民族分離国家になってしまったと考えているからだ。これと同時に、イスラエルのほとんどのユダヤ人は、自国のパレスチナ政策と、ユダヤ人国家内の民主的な規範に対する考えを全面的に支持しているからだ。これは本書が示そうとしてきたことであり、イスラエルの推移に関するジャットの予測通りだ。

そして先述の通り、さらに多くのアメリカ人（とくにアメリカのユダヤ人。彼らの中にはまだシオニストを自認する人もいる）も、イスラエルは道を誤ったと考えているからだ。彼らは、イスラエルの右翼化は災難であり、それは自分たちに恐ろしい影響をおよぼすことになると恐れている。だからこそ、彼らの中にはイスラエルに対する怒りからイスラエルに背を向ける者も現れたのだ。

なぜ、イスラエルはユダヤ人に害悪をもたらす国になったのか。第一に、イスラエルはユダヤ人を、世界各地に台頭する強権的な自民族中心主義者という新たな勢力の一員であり、(当然ながら)この自民族に閉じこもる勢力の先駆者および理論家だと紹介し、自分たちと運命をともにするユダヤ人を、ユダヤ人が近代に構築した文化(と栄華)を捨て去る方向へと導いているからだ。そしてそれは、進行中の変幻自在な取り組み、迷信を排して科学を信頼する精神、あらゆる形式の差別を拒否する姿勢を失うことなのだ。

ディアスポラのユダヤ人にとってイスラエルが害悪をもたらすようになった第二の理由は、シオニスト、とくに極右のシオニストが反ユダヤ主義者と維持する関係が影響力を持つようになったからだ。シオニストは反ユダヤ主義を糾弾する一方で、自分たちがパレスチナ人に科している抑圧を否定し(今日、イスラエルの政治指導層は、自分たちがパレスチナ人を抑圧したことなどないと思っている)、さらにはパレスチナ人をホロコーストの扇動者に仕立て上げようとしている。

レバノンのエッセイストであるドミニク・エッデは、「パレスチナ人はすでに忘れ去られ、彼らの苦しみは否定されている。パレスチナ人の存在を無視することは、反ユダヤ主義という火に油を注ぐようなものだ[3]」と説く。

ネタニヤフと彼の側近、そして入植者であるウルトラ・ナショナリストにとって、反ユダヤ主義の台頭する国の指導者との同盟関係がイスラエルの強化に寄与する限り、この同盟関係の維持は、そうした国で暮らすユダヤ人の保護よりも優先される。

基本的に、これらのシオニストは、ディアスポラのユダヤ人がどんな目に遭おうが関心を持たない。ディアスポラのユダヤ人は、再燃する反ユダヤ主義を避けたかったのならイスラエルに移住すればよかったのだ。

つまり今後、アメリカやヨーロッパなどで反ユダヤ主義が吹き荒れ、イスラエルがそれらの国の政権と緊密な関係を持つ場合、それらの国で暮らすユダヤ人は見放されるということだ。これこそがハンガリーで起こったことだ（ネタニヤフはイスラエルの利益を守るために、現地の反ユダヤ人運動に口出しするなとイスラエル大使に命じた）。

イスラエル当局は紛争を世界中に輸出している。アラブ・イスラム圏の一部の指導者も同様だが、少なくとも西側諸国では、イスラエルは有利な立場を利用してこれを行うことができる。

さらには、イスラエル当局は、世界中のユダヤ人共同体を過激なイスラム嫌悪に引きずり込もうとしている。その際、シオニズムを含めて自分たちに対する批判はすべて「反ユダヤ主義」だとして糾弾する。こうした糾弾は、自国の邪悪な政治を擁護するためだ。

ようするに、イスラエルは、反ユダヤ主義の首謀者はアラブ・イスラム民族であり、昔からの反ユダヤ主義者である「白人」を免責しようとしているのだ。つまり、イスラエルは自国を支持するユダヤ人を、アラブ・イスラム民族に対する人種差別に引き込むことによって危険な状態にさらしているのだ。

人種差別はどんな形態であっても存在してはならない。明らかに違法な人種差別（反ユダヤ主義）

がある一方で、差別されて当然という（アラブ・イスラム民族に対する）人種差別があるという都合のよい考えは、最悪の事態を招くだけだ。イスラエルを支持するユダヤ人が、反アラブの人種差別やイスラム嫌悪に同調すれば勝者の側に立てる、つまり、西側諸国の新たな人種差別の荒波から逃れられると考えるのなら、それは大間違いだ。仮に、この人種差別が勝利しても、彼らもいずれ人種差別の犠牲になる。

強調しておきたいのは、フランスではこれら二つの人種差別（反ユダヤ主義とイスラム嫌悪）を唱える者は、ユダヤ人とイスラム教徒という二つの集団において少数派だということだ（しかし、こうした人種差別は増加傾向にある）。

イスラム教徒による反ユダヤ主義は、より深刻な犯罪を生み出している。一方、反アラブやイスラム嫌悪は、公共の場、そして残念なことにユダヤ人共同体においても広く浸透している（だが、この人種差別は反ユダヤ主義よりも問題視されない）。

これら二つの人種差別は互いに助長し、排斥し合い、それぞれの殻に閉じこもる。西インド諸島マルティニーク出身の哲学者フランツ・ファノンは、彼の哲学の師から教わった一節を自身の座右の銘とした。「ユダヤ人の悪口を耳にしたのなら、それはあなた（黒人）のことを言っているのだ」。フランスのアラブ人とイスラム教徒も、この一節を肝に銘じておくべきだろう。そして、フランスのユダヤ人も「イスラム教徒の悪口を耳にしたのなら、それは自分たちのことを言っているのだ」と受け止めるべきだ。

白人至上主義者ロバート・バワーズがピッツバーグのシナゴーグで一一人の礼拝者を射殺する直前

にSNSに投稿した文句は、こうしたメカニズムを物語る。「目を覚ませ。不潔で邪悪なイスラム教徒をこの国に連れてきたのは、不潔で邪悪なユダヤ人だ」[4]。

フランスのユダヤ人共同体の指導者たちと彼らに感化された知識層は、フランスの移民受け入れにより、白人が少数派になることを恐れている。彼らはとくにイスラム教徒を目の敵にする。

ところが、彼らは、「白人という優れた人種とその文化を衰退させようと陰で操るのはユダヤ人」だという壮大な陰謀論、つまり、古臭い反ユダヤ主義を煽る片棒を担いでいるのだ。反イスラムの人種差別が拡散すれば、いずれ反ユダヤ主義の人種差別にも火がつく。彼らはいつになったらこのメカニズムに気づくのだろうか。

一方、これに気づいたアメリカの若いユダヤ人たちは、自国の小さなイスラム教徒の共同体と協力関係を育んでいる。なぜなら、彼らは、こうした協力関係は反人種差別との闘いに必要なだけでなく、自国のイスラム教徒の間で反ユダヤ主義が拡散するのを防ぐ最良の方策だと確信しているからだ。逆もまた然りだ。アメリカの多くのイスラム教徒の団体は、ユダヤ人団体との交流を深めている。

ところが、フランスのユダヤ人団体とその支持者たちは、このメカニズムを考えようとさえしない。彼らは、イスラム嫌悪が親イスラエル派の中核的な要素になったため、イスラエルに賛同するユダヤ人がいずれ因果応報の報いがあることを理解していない。

フランスとアメリカのユダヤ人の違いはさらに広がっている。社会学者ミシェル・ヴィヴィオルカは、「フランスのユダヤ人が、イスラエル政府は正しいと決め込み犯罪まで正当化するようになれば、彼らは反ユダヤ主義を煽る手助けをすることになる」[5]と説く。

読者はこれを驚きの指摘と思われるかもしれない。しかし、自分の近くに住む若いイスラム教徒が「自分たちの共同体を分裂させたくない」「敵に弱みを見せたくない」などの理由から、イスラム教徒の犯罪を非難することを拒否したのなら、われわれは、そうした態度こそがイスラム嫌悪を煽る手助けになると説くのではないか。そしてそのような考え方をする人々の中にこそ、反ユダヤ主義のイスラム教徒が潜んでいるのだ。

同じことは、イスラエルの極悪な犯罪まで擁護しようとするユダヤ人共同体についても言える。反ユダヤ主義を煽る手助けをする彼らの中にこそ、イスラム嫌悪のユダヤ人が潜んでいる。

イスラエルは、トランプ、モディ、オルバーンなどの人種差別や外国人排斥の傾向を持つ政治指導者と同盟を結び、「現在、流行りの人種差別」であるイスラム教徒に対する敵意を前面に押し出すことによって、これらの政治指導者を正当化している。こうしたイスラエルの振る舞いはユダヤ人自身に向かう憎しみを助長するだけだ。なぜなら、ユダヤ人はイスラエル人とユダヤ人のアイデンティティを同一視する無知な者たちの標的にされてしまうからだ（すでにそうなっている）。そして反イスラムの人種差別は人種差別全般、とくに反ユダヤ主義と結びつくからでもある。

次に、イスラエルがディアスポラのユダヤ人にとって害悪をもたらすようになった第三の理由に迫ろう。

イスラエルがアメリカの白人至上主義者、そして一九二〇年代、三〇年代のナショナリズムを懐かしむ人々（歴史的に反ユダヤ主義の震源地だったポーランド、ハンガリー、ルーマニアなどの政治指導者）と、イデオロギー的、利害的に結託したことだ。これが反ユダヤ主義に対する闘いの信用を失墜させた。このような小細工を弄するイスラエルの政治指導者が反ユダヤ主義の闘いに真剣に取り組むとは、誰も思わないだろう。

イスラエルには、（イスラム教徒、アラブ人、イラン人などの）闘うべき反ユダヤ主義者がいる一方で、同じ世界観を持つという理由から共闘する反ユダヤ主義者がいる。反ユダヤ主義者をこのように都合よく切り分けるのは、イスラエルに国際的な野望があるからだ。その目的は、反シオニズムを現代の反ユダヤ主義に仕立て上げることであり、すべての国際会議で反ユダヤ主義の「新たな定義」を採用させることだ。すなわち、イスラエルに対する批判はすべて反ユダヤ主義とみなすＩＨＲＡ（国際ホロコースト想起連盟）の定義だ。

イスラエルは、反ユダヤ主義の一例として「ユダヤ人の自決権の否定」を挙げる。ところが、イスラエルの国民国家法の中核にあるのが「ユダヤ人の自決権」なのだ。これはイスラエルのユダヤ人にだけ付与された権利であり、ユダヤ人以外の国民、つまり、パレスチナ人には付与されていない。ようするに、イスラエルという同じ国で暮らすユダヤ人とパレスチナ人との間にある民族的な格差とは、まさにこの点である。

ＩＨＲＡの定義に従うと、この法律を否定することは反ユダヤ主義になる。また、アダム・シャッツが指摘するように、反シオニズムを現代の反ユダヤ主義と定義すれば、「パレスチナ人、アラブ人、イスラム教徒は、ほぼ全員が反ユダヤ主義者になってしまう」[6]。しかしながら、これこそが「この新たな定義」の狙いなのだ。

フランスの「人権連盟」の名誉会長ミシェル・トゥビアナは、次のように訴える。

「イスラエルが反ユダヤ主義に関するIHRAの定義を適用させようとするのは、イスラエルの政治に対するすべての批判を封じ込めるためだ。ユダヤ人共同体のメンバー全員が支持するこの定義では、シオニズムを否定する発言は犯罪とみなされる。これは反ユダヤ主義に対する闘いに役立たないどころか、逆に反ユダヤ主義を激化させるだろう。イスラエルとその政治に対する正当な批判であっても、これを耐え難い人種差別と見なしたのなら、ユダヤ人全員がイスラエルの政治の悪行、とくにパレスチナ人に対する悪行の支持者になってしまう。フランスやその他の国のユダヤ人がイスラエル当局の人種差別的な言説や非人道的な活動に賛同していると訴えたい者にとって、これほど素晴らしい方法はないだろう[7]」。

トニー・ジャットの見通しは正しかったのだ。イスラエルの自民族中心的な特徴と政治は、反ユダヤ主義の防波堤になるどころか、反ユダヤ主義を助長するだけだ。もちろん、ジャットはこの論考を執筆したとき、暴走する金融資本主義が牽引するグローバリゼーションが世界各地でナショナリズムと外国人排斥を引き起こし、これがイスラエルの数十年前からの自民族中心的な閉鎖性と合流するとは予見していなかった。

しかし、そのような段階も（願わくは、第三次世界大戦を経験することなく）終わりを迎えるだろう。イスラエルは長年にわたって、国際社会、とくに西側諸国において、自国に有利な先入観と、「イスラエルは保護すべき存在」という恩恵を受けてきた。なぜなら、イスラエルはホロコースト後のユダヤ人のサバイバルを体現してきたからだ。

しかし、そうした社会的な地位は急速に失われつつあり、この過程は不可逆的であるように思える。

それも無理はない。時が流れ、ホロコーストという恐ろしい犯罪の生々しい記憶が薄れ始めているからだ。それだけでなく、イスラエルの政治指導者や社会がホロコーストを政治の道具にすることによって、ホロコーストの記憶を変質させているからだ。

エヴァ・イルーズは二〇一八年八月に発表した論考に[8]、イスラエルの害悪な閉鎖性とその信奉者の無分別は「二つのポジティブな結果を生み出す」と記した。

一つめは、ディアスポラのユダヤ人のイスラエル離れを引き起こすことだ。すでに述べたように、この現象は少なくともアメリカではすでに進行中だ。

二つめは、ヨーロッパに対して「あらゆる差別と反ユダヤ主義に反対すること、そして、ユダヤ人、非ユダヤ人、シオニスト、反シオニストなどがそのために懸命に戦ってきた、ヨーロッパのリベラルな価値観を守るという使命を再認識させてくれることだ。この闘いでは、残念ながらイスラエルはもうわれわれの味方ではない」。そう、イスラエルはもうわれわれの味方ではないのだ。

今後、われわれがイスラエルだけでなく世界中のユダヤ人に望むのは、彼らがこうした現実を直視し、イスラエルが彼らを引きずり込もうとする閉鎖的な自民族中心主義という時代錯誤に抵抗することである。

謝辞

社会学者エヴァ・イルーズに感謝申し上げる。二〇一八年九月一九日、イルーズはイスラエルの日刊紙『ハアレツ』に「イスラエル対ユダヤ人」という論考を発表した。これが本書のタイトルのヒントになった。この論考のタイトルと内容は、私が数年来考えていたことだった。私はこの論考のすべての見方に同意するわけではないが、その中核となる「イスラエルの行方とイスラエルを特徴付ける政策は、イスラエルのユダヤ国民ならびにユダヤ人全体の利益に反する」という主張に全面的に賛同する。エヴァ・イルーズは本書のタイトルを想起させてくれただけでなく、エルサレム大学で私のインタビューにも応じてくれた。彼女へのインタビューからは多くのことを学んだ。

また、次に掲げる方々にも感謝申し上げたい。

弁護士アリエ・アリミ、歴史家ジャン＝クリストフ・アティアス（高等研究実習院：ＥＰＨＥ）、イスラエルの民主主義保護センター（ＫＥＳＨＥＶ）の所長イツハル・ベエル、社会学者で歴史家のピエール・ビルンボーム、ホロコースト史が専門のヘブライ大学教授ダニエル・

ブラットマン、フランス上院議員で歴史家のエスター・ベンバッサ、極右とフランスのユダヤ文化の動向を研究する政治学者ジャン＝イヴ・カミュ、「ベツェレム」の事務局長で天体物理学者のハガイ・エル＝アド、映画監督アナット・エヴェンと彼女の夫ホニ（テルアビブ）、社会学者トッド・ギトリン（コロンビア大学、ニューヨーク）、ジャーナリストのJ・J・ゴールドバーグ（『フォワード』の元編集長）、弁護士サシャ・ゴズラン（仏ユダヤ人学生連合の元会長）、『ハアレツ』のジャーナリストであるアミラ・ハス（ラマッラー）、改革派のラビであるデルフィーヌ・オルヴィレア、ヘブライ大学で『イスラエル数学ジャーナル』の編集を務めるダニエル・クロンベルク、『ハアレツ』の編集者ギデオン・レヴィー（テルアビブ）、弁護士エイタイ・マック（エルサレム）、エッセイストのマイケル・マッシング（ニューヨーク）、ブランダイス大学でユダヤ学と中近東史を教えるイェフダ・ミルスキー（ボストン）、映画監督エレズ・ペリー（スデロット映画学校の元校長）、歴史家シュロモー・サンド（テルアビブ）、フランスのホロコースト記念財団の初代理事長ピエール・サラグーシ、エッセイストでジャーナリストのアダム・シャッツ（ニューヨーク）、「沈黙を破る」の共同創設者イェフダ・シャウル（テルアビブ）、「アメリカ・中東計画」の名誉会長ヘンリー・シーグマン、ワイツマン科学研究所の数学者コビ・スニッツ（レホボト）、パレスチナ人を弁護しているイスラエルの弁護士レア・ツェメル（エルサレム）、ジャーナリストで歴史家のドミニーク・ヤダル、プリンストン高等研究所の哲学者で政治学者のマイケル・ウォルツァー、反植民地主義の運動家ミシェル・ワルシャウスキー（エルサレム）、イスラエル学のカリルフォルニア大学教授ドヴ・ワックスマン

（ロサンゼルス）、社会学者ミシェル・ヴィヴィオルカ（パリの社会科学高等研究院：ＥＨＥＳＳ）、テルアビブ大学の心理学者キム・ユーヴァル。

ジュディスとヴィクターのグレヴィッチ夫妻は、私のこれまでの二冊と同様、本書もアメリカで出版してくれた。出版を引き受けてくれた彼らの励ましと知的刺激は、本書を再び推敲する上で大変助かった。最後に本書の英訳者ウィリアム・ロダーマーに敬意を表す。彼の熱意とユーモアのおかげで、快適な翻訳プロジェクトになった。

本書を読み解くための基礎知識　後編

高橋和夫

本書の後半になるにつれて、イスラエルとフランス、アメリカ、そして特に周辺地域との関係への言及が増えている。ここではそれを補足するために、中東の国際関係を押さえておきたい。

撤退の足音

アメリカが中東から撤退する足音が聞こえる。二〇二一年八月、アメリカ軍は、大きな混乱を伴いながらアフガニスタンから撤退した。イラクからの撤退も視野に入っている。アメリカは中東の周辺海域に海空軍を展開させて、必要とあればテロ対策などを行う姿勢である。つまり水平線の彼方にいて、必要な際にのみ現れて中東の陸上の情勢に短期的に介入するというわけだ。これはオフショア戦略と呼ばれる。

このオフショア戦略の展開には、いくつもの背景がある。第一に、いうまでもなくアフガニスタンとイラクとの戦争による疲れがある。何兆ドルもの資金を投じ、両国での戦争でアメリカは七〇〇〇名以上の将兵を失った。そして、おそらく、その一〇倍以上の負傷兵がいる。手足を失ったり、精神的な後遺症に苦しんだりしている退役軍人たちがいる。国民は外国での戦争に倦怠感を覚えている。いや、それ以上の嫌悪感をさえ抱いている。超大国アメリカは傷ついている。

第二に、東アジアに姿を現した中国という新たなライバルの脅威がある。二〇〇一年の同時多発テロ以降、アメリカが中東で戦っていた二〇年の間に、中国は経済力を高め軍事力を強め、膨張主義的な傾向を示している。周辺海域の岩礁を埋め立てて軍事基地化し、周辺諸国に脅威を与えている。その中国と東アジアで対峙するため、アメリカは中東から足を抜こうとしている。アメリカの中東から東アジアへの軸足の移動は、アジア・シフトと呼ばれている。オバマ期に唱えられ始め、トランプに引き継がれ、バイデンが実行している政策である。

第三に、そもそもアメリカが中東に興味を抱いた要因が消えてしまったこともある。それは、エネルギーだ。アメリカは石油を確保するために中東に介入し、同地域の独裁的な体制を支持してきた。第二次世界大戦後、アメリカと中東の産油国の王族たちは実質的な同盟関係に入った。その同盟には暗黙の契約があった。一方では、中東の王族はアメリカに石油を供給する。そして、アメリカが支払った石油代金の多くの部分を同国からの兵器の輸入で還元する。他方で、アメリカは王族の支配体制を守る。しかも独裁的な支配に口出しをしない。

しかし、国内でのシェール石油とガスの生産増を受けて、アメリカは今や中東のエネルギーを必要としなくなった。

新しい列強の時代

アメリカの撤退によって、中東の政治は新しい段階に入った。重層的な構造の新しい列強の時代が始まった。

欧州諸国が中東に進出した一九世紀以来、中東は列強の時代を経験してきた。それは、英仏などのヨーロッパの列強に蹂躙《じゅうりん》された時代だった。そして、第二次世界大戦後にアメリカとソ連の両超大国が中東で大きな力を振るった。ソ連が崩壊すると、世界においても、そして中東においても、アメリカの一極覇権の時代を迎えた。そのアメリカの覇権が終わった。その原因としては、イラクでの長い戦争とアフガニスタンのさらに長い戦争による疲弊を指摘できるだろう。依然としてアメリカは重要な存在だが、中東においては、もはや圧倒的な存在ではない。

その中東にロシアが戻ってきている。ソ連時代のアフガニスタンでの手痛い経験を踏まえながらの復帰である。ロシアはシリアにおいて特に大きな役割を果たしている。二一世紀に入ると、中国という域外の新たな大国も中東で存在感を示し始めた。米露中という域外大国が競合している。中東の国際政治の一つの層をなしているのは、こうした域外各国の介入だ。

だが、これまでと違い地域諸国も、地域政治の主役として役割を果たしている。イラン、トルコ、イスラエルである。いずれもアラブ人の国ではない。この非アラブ三ヵ国の動きと相互の関係が、アラブ世界と、広い意味での中東に含まれるコーカサスと中央アジアまでを染める色調となっている。その焦点は、たとえばアゼルバイジャンとアルメニアに対する三ヵ国の関与である。イスラエルとトルコはアゼルバイジャンに接近し、イランはアルメニアと親しい。

この地域諸国の関係の中で、最大のドラマはイランの核開発の問題である。同国は平和利用のための開発だと主張しているが、もちろんイスラエルは軍事転用を疑っている。すでにイラン国内では、核・ミサイル関連施設の爆破事件や専門家の暗殺などが起こっている。いずれも、イスラエルの諜報機関がイランの北の隣国アゼルバイジャンを拠点に実行したサボタージュであると見られている。イランがパレスチナのイスラム組織ハマスやレバノンのシーア派組織ヒズボラを支援している理由の一端は、イスラエルを牽制するためである。これが二つ目の層である。

イスラエルは、できればアメリカを説得してイランを攻撃させようと画策してきた。またイランに対する厳しい経済制裁の継続を訴えてきた。そのアメリカと対立するイランは、ロシアと中国に接近して、その圧力に抗している。こうした二つの層の絡み合いが新しい列強の時代を構成している。

圧政者たちとの接近

この変貌しつつある地域政治の構造の中で、アメリカの撤退の足音を耳にしながら、アラブ産油国の指導者たちがイスラエルに接近した。その引き金となったのは、二〇一九年九月のサウジアラビアの石油関連施設へのドローンなどによる攻撃だった。多くの人々が、攻撃したのはイランだと疑った。アメリカによるイランに対する報復攻撃が予想された。というのは、当時のアメリカ大統領がドナルド・トランプだったからだ。トランプは、大統領としての最初の公式の外国訪問にサウジアラビアを選んだ。それほど親サウジアラビアの大統領ならば、必ずやイランへ報復するだろう。そう思われたのだ。

だが、トランプの「アメリカ第一主義」の意味は、同国の死活的な利益が存在しない場合には軍事介入をしないことだった。サウジアラビアの防衛は死活的な利益ではなく、アメリカ軍は動かなかった。サウジアラビアとアメリカの間の暗黙の契約が破られた瞬間だった。

その翌年の二〇二〇年、バーレーンとアラブ首長国連邦がイスラエルと国交の樹立で合意した。アラビア半島の産油国は、アメリカが守ってくれないと悟ったので、新たな保護者を求めた。それがイスラエルであった。イスラエルがパレスチナ人を占領下においている状況での、接近であった。それまで維持されてきた、パレスチナ国家の樹立なくしてイスラエルの承認なしという立場の放棄であった。イランの脅威に対抗するために、同胞のパレスチナ人を見捨てたのだ。そこには、イスラエルの軍事力への期待があった。同国のハイテクも魅力であった。本書にも言及があるように、携帯電話を監視するシステムは、国内の治安対策を助ける。しかも、人権を強調し始めたアメリカのバイデン政権と違って、イスラエルは、自らのハイテクがどう使われようが文句は言わない。イスラムの二大聖地であるメッカとメディナを抱えるサウジアラビアは、さすがに表向きの外交関係は樹立していない。だが、実際にはイスラエルとの関係を深めている。二〇一八年、イスタンブールのサウジアラビア総領事館内で、皇太子ムハンマド・ビン・サルマーンの統治に批判的であったジャーナリストのジャマール・カショギが殺害された。皇太子はこの事件の黒幕だとされている。しかも、カショギの監視にはイスラエルのスパイウエアが使われたと報道されている。本書でも指摘のある通り、イスラエルは、世界の圧政者たちに国民を監視する道具を提供している。しかも、使い道を問わずに。

イスラエルは、内においてはパレスチナ人を抑圧し、外においては非民主的な首長たちと接近している。リベラルな海外のユダヤ人たちの価値観から、イスラエルという国が遠ざかりつつある。

ガザの爆発以降の中東の国際政治

孤立するイスラエル

過去一年ほどのガザをめぐる紛争で明らかになったのは、イスラエルの行動に対する国際社会の間での認識のギャップである。同国によるガザ攻撃に対して、これを自衛権の行使として擁護する欧米諸国とジェノサイドと見る発展途上諸国の視点の間には、埋めがたい亀裂がある。

後者の立場を代表するのが南アフリカである。二〇二三年末、南アフリカが、ジェノサイド防止条約に違反しているとしてイスラエルを国際司法裁判所へ提訴した。またイスラエルに武器を輸出するドイツをニカラグアが、ジェノサイドに加担しているとして、やはり国際司法裁判所に提訴した。

欧米の影響を強く受けている日本の既存のメディア空間に身を置いていると、気が付きにくいが、イスラエル擁護という立場は、全世界で見ると、少数派に過ぎない。たとえば世界の一四六か国がパレスチナ国家を承認している。承認していない方が、少数派である。

また政府がイスラエル擁護の政策をとっている諸国でも、国民レベルではパレスチナ人に対する支持が広がっている。欧米諸国で繰り返し行われる大規模なデモは、その証左である。たとえば二〇二四年の九月にパレスチナと連帯するイギリスの首都ロンドンでのデモには、一〇〇万人が参加した。ロンドン市民の八人に一人が参加した計算になる。市民レベルでのパレスチナ支持の熱意がうかがえる。

市民の力

発展途上諸国からの圧力が、そして、前述のような国内の市民の運動が、先進工業諸国の政府の行動を変えつつある。たとえばドイツは二〇二四年の三月にイスラエルに対する兵器輸出を停止した。これは既に言及したニカラグアのドイツに対する国際司法裁判所への提訴を受けての措置だろう。そして、やはり同年の九月にイギリスも、イスラエルに対する兵器の輸出を一部ながら停止した。

またアメリカにおいても、そうした圧力が強まっている。民主党の大統領候補であるカマラ・ハリスの集会には、イスラエルに対する兵器と弾薬の供与の停止を呼びかけるグループがつきまとい、声を上げている。

その多くはイスラム教徒、黒人、若者層、そしてイスラエルの攻撃に批判的なユダヤ系の市民などである。二〇二〇年の大統領選挙ではバイデン現大統領に投票した人々である。こうした層の離反が、民主党の選挙戦略を脅かしている。

特にスイング州と呼ばれる激戦州では、トランプ候補とハリス候補の支持が拮抗しているだけに、この層の動きが注目される。そのスイング州の中でも中東系の移民の比率の高さで知られるミシガン州の行方が気にかかる。ガザに対するイスラエル軍の攻撃がアメリカ大統領選挙の行方を左右しかねない状況である。

両刃のテクノロジー

国際レベルでの状況認識の乖離に言及したが、市民レベルでも世代間で認識ギャップがある。その理由は、おそらく新しいメディアの登場だろう。ＳＮＳなどで情報に触れる若い層は、ガザの現場から送られてくる生々しい殺戮の映像を直に「消費」している。

新聞やテレビなどの既存のメディアによる「消毒済み」の情報の消費者である古い世代とは、当然ながら若い世代は違う状況認識に至っている。

ＳＮＳは、これまでの情報弱者である殺される側に情報発信の手段を与えた。新しいテクノロジーが新しく覚醒された市民を生み出した。ベトナム戦争が初めてテレビ中継された戦争として記憶されるように、ガザでの殺戮は、初めてスマホで実況されたジェノサイドとして記憶されるだろう。

だが同時に新たなテクノロジーは、殺戮の効率化を引き起こした。著者が説明するように、イスラエル軍はドローンなどで得た画像をＡＩを使って解析して爆撃目標を選定している。ハイテクは、戦争という行為の残虐性を研ぎ澄ました。ガザでの殺戮は、新しい戦争の形の原型となるのだろうか。

ガザの悲劇は、拡大の予感をはらみながら、人類の未来に長く暗い影を落としている。

訳者あとがき

本書は、フランス語で執筆された L'État d'Israël contre les Juifs（La Découverte, 2020）の国際版 The State of Israel vs. the Jews（Other Press, 2021）の邦訳書である旧版『イスラエル vs. ユダヤ人』（明石書店、二〇二二年）に、原書増補新版 L'État d'Israël contre les Juifs: Après Gaza Nouvelle édition augmentée（La Découverte, 2024）に追記されている二〇二三年末のハマスとの衝突以降を記述した序文（巻頭の「増補新版への序文」）を加えた増補新版である。解説者の高橋和夫先生には「本書を読み解くための基礎知識　後編」の末尾に二〇二三年末以降の状況について加筆いただいた。

邦訳書旧版が準拠した原書である国際版には、イントロダクションの「埋めることのできない溝」と第12章の「鍵を握るアメリカの外交政策」が加筆されている。また、フランス国内の特殊事情や、フランスではお馴染みの人物などを用いた記述が割愛されている。日本の読者にとっては国際版のほうが理解しやすいと考え、フランス語版を参照しつつ国際版に基づいて訳出した。

著者のシルヴァン・シペルは、『ルモンド』の国際部の元記者であり、二〇〇七年から二〇一三年までニューヨーク特派員を務めた。イスラエルには、エルサレム大学での学業を含め、一二年間滞在したという。現在、パリを拠点にフリーのジャーナリストとして活躍中だ。イントロダクションに記されているように、彼自身、ユダヤ人である。

私が本書を翻訳しようと思った動機を記したい。二〇二一年五月にイスラエルとパレスチナの軍事衝突が勃発した。一一日間にガザ地区にはおよそ二六〇人の犠牲者が出たという。定期購読している『ニューヨーク・タイムズ』は連日にわたって関連記事を掲載したが、日本のメディアの扱いはきわめて表面的かつ限定的だった。このとき、日本語で詳しい情報に触れることができないというもどかしさを感じた。こうした状況下で出会ったのが本書（フランス語版）だった。

私は本書のイントロダクションを読んだ段階で翻訳しようと決意した。私が強い衝撃を受けたのは次に掲げる二つの指摘である。

一つめは「イスラエルが人種差別と弱い者いじめをするという、理想主義者なら耐えられない小さな大国に成り下がろうとしていたのを目の当たりにしたのだ」という指摘だ。ユダヤ系フランス人である著者の、ユダヤ教文化を誇りに思うが故のやるせない怒りを感じた。

二つめは「イスラエル社会は矛盾に満ちている。きわめてリベラルで活力に満ちているが、民主的でない。建国以来、戦争状態だが経済発展を遂げ、偉大な文化を持つと同時に驚くほど自由な言論を謳歌している」という指摘だ。

世界一八〇ヵ国を対象にする「国境なき記者団」の『世界報道自由度ランキング』の二〇二一年版によると、イスラエル（八六位：三一点）は、中国（一七七位：七九点）やロシア（一五〇位：四八点）

よりもはるかに上位にランキングされており、得点で比較すると日本（六七位：二九点）に近い。つまり、「民主主義なら報道は自由である」は真だが、「報道が自由なら民主主義である」は必ずしも真ではない。このような関係は、ＳＮＳを利用する情報操作にも当てはまる。ウルトラ・ナショナリズム、極右勢力、政治と宗教、少数派弾圧などは、日本の社会問題でもある。日本はイスラエルの逸脱を他山の石とすべきだろう。

私が企画＆翻訳した二〇二一年五月一九日付の日本経済新聞の「経済教室」に掲載されたエディンバラ大学教授ヤーッコ・ハメーンアンッティラの論考から少し長くなるが引用したい。

欧州、キリスト教、西洋。対して中東、イスラム教、東洋。これまで西洋人は、西洋は東洋と異なると信じることで自らを定義してきた。イスラム側も同様だ。（……）西洋と東洋は互いに敵意を抱いてきたという根深い信念を持つ。なぜなら自分ではなく相手が攻撃的だからだ。歴史家からすれば、こうした見方には二つの欠陥がある。一つは自分たちの都合に合わせて過去の記憶を選択していることだ。両者が平和に暮らしていた時期は、敵意をむき出しにしていた時期をはるかに上回る。もう一つは地中海周辺の文明を形成してきた平和的な交流の大きさと深みを軽視していることだ。地中海周辺の文化を千年単位で眺めると、相互に依存する文化圏というまったく異なる姿が浮かび上がる。（……）物語を単なるほら話や空騒ぎと片付けることはできない。物語は世界の見方や決定に影響をおよぼすからだ。だからこそ西洋と東洋の双方で、われわれは時代遅れの憎しみの物語から抜け出し、物語の全体像を俯瞰すべきなのだ。自分たちが見たいものだけを選択的に眺めてはならない。

私は本書ならびに中東問題の権威である高橋和夫先生の解説を読み、自身の意見を持つには、歴史という経糸と国際関係という緯糸を織りあわせた俯瞰的なビジョンを持つ必要があると改めて痛感した。巷には、細かく散らばった事実を組み合わせて自分の好みに合った物語をつくり、これを全体像だと説く論者が大勢いる。だからこそ、私は本書が読者の俯瞰的なビジョンづくりの強力な材料になることを願っている。健全な民主主義のために！

本書の解説者である高橋和夫先生、訳稿を丁寧に点検してくれた早尾貴紀先生、編集を担当してくれた武居満彦氏に深く感謝申し上げる。

二〇二四年四月、シペル夫婦が来日した。案内役を買って出た私は、京都市内から天橋立まで足を延ばした。道中、伺ったお話で最も印象的だったのは、彼らの両親や親類に関することだった。ご夫人もユダヤ系であり、ご両親はポーランドからフランスへ逃れたという。戦中、シペル夫婦の多くの親類は命を落としたという。現在、ガザ地区で暮らしていたパレスチナ人も彼らと似たような境遇にある。複雑に絡み合った政治、経済、宗教、文化、歴史の糸は、いつの日か解きほぐされるのだろうか。早朝、シペル夫人と一緒に泳いだ天橋立の海の冷たさを思い出す。

二〇二四年九月

林昌宏

原注

増補新版への序文

1 本稿は、二〇二三年一〇月七日にハマスがガザ地区周辺のイスラエル領に侵入したのをきっかけに、イスラエル国防軍がハマスに対する戦争を開始してから三ヵ月後に執筆された。

2 「一九五六年四月一九日に行われたロイ・ウーテンベルグの葬儀におけるモーシェ・ダヤンの弔辞」。仮訳は次で閲覧可能。www.jewishvirtuallibrary.org

3 二〇二三年一一月三〇日付の『ハアレツ』に掲載されたヒロ・グラジエの「The scope of Hamas campaign of rape against Israeli women is revealed, testimony after testimony」より。

4 二〇二三年一一月一七日付の『フォーリン・アフェアーズ』のブライアン・フィヌケインの「Is Washington responsible for what Israel does with American weapons ?」より。

5 二〇二三年一一月三〇日付の『+972 マガジン・アンド・ローカルコール』に掲載されたユヴァル・アブラハムの「"A mass assassination factory": Inside Israel's calculated bombing of Gaza」より。

6 二〇〇八年一〇月三日付のロイターと新聞『イェディオト・アハロノト』に掲載された「Israel warns Hizbullah war would invite destruction」より。

7 前掲書。二〇二三年一一月三〇日付の『+972 マガジン・アンド・ローカルコール』に掲載されたユヴァル・アブラハムの「Israel warns Hizbullah war would invite destruction」より。

8 二〇二一年一二月七日付のＡＦＰに掲載された「Israel completes "iron wall" barrier on Gaza border」より。

9 二〇二三年一〇月一七日付の『ジューイッシュ・ニューズ・シンジケート』に掲載された「Netanyahu to Germany's Scholz : Hamas the new Nazis」より。

10 二〇二三年一一月五日付のロイターに掲載されたトーヴァ・ラザロフの「Netanyahu : Hamas's Yahya Sinwar is like a little Hitler in his bunker」より。

11 「ゴドウィンの法則」は、「オンライン上での議論は（そのテーマや対象範囲にかかわらず）長引けば長引くほど、ナチスやアドルフ・ヒトラーとの類比が生じる確率が高まる」という経験則から導き出された。

12 二〇二三年一二月四日付の『ハアレツ』に掲載されたニル・ハッソンとリザ・ロゾフスキーの「Hamas committed documented atrocities. But a few false stories feed the deniers」より。

13 前掲書。

14 二〇二三年一二月一一日付の『リベラシオン』に掲載されたセドリック・マチオ、フロレブ・グーティエ、ジャック・ペゼの「Un massacre et des mystifications」より。

15 二〇二三年一一月二七日付のベン・サミュエルの「Israel's repulsive embrace of Elon Musk is a betrayal of Jews, dead and alive」より。

16 前掲書。二〇一八年一〇月二七日、ピッツバーグのシナゴーグで白人至上主義者が銃を乱射した（一一人が死亡）。

17 次を参照のこと。『Main Basse sur Israël. Nétanyahou et la fin du rêve sioniste』、ジャン＝ピエール・フィリュ著、La Découverte、二〇一九年。フィリュは次に掲げるベンヤミン・ネタニヤフがまとめた二つの文献から引用している。「International Terrorism : Challenge and Response」、The Jonathan Institute、Jérusalem、一九八一年。「Terrorism : How the West can win」、The Jonathan Institute、Washington、一九八六年。

18 二〇二三年一二月六日、『プロスペクト』に掲載されたアヴィ・シュライムの「All that remains」より。

19 二〇二三年一〇月二〇日付の『ハアレツ』に掲載されたアダム・ラズの「A brief history if the Netanyahu-Hamas alliance」より。

20 二〇二三年一〇月一一日付の『ハアレツ』に掲載されたドミトリー・シュムスキーの「Why did Netanyahou want to strengthen Hamas?」より。

21 二〇二三年一二月七日付の『ハアレツ』に掲載されたギデオン・レヴィーの「Israel is fostering the next generation of hatred against itself」より。

22 二〇二三年一二月八日付の『ハアレツ』に掲載されたアミラ・ハスの「Huge craters, dead children, collapsed homes : in southern Gaza, there is nowhere to flee」より。

23 二〇二三年一〇月一三日付の『ハアレツ』に掲載されたヨシ・ヴェルテの「Israel : a country in trauma, bereft of government」より。

24 二〇二三年一一月八日『+972マガジン』に掲載されたハガイ・マッタールの「How October 7 has changed us all」より。

25 二〇二三年一一月五日付の『ザ・タイム・オブ・イスラエル』に掲載された「Far-right minister : nuking Gaza is an option, population should "go to Ireland or deserts"」より。

26 二〇二三年一一月二三日付の『ハアレツ』に掲載されたギデオン・レヴィーの「Giora Eiland monstruous Gaza proposal is evil in plain sight」より。

27 二〇二三年一〇月九日付の『ミドル・イースト・モニター』に掲載された記事「Right now, one goal, Nakba ! A Nakba that will

overshadow the Nakba of 48」より。

28 二〇二三年一〇月一八日付の『ザ・タイム・オブ・イスラエル』に掲載されたアミ・スピロの「You want to support Gaza, I'll put you on a bus there」より。

29 二〇二三年一〇月一三日付の『+972マガジン』に掲載されたサマー・サライメの「For Israeli leaders, every Palestinian citizen has a seat to the bus to Gaza」より。

30 二〇二三年一一月六日付の『ハアレツ』に掲載されたロジェル・アルフェーの「The Israelis who no longer buy into "having no other country"」より。

31 二〇二三年一一月二〇日付の『フォーリン・アフェアーズ』に掲載されたマリア・ファンタップルとヴァリ・ナスルの「The war that remade the Middle-East」より。

32 二〇二三年一一月付の『ポリティコ』に掲載されたナハル・トゥーシの「U.S. diplomats slam Israel policy in leaked memo」より。

33 前掲書。

34 一九七三年一一月三〇日に国連総会で採択された「アパルトヘイト犯罪の抑圧および処罰」に関する国際条約を参照のこと。

35 二〇二四年一月五日付の『ハアレツ』に掲載されたアンシェル・フェーファーの「Israel isn't committing a genocide, but it has genocidaires」より。

36 二〇二三年一二月三一日付の『アル・モニター』に掲載された「Netanyahu defends Israel's "unparalleled" morality in Gaza war」より。

37 二〇二三年一〇月九日付の『ザ・イスラエル・タイムズ』に掲載されたエマニュエル・ファビアンの「Defense minister announce "complete siege" of Gaza : no power, food or fuel」より。

38 二〇二三年一〇月一〇日付の『ガーディアン』に掲載されたクリス・マックグレールの「US opinion divide amid battle for narrative over Hamas attack on Israel」より。

39 二〇二三年一一月一一日付の『ユダヤの潮流』に掲載されたマリ・コーエンの「Progressive Zionists choose a side」より。

40 前掲書。

41 二〇二三年一二月五日付の「ユダヤの潮流」に掲載されたアレックス・カネの「Building the case of US complicity」より。

42 二〇二三年一〇月二〇日に放映されたPBSの「Violent threats across the country disrupt Muslim groups support for Palestinians」より。

43 二〇二三年一一月二七日付の『ザ・ニュー・リパブリック』に掲載されたリタ・パルシの「Biden can't save America from Trump if he alienates young voters over Gaza」より。

44 前掲書。

45 二〇二三年一二月一四日付の『ポリティコ』に掲載されたブライアン・バンコ、ナハル・トゥーシ・アレクサンダー・ワード、マット・ベルグの「National Security Daily」より。

46 二〇二三年一二月一日付の『ニューヨーク・タイムズ』に掲載されたトーマス・フリードマンの「The debate that Israel needs over the war」より。

47 二〇二三年一一月二三日付の『フォーリン・アフェアーズ』に掲載されたヨースト・ヒルターマンの「No exit from Gaza」より。

48 二〇二三年一二月一三日に発表されたパレスチナ政策研究所の「Public Opinion Poll (90)」より。

49 二〇二四年一月五日の人道問題担当国連事務次長兼緊急援助調整官マーティン・グリフィスの声明「The war in Gaza must end」より。

50 二〇二三年一二月四日付の『ハアレツ』に掲載されたアミラ・ハスの「A personal plea from a friend in Gaza」より。

イントロダクション

1 シルヴァン・シペル著『袋小路に陥ったイスラエル社会』アザー・プレス、二〇〇七年。

2 二〇〇四年六月二九日付の『ルモンド』に掲載されたシルヴァン・シペルによるカルミ・ギリオンへのインタビュー「適度の圧力という考えは実に深刻」より。

3 シモン・ペレス・ネゲヴ核開発センターでの式典の際のネタニヤフの演説。ツイッター：@IsraeliPM 八月二九日。

4 二〇一九年一月二〇日付の『タイムズ・オブ・イスラエル』に掲載されたラウル・ウゥーティフの記事「ガザ地区を石器時代に戻す：ガンツ、イスラエル国防軍を称賛」より。

5 このドクトリンは、勝利するには民間人の居住地区の大規模な破壊が必要と説く。というのは、シーア派のヒズボラの武装組織は民間人の居住地区に潜んでいるからだという。だが、当時の軍事アナリストも認めるように、二〇〇六年のイスラエルのレバノン侵攻は政治的にも軍事的にも失敗だった。イスラエルの参謀本部は失敗を必死になって否定した。

6 二〇一九年三月二七日付の『ニューヨーク・タイムズ』のデイビッド・ハルブフィンガーとイザベル・カーシュナーの記事「「アメリカはゴラン高原の占領を認めた。併合を推進させる」とネタニヤフは語る」より。

7 二〇一四年二月一七日付の『中東モニター』の記事「外交テロリズム」より。

8 二〇一八年一〇月二日付の『ハアレツ』に掲載されたヘミ・シャレヴの記事「ピュー研究所によると、孤立するイスラエルはトランプ王国を崇めるという」より。

9 二〇一八年四月八日付の『エルサレム・ポスト』に掲載されたトヴァー・ラザロフの記事「イスラエル国防大臣いわく「ガザ地区にいる

のは悪党どもだけだ」」より。

10 二〇二〇年一二月三日付の『ニューヨーク・タイムズ』のトーマス・フリードマンの記事「バイデンは、トランプの再任はないと確信している」より。

第1章

1 二〇〇〇年一〇月二日の「ABCニュース」より。

2 二〇一九年三月一六日付の『ハアレツ』に掲載されたネッタ・アヒトゥヴの「地獄への終わりなき旅：イスラエルは毎年数百人のパレスチナの少年を収監」。

3 アヒトゥヴの記事より。

4 二〇一七年六月四日付の『ハアレツ』に掲載されたギデオン・レヴィーの記事「お前なんか死ね、苦しめ」より。

5 二〇一九年四月一五日付の『ハアレツ』に掲載されたアミラ・ハスの記事「エロー・アザリアへの謝罪」より。

6 二〇一九年一月七日に著者が行ったインタビューより。

7 二〇一九年一月三日に著者が行ったインタビューより。

8 非政府組織「沈黙を破る」については、第6章を参照のこと。

9 二〇一九年一月六日に著者が行ったインタビューより。以下の発言もイェフダ・シャウルのもの。

10 以下は、二〇一八年一一月二五日付の『ハアレツ』に掲載された「ベツレヘムの検問所で見たイスラエル軍による嫌がらせ」より引用。

11 二〇一九年六月四日付の『ハアレツ』に掲載されたアミラ・ハスの記事「パレスチナ難民キャンプでのローザ・ルクセンブルクの不快な見通し」より。

12 二〇一八年一一月五日付の『ハアレツ』に掲載されたアミラ・ハスの記事「パレスチナ人のオリーブを無断伐採しているのは入植者。しかし、イスラエル当局は無関心」より。

13 二〇一八年一二月三一日付の『ハアレツ』に掲載されたミハエル・スファルドの記事「ユダヤ版KKKの台頭」より。

14 グッシュ・エムニーム（信徒の集団）は、一九六七年六月にイスラエルがヨルダン川西岸地区、ガザ地区、ゴラン高原を征服した後、ラビや宗教的シオニスト政党の若手指導者たちによって結成された。この集団は、偉大なるイスラエルという名のもとにパレスチナ領土の併合と入植を強力に推進した。この運動の背景には、神に選ばれた民族には神聖なる土地が与えられるという考えがある。一九七四年に結成されたグッシュ・エムニームは公式にはもう存在しない。だが、当時の指導者たちは右翼系の入植者運動で活動している。

15 このような発言はよくある。たとえば、超正統派のラビであるイツハク・ギンズバーグは、二〇〇〇年一〇月二〇日付のヘブライ語の日

16　刊紙『マアリヴ』に掲載されたロング・インタビューで「アラブ人は知性に乏しく獣の性質を持つ」と述べていた。
17　二〇一九年一月三〇日の『ハアレツ』の記事より。
18　ベンデットの証言より。
19　二〇一六年七月一八日付の『レクスプレス』に掲載されたオードリー・デュペロンの記事より。
20　二〇一七年六月二二日付の『ニューヨーク・レビュー・オブ・ブックス』に掲載されたダヴィッド・シュルマンの論考「イスラエルの非合理な合理性」より。
二〇一八年八月一五日付の『ハアレツ』に掲載されたアミラ・ハスの記事「イスラエルのガザ地区での大規模な心理科学実験」より。

第2章

1　『消失』アナット・エヴェン監督、ルージュ・プロダクション、二〇一七年。
2　二〇一九年五月二七日付の『ハアレツ』に掲載されたヨタム・ベルゲルの記事「機密解除された公文書：イスラエル当局はアラブ人が村に戻れないようにした」より。
3　二〇一九年一月七日に著者が行ったインタビューより。
4　二〇一八年八月二九日付の『タイムズ・オブ・イスラエル』に掲載されたエロール・アザリアのインタビュー記事「私は職務を遂行しただけ」より。
5　二〇一九年一月六日に著者が行ったインタビューより。
6　二〇一九年三月一二日付の『ハアレツ』に掲載されたギデオン・レヴィーの記事「拘束したパレスチナ人を殴るイスラエル兵は氷山の一角」より。
7　二〇一八年一〇月二二日付の『アル＝モニター』に掲載されたシュロミ・エルダールの記事「イスラエルの人権保護活動家、軍事学校のメシア教育を糾弾」より。
8　エルダールの記事より。
9　二〇一九年一月七日に著者が行ったインタビューより。
10　二〇一八年七月一〇日付の『ハアレツ』に掲載されたアミラ・ハスの記事「ユダヤ王国の奇跡」より。
11　ハスの記事より。
12　二〇一五年四月一八日付の『グローブス』に掲載されたヘン・シャリタの記事「カルミ・ギリオン：占領はわれわれを破壊する。インターネットを閲覧すれば、すぐにわかる」より。

13 二〇一五年二月二二日付の『＋972』に掲載されたアミ・カウフマンの記事「チョコレートを持ってきてやれよ。こいつ、アラブ人だろ?」より。https://www.972mag.com/she-just-wants-chocolate-what-is-she-an-arab/

14 二〇一七年六月二二日付の『ニューヨーク・レビュー・オブ・ブックス』に掲載されたダヴィッド・シュルマンの記事より。

15 二〇一四年七月一六日にユーチューブに掲載されたシャイ・シュテルンの動画「東エルサレムにて停戦」（ヘブライ語）https://www.youtube.com/watch?v=VF4V2huxDqM

16 二〇一九年二月一六日付の『タイムズ・オブ・イスラエル』に掲載された「両親たちの圧力に屈し、入植地の学校ではアラブ系の清掃係が解雇される」より。

17 映画『戦士』マカビット・アブラムソン、アヴネル・ファイングレント監督、JMTフィルムズ、二〇一一年。

18 二〇二〇年七月二〇日付の『ハアレツ』に掲載された記事「庇護申請者をテロリストと勘違いして殺害したイスラエル兵と看守に無罪判決」より。

19 二〇一四年七月一四日付の『タイムズ・オブ・イスラエル』の記事「アラブ系国会議員、警視総監を侮辱して退出させられる」より。

20 ヘブライ語で「カハネ、ハイ〔万歳〕」を縮めると「カハ」になる。

21 二〇一九年三月四日付の『ルモンド』に掲載されたピオトル・スモラーの記事「ネタニヤフの極右との黒い協定」より。

22 二〇一九年三月一九日付の『ニューヨーク・タイムズ』に掲載された記事「イスラエルの法務大臣はなぜ「ファシズムの香り」という広報を行ったのか」より。https://www.nytimes.com/2019/03/19/world/middleeast/ayelet-shaked-perfume-ad.html

23 二〇一四年一一月一二日付の『フォワード』のジョシュ・ネーサン＝カジスの記事「シェルドン・アデルソンの民主主義を否定する言動に対し、彼が支援する組織は沈黙する」より。

24 二〇一六年三月六日にユーチューブにアップされた『エルサレム・ポスト』の動画「くだらない話はやめろ：リベラル派に向かって吼える文化スポーツ大臣ミリ・レゲブ」より。https://www.youtube.com/watch?v=SNg5v8BqTdw

25 二〇一二年一一月二〇日付の『ハアレツ』に掲載された記事「イスラエルの大臣からの示唆」より。

26 二〇一二年五月三一日付の『ガーディアン』に掲載されたハリエット・シャーウッドの記事「人種間の緊張を煽るイスラエルの大臣」より。

27 二〇一二年一一月一八日付の『エルサレム・ポスト』のギルアド・シャロンの論考「決断が必要」より。

28 二〇一九年七月一四日付の『タイムズ・オブ・イスラエル』の記事「シュモトリッチ：性転換療法を支持する発言で「リンチ」されるペレツ」より。

29 ドューマ村の放火事件については、第1章の「台頭するユダヤ版「クー・クラックス・クラン」」を参照のこと。

30 二〇一六年一二月三日付の『ハアレツ』に掲載されたラヴィット・ヘヒトの記事「イスラエルの極右の急先鋒、パレスチナ人の希望を打ち砕く」より。

第3章

1 二〇一九年三月一〇日付の『ガーディアン』に掲載された記事「ベンヤミン・ネタニヤフは、イスラエルはすべての国民の国家ではないと語った」より。
2 二〇〇〇年、パレスチナ系のイスラエル人カップルがカツィールという新興住宅地に土地を購入しようとした際、行政当局はこれを拒否した。最高裁にまで訴えたカップルは、「国は、宗教や国籍を根拠にして土地の分譲を拒否することはできない。平等の原則に基づく国は、宗教や国籍によって住民を区別してはならない」という判決を勝ち取った。
3 二〇一八年二月一三日付の『ハアレツ』に掲載されたレヴィタル・ホーヴェルの記事「法務大臣：イスラエルは人権を蔑ろにしてもユダヤ人を多数派に維持する必要がある」より。
4 二〇一七年八月二九日付の『ハアレツ』に掲載されたレヴィタル・ホーヴェルの記事「法務大臣、シオニズムを軽視していると最高裁を非難：ユダヤ人国家を支持」より。
5 二〇一八年九月五日付の『Yネット』に掲載されたリブリンの論考「国民国家法はイスラエルにとってよくない」より。二〇一八年九月六日付の『タイムズ・オブ・イスラエル』に掲載された記事「リブリン曰く、国民国家法はイスラエルとユダヤ人にとってよくない」より。この法律の最も問題になった条項「共同体は非ユダヤ人の居住を拒否できる」に関する公開書簡「イスラエル大統領は、「この法律は世界中およびイスラエルのユダヤ人に害悪をおよぼす恐れがある。われわれの敵は、この法律を武器として利用するだろう」と述べた」より。二〇一八年七月一〇に日付の『ハアレツ』に掲載されたヨナタン・リスの記事「ユダヤ人を害する恐れ：イスラエル大統領は、ユダヤ人だけの共同体はシオニストの将来を損なうと警鐘を鳴らす」より。
6 二〇一八年七月一二日付の『ハアレツ』に掲載されたギデオン・レヴィーの記事「イスラエルの真実を語る法律」より。
7 二〇一八年六月二八日付の『ニューヨーク・レビュー・オブ・ブックス』に掲載された記事「最後の有徳敬虔なユダヤ人」より。
8 フィリップ・サンズ著『ニュルンベルク合流：「ジェノサイド」と「人道に対する罪」の起源』アルフレッド・A・クノップ、ニューヨーク、二〇一六年〔園部哲訳、白水社、二〇一八年〕。
9 二〇一八年八月二六日付の『ハアレツ』に掲載されたアミラ・ハスの記事「イスラエル総保安庁が国境でドイツ人を拘束。「あなたの血はドイツでなくパレスチナだ」」より。
10 二〇一九年四月二四日付の『ハアレツ』に掲載されたレヴィタル・ホーヴェルの記事「イスラエルの病院では、産婦人科施設においてユダヤ人とアラブ人は隔離される」より。

11 ホーヴェルの記事より。
12 二〇一八年六月一四日付の『ハアレツ』に掲載されたノア・シュピーゲルの記事「アラブ人家族への住宅販売を巡り、数百人のユダヤ人がデモ」より。
13 二〇一八年六月二二日付の『ハアレツ』に掲載されたジュディ・マルツの記事「政治家の扇動により、ユダヤ人の反アラブ色は強まっている」より。
14 マルツの記事より。
15 マルツの記事より。
16 マルツの記事より。
17 二〇一八年六月六日付の『ハアレツ』に掲載されたアルモグ・ベン・ツィクリの記事「「アラブ系遊牧民の違法で敵対的な建設」に反対するイスラエル当局はデータを改竄」より。
18 二〇一八年六月二二日付の『ハアレツ』に掲載されたジュディ・マルツの記事「政治家の扇動により、ユダヤ人の反アラブ色は強まっている」より。
19 二〇〇二年四月七日付の『ルモンド』のシルヴァン・シペルの記事「私が入閣したのはアリエル・シャロンの思いを貫徹するため」より。
20 二〇一九年三月二五日付の『ハアレツ』に掲載されたディナ・クラフトの記事「世論調査：二国家解決案の支持者を含め、イスラエル国民の四二％はヨルダン川西岸部の併合を支持」より。
21 一九九三年のオスロ合意とそれに続くイスラエル政府とPLO（パレスチナ解放機構）の合意に基づき、ヨルダン川西岸部は三つの地区に分けられた。これにより、境界線付近の土地は、二つの異なる行政の管轄になるという混乱が生じている。
三つの地区は次の通り。
A地区：行政はパレスチナだけ（ヨルダン川西岸地区の一三％）。
B地区：行政はパレスチナだが、イスラエルの治安部隊が駐在（二四％）。
C地区：イスラエル単独の管理（六三％）。
パレスチナ人のおよそ九〇％はA地区とB地区、残りの一〇％はC地区に居住。
22 二〇一九年二月五日付の『イスラエル・ハヨム』に掲載されたエフラット・フォルシェルの記事「右派の公務員がユダヤとサマリアに二〇〇万人のユダヤ人を定住させる計画を打ち出す」より。
23 二〇一八年八月一八日付の『ハアレツ』に掲載されたカロリーナ・ランズスマンの記事「右派の識者によるヨルダン川西岸部の併合の見通し」より。以下、この記事を参考にした。

24 二〇一九年一〇月四日付の『ハアレツ』に掲載されたジャック・フーリーの記事「イスラエルの大臣：アラブ人はここではゲスト。少なくとも現在までは」より。
25 二〇一九年一月七日に著者が行ったインタビューより。
26 二〇二〇年六月九日付の『ハアレツ』に掲載されたハガール・シェザフの記事「イスラエル最高裁判所はヨルダン川西岸部の土地強奪法を違憲と判断」より。
27 シェザフの記事より。
28 二〇一九年一月三日に著者が行ったインタビューより。

第4章

1 二〇一二年六月四日付の『マアリヴ』に掲載されたエリ・イシャイのインタビューより。
2 イスラエルには、四万人の不法滞在のアフリカ難民（かつては六万五〇〇〇人ほどいたが、およそ三分の一が追放された）の他に、滞在資格を持つ移民（おもに東欧諸国、さらには、フィリピン、タイ、中国、トルコからの移民）が四万人存在したと推定されている。そして九万人の超過滞在者（おもにヨーロッパ人）も存在した（彼らは糾弾されていない）。挙句の果てに、イスラエルのパレスチナ人と結婚した二万人のヨルダン川西岸地区のパレスチナ人も不法滞在扱いだ（彼らにはイスラエルの市民権が認められていないため）。
3 二〇一八年一月二九日付の『ワシントン・ポスト』に掲載されたゲルショム・ゴレンベルクの記事「アフリカの難民申請者を追放するイスラエルは、自国の歴史を裏切っている」より。
4 二〇一二年五月二〇日付の『ガーディアン』に掲載されたハリエット・シャーウッドの記事「イスラエル首相：不法なアフリカ系移民は、ユダヤ人国家のアイデンティティを脅かす」より。
5 二〇一二年五月二五日付の『ハフィントン・ポスト』に掲載された記事「イスラエル国会議員ミリ・レゲブ、テルアビブでの抗議活動においてアフリカ系移民を「国家の癌」と発言」より。
6 二〇一二年五月二三日付の『ハアレツ』に掲載されたトメル・ザルヒンとイラン・リオールの記事「テルアビブ南部で不法移民に反対するデモ集会が開かれる」より。
7 二〇一八年六月二六日付の『ニュー・リパブリック』に掲載されたブライアン・ゴールドストーンの記事「避難先のない避難場所」より。
8 二〇一八年一月四日付の『ニューヨーク・タイムズ』に掲載されたイザベル・カーシュナーの記事「イスラエル政府がアフリカ系移民に与える選択肢：飛行機の搭乗券か監獄か」より。
9 二〇一八年二月五日付の『ハアレツ』に掲載されたハガイ・アミットの記事「イスラエルは難民申請者を追い出す一方で、数千人の外国人労働者を受け入れる」より。
10 二〇一八年一月二八日付の『ハアレツ』に掲載されたダヴィッド・B・グリーンによるミハエル・スファルドのインタビュー「パレスチナ人の権利のために闘うイスラエル人弁護士にとり、勝利は諸刃の剣」より。
11 二〇一九年一一月二〇日付の『ジューイッシュ・テレグラフィック・エージェンシー』に掲載された記事「ユダヤ人団体は白人至上主義者のスティーブン・ミラーを追放するように要求：名誉毀損防止同盟（アメリカの反ユダヤ主義と戦う組織）と改革派ユダヤ教連合（北米最大のユダヤ運動組織）は、トランプに対して、ネオナチ、人種差別、白人至上主義など、ヘイトスピーチを助長したスティーブン・ミラーをホワイトハウスから追放するように要求した」より。
12 二〇一七年八月一七日付の『ジューイッシュ・テレグラフィック・エージェンシー』の記事「リチャード・スペンサーは自身の白人至上主義をシオニズムと比較」より。
13 二〇一九年五月一日付の『ハアレツ』に掲載されたアミール・ティボンの記事「トランプの特使グリーンブラット、ヒトラーの人種差別を擁護する発言をしたイスラエルのラビを非難」より。
14 二〇一九年三月二八日付の『ニューヨーク・タイムズ・マガジン』に掲載されたネイサン・スロールの記事「イスラエルと反シオニズムの克服がアメリカ政治に亀裂を入れる」より。
15 サラ・ヤエル・ヒルシュホルン著『丘の上の街：アメリカのユダヤ人とイスラエルの入植者の動向』より。
16 二〇一六年二月九日付の『ハアレツ』に掲載されたバラク・ラヴィッドの記事「イスラエルを防護壁で囲み、野獣から身を守る」より。
17 二〇一四年一月二六日付の『エルサレム・ポスト』に掲載されたギル・シュテルン・ホフマンとシュリー・ワッサーストロームの記事「首相の息子がユダヤ人でないノルウェー人女性と交際中。激しく批判される」より。
18 二〇一八年一〇月一九日付の『ハアレツ』に掲載されたサルマン・マサールハの記事「イスラエル人とアラブ人の結婚を巡る騒動により、イスラエルにおける人種差別の実態が暴かれる」より。
19 ヘンリー・オストラー著『遺産：ユダヤ人の遺伝史』オックスフォード大学出版局、二〇一二年。
20 二〇一二年一二月六日付の『ニューヨーク・レビュー・オブ・ブックス』に掲載された記事「ユダヤ人遺伝子は存在するのか」より。
21 二〇一五年一月の『レビューXXI』に掲載されたシルヴァン・シペルの記事「ユダヤ人遺伝を探し求めて」より。
22 エヴァ・ヤブロンカ、マリオン・J・ラム著『四つの側面から見た進化：生命史における遺伝学、エピジェネティック、行動的変異、表徴的変異』MITプレス、二〇〇五年。
23 二〇一四年一〇月一七日に著者が行ったインタビューより。
24 二〇一九年四月二九日付の『ハアレツ』に掲載されたノア・スレプコフの記事「イスラエルのラビたちは遺伝子検査でユダヤ人であるか

どうかを「証明できる」と考えているが、彼らは間違っている」より。

第5章

1 二〇一八年八月二九日付の『ハアレツ』に掲載された「イスラエルのミャンマーとの汚い武器取引」より。

2 二〇一八年七月九日付の『ハアレツ』に掲載されたジョン・ブラウンの記事「人権団体はイスラエル政府に対し、ウクライナのネオナチへの武器販売をやめるよう要求」より。

3 二〇一九年三月一一日に発表されたストックホルム国際平和研究所の報告書より。

4 「二〇一九年イスラエル人口統計概要」によると、二〇一八年、パレスチナ人の人口は六七〇万人とのこと（内訳は、ヨルダン川西岸地区が三〇〇万人、イスラエル国内に一九〇万人以上、ガザ地区に一八〇万人以上）。ちなみに、二〇一九年のユダヤ人の人口は六八〇万人だった。

5 先ほど註で紹介したように、ヨルダン川西岸地区のパレスチナ人の人口は、実際には三〇〇万人。

6 二〇一八年九月一九日付の『ルモンド』に掲載されたピオトル・スモラーによるユヴァル・ノア・ハラリのインタビュー記事「超監視社会の到来」より。

7 二〇一八年一〇月二〇日付の『ハアレツ』に掲載されたハガール・シェザフとヨナタン・ヤコブソンの記事「発覚：イスラエルのサイバー企業は、世界の独裁者による反体制派や同性愛者の弾圧を支援」より。

8 二〇一六年八月二五日付の『フォーブス』のトーマス・ブルースターの記事「ＮＳＯグループの全貌が明らかになる。たった一通のメールでiPhoneをハッキングするプロのスパイ集団」より。

9 二〇一八年一〇月二〇日付の『ハアレツ』に掲載されたハガール・シェザフとヨナタン・ヤコブソンの記事「発覚：イスラエルのサイバー企業は、世界の独裁者による反体制派や同性愛者の弾圧を支援」より。

10 二〇二〇年八月二三日付の『ハアレツ』に掲載されたハイム・レヴィンソンの記事「イスラエル政府の支援を受け、ＮＳＯはアラブ首長国連邦などにスパイウェアを販売」より。

11 シェザフとヤコブソンの記事より。

12 シェザフとヤコブソンの記事より。

13 シェザフとヤコブソンの記事より。

14 二〇一八年六月一二日付のアソシエイテッド・プレスの記事「イスラエルはデータ・テクノロジーを駆使して二〇〇のサイバー攻撃を未然に防いだ」より。

15 ＢＤＳ運動については第6章で詳述する。

16 二〇一九年一月四日付の『ハアレツ』に掲載されたアミタイ・ズィヴの記事「トップシークレットだったイスラエルのサイバー攻撃企業の全貌が暴かれた」より。
17 イツハク・ザックはNSOの創設者の一人であり、「スィオタ」や「オーケストラ」などのサイバー・セキュリティ企業の取締役でもある。
18 二〇一九年一月八日に著者が行ったインタビューより。その後も同様。
19 二〇一八年一〇月二〇日付の『ハアレツ』に掲載されたハガール・シェザフとヨナタン・ヤコブソンの記事「発覚：イスラエルのサイバー企業は、世界の独裁者による反体制派や同性愛者の弾圧を支援」より。
20 コロンビア特別区大学デヴィッド・A・クラーク法科大学院のアンドリュー・ファーガソンは、『監視大国アメリカ』〔大槻敦子訳、原書房、二〇一八年〕の中で、国民監視システムの分野でイスラエルが世界のトップクラスに位置している理由を説明している。彼の説くおもな理由は、他国では公共の自由を守る市民運動が活発であるのに比べて、イスラエル政府には驚くほど制約が少ないことだという。
21 二〇一八年一一月二八日付の『ハアレツ』に掲載されたグル・メギドの記事「殿下の依頼：サウジアラビアはイスラエル元首相バラクにサイバー攻撃システムを購入させようとしたのか」より。
22 二〇一八年一一月二五日付の『ハアレツ』に掲載されたアモス・ハレル、ハイム・レヴィンソン、ヤニヴ・クボヴィッチの記事「イスラエルのサイバー企業が最先端のサイバー攻撃ツールを巡ってサウジアラビアと商談」より。
23 ハレル、レヴィンソン、クボヴィッチの記事より。
24 二〇一八年一一月七日付の『タイムズ・オブ・イスラエル』に掲載された記事「イスラエルのIT企業、サウジアラビアのジャーナリスト殺害を幇助。スノーデン、テルアビブの会議で語る」より。
25 二〇一九年二月一八日と二五日の『ニューヨーカー』に掲載されたアダム・エントゥスとローナン・ファローの記事「モサド出身のスパイを雇う」より。
26 サイ・グループは、ロバート・ミューラー特別検察官が二〇一六年アメリカ大統領選挙の操作にこの会社が関与している恐れがあるとして捜査対象に加えた際、活動を停止した。
27 二〇二〇年一〇月二六日付の『ハアレツ』に掲載されたグル・メギドの記事「ブラック・キューブCEO、ルーマニアで犯罪組織を運営した疑い」より。
28 二〇一九年二月一八日と二五日の『ニューヨーカー』に掲載されたアダム・エントゥスとローナン・ファローの記事「モサド出身のスパイを雇う」より。
29 二〇一七年三月三日付の『ハアレツ』に掲載されたバラク・ラヴィドの記事「イスラエルの大臣、BDS運動を支援する国民の名簿作成を試みる」より。

30　二〇一七年三月二六日付の『ハアレツ』に掲載されたウリ・ブラウの記事「イスラエルの「ＢＤＳ運動潰し省」の裏側」より。
31　ブラウの記事より。
32　ブラウの記事より。
33　二〇一七年八月二〇日付の『ハアレツ』に掲載されたジェフ・ハルパーの記事「ヨーロッパはイスラエルが売り込むテロ対策を購入すべきではない」より。

第6章

1　二〇一六年三月二三日付の『エルサレム・ポスト』に掲載されたラハヴ・ハルコフの記事「イスラエルの大臣：チョコレートを食べながら楽しく暮らすベルギー人にテロとの戦いは無理」より。
2　二〇一七年八月二〇日付の『ハアレツ』に掲載されたジェフ・ハルパーの記事「ヨーロッパはイスラエルが売り込むテロ対策を購入すべきではない」より。
3　ガイ・ラロン著『六日戦争：中東分断』イェール大学出版局、ニュー・ヘヴン、二〇一七年。
4　二〇一八年一〇月七日付の『ハアレツ』に掲載されたギデオン・レヴィーの指摘「イスラエルを憎むことさえ許される」より。
5　二〇一八年八月八日付の『ハアレツ』の社説「公安国家、ここにあり」より。
6　二〇一八年一〇月一八日、「ベツェレム」の事務局長ハガイ・エル＝アドは、国連安全保障理事会で演説した。
7　二〇一八年一〇月二一日付の『ハアレツ』の社説「イスラエルでは、忠誠心すなわち文化」より。
8　二〇一五年一二月三一日付の『タイムズ・オブ・イスラエル』に掲載された「非同族婚を助長する恐れがある本が書店から飛び出す」より。テルアビブのカメリ劇場は、二〇一四年五月に出版社アム・オヴェドがヘブライ語で出版した『生きた塀』を脚本化した演劇を上演した。
9　二〇一八年一一月一五日付の『ハアレツ』に掲載されたヨナタン・リスの記事「治安維持中の行為を刑事事件の対象から外す法案を審議する大臣たち」より。
10　二〇一八年六月五日付の「アル＝モニター」に掲載されたエントサール・アブ・ジャハルの記事「パレスチナ人はイスラエル国防軍の撮影を禁止する法案に憤慨」より。
11　二〇一九年一月七日に著者が行ったインタビューより。
12　「沈黙を破る」編『われわれの過酷な論理：占領地におけるイスラエル兵の証言、二〇〇〇年から二〇一〇年まで』メトロポリタン・ブックス、ニューヨーク、二〇一二年。
13　二〇一九年一月六日に著者が行ったインタビューより。

14 二〇一九年一月六日に著者が行ったインタビューより。

15 二〇一七年四月六日付の『ガーディアン』に掲載されたピーター・ボーモントの記事「元イスラエル総保安庁長官たちは「イスラエルは徐々に暴政に沈む」と語る」より。

16 国連決議三〇六八号（一九七三年一一月三〇日）。国際刑事裁判所ローマ規程、一九九八年七月一七日、二〇〇二年七月一日発効。国連条約集、二一八七巻、第三八五四四号、第七条。

17 二〇二〇年一一月一九日付のロイター通信の記事「ポンペオは入植地の製品をイスラエル製と表示すべきと語る」より。

18 二〇一九年四月一〇日付のBBCニュース「「エアビーアンドビー」はヨルダン川西岸地区の入植地の民泊物件の掲載停止を撤回」より。https://www.bbc.com/news/world-middle-east-47881163

19 二〇一七年一〇月二六日付の『ハアレツ』に掲載されたハイム・レヴィンソンとバラク・ラヴィッドの記事「イスラエルはヨーロッパやアメリカのBDS活動家と戦うためにアメリカの法律事務所と密かに契約」より。

20 二〇一八年一〇月一一日付の『ハアレツ』に掲載されたアンシェル・プフェッファーの記事「イスラエル痴呆省」より。

21 二〇一八年八月一四日付の『ガーディアン』に掲載されたネイサン・スロールの記事「BDSという非暴力運動は、イスラエル・パレスチナ問題にどのような影響を与えたのか」より。

22 スロールの記事より。

23 ダヴィッド・キムヒ（一九二八〜二〇一〇）は、晩年に占領地の返還を強く訴えるようになった。何十年もの間、政府の要職を務めたキムヒは、ジュネーブ条約（イスラエルの占領地からの全面撤退と、二国家解決案を提案）を支持した。要職を退いてから目覚めたキムヒは、彼と同様、イスラエル総保安庁の長官を辞めてから覚醒したアミ・アヤロンとともにイスラエルの政治に異議を述べた。

24 二〇一八年一一月二二日付の『ハアレツ』に掲載されたギデオン・レヴィーの記事「「エアビーアンドビー」万歳！」より。

25 二〇一八年五月九日付の『タイムズ・オブ・イスラエル』に掲載された記事「イスラエルは、BDS運動を積極的に支援したとして人権団体の責任者を強制的に退去させた」より。

26 二〇一八年八月一四日付の『ハアレツ』に掲載された記事「イスラエルの国境で総保安庁の職員に拘束されたレザー・アスランが暴露する。「あなたは子供にずっと会えないかもしれない」」より。

27 二〇一六年五月三一日、イスラエル国防軍はおよそ七〇〇人のボランティア、人道支援物資、建設資材を積んだ八隻の船がガザ地区の港に接岸するのを阻止した。ガザ地区への陸路は、イスラエルとエジプトによって長期間遮断されていた。

28 二〇一八年六月一〇日付の『ハアレツ』に掲載されたヨタム・ベルゲルの記事「総保安庁、ベングリオン国際空港で左翼活動家を一月に二回拘束」より。

29 ハーン・アル＝アフマル村からアラブ人が追い出された詳細は、第二章の「アザリア事件が意味すること」を参照のこと。

30 二〇一八年一一月一八日付の『ハアレツ』に掲載されたジュディ・マルツの記事「強制送還から逃れたユダヤ系アメリカ人活動家がイスラエルの市民権を取得」より。

31 二〇一九年四月一六日付の『ハアレツ』に掲載されたノア・ランダウの記事「ユダヤ・アラブの非政府組織のアメリカ人メンバー、イスラエルの空港にて尋問され、荷物を没収される」より。

32 ランダウの記事より。

33 二〇一八年八月一三日付の『フォワード』に掲載されたピーター・ベイナートの記事「ベングリオン国際空港において、私は自身の信条のために拘束された」より。

34 二〇一七年三月七日付の『ハアレツ』に掲載されたヨナタン・リスの記事「イスラエルへの渡航禁止：イスラエル政府はイスラエルや入植地のボイコットを求める外国人の入国を禁止する」より。

35 リスの記事より。

36 二〇一八年一〇月五日付の『ハアレツ』に掲載されたノア・ランダウの記事「イスラエル総保安庁の元長官、イスラエルの国境での外国人の尋問について語る」より。

第7章

1 二〇一八年一〇月一四日付の『ハアレツ』に掲載されたヘミ・シャレヴの記事「イスラエルのＢＤＳ運動支持者を拘束する政策は、愚かなのか、邪悪なのか、あるいはその両方なのか」より。

2 破棄院は、一部の国の司法制度に存在する高等裁判所。事実の審理は行わず、当該事実への法律の適用についてのみ審理する。よって、破棄院を持つ国の司法制度は、事件の事実と関連する法律の両方を裁く最高裁判所を持つ国の司法制度とは異なる。破棄「cassation」の語源は、ラテン語の「cassare（逆転／覆す）」。出典：ウィキペディア。

3 一九六七年以来、占領地では一〇万人近くのパレスチナ人が行政勾留された。反対に、イスラエル建国以来、ユダヤ系イスラエル人で行政勾留された数は一〇人にも満たない。最近の例では、二〇一五年七月末にパレスチナ人の家を放火した容疑（夫婦と赤ちゃんが死亡）で逮捕された入植者モルデハイ・マイヤーだ。マイヤーと三人の共犯者は五ヵ月後に釈放された。その直後、別の入植者が犯人であることが判明した。二〇二〇年五月一八日、真犯人の一人アミラム・ベン＝ウリエルは殺人罪に問われた。

4 二〇一八年一一月二二日付の『タイムズ・オブ・イスラエル』に掲載されたＴＯＩスタッフとスーザン・サーケスの記事「最高裁判所は七〇〇人の東エルサレム住民の強制退去に反対する請願を拒否」より。

5 二〇一八年一一月二二日付の『ハアレツ』に掲載された記事「東エルサレムからのパレスチナ人追放の容認は、最高裁判所の劇的な変化を物語る」より。

6 イスラエルに明文化された憲法はなく、一四の基本法が憲法の代わりを担っている。詳しくは次を参照のこと。https://main.knesset.gov.il/en/activity/pages/basiclaws.aspx

7 ミハエル・スファルド著『壁と門：イスラエル、パレスチナ、人権を巡る法廷闘争』メトロポリタン・ブックス、ニューヨーク、二〇一八年。

8 二〇一八年六月二一日付の『+972マガジン』に掲載されたミハエル・スファルドのインタビュー記事「法律は占領の崩壊を防ぐ」を参照のこと。「占領は、銃、入植地、法律という三つの礎の上に築かれている。法律は、占領を支え、占領の崩壊を防ぐ。法律により、占領を弱体化させる問題に対応でき、ある程度の狂気を防ぐことができる」。

9 イスラエルは一九九一年からグリーンライン（一九六七年に引かれた隣国との境界線）沿いにあるパレスチナ人が暮らすビルイーン村の土地収用に着手した。二〇〇六年、ビルイーン村の住民は、土地の強制収用と隔離壁の設置に反対する非暴力のデモを起こした。この闘いにはイスラエルの平和主義者も多数参加し、大きな盛り上がりを見せた。二〇〇七年、最高裁判所はこの村の土地の強制収用は避ける必要があると判断し、イスラエル国防軍に壁の設置ルートの変更を命じた。

10 二〇〇二年、イスラエルはヨルダン川西岸地区沿いに壁を設置し始めた。パレスチナ人にとっては、この壁は自分たちの領土を横切って居住地区を囲む「アパルトヘイトの壁」だ。二〇〇三年、国連は賛成票一四四、反対票四でこの壁の設置を非難した。二〇〇四年、国際司法裁判所は、「この壁の設置は国際法に反する」と宣言した。

11 二〇一九年二月六日に「ベツェレム」が発表した記事「イスラエル最高裁判所がパレスチナ人の住居取り壊しと所有権奪取に抱く責任感」より。

12 「ベツェレム」による。

13 二〇一八年八月一六日付の『ハアレツ』に掲載されたモルデハイ・クレムニツェルの記事「総保安庁による左翼活動家への嫌がらせは、相変わらず政治的利益のため」より。

14 クレムニツェルの記事より。

15 Versa、イスラエル最高裁の意見書、ＨＣＪ５２３９／１１、Avneri v.Knesset：二〇一五年四月一五日。

16 二〇一五年四月一九日付の『ハアレツ』に掲載されたララ・フリードマンの記事「イスラエルの敗北、入植者とＢＤＳ運動の勝利」より。

17 二〇一三年六月五日付の『ハアレツ』に掲載されたニール・ハッソンの記事「イスラエルの検事総長：東エルサレムにある不在者の土地と建物は没収可能」より。

18 二〇一八年八月一日付の『ハアレツ』に掲載されたモルデハイ・クレムニツェルの記事「アラブ系イスラエル人詩人に対する判決により、

イスラエルではアラブ人とユダヤ人では同じ法律が適用されないことが判明」より。
19 二〇一九年七月一六日付の『ハアレッツ』に掲載されたアミラ・ハスの記事「レア・ツェメルへの質問」より。
20 スファルドの著書より。
21 二〇一九年五月二五日付の『ハアレッツ』に掲載されたラヴィット・ヘヒトの記事「占領に反対する最も暴力的な闘士を擁護するイスラエルの弁護士」より。
22 二〇一八年六月二八日付の『ニューヨーク・レビュー・オブ・ブックス』のダヴィッド・シュルマンの記事「正義の人々の最後」より。
23 二〇一八年一〇月一一日付の『ハアレッツ』に掲載されたニール・ハッソンの記事「エルサレムでユダヤ教ハシッド派〔超正統派〕の集団がパレスチナ人の若者たちを襲う。警察は助けを求めに来たアラブ人を逮捕」より。
24 二〇一九年一月六日に行った著者のインタビューより。
25 二〇一九年一月六日に行った著者のインタビューより。
26 二〇一九年一月六日に行った著者のインタビューより。
27 二〇一九年一月六日に行った著者のインタビューより。
28 二〇一九年六月一七日のパリで行われたiReMMO会議での演説「イスラエルの民主主義と自由」より。
29 二〇一五年九月二日付の『アルツ・シェヴァ』の記事「その教師は解雇でなく牢屋に入れろ」より。
30 二〇一四年五月六日付の『ハアレッツ』に掲載されたヤルデン・スコップの記事「物議を醸した教師アダム・ヴェレテ、経費節減のために解雇される」より。
31 二〇一九年一月四日に著者が行ったインタビューより。
32 ティビが最初にこの言い回しを使ったのは二〇〇〇年であり、その後、何度も使っている。たとえば、二〇一四年一二月一日に放映されたCNNライブ「アフマド・ティビ：イスラエルはユダヤ人には民主的、アラブ人にはユダヤ的」。
33 二〇一九年一〇月五日のITCネットワークでの発言より。
34 二〇一〇年三月一〇日付の『ユダヤ人組織』のシャラガ・ブルムの記事「ドゥドゥ・エルハラール：芸術家の反シオニズムを打ち砕く」より。
35 二〇一八年四月五日付の『ハアレッツ』に掲載されたギデオン・レヴィーの記事「原因はネタニヤフでなく国にある」より。
36 レヴィーの記事より。
37 二〇一九年一月六日に著者が行ったインタビューより。
38 二〇一九年一月四日に著者が行ったインタビューより。
39 二〇一八年八月八日付の『タイムズ・オブ・イスラエル』に掲載された記事「堂々と抗議する」より。

40　二〇一九年三月二七日付の『ルモンド』に掲載されたジャック・マンデルバームの記事「ナダヴ・ラピド、映画はわが祖国」より。
41　二〇一五年三月一七日付の『ルモンド』より。
42　二〇一八年九月五日付の『ハアレツ』に掲載された記事「イタイ・ティラン「BDS運動を全面的に支持する」」より。

第8章

1　二〇一七年四月一一日付の『ニューヨーク・タイムズ』に掲載されたニコラス・ファンドスとマーク・ランドラーの記事「ショーン・スパイサー、ヒトラー、アサド、毒ガスを論じ、非難を浴びる」より。
2　二〇一五年一〇月二一日付のロイターの記事「ネタニヤフによると、ヒトラーはイスラムのリーダーに説得されたからユダヤ人を殺害したという」より。
3　二〇一五年一〇月二一日付の『ハアレツ』に掲載された記事「ネタニヤフ：ヒトラーはユダヤ人を抹殺したくなかった」より。
4　歴史家ラウル・ヒルバーグは、『ヨーロッパ・ユダヤ人の絶滅』〔望田幸男他訳、柏書房、一九九七年〕においてユダヤ人犠牲者の数を一四〇万人と見積もっている。
5　二〇一五年一〇月二二日付の『フォーリン・ポリシー』に掲載されたクリストファー・ブラウニングの記事「本物のホロコースト研究者が放つネタニヤフへの忠告」より。ブラウニングは『普通の人びと：ホロコーストと第一〇一警察予備大隊』〔谷喬夫訳、筑摩書房、二〇一九年〕の著者だ。
6　二〇一五年一〇月二三日付の『ハアレツ』に掲載された記事「ヒトラーとムフティーに関するネタニヤフの問題発言に関する専門家の分析と見解」より。
7　二〇一五年一〇月二二日付の『ハアレツ』に掲載されたアンシェル・プフェッファーの記事「ネタニヤフの問題発言により、彼のシオニズムに対する歪んだ見方が明らかになる」より。
8　ブラウニングの記事より。
9　アンワル・サーダートは王政とイギリスのエジプト占領に反対する共和主義の将校。反イギリスのナショナリストだった彼は、ドイツ軍の諜報部員として活動したこともあった。
10　メナヘム・ベギンの当時の秘書アリエ・ナオルの証言。多くの文献がこの文句を引用している。例：アブラハム・バーグ著『ホロコーストは終わった：われわれは灰の中から立ち上がらなければならない』セイント・マーティンズ・プレス、ニューヨーク、二〇〇八年。
11　二〇一九年五月二日付の『ハアレツ』に掲載されたギデオン・レヴィーの記事「こんなホロコースト記念日のことは忘れてしまおう」より。
12　レヴィーの記事より。

強制収容所でナチス親衛隊の下働きをしたのがカポ。カポの中にはユダヤ人もいた。彼らもほぼ全員、他の収容者とともに抹殺された。

14 二〇一八年一月二六日付の『アル＝モニター』に掲載されたマザーラ・マオラムの記事「制御不能に陥ったイスラエル内紛」より。

15 二〇一五年二月一八日付の『タブレット』に掲載されたメナヘム・ローゼンサフトの記事「イスラエル入植者、ユダヤ人に対してナチスのイメージを利用する」より。

16 『壁に囲まれた国：袋小路に陥ったイスラエル社会』（シルヴァン・シペル著、アザー・プレス、二〇〇七年）の第一五章「われわれの生活に隠された陰謀」の四一一ページから四四四ページを参照のこと。

17 二〇一九年一月三日に行った著者のインタビューより。エレズ・ペリーは、ポーランド最高人民裁判所が行ったアウシュヴィッツ強制収容所の所長ルドルフ・フェルディナント・ヘスの尋問とヘスの手記を基に、二〇一六年に『尋問』という映画を制作した。一九四七年、ヘスは絞首刑に処せられた。

18 ベンヤミン・ネタニヤフ著『持続的な平和：諸外国におけるイスラエルとその立ち位置』ワーナー・ブックス、ニューヨーク、一九九五年。

19 「共通の目標」という一節は、二〇一八年一〇月一四日付の『ハアレツ』に掲載されたヘミ・シャレヴの記事「イスラエルのBDS運動支持者を拘束する政策は、愚かなのか、邪悪なのか、あるいはその両方なのか」で引用されている。

20 シャレヴの記事より。

21 二〇一八年一〇月二九日付の『USAトゥデイ』に掲載されたデヴィッド・ジャクソンの記事「ピッツバーグ襲撃事件後：トランプ大統領、メディアに怒りをぶつけ、CNNをフェイクニュースと断罪」より。

22 二〇一八年一一月二日付の『アトランティック』において、ピーター・ベイナートは、トランプの移民排斥論が反ユダヤ主義に結びつくメカニズムについて言及している。

23 二〇一七年八月一二日付の『デイリー・ビースト』に掲載された記事「ヴァージニア州で松明を持った白人ナショナリストが集会に抗議する人たちと衝突」などより。

24 二〇一八年一〇月二九日付の『ハアレツ』に掲載された記事「トランプを真似るイスラエル大使ダーマー：反ユダヤ主義の両陣営を糾弾」より。

25 二〇〇二年一二月一六日付の『ルモンド』に掲載されたシルヴァン・シペルの記事「イスラエルでのアメリカ人キリスト教徒の苦難」より。

26 二〇一八年九月六日付の『ニュー・リパブリック臨時号　アメリカのユダヤ教：分断されたディアスポラ』に掲載されたジョシュア・コーエンの記事「イスラエルの不満な季節」より。

27 二〇一九年三月二八日付の『ニューヨーク・タイムズ・マガジン』に掲載されたネイサン・スロールの記事「イスラエルと反ユダヤ主義の克服がアメリカの政治に亀裂を入れる」より。

28 アイヒマンは、エルサレムの法廷で死刑を宣告され、一九六二年五月三一日に絞首刑に処せられた。
29 二〇一八年二月三日付の『ハアレッツ』に掲載されたオーフェル・アデレットの記事「アイヒマンを拘束した元モサドの工作員がドイツの極右政党を期待の星と絶賛」より。
30 国民的な詩人とは、第一次中東戦争（イスラエル独立戦争）時にすでに作品を出版していた人たちのこと。
31 『パレスチナにおけるユダヤ・ファシズム、一九二二年～一九四二年』（ダン・タミア著、パルグレイブ・マクミラン、ロンドン、二〇一八年）を参照のこと。
32 二〇一〇年一二月二一日付のロイター通信のトム・ヘネガンの記事「ヨーロッパの極右勢力、反イスラムでイスラエルの機嫌をとる」より。
33 二〇一九年一月一四日に著者が行ったインタビューより。
34 二〇一九年二月四日付の『ルモンド』に掲載されたクレール・ガティノワの記事「ブラジル：ナチスの亡霊がボルソナロ政権を徘徊する」より。
35 二〇一八年九月三日付の『フィガロ』に掲載された記事「ヒトラーと自身を比較したドゥテルテ、ホロコースト記念館を訪れる」より。
36 フランチェスカ・トリヴェラート著『信用の約束と危険：ユダヤ人と金融に関する忘れられた伝説がヨーロッパの商業社会の形成を物語る』プリンストン大学出版局、プリンストン、二〇一九年。
37 二〇一九年四月一〇日付の『ニュー・リパブリック』に掲載されたジェイコブ・ソールの記事「反ユダヤ主義の神話をつくる」より。
38 二〇一七年七月九日付のAFP。二〇一七年七月九日付の『ハアレッツ』に掲載されたバラク・ラヴィドの記事「イスラエルがハンガリー首相に反ユダヤ主義的なソロス反対運動を中止するよう要請」より。
39 二〇一七年七月一〇日付の『ハアレッツ』に掲載されたバラク・ラヴィドの記事「ネタニヤフの命令により、イスラエル外務省はハンガリーの反ユダヤ主義に対する批判を撤回する一方で、ジョージ・ソロス氏を批判する」より。
40 二〇一八年一二月八日付の『ニューヨーク・タイムズ』に掲載されたマッティ・フリードマンの記事「ホロコースト記念館が独裁者を招くとどうなるのか」より。
41 二〇一九年一月四日に行った著者のインタビューより。
42 二〇一八年七月四日付の『ジューイッシュ・テレグラフィック・エージェンシー』に掲載された「ホロコースト学者イェフダ・バウアー、イスラエルとポーランドの緊張緩和を非難」。また、二〇一八年七月三〇日付の『ハアレッツ』に掲載されたオーフェル・アデレットの記事「ホロコーストの権威：ポーランドのホロコースト法に関するネタニヤフの態度は、ユダヤ人に対する裏切り行為」より。
43 二〇一九年二月一八日付の『ハアレッツ』に掲載されたアンシェル・プフェッファーの記事「ポーランドとの一件で、ネタニヤフは歴史を弄ぶことの限界を思い知った」より。

44 二〇一〇年一一月一二日付の『アトランティック』に掲載されたアレックス・アイクラーの記事「グレン・ベックのジョージ・ソロス批判は反ユダヤ主義か？」より。

45 二〇一七年一〇月一一日の『フォワード』に掲載されたラリー・コーラー＝エッセスの記事「ハンガリーは、「ジョージ・ソロスはキリスト教ヨーロッパを破壊しようと目論む悪魔だ」と糾弾」より。

46 二〇一六年一一月一七日付の『ワシントン・ポスト』に掲載されたデイナ・ミルバンクの記事「トランプの選挙戦では、反ユダヤ主義が堂々と語られるようになった」より。

47 二〇一八年一一月二日付の『アトランティック』に掲載されたピーター・ベナールの記事「トランプの排他主義が反ユダヤ主義を導く」より。

48 二〇一五年一二月三日付の「リアル・クリア・ポリティクス」に掲載されたティム・ヘインズの記事「トランプ、共和党ユダヤ人連合において「私は皆さんのお金を必要としていないので、皆さんは私を支持しないでしょうね」」より。

49 二〇一九年四月七日にユーチューブに投稿された「トランプがユダヤ系アメリカ人に対し、「ネタニヤフはあなた方の首相だ」と語る」より。 https://www.youtube.com/watch?v=PPTQaOVbR9k

50 二〇一九年五月二四日に行った著者のインタビューより。

51 二〇一九年二月二一日付の『反ユダヤ主義モニター』。二〇一九年二月二一日付の『ハアレツ』に掲載されたエリターン・ネハンの記事「ネタニヤフはついにユダヤ・ファシズムを支持。アメリカのユダヤ人はネタニヤフと決別せよ」を参照のこと。

第9章

1 アメリカのユダヤ人人口は正確には把握できない。それについては次を参照のこと。二〇一八年二月二三日付の『ワシントン・ポスト』に掲載されたエミリー・ガスキンの記事「アメリカのユダヤ人人口はユダヤ人の定義によって変化する」より。

2 二〇一八年一月八日付の『ハアレツ』に掲載されたデヴィッド・ロスコフの記事「私はならず者国家になったイスラエルを支援しない」より。

3 二〇一八年七月一八日付の新イスラエル基金の「プレスリリース」に掲載されたダニエル・ソカッチの「イスラエルの「ユダヤ人国民国家」法は最悪の部族主義：人間の尊厳と平等に対する裏切り」より。

4 二〇一八年一一月一八日付の『ハアレツ』に掲載されたヤイール・エッティンガーの記事「ＮＩＦの新会長デイヴィッド・マイヤースのインタビュー：反ユダヤ主義、同化、ユダヤ人サバイバルの矛盾」より。

5 エッティンガーの記事より。

6 二〇一九年四月一〇日付の『ハアレツ』に掲載されたダニエル・ソカッチの論文「選挙で勝利したネタニヤフは、イスラエルの民主主義を解体するつもりなのだろうか」より。

7 二〇一八年七月一八日に行われた改革派ユダヤ教連合（ＵＲＪ）「ＵＲＪ会長のラビであるリック・ジェイコブスの「ユダヤ人国民国家」法に関する声明」より。https://urj.org/press-room/urj-president-rabbi-rick-jacobs-statement-israels-nation-state-law

8 「イフ・ノット・ナウ（もし今がそのときでないのなら）」という名称は、一世紀のユダヤの賢者ヒレルの箴言に由来する。「もし私が自分自身のためにしないならば、誰が私のためにするのか。もし私が他の人のためにしないならば、私とは誰なのか。今がそのときでないのなら、いつがそのときなのか」。

9 二〇一八年一二月一一日付の『ハアレツ』に掲載されたジュディ・マルツの記事「「イスラエル生得権」の視察旅行に参加するユダヤ系アメリカ人は激減」より。五〇％ほど減ったという。

10 二〇一九年五月二八日付の「イエス！」に掲載されたローネット・ターンブルの記事「なぜ若いユダヤ人は、イスラエル旅行中にパレスチナへ立ち寄るのか」より。

11 二〇一九年三月一八日付の『ミドル・イースト・アイ』に掲載されたアザド・エッサの記事「イスラエルに抵抗するユダヤ系アメリカ人の新顔」より。

12 エッサの記事より。

13 エッサの記事より。

14 Ｊ・Ｊ・ゴールドバーグ著『ユダヤ人の力：アメリカのユダヤ人支配階級の内部』ペルセウス・ブックス、ケンブリッジ、一九九六年。

15 二〇一五年五月六日に著者が行ったインタビューより。

16 ドヴ・ワックスマン著『部族内紛争：イスラエルを巡るアメリカユダヤ人の抗争』プリンストン大学出版局、プリンストン、二〇一六年。二〇一九年五月二四日、私は彼にインタビューした。当時はノースイースタン大学だったが、現在はカリフォルニア大学ロサンゼルス校の教授。

17 二〇一九年五月一六日に著者が行ったインタビューより。

18 二〇一九年五月一四日に著者が行ったインタビューより。

19 二〇一九年五月一六日に著者が行ったインタビューより。

20 二〇一九年五月一九日に著者が行ったインタビューより。

21 二〇一八年九月二二日付の『ハアレツ』に掲載されたアンシェル・プフェッファーの記事「ドナルド・トランプは、ユダヤ人は感謝が足りないと思っている」より。トランプは「私はユダヤ人にエルサレムをプレゼントしたじゃないか。彼らはあと何が欲しいというのか」と不満を述べていたという。

22 第３章の「ユダヤ人にとっての「生存圏」」を参照のこと。

23 二〇一九年五月一九日に著者が行ったインタビューより。

24　二〇一九年七月一四日付の『ハアレツ』に掲載されたダニエラ・ジリの記事「移民・関税執行局の手入れ中、ユダヤ人グループとシナゴーグは移民を匿う」より。

25　二〇一八年八月一三日付の『ニューヨーク・タイムズ』に掲載されたロナルド・ローダーの論説「イスラエル：われわれの考えは異なる」より。

26　二〇一八年七月一五日付の『ハアレツ』に掲載されたエリソン・カプラン・ソーメルとバール・ペレグの記事「人種差別：アメリカのユダヤ人指導者がイスラエルの「ユダヤ人国民国家」法の制定に警告」より。

27　二〇一八年一二月一四日付の『タイムズ・オブ・イスラエル』に掲載されたジョゼフィン・ドルシュタインの記事「ナタリー・ポートマン、「ユダヤ人国民国家」法を「人種差別主義者の法律」と切り捨てる」より。

28　二〇一八年七月一九日付の『ハアレツ』に掲載された記事「進歩派のユダヤ人、「ユダヤ人国民国家」法はイスラエルの将来にとって危険だと非難」より。

29　二〇一九年三月三日付の『ハアレツ』に掲載されたアミール・ティボンの記事「アメリカの価値観と正反対：親イスラエル派の民主党上院議員、ネタニヤフのカハネ主義者たちとの政治取引を非難する」より。

30　デイヴィッド・フリードマンの記事「ピーター・ベナールの文章を読めば、ドナルド・トランプに票を投じる」より。「Ｊストリートの支持者はカポと同じくらい悪い奴らなのか。その答えはノーだ。奴らはカポよりも質が悪い。ナチスの強制収容所で同胞のユダヤ人を裏切ったユダヤ人のカポは、きわめて過酷な状況に直面していた。よって、そうした状況に置かれ、愛する者を助けなければならないとしたら、われわれだってどのような行動をとったかわからない。ところが、Ｊストリートの連中ときたら、平和なアメリカにおいてソファでくつろぎながらイスラエルの破壊を独りよがりに主張しているだけだ。この世に奴らほど悪い奴はいないだろう」。https://www.israelnationalnews.com/Articles/Article.aspx/18828

31　二〇一九年三月二八日付の『ニューヨーク・タイムズ・マガジン』に掲載されたネイサン・スロールの記事「イスラエルと反ユダヤ主義の克服がアメリカの政治に亀裂を入れる」より。

32　スロールの記事より。

33　二〇一八年一一月三日付の『ミドル・イースト・アイ』に掲載された「ラシダ・タリーブはＢＤＳ運動を支持する」より。そして二〇一八年一二月四日付の『ハアレツ』に掲載された記事「ヨルダン川西岸地区に議員を先導するラシダ・タリーブはＢＤＳ運動を支持する」より。

34　二〇一九年三月二二日付の『ワシントン・ポスト』に掲載された記事「ネタニヤフの渡米前に、トランプは「民主党は反イスラエルで反ユダヤだ」と連呼する」より。

35 二〇一九年二月一四日付の『ネイション』に掲載された元職員M・J・ローゼンバーグの記事「AIPACのからくり」より。そして二〇一九年二月一二日付の『ハアレツ』に掲載されたエディ・バルカンの記事「イルハン・オマルのAIPACに関する発言は正しかった」より。

36 二〇一九年四月一一日付の『ファクト・チェック・オルグ』に掲載されたアンジェロ・フィケラの記事「オマル下院議員に対する言論統制」より。

37 スロールの記事より。

38 二〇一八年一二月一八日付の『ニューヨーク・タイムズ』に掲載された社説「イスラエル支援という名目で言論統制」より。

39 二〇一九年一月一九日付の『ニューヨーク・タイムズ』に掲載されたミシェル・アレクザンダーの記事「パレスチナに関する沈黙を破るとき」より。

40 第6章の「パレスチナ人だけでなく反体制派ユダヤ人も対象」を参照のこと。

41 二〇一七年三月一〇日付の『ハアレツ』に掲載されたタリー・クルプキンの記事「イスラエル渡航禁止に非難の嵐：一〇〇人以上のユダヤ研究者がイスラエルにはもう渡航しないと抗議」より。

42 クルプキンの記事より。

43 クルプキンの記事より。

44 クルプキンの記事より。

45 BDS運動を潰すためにイスラエル政府が拠出する予算は、年間およそ一億シェケル（二九〇〇万ドル）と推定される。正確な数字が非公表である理由について、この運動を阻止する世界的な闘いを担当するイスラエル戦略省のスィーマ・ヴァクニン＝ギルによると、「われわれは外国で活動することになるので慎重にならざるを得ない」という。二〇一七年三月二六日付の『ハアレツ』に掲載されたウリ・ブラウの記事「イスラエルの「BDS運動叩き省」の闇」、そして二〇一八年一〇月二三日付の『ハアレツ』に掲載されたアミール・ティボンの記事「われわれは外国で活動することになるので慎重にならざるを得ない」より。

46 二〇一九年五月一六日に著者が行ったインタビューより。

47 二〇一八年一二月一四日付の『フォワード』に掲載された記事「発覚：「名誉毀損防止同盟」の秘密文書によると、BDS運動叩きは無理筋」より。

48 二〇一九年五月二四日に著者が行ったインタビューより。

49 二〇一八年一一月二六日付の『ハアレツ』に掲載されたジョシュア・シェインズの記事「進歩派シオニストは「エアビーアンドビー」という貴重な機会を得た。だが、われわれは機会を無駄にしてしまった」より。

50 シェインズの記事より。

第10章

1 二〇一九年二月二〇日に著者が行ったインタビューより。

2 たとえば、一九五四年から五五年までフランス政府を率いたピエール・マンデス＝フランスだ。彼はドイツとオランダに移住した親族と区別するために自分の名前に「フランス」を加えた。

3 ドリ・ベンシモン＝ドナート著『フランスにおける北アフリカ系ユダヤ人の社会統合』ムートン、パリとハーグ、一九七一年。

4 二〇二〇年六月一六日に著者が行ったインタビューより。オンデルランは、『フランスとシオニズムとの狭間にあるフランスのユダヤ人』（スイユ、パリ、二〇二〇年）の著者。

5 ピエール・ビルンボーム著『二つの家：フランスとアメリカのユダヤ人の特徴』ガリマール、パリ、二〇一二年。

6 ビルンボームの著書より。

7 ピエール・ビルンボーム著『国家の狂人の苦悩：ジャン・ボームガルテンとイヴ・デロイエとの対話』アルバン・ミシェル、パリ、二〇一五年。

8 ピエール・ビルンボーム著『二つの家：フランスとアメリカのユダヤ人の特徴』より。

9 ピエール・ビルンボーム著『二つの家：フランスとアメリカのユダヤ人の特徴』より。

10 シャルル・オンデルラン著『フランス共和国とシオニズムとの間にあるフランスのユダヤ人』スイユ、パリ、二〇二〇年。

11 ピエール・ビルンボーム著『国家の狂人の苦悩』より。

12 エドゥアール・ドリュモンの『ユダヤのフランス』は爆発的に売れた。一二〇〇ページもあるこの本は、一八八六年に出版されてから二年間で一四〇回も重版した。

13 シャルル・オンデルラン著『フランス共和国とシオニズムとの間にあるフランスのユダヤ人』スイユ、パリ、二〇二〇年。

14 二〇二〇年六月一六日に著者が行ったインタビューより。

15 エマニュエル・ブレネル著『フランス共和国の失われた領土』千一夜出版、パリ、二〇〇二年。オンデルランが引用している。

16 二〇一九年二月二〇日に著者が行ったインタビューより。

17 シャキールの国外追放の詳細は、第6章の「公安機能の滑稽なまでの強化」を参照のこと。

18 二〇一九年一一月六日付の『ＣＲＩＦのニュースレター』に掲載された「ボイコットをやめろ。オマール・シャキールのイスラエル追放を理解するための五つの質問」より。

19 ホロコースト記念財団は、ホロコーストの歴史、研究、教育、伝達、記憶、連帯、ユダヤ文化に関するプロジェクトを支援している。この財団は、第二次世界大戦中にフランスのユダヤ人から奪った財産を原資にして二〇〇〇年に設立された。

20 ヘブライ語で「上る」を意味する「アリーヤー Aliyah」は、シオニズム運動が始まった際に、ユダヤ人によるパレスチナ（その後、イスラエル）への移民を意味した。
21 二〇一九年七月一六日に著者が行ったインタビューより。
22 二〇一九年七月二六日に著者が行ったインタビューより。
23 二〇一九年七月一二日に著者が行ったインタビューより。
24 二〇一九年七月一二日に著者が行ったインタビューより。
25 二〇一九年七月一〇日に著者が行ったインタビューより。
26 二〇一九年七月一七日に著者が行ったインタビューより。
27 二〇一九年三月末の国連の報告によると、一年間で合計一九五人の死亡者と二万九〇〇〇人の負傷者（そのうち七〇〇〇人は銃弾による負傷）が出たという。
28 『YNet』の「フランスのテレビ番組を検閲しようとした駐フランスのイスラエル大使」より。
29 二〇一八年一〇月一一日付の『ユダヤ・トリビューン』に掲載されたメイル・ハビーブの「『特派員』の「自由を奪われたガザ地区の若者」：憎しみを止めろ」より。
30 一九九〇年に制定されたフランスのゲソ法により、「ナチスの指導者たちがニュルンベルクの国際軍事法廷で有罪判決を受けた際に、一九四五年に定義された「人道に対する罪」の存在や規模を疑う」ことは違法と見なされるようになった（ウィキペディアより）。
31 二〇一九年四月三〇日に著者が行ったインタビューより。
32 二〇一九年九月一四日に著者が行ったインタビューより。
33 二〇一九年七月一〇日に著者が行ったインタビューより。
34 二〇一九年七月一二日に著者が行ったインタビューより。
35 二〇一九年三月二八日付の『ニューヨーク・タイムズ・マガジン』に掲載されたネイサン・スロールの記事「イスラエルと反ユダヤ主義の克服がアメリカの政治に亀裂を入れる」より。
36 二〇一九年七月二二日に著者が行ったインタビューより。
37 ピエール・ヴィダル＝ナケの著作には、ホロコーストの存在を否定する狂信者を描く『記憶の暗殺者たち』（石田靖夫訳、人文書院、一九九五年）や、数世紀にわたってユダヤ史にまとわりつく神話やイデオロギーを探求する『ユダヤ人：記憶と現在』（ラ・デクヴェルト、一九九一～一九九五年）などがある。
38 ジェローム・フルケが二〇〇七年と二〇一二年のフランス大統領選におけるユダヤ人の投票傾向について調査した。この研究によると、彼らの大半は右派・保守のニコラ・サルコジを支持したという。

39 リシャール・マリエンストラス（一九二八〜二〇一一）はシェイクスピア研究の権威であり、一九七〇年から一九九〇年にかけてフランスのユダヤ系新聞社で活躍した進歩的な知識人だった。

40 二〇一九年四月九日に著者が行ったインタビューより。

41 シモーヌ・ヴェイユ（一九二七〜二〇一七）〔ユダヤ系〕は、フランスの弁護士で重要な政治家だった。

42 フランスの自民族中心主義ナショナリストのウェブサイトには「世俗の反撃」や「ヨーロッパ-イスラエル・ニュース」などがある。これらのサイトでは「Fdesouche」という言葉が頻繁に登場する。これは「Français de souche」（生粋のフランス人〔「接ぎ木」でなく、移民を祖先に持たない「根っこ」からのフランス人〕）を意味する。

43 二〇一九年七月二六日に著者が行ったインタビューより。

44 二〇一九年七月一七日に著者が行ったインタビューより。

45 バート・イェオール（本名はジゼル・リットマン）は、エジプト出身のイギリスの作家であり、著作には、イスラム世界の宗教的少数派に関する歴史に関するものがある。ズィンミーとは、イスラム教徒の支配者の統治下に暮らすが、保護された地位を与えられると同時に、自分の信仰を持つことを許された人を意味する。

46 イスラエル国防軍のこと（ヘブライ語の頭文字）。

47 二〇一九年七月一七日に著者が行ったインタビューより。

48 二〇一九年九月一四日に著者が行ったインタビューより。

49 二〇一九年七月二六日に著者が行ったインタビューより。

50 二〇一二年三月一五日、ムハンマド・メッラーハは、フランス南西部モントーバンで三人のフランス人兵士を銃で撃った。そして三月一九日、トゥールーズのユダヤ人学校「オザル・ハトーラー」で一人のラビと三人の児童を射殺し、四人の児童を負傷させた。

51 二〇一九年七月二六日に著者が行ったベンバッサへのインタビューより。

52 二〇一八年三月に歴史家マルク・キノベーラが行ったCRIFの調査によると、二〇〇〇年から二〇一七年の間に、五万五〇〇〇人以上のフランスのユダヤ人がイスラエルに移住したという。しかし、この数字は疑わしい。第一に、これらの人々の半数はイスラエルの生活に馴染めずに戻ってきたと言われているからだ。さらには、割合を推定するのは難しいが、これらの人々の中には、アリーヤー（イスラエルへの移住）を行ってイスラエルの国籍を手に入れイスラエルにアパートを取得しても、そこにはたまにしか住まずにフランスで就労し続ける者がかなりいるからだ。二〇〇〇年以降、イスラエルに移住するフランスのユダヤ人が増えたのは間違いないが、フランスのユダヤ人の移住人口は二〇一五年の八〇〇〇人から二〇一九年上半期には八〇〇人に急減したという（二〇一九年八月一日付の『ハアレ

53 ツ』に掲載された「イスラエルのためのユダヤ機関」より)。
二〇一五年一月一一日付の『リベラシオン』に掲載された記事「恐怖に直面する国」より。

第11章

1 二〇一九年七月一〇日付の『ハアレツ』に掲載されたヨタム・ベルゲルとノア・ランダウの記事「ネタニヤフはヨルダン川西岸地区での講演でこれ以上入植者を増やさずアラブ人を立ち退かせると約束」より。
2 二〇一七年六月二二日付の『ニューヨーク・レビュー・オブ・ブックス』に掲載されたダヴィッド・シュルマンの記事「イスラエルの不合理な合理性」より。
3 二〇一九年七月七日に著者が行ったインタビューより。
4 二〇一九年七月七日に著者が行ったインタビューより。
5 二〇一九年一月六日に著者が行ったインタビューより。
6 二〇一九年一月六日に著者が行ったインタビューより。
7 二〇一九年一月六日に著者が行ったインタビューより。
8 二〇一九年一月六日に著者が行ったインタビューより。
9 二〇一九年四月三〇日付の『ミドル・イースト・アイ』に掲載されたギデオン・レヴィーの記事「ネタニヤフのイスラエルはアパルトヘイト国家であることを宣言。西側諸国は傍観するのか」より。
10 二〇一九年一月三日に著者が行ったインタビューより。
11 ベルトラン・バディ著『武力の無力』ファイヤール、パリ、二〇〇四年。
12 二〇一九年一月一六日付の『ハアレツ』に掲載されたアモス・ハレルによる将軍イツハク・ブリックのインタビュー記事「イスラエル人はタイタニック号の乗客のようなもの:イスラエル軍に関する悪いニュースは誰も聞きたがらない」より。
13 二〇一九年一月一八日付の『ハアレツ』に掲載されたオーフェル・アデレットによる歴史家ベニー・モリスのインタビュー記事「イスラエルは衰退し、ユダヤ人は少数派になって迫害されるだろう。アメリカに逃げる者も現れるに違いない」より。
14 エデレットによる歴史家ベニー・モリスのインタビュー記事より。
15 ハイム・ゴウリは二〇一八年一月三一日に亡くなった。
16 二〇一六年一月五日付の『ハアレツ』に掲載されたギリ・イズィコーヴィッチの記事「詩人でパルマッハ［イスラエル独立以前のイギリス統治下のパレスチナにおけるユダヤ人の突撃部隊］の英雄だったハイム・ゴウリがシオニスト芸術賞を辞退」より。

17 二〇〇六年一月上旬に著者が行ったインタビューより。
18 二〇一九年一月七日に著者が行ったインタビューより。
19 イジー・モルジェンシュテルン「アイザック・バシェヴィス・シンガー：隠された神について」『作家の世紀　第九二号』（一九九六年一〇月二日）。
20 サイモン・シャーマ著『ユダヤ人物語：帰属（一四九二～一九〇〇）』ボッドレイ・ヘッド、ロンドン、二〇一七年。
21 ユーリー・スレスキン著『ユダヤの世紀』プリンストン大学出版局、プリンストン、二〇〇四年。
22 二〇一九年五月一七日に著者が行ったインタビューより。
23 二〇一九年五月二四日に著者が行ったインタビューより。
24 二〇一七年九月の『スタティスタ』に掲載されたエリック・ダフィンの調査「アメリカのユダヤ人の所属宗派」によると、アメリカのシナゴーグに所属するユダヤ人世帯は、自身を次のように定義しているという。改革派が二八％、保守派が一四％、正統派が一〇％、再建派が二％、その他が九％、「ただのユダヤ人」が三七％。
25 ティックーン・オーラームは、「自分が生まれたときよりもよい状態の世界を残すことは、すべてのユダヤ人の義務だ」という心構えだ。
26 ユダヤ人に対して信仰の実践に近代性を求めたピッツバーグ綱領（一八八五年）は、アメリカのユダヤ教改革史においてきわめて重要な文書だ。「古典的な改革」の先駆的文書であるこの綱領は、倫理的、道徳的な意味しか持たない儀式的な律法（食事の規定）を否定した。
27 二〇一八年九月六日の『ニュー・リパブリック』に掲載されたイェフダ・クルツァーの論考「大分裂の根源」より。
28 二〇一八年九月六日の『ニュー・リパブリック』に掲載されたジェイコブ・バカラックの論考「アメリカという故郷で」より。
29 この再生ディアスポラの代表的な人物には、ロスアンゼルスのアメリカン・ジューイッシュ大学でラビ文学を教えるラビのアリエ・コーエン、そして『エンジェルス・イン・アメリカ』や、スティーヴン・スピルバーグの映画『ミュンヘン』と『リンカーン』の脚本を担当したトニー・クシュナーがいる。
30 ダニエル・ボヤーリン著『境界線：ユダヤ教とキリスト教の分割』ペンシルベニア大学出版局、フィラデルフィア、二〇〇六年。
31 ダニエル・ボヤーリン著『境界線：ユダヤ教とキリスト教の分割』より。
32 二〇一九年一月一三日に著者が行ったインタビューより。
33 二〇一九年五月一四日に著者が行ったインタビューより。
34 二〇一九年一月四日付の『ニューヨーク・タイムズ』に掲載されたジョナサン・ワイズマンの記事「アメリカとイスラエルのユダヤ人は破局まで一直線」より。
35 ワイズマンの記事より。

36 ワイズマンの記事より。
37 二〇一八年九月一七日付の『ハアレツ』に掲載されたヘミ・シャレヴの記事「イスラエルとアメリカのユダヤ人ならびに民主党との不協和音は決別につながる」より。
38 二〇一八年九月の『宗教ウォッチ』（第三巻第一一号）に掲載された「人種の多様化に順応するベイエリアのユダヤ教」より。
39 ワイズマンの記事より。
40 二〇一九年一月九日に著者が行ったインタビューより。
41 二〇一九年四月三〇日に著者が行ったインタビューより。
42 二〇一九年二月二〇日に著者が行ったインタビューより。

第12章

1 二〇二一年一月一二日に「ベツェレム」が発表した報告書「地中海からヨルダン川までの地域におけるユダヤ人至上主義体制：これがアパルトヘイトだ」より。https://www.btselem.org/publications/fulltext/202101_this_is_apartheid
2 イランの核武装を制限するための合意「包括的共同作業計画（ＪＣＰＯＡ）」は、国連安全保障理事会決議二二三一によって国際法にすると定められた協定だ。
3 ウィリアム・Ｊ・バーンズ著『裏ルート：アメリカ外交回顧録とその更新事例』ランダムハウス、ニューヨーク、二〇一九年。
4 二〇二一年一月二一日付の『ハアレツ』に掲載されたジュディ・マルツの記事「バイデン政権にはイスラエルに馴染みのある人物が大勢いる」より。
5 「ベツェレム」の報告書『ユダヤ人至上主義体制』より。
6 二〇〇二年二月九日付の『ルモンド』に掲載されたマイケル・ベン＝ヤイールの著者のインタビュー記事「シオニズムを救え、アパルトヘイトにノー」より。
7 ジミー・カーター著『カーター、パレスチナを語る：アパルトヘイトではなく平和を』（北丸雄二他訳、晶文社、二〇〇八年）。
8 「ベツェレム」の報告書『ユダヤ人至上主義体制』より。
9 エヴァン・オスノス著『ジョー・バイデン：人生、疾走、現在の問題は何か』サイモン＆シュスター、ニューヨーク、二〇二〇年。
10 二〇二一年一月二〇日付の『タイムズ・オブ・イスラエル－ＡＦＰ』に掲載された「エルサレムのアメリカ大使館によると、バイデン政権の国務長官は二国家解決策を支持するという」より。
11 二〇二一年一月一一日付の『ワシントン・ポスト』に掲載されたスティーヴ・ケンドリックスとシーラ・ルービンの記事「バイデンの大

統領就任前夜、ネタニヤフはヨルダン川西岸地区の入植者による数百戸の住宅建設を承認」より。

12 二〇二〇年一二月二日付の『ニューヨーク・タイムズ』に掲載されたトーマス・L・フリードマンの記事「バイデンは「トランプの再選はない」と確約」より。

13 二〇二〇年一一月二二日付のロイター通信の記事「ネタニヤフ、アメリカの「イラン核合意」への復帰を望まず」より。

14 二〇二〇年一一月二九日付の『ハアレツ』に掲載されたアモス・ハレルの記事「イランの核科学者の暗殺は、戦術的な成功かもしれないが戦略的にエスカレートする危険性がある」より。

15 二〇二一年一月二七日付の『ハアレツ』に掲載されたアモス・ハレルの記事「イスラエル国防軍の参謀総長、ネタニヤフのイラン敵視に同調し、バイデンを批判する」より。

16 フリードマンの記事より。

17 第8章の「ソロスに対する非難：トランプは反ユダヤ主義者か」を参照のこと。

18 二〇二一年一月三〇日付の『ハアレツ』に掲載されたアモス・ハレルの記事「アメリカはイスラエルがどう対応しようがイランと合意するだろう」より。

19 ハレルの記事より。

結論

1 二〇〇三年一〇月二三日の『ニューヨーク・レビュー』に掲載されたトニー・ジャットの「イスラエル：代替案」。トニー・ジャット（一九四八〜二〇一〇）は、イギリス系アメリカ人の歴史家、エッセイスト、ニューヨーク大学のヨーロッパ史の教授だった。著書には、『失われた二〇世紀』〔河野真太郎他訳、NTT出版、二〇一一年〕、『ヨーロッパ戦後史』〔森本醇他訳、みすず書房、二〇〇八年〕、『偉大なる幻想？　ヨーロッパに関するエッセイ』（一九九六年〔未邦訳〕）などがある。

2 二〇二〇年七月八日付の『ニューヨーク・タイムズ』に掲載されたピーター・ベイナートの論考「私はユダヤ人国家を信じるのをやめた」より。ベイナートはこの議論に関するさらに詳しい論考も発表している。二〇二〇年七月七日付の『ユダヤの潮流』に掲載された「ヤブネ〔イスラエル中部の都市〕：イスラエルとパレスチナの平等を求める一人のユダヤ人の主張」を参照のこと。

3 二〇一九年三月一一日付の『メディア・パルト』（二〇一九年三月九日付の『オリオン・ル・ジュール』）に掲載されたドミニク・エッデの記事「アラン・フィンケルクロートへの追伸」より。

4 二〇一八年一〇月二七日付の『ガーディアン』に掲載されたロイス・ベケットの記事「ピッツバーグ銃撃事件：容疑者は、オルタナ右翼のサイトでユダヤ人とイスラム教徒に暴言を吐く」より。

5　二〇一九年四月九日に著者が行ったインタビューより。

6　二〇一九年五月九日付の『ロンドン・レビュー・オブ・ブックス』に掲載されたアダム・シャッツの論考「トランプのアメリカ、ネタニヤフのイスラエル」より。

7　二〇一九年二月一八日付の『メディア・パルト』に掲載されたミシェル・トゥビアナの論考「政治における反ユダヤ主義の最適な利用法について」より。

8　二〇一八年八月八日付の『ルモンド』に掲載されたエヴァ・イルーズの記事「オルバーン、トランプ、ネタニヤフは、障壁で囲まれるのが好き」より。

シルヴァン・シペル（Sylvain CYPEL）　著

パリを拠点とするフリーのジャーナリスト。フランスの新聞『ルモンド』の国際報道部の副部長を経て副編集長を歴任。2007年から2013年にかけて同紙のニューヨーク特派員を務めた。エルサレム大学で国際関係の学位を取得するなど、イスラエルには12年間滞在したことがある。

林昌宏（はやし・まさひろ）　訳

1965年名古屋市生まれ。翻訳家。立命館大学経済学部卒業。訳書にジャック・アタリ『2030年 ジャック・アタリの未来予測』『海の歴史』『食の歴史』『命の経済』（プレジデント社）、『21世紀の歴史』、ダニエル・コーエン『経済と人類の1万年史から、21世紀世界を考える』（作品社）、ボリス・シリュルニク『憎むのでもなく、許すのでもなく』（吉田書店）など、多数。

高橋和夫（たかはし・かずお）　解説［本書を読み解くための基礎知識］

放送大学名誉教授。福岡県北九州市生まれ、大阪外国語大学外国語学部ペルシア語科卒、コロンビア大学国際関係論修士、クウェート大学客員研究員、放送大学教員などを経て2018年4月より一般社団法人先端技術安全保障研究所会長。主な著書に『アラブとイスラエル』（講談社）、『なぜガザは戦場となるのか』（ワニブックス）、『なるほどそうだったのか!! パレスチナとイスラエル』（幻冬舎）、『パレスチナ問題の展開』（左右社）、『ロシア・ウクライナ戦争の周辺』（GIEST）など、多数。最新刊に『なるほどそうだったのか！ハマスとガザ戦争』（幻冬舎、2024年）。「高橋和夫の国際政治ブログ」：http://ameblo.jp/t-kazuo

＊本書は、『イスラエルvs. ユダヤ人』（明石書店、二〇二二年）に、原書増補新版L'État d'Israël contre les Juifs: Après Gaza Nouvelle édition augmentée (La Découverte, 2024) に追記されている二〇二三年末のハマスとの衝突以降を記述した序文（巻頭の「増補新版への序文」）を加えた増補新版です。

イスラエルvs. ユダヤ人　【増補新版〈ガザ以後〉】
――中東版「アパルトヘイト」とハイテク軍事産業

2024年 11月5日　初版第1刷発行

著　者　シルヴァン・シペル
訳　者　林昌宏
解　説　高橋和夫
発行者　大江道雅
発行所　株式会社 明石書店
〒101-0021 東京都千代田区外神田 6-9-5
電話　03 (5818) 1171
FAX　03 (5818) 1174
振替　00100-7-24505
https://www.akashi.co.jp/
装丁　明石書店デザイン室
印刷／製本　モリモト印刷株式会社

（定価はカバーに表示してあります）　ISBN: 978-4-7503-5843-7